煤矿全员安全素质提高必读丛书

煤矿班组长资格准入培训教材

主　编　袁河津
副主编　王亚斌　梁　琲　曹世力
策　划　杨　帆

中国矿业大学出版社

内 容 提 要

本书分为煤矿安全生产技术知识和班组长管理知识两部分，主要阐述了煤矿井下基础知识，采掘工作面生产活动，矿井通风和瓦斯、煤尘、火灾隐患认定与排除，矿井水害隐患认定与排除，煤矿机电设备、工艺及其隐患认定与排除，煤矿班组和班组长，煤矿班组准军事化管理，煤矿班组市场化精细管理和煤矿班组安全管理等内容。

本书是煤矿企业班组长培训考核的首选教材，也可作为煤矿管理人员、区队长和工程技术人员参考用书。

图书在版编目（CIP）数据

煤矿班组长资格准入培训教材/袁河津主编．—徐州：中国矿业大学出版社，2009.7
ISBN 978-7-5646-0313-7

Ⅰ．煤… Ⅱ．袁… Ⅲ．煤矿—工业企业—生产小组—技术培训—教材 Ⅳ．F407.216

中国版本图书馆 CIP 数据核字（2009）第 049630 号

书　　名	煤矿班组长资格准入培训教材
主　　编	袁河津
责任编辑	李士峰
策　　划	杨　帆
出版发行	中国矿业大学出版社
	（江苏省徐州市中国矿业大学内　邮编 221008）
网　　址	http://www.cumtp.com　E-mail：cumtpvip@cumtp.com
排　　版	北京安全时代文化发展有限公司
印　　刷	煤炭工业出版社印刷厂
经　　销	新华书店
开　　本	787×1092　1/16　印张 23.25　字数 566 千字
版次印次	2009 年 7 月第 1 版　2009 年 7 月第 1 次印刷
定　　价	39.00 元

（图书出现印装质量问题，负责调换电话：010-64462264）

前　言

2008年全国原煤产量达到27.2亿吨，同比增长7.5%；煤矿事故总量在连续两年下降幅度超过20%的基础上，事故起数和死亡人数同比下降19.3%和15.1%，百万吨死亡率1.182，同比下降20.4%。煤炭行业如此辉煌的业绩与煤矿企业班组长的功劳是密不可分的。班组是企业的最基本生产单位，班组建设是提高企业员工队伍素质、强化企业管理、确保完成各项安全、生产、技术和经济指标的基石。班组长既是班组活动的参与者，又是班组活动的组织者和管理者。班组长素质提高了，就会把整个班组拧成一股绳，重担同挑，荣誉共享；班组具有旺盛的生命力，企业就会生机勃勃。2009年，面对国民经济对煤炭行业的新需求和坚决把重、特较大事故起数、事故总量和伤残人数"三个压下来"的新要求，加强煤矿企业班组和班组长队伍建设迫在眉睫。

目前，大多数煤矿企业比较重视班组建设工作，还出现了许多形式、方法、载体和内容上的创新。但是由于煤矿企业所有制形式多元化、用工制度多样化和经营利益短期化，在少数煤矿特别是中小煤矿仍存在着放松和淡化班组建设现象，缺乏一套科学有效的班组建设长效运行机制，严重阻碍了班组长队伍建设，影响了煤矿企业安全、稳定、均衡、和谐地发展。为了用现代管理理念、方法和手段建设好班组和班组长队伍，更好地适应改革开放形势新要求，深入开展"安全生产年"活动，把煤矿事故再下降20%，特组织编写了本书。

2007年4月本人主编的《怎样当好煤矿班组长》作为煤矿企业班组长培训教材，对促进煤矿企业班组建设和班组长队伍建设起到了一定作用，受到了煤矿企业和班组长的广泛好评。但近两年来随着国民经济快速发展、科学技术不断进步、煤矿安全法律法规进一步健全，国家对煤矿企业班组长提出了更高更新的要求。在收集整理部分煤矿企业、煤矿安全培训中心和班组长意见的基础上，为进一步提升煤矿企业班组长准入门槛，对《怎样当好煤矿班组长》进行调整、补充和完善，特编写了本书。

在本书的编写过程中，主要注重以下几点：

1. 专业知识全面。本书涵盖了煤矿井下采煤、掘进、机电、运输、一通三防和地测防治水等内容，适用于煤矿井下所有专业班组长。

2. 法律法规更新及时。本书围绕近几年出台的安全生产法律法规，特别是介绍了与煤矿重大安全生产隐患等相关的认定和排除方法。

3. 传统与现代相结合。本书既介绍了传统的班组管理方法，又引入了现代班组管理理念，如班组军事化管理、班组市场化精细管理等，书中还包含了班组建设和班组长管理的典型经验。

4. 系统性、针对性强。本书对煤矿班组长所应具备的安全生产技术知识和班组长管理知识，采用章、节、目的形式系统编写，每章后编有主要知识点和复习思考题。书后还附有两份考试试卷和标准答案，试卷中编有适合班组长的"识图题"，以供培训考核时参考使用。

本书具有科学性、时代性、系统性和针对性等特点，是提高煤矿企业班组长素质、进行班组长资格准入培训考核的实用性教材。

本书由教授级高级工程师袁河津担任主编，北京理工大学讲师王亚斌、山西煤炭职工培训中心副主任梁琲、山西煤炭中等职业学校校长助理曹世力担任副主编。在本书编写过程中，得到了有关部门和单位的大力支持和帮助，在此表示衷心感谢！同时还参考了大量的著作和文献资料，部分名单已列在书后的"主要参考文献"中，谨此对其著作者和出版社一并表示谢意！

由于编写时间仓促和作者水平所限，书中欠妥之处在所难免，敬请读者批评指正！

作　者

2009 年 6 月

目　录

第一部分　煤矿安全生产技术知识

第一章　煤矿井下基础知识 (3)
 第一节　矿山压力 (3)
 第二节　围岩分类 (8)
 第三节　矿内空气 (13)
 第四节　矿图 (20)

第二章　采掘工作面生产活动 (33)
 第一节　采掘工作面作业特点 (33)
 第二节　炮采工作面生产活动 (36)
 第三节　普采工作面生产活动 (44)
 第四节　综采工作面生产活动 (56)
 第五节　掘进工作面生产活动 (68)
 第六节　采掘工作面正规循环作业 (82)
 第七节　顶板灾害防治 (93)

第三章　矿井通风和瓦斯、煤尘、火灾隐患认定及其排除 (106)
 第一节　矿井通风及其隐患认定和排除 (106)
 第二节　矿井瓦斯及其隐患认定和排除 (129)
 第三节　矿尘及其防治 (158)
 第四节　矿井火灾及其隐患认定和排除 (175)

第四章　矿井水害及其隐患认定和排除 (190)
 第一节　矿井透水的危害和预兆 (190)
 第二节　矿井透水的水源和通道 (191)
 第三节　煤矿矿井水文地质条件分类 (194)
 第四节　煤矿水害防治十六字原则 (195)
 第五节　矿井水害隐患认定和排除 (196)

第五章　煤矿机电设备、工艺及其隐患认定和排除 (204)
 第一节　煤矿机电设备供电分级和要求 (204)
 第二节　煤矿机电设备防爆技术要求 (205)

第三节　电气安全……………………………………………………………（207）
　　第四节　煤矿设备、工艺隐患认定和排除…………………………………（213）
　　第五节　煤矿供电系统的隐患认定和排除…………………………………（221）

第二部分　煤矿班组长管理知识

第六章　煤矿班组和班组长………………………………………………（227）
　　第一节　班组…………………………………………………………………（227）
　　第二节　班组长………………………………………………………………（230）
　　第三节　班组和班组长队伍建设……………………………………………（242）
　　第四节　班组建设和班组长管理典型经验…………………………………（246）

第七章　煤矿班组准军事化管理…………………………………………（261）
　　第一节　准军事化管理概述…………………………………………………（261）
　　第二节　准军事化管理内容…………………………………………………（263）
　　第三节　推行准军事化管理应注意的问题…………………………………（269）

第八章　煤矿班组质量管理………………………………………………（271）
　　第一节　全面质量管理………………………………………………………（271）
　　第二节　煤质管理……………………………………………………………（275）
　　第三节　煤矿安全质量标准化………………………………………………（280）

第九章　煤矿班组市场化精细管理………………………………………（306）
　　第一节　市场化精细管理概述………………………………………………（306）
　　第二节　劳动生产率和定额定员管理………………………………………（307）
　　第三节　工资和奖励…………………………………………………………（311）
　　第四节　物资管理……………………………………………………………（313）
　　第五节　班组市场化精细管理运作…………………………………………（315）

第十章　煤矿班组安全管理………………………………………………（320）
　　第一节　安全管理的重要性…………………………………………………（320）
　　第二节　班组安全生产规章制度……………………………………………（322）
　　第三节　煤矿班组"三违"管理……………………………………………（332）
　　第四节　煤矿三大规程和矿井灾害预防处理计划…………………………（338）
　　第五节　事故管理……………………………………………………………（346）

附录　煤矿班组长资格准入培训考试试卷和标准答案（Ⅰ和Ⅱ）……………（357）
主要参考文献……………………………………………………………………（366）

第一部分 煤矿安全生产技术知识

第一章 煤矿井下基础知识

第一节 矿山压力

一、矿山压力的基本概念

地下岩体在受到人类工程活动影响前称为原岩体。原岩体在地壳内各种力的作用下处于平衡状态。掘进巷道以前或远离井巷、采掘工作面岩体的原始地应力，称为原岩应力。

当进行井下采掘活动时，破坏了原岩应力的平衡状态，引起岩体内部的应力重新分布，在重新颁布过程中促使围岩产生运动，从而导致围岩发生变形、断裂、位移甚至垮落。采动后作用于围岩和支护上的力叫做矿山压力，简称矿压。

在矿山压力的作用下，围岩及支护会产生一系列的现象，例如：围岩变形或挤入巷道（或采场空间）内，岩体离散、移动或冒落，煤被压松、片帮或突然抛出，木支护压裂或折断，金属支架变形或压弯，充填物产生沉缩，岩层和地表发生移动或塌陷，煤与瓦斯突出，发生冲击地压等。这些由于矿压作用而使围岩和支护上产生的力学现象，统称为矿压显现。

二、影响矿山压力的主要因素

不同采掘工作面的矿山压力有大有小，其矿山压力显现也不相同。影响矿山压力主要有以下两方面因素：

1. 自然因素

（1）围岩性质及其构造。围岩性质对矿山压力的大小有决定性影响，一般情况下，软弱岩石强度低，受力后容易产生变形和破坏；而坚硬岩层受力后不会产生变形和破坏。

围岩构造和岩体本身破坏状态也影响岩石的变形和破坏的性质、规模。其中影响最大和最普遍的是层理和节理。层理是原生沉积形成的弱面，如果顶板中有分层和间距小而且层面光滑的层理，则往往会引起岩层间离层甚至片落。节理主要是指地质构造力引起且通常成组出现的微细裂隙，节理的存在容易引起顶板中小块危岩冒落或片帮。

顶板岩层的分层厚度、顶板是否存在软弱层以及软弱岩层赋存的位置和厚度，也对采掘工作面的顶板动态、变形和破坏有重要影响。

（2）开采深度。随着开采深度逐渐增大，一是上覆岩层重量逐渐增大，围岩中形成的支承压力较大，从而增大围岩和支护变形与破坏的可能性；顶底板移近量通常随开采深度的加大而增加。二是当底板较弱时，更容易出现底鼓现象。三是随着开采深度加大，地温随之升高，促使岩石从脆性向塑性转化。

（3）煤层倾角。煤层倾角的不同使矿山压力的大小和围岩破坏形式有所区别。近水平煤层中，上覆岩层的重量几乎垂直作用于岩层面上，故矿压显现明显；而在倾斜和急倾斜煤层中，上覆岩层仅有垂直分力作用于岩层面上，故矿压显现较小。所以，近水平煤层的矿山压力要比倾斜和急倾斜煤层大。

同时，由于煤层倾角不同，往往会改变围岩变形破坏形式，使支护受载不均衡。如近水平煤层，顶板多出现对称弯曲下沉；而倾斜或急倾斜煤层则常出现非对称变形和破坏，当顶板中存在大倾角的密集光滑节理时，可能出现抽条式局部冒顶。通常大倾角煤层局部压力较小，而侧向压力尤其是顶帮一侧压力较大，常导致膨帮和支护棚腿产生严重变形。

(4) 地质构造。地质破碎带内的岩层通常是由松散的岩块组成。由于破碎带内物质之间的粘结力、摩擦力都很小，自承能力很差，一旦围岩悬露就很容易冒落。

(5) 水。矿井水的存在一方面使破碎岩块之间的摩擦系数减小，易造成个别岩块滑动和冒落；另一方面，围岩浸入水后普遍产生软化现象，使岩石强度降低，或使岩层软化、膨胀，从而造成围岩变形、破坏加剧。

2. 开采技术因素

(1) 巷道位置。巷道位置应选在避开支承压力强烈作用的区域；在时间上应避开支承压力影响期；在掘进方式中，采用迟后掘进可以使巷道躲开采煤工作面的剧烈采动影响。否则会使巷道产生剧烈变形和破坏。

(2) 开采程序。双巷采区上山的两侧同时开采，即同时向上山推进，上山受采动影响大、维护困难。开采煤层群时，上部煤层回采后可减轻下部煤层压力；若上部煤层留有煤柱时，则下部煤层会在煤柱下产生较大的矿山压力。

(3) 支护形式。巷道的支护形式必须适应一定的矿山压力。当顶板压力与支护的反作用力趋于平衡时，支护即可保持相对稳定，否则支护处于不稳定状态。这里面包括巷道采用的支护类型、支护方式、支护参数以及巷道保护方式。

(4) 工作面推进速度。在一定条件下，工作面顶板下沉量随时间延长而增加。如果工作面推进速度慢，在采动压力影响范围内的巷道将经受较长时间的影响，使工作面顶底板移近量增大，两巷压力显现剧烈。因此，提高工作面推进速度，是改善采煤工作面支护状况及两巷维护状况的重要措施。

(5) 采高与控顶距。采高越大，采出的空间越大，上覆岩层破坏越严重；控顶距越大，直接顶悬露面积越大，矿压显现越严重。一般来说，顶板下沉量与采高、控顶距成正比关系。

影响矿山压力的因素虽然很多，但在实际情况中，起主要作用的可能只有一个或几个。根据生产的需要，要研究矿山压力与其影响因素之间的关系，采取技术上合理、经济上有利、生产中安全的措施来控制矿山压力，从而实现采掘工作面的正常、安全生产。

三、支承压力

1. 支承压力的形成

当煤体未采动前，煤体内的应力处于平衡状态，煤体上所受的力为上覆岩层的重量 γH（γ 为岩层的密度，t/m^3；H 为煤层距地面的深度，m）。

当在煤体内掘进开切眼后，破坏了应力的平衡状态，引起应力重新分布，如图1-1所示。这时在开切眼上部顶板内形成了自然平衡"压力拱"，开切眼上部岩体重量 Q 由两侧煤壁平均分担。因此，在开切眼两帮煤体中，产生了应力集中现象，这种集中应力称为支承压力。它的大小为原始应力 γH 的 1.25～2.5 倍，最大值可为原始应力的 2～4 倍或更大。

由于"压力拱"的存在，开切眼处于减压状态。随着工作面的推进，开切眼扩大，"压力拱"破坏而消失，在工作面前方的煤体中，同样产生支承压力带，其范围自采煤工作面煤壁前方 2～3 m 起直至 10～45 m，有时可达近 100 m，最大支承压力区约距煤壁 5～15 m；而在工作面后方，当采空区冒落矸石压实到一定程度后，也产生支承压力带。前后两个支承压力带，随采煤工作面推进而移动，如图 1-2 所示。

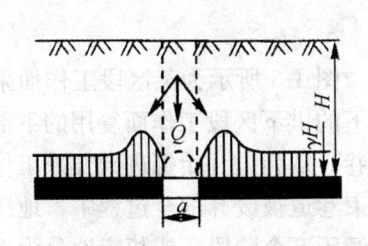

图 1-1　煤体内采掘开切眼后应力重新分布
a—切眼宽度；Q—切眼上部岩体重量；
H—煤层距地面深度；γ—上覆岩层的密度

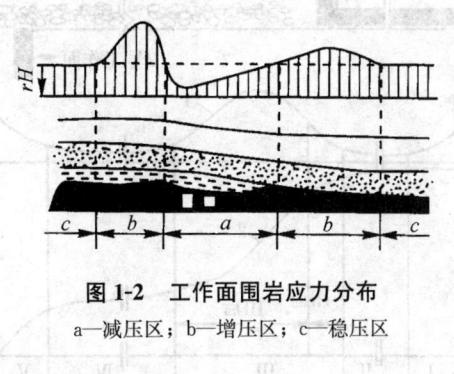

图 1-2　工作面围岩应力分布
a—减压区；b—增压区；c—稳压区

从图 1-2 中可以看出，由于采动影响的结果，在工作面前方煤体中和后方采空区内，可以分为三个压力区：

(1) 减压区。它的应力小于原始应力。
(2) 增压区。即支承压力区，它的应力大于原始应力。
(3) 稳压区。它的应力等于原始应力。

在采煤工作面上下两端的区段煤柱内，由于采煤和掘进区段平巷而形成支承压力，它的分布和工作面前方的支承压力基本相同。

2. 影响支承压力大小、分布的因素

支承压力的大小及其分布与顶板悬露的面积和时间、开采深度、采空区充填程度、顶底板岩性、煤层软硬度等有关。

(1) 采空区顶板悬露面积越大、时间越长，顶板压力就越大，而支承压力的分布范围和集中程度也就越大。
(2) 开采深度越大，支承压力越大。
(3) 采空区充填程度越密实，煤壁内支承压力越小，分布范围也越小。
(4) 顶板岩层越坚硬，顶板压力分布越均匀，支承压力的集中程度就比较小。若顶板裂隙发育，则支承压力比较集中，影响范围也较小。
(5) 煤层坚硬，支承压力比较集中，影响范围较小；反之，煤层松软，变形和破坏程度越大，则支承压力分布范围越大，其集中程度越低。
(6) 底板岩层坚硬，支承压力影响范围大，但集中程度小。

3. 支承压力显现

(1) 顶板超前下沉。采煤工作面前方尚未暴露的顶板下沉，有的可达 15～60 mm，甚至达 100 mm，往往形成台阶状下沉。

（2）煤壁破碎。工作面的煤壁发生变形破坏，导致煤壁破碎片落，有的使煤壁形成斜坡，造成顶板悬露面积增加，顶板破碎冒落。

（3）产生冲击地压。当顶底板均为厚而坚硬的岩层，煤层坚硬，开采深度大，形成很大的支承压力时，可能产生冲击地压。

（4）造成煤与瓦斯突出事故。支承压力集中程度高，不仅可能发生煤层突出、岩层突出，还可能伴随大量瓦斯和二氧化碳突出，造成恶性灾害事故。

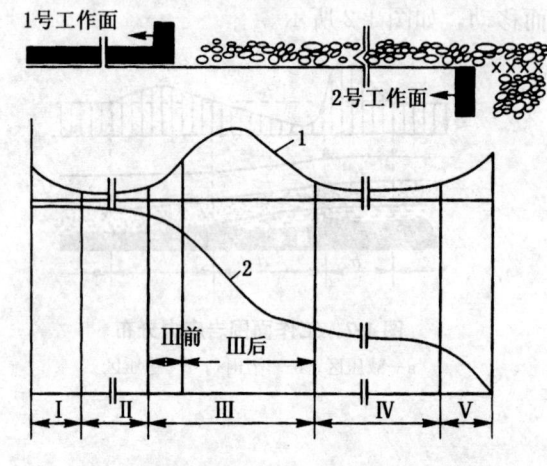

图 1-3　工作面下部平巷顶底板移动的全过程曲线
1—移动速度曲线；2—移动量曲线

四、采区平巷沿走向的地压显现规律

图 1-3 所示为某区段工作面采完后留下的供下区段工作面复用的下部运输平巷，从巷道开始掘进到开采工作安全结束巷道被废弃的全过程中，地压显现要经历五个阶段，或相应地分为五个不同的地压显现带。

1. 巷道掘进阶段（Ⅰ）

在煤岩体内掘进巷道，破坏了原始应力平衡状态，引起围岩应力重新分布，围岩立即产生移动和变形。但因掘进巷道仅对小范围煤岩体造成扰动，故一般情况下地压显现不会很剧烈，并且随着掘出时间的延长，围岩应力分布较快趋向平衡，移动速度也由剧烈转向稳定。其时间短的只有几天，长的可达十几个月，差别较大。

2. 无采动影响阶段（Ⅱ）

在这个阶段，围岩移动随着时间的增长，变形的增量极为微小；顶底板移动速度经掘进期间要小得多，故巷道基本上处于稳定状态。

3. 采动影响阶段（Ⅲ）

采动影响是由于采煤工作引起围岩应力再次重新分布而造成的。由于采空区面积大，导致岩层运动规模大，故这个阶段中地压显现也最强烈。采动影响的全过程是从工作面前方开始的。根据围岩性质、开采深度、煤层厚度等因素的不同，其超前影响距离由 10～20 m 至 40～50 m 不等，到工作面附近，采动影响已表现得相当剧烈，但其峰值区多数情况是位于工作面后方 5～20 m 范围内。该处顶底板移动速度很大，断面急剧缩小，支护变形折损很严重，是巷道维护最困难的地段。在巷道经受剧烈变形后，巷道上方各岩层的相互位置和力学状态得以调整，围岩中部分应力得到释放，岩层逐渐取得重新平衡。因此，在峰值区之后移动速度逐渐变小，通常至工作面后方 40～60 m 处，采空区上方岩层运动也逐渐趋于稳定，采动影响明显变小。

4. 采动影响稳定阶段（Ⅳ）

这是巷道围岩经受一次采动影响后重新进入相对稳定的阶段。故其围岩移动基本上与无采动影响阶段类似，但这个阶段中的围岩平均移动速度一般还比无采动影响阶段稍大一些。从工作面到采动影响稳定阶段的距离，少数从工作面后方 50～60 m 处即开始，但多数是在 100～200 m 以外。

5. 二次采动影响阶段（Ⅴ）

处于采动影响稳定阶段的巷道，在下区段工作面回采时，由于开采面积进一步扩大，重新引起顶板岩层失稳和运动，将再次受到采动影响。二次采动影响的时间和空间规律与一次采动影响类似，但由于受到下区段工作面超过支承压力和巷道煤体一侧残余支承压力的迭加作用，二次采动影响的剧烈程度和影响范围都会比一次采动影响稍大。

综合所述，在五个阶段中，采煤工作的影响是造成巷道变形破坏的主要原因。据有关资料表明，采动剧烈影响区内顶底板移近量一般为 200～300 mm，有时为 400～500 mm，相当于开采深度的 10%～18% 和 16%～21%。因此采区巷道矿压控制的关键在于减轻采煤工作对巷道造成的不良影响。

五、采煤工作面的初次来压与周期来压

1. 采煤工作面的初次来压

当采煤工作面由开切眼开始推进，直接顶的岩层双支梁一端支在前后煤壁上。随着工作面的推进，采空区的面积逐渐增大，梁的跨度也随之逐渐加大。由于直接顶岩层的强度较低或者直接顶岩层的层理与裂隙，在其自身重力及上覆岩层的作用下，将产生弯曲下沉，梁的跨度到一定程度后就会产生直接顶断裂并初次垮落。工作面自切眼开始到初次放顶后直接顶的第一次大面积垮落称为直接顶初次垮落。这时工作面推进的距离叫直接顶的初次垮落步距。在实际应用中，直接顶初次垮落步距按冒高超过 0.5 m，沿工作面方向冒落长度超过工作面总长度的 50% 时工作面煤壁至切眼煤帮之间的距离计算，如图 1-4 所示。

当工作面继续推进，直接顶呈悬臂梁状态，随采随冒；基本顶呈双支梁状态，支承其上部岩层重量，并将压力转移到两侧煤柱上，形成两侧煤柱上的支承压力。当基本顶的跨度超过其允许的跨度时，基本顶急剧弯曲、下沉直至断裂垮落。通常把基本顶第一次大面积垮落而造成工作面压力突然增大叫做基本顶初次来压。基本顶初次来压时，采煤工作面煤壁距切眼煤帮之间的距离称为基本顶初次来压步距，如图 1-5 所示。

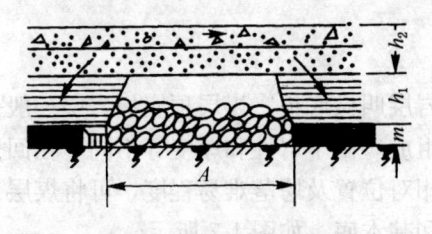

图 1-4 直接顶初次垮落
A—初次垮落步距；m—煤层厚度；
h_1—直接顶厚度；h_2—基本顶厚度

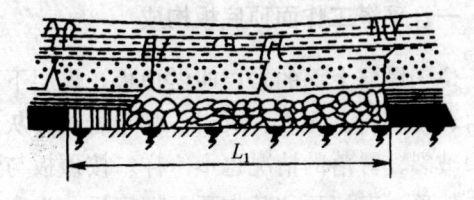

图 1-5 基本顶初次来压
L_1—基本顶初次来压步距

当采煤工作面基本顶初次来压时，工作面会出现一系列矿压显现，其特征如下：

（1）由于基本顶的活动，使工作面压力急剧加大，使支架受力猛增，顶板破碎，并出现平行煤壁的裂缝，甚至出现工作面顶板发生台阶状下沉。

（2）由于基本顶的剧烈活动，迫使工作面顶板下沉量和下沉速度急剧增加。

（3）由于基本顶悬露跨度增大，煤壁内的压力过于集中，而使煤壁片帮范围扩大，加上基本顶断裂时顶板急剧下沉，又进一步将煤壁压碎而发生片帮，同时造成直接顶冒落现象。

（4）由于基本顶折断垮落，在采空区深处先发生沉闷的雷响声，而后发生剧烈的响动、垮落，有时还伴有暴风并扬起大量煤尘。在基本顶初次来压步距非常大的情况下，还可能发生推垮工作面及巷道等毁坏工作面的现象。

（5）初次来压步距的大小与基本顶岩石的性质有关。据资料统计，根据基本顶岩石性质的不同，初次来压步距为 10～30 m 的约占 54%；30～55 m 的约占 37.5%；其余的大于 55 m，个别的还有超过 100 m 的，如大同四矿 8207 工作面坚硬顶板初次来压步距达到 159.7 m。

由于基本顶初次来压对工作面影响甚大，因此，在生产过程中必须掌握初次来压的特征，判断初次来压步距，确定初次来压时间，并制定预防初次来压专项安全技术措施。

2. 采煤工作面的周期来压

基本顶初次垮落后，就由双支承梁状态变为悬臂梁状态。当工作面推进一定距离后，基本顶悬臂梁达到一定长度，在其自重及上覆岩层的作用下，又会发生断裂和垮落，此时，同样会使工作面压力增大。由于这种垮落与来压是随着工作面不断推进而周期性出现的，所以就叫周期来压。每次基本顶折断、垮落，就形成一次周期来压现象。基本顶相邻两次来压之间的距离叫基本顶周期来压步距，如图 1-6 所示。

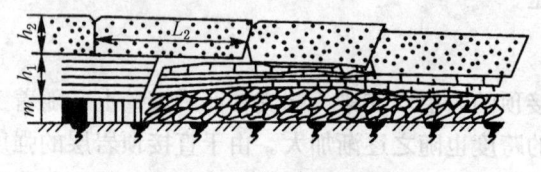

图 1-6 基本顶周期来压
m—煤层厚度；h_1—直接顶厚度；
h_2—基本顶厚度；L_2—基本顶周期来压步距

周期来压与初次来压一样，会给工作面带来不良影响。只不过周期来压步距较小（一般为初次来压步距的 1/2～1/4），所出现的矿压显现程度稍低。但比正常压力要大得多。所以，周期来压期间，同样要采取切实的安全技术措施，避免事故的发生。

第二节　围岩分类

一、采煤工作面顶底板构成

位于煤层上面的岩层叫做顶板，煤层下面的岩层叫做底板。煤层顶底板岩层一般是由砂岩、粉砂岩、泥岩、页岩、黏土岩或石灰岩等组成。由于岩性和厚度等不同，在回采过程中破裂、冒落的情况也不一样。按顶板与煤层相对位置及垮落难易程度，可将煤层顶板分为伪顶、直接顶和基本顶，把底板分为直接底和基本底，如图 1-7 所示。

1. 顶板

（1）伪顶。伪顶是指紧贴在煤层之上、极易垮落的岩层。其厚度一般为 0.3～0.5 m，常由炭质页岩、泥质页岩等硬度较低的岩层所组成。伪顶在回采时随着落煤而同时垮落。

（2）直接顶。直接顶位于伪顶或煤层（无伪顶时）之上，一般由一层或几层厚度不定的泥岩、页岩、粉砂岩等比较容易垮落的岩层所组成。具有能够随回柱放顶在采空区及时垮落的特征。

(3) 基本顶。基本顶又叫老顶。一般指位于直接顶或煤层（无直接顶和伪顶时）之上的厚而坚硬的岩层。基本顶一般为厚度大于 2 m、单向抗压强度大于 60~80 MPa、节理裂隙不发育、自然分层厚度大于 1 m、裂隙间距大于 1 m 的整体性较强的岩层。它能在采空区维持很大的悬露面积而不随直接顶垮落而垮落。基本顶通常由砂岩、石灰岩、砂砾岩等岩层组成。

多数煤层同时具有伪顶、直接顶和基本顶，但也有的煤层只有直接顶而没有伪顶和基本顶。也有的煤层没有伪顶、直接顶，煤层上面都是基本顶。

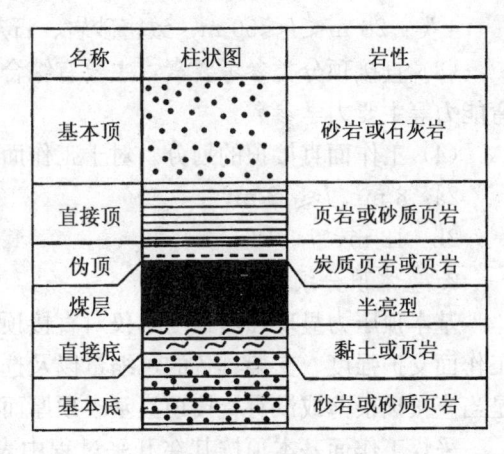

名称	柱状图	岩性
基本顶		砂岩或石灰岩
直接顶		页岩或砂质页岩
伪顶		炭质页岩或页岩
煤层		半亮型
直接底		黏土或页岩
基本底		砂岩或砂质页岩

图 1-7 煤层顶底板构成

2. 底板

(1) 直接底。直接底是指位于煤层之下、厚度较小（约为 0.2~0.4 m）、硬度较低的岩层。通常由泥岩、页岩、黏土岩等组成。

直接底遇水、风容易风化发生底鼓，支架容易插入，在倾角大的工作面由于直接底容易沿倾斜面滑动，往往引起工作面倾倒而发生冒顶。

(2) 基本底。基本底位于直接底或煤层（无直接底时）之下。一般由砂岩或砂质页岩、石灰岩等坚固岩层组成。

一般煤层同时具有直接底和基本底；但也有的煤层没有直接底，煤层下面紧贴基本底。

二、缓倾斜煤层采煤工作面顶板分类

1. 直接顶分类

直接顶是采煤工作面空间直接支护的对象。直接顶的稳定程度直接影响采煤工作面的顶板安全与生产能力的发挥，它是支护方式特别是液压支架架型选择的主要因素。

采煤工作面直接顶类别按其在开采过程中表现的稳定程度进行划分，共分为 4 类。其中 1 类又分为 2 个亚类。

(1) 直接顶类别代号及名称：

1 类——不稳定；

2 类——中等稳定；

3 类——稳定；

4 类——非常稳定。

(2) 直接顶分类基本指标、岩性和结构特征。基本指标为直接顶初次垮落步距 J。

1a 类：$J \leqslant 4$ m；泥岩、泥质页岩；节理裂隙较发育或松软。

1b 类：4 m$< J \leqslant 8$ m；泥岩、碳质泥岩；节理裂隙较发育。

2 类：8 m$< J \leqslant 18$ m；致密泥岩、粉砂岩、砂质泥岩；节理裂隙不发育。

3 类：18 m$< J \leqslant 28$ m；砂岩、石灰岩；节理裂隙很少。

4 类：28 m＜J≤50 m；致密砂岩、石灰岩；节理裂隙极少。

（3）直接顶分类参考要素：主要有综合弱化常量、单向抗压强度、分层厚度和等效抗弯能力等主要力学参数。

（4）工作面直接顶的划分。对于工作面直接顶，可根据需要分为两个亚类：

2a：8 m＜J≤12 m。

2b：12 m＜J≤18 m。

2. 基本顶分级

基本顶压力显现强烈程度不仅对直接顶的稳定程度有着直接的影响，而且对确定采煤工作面支护强度、支架具备的可缩量以及选择采空区处理方法等都起着决定性作用。特别是当直接顶很薄或没有直接顶且基本顶厚而坚硬时，对顶板管理至关重要。

采煤工作面基本顶按其在开采过程中表现的压力显现强烈程度进行划分，共分为四级。其中Ⅳ级又分为2个亚类。

（1）基本顶级别代号及名称：

Ⅰ级——不明显；

Ⅱ级——明显；

Ⅲ级——强烈；

Ⅳ级——非常强烈。

（2）基本顶分级指标：分级指标是基本顶初次来压当量 P。

Ⅰ级：P≤895 kN/m^2；

Ⅱ级：895 kN/m^2＜P≤975 kN/m^2；

Ⅲ级：975 kN/m^2＜P≤1 075 kN/m^2；

Ⅳa级：1 075 kN/m^2＜P≤1 145 kN/m^2；

Ⅳb级：P＞1 145 kN/m^2。

（3）基本顶分级应与相应的典型地质技术条件组合相匹配，主要有基本顶初次来压步距、煤层采高、直接顶充填系数。

三、缓倾斜煤层采煤工作面底板分类

工作面底板按其允许底板载荷强度由小到大分为五个类别，即Ⅰ类（极软类）、Ⅱ类（松软类）、Ⅲ类（较软类）、Ⅳ类（中硬类）和Ⅴ类（坚硬类）。其中Ⅲ类底板又分为Ⅲa类（较软a类）和Ⅲb类（较软b类）。

工作面底板分类的基本指标是允许底板载荷强度。辅助指标是允许底板刚度。参考指标是允许底板单向抗压强度。

工作面底板分类参考岩性为：Ⅰ类为充填砂、泥岩、软煤；Ⅱ类为泥页岩、煤；Ⅲa类为中硬煤、落层状页岩；Ⅲb类为硬煤、致密页岩；Ⅳ类为致密页岩、砂质页岩；Ⅴ类为厚层砂质页岩、粉砂岩和砂岩。

四、掘进工作面岩石分级（类）

在掘进工作面生产过程中，为了针对不同性质的岩石制定相应的作业方式、技术措施、工作定额和材料消耗定额，必须按岩石一定性质进行分级（类）。

1. 普氏岩石分级

普氏岩石分级即按岩石坚固性和坚固性系数对岩石分级,见表 1-1。

表 1-1　　　　　　　　　　普氏岩石分级

级别	坚硬程度	岩石特征	普氏系数
Ⅰ	极硬岩石	极硬、极致密和韧性最大的石英岩和玄武岩及其他特坚硬的岩石	20
Ⅱ	很硬岩石	很硬的花岗岩、石英岩、硅质页岩,比上述石英岩略弱的石英岩,最硬的砂岩和石灰岩	15
Ⅲ	硬岩石	花岗岩(紧密的),花岗质岩石,很硬的砂岩和石灰岩、石英质矿脉,很硬的砾岩,很硬的铁矿石	10
Ⅲ$_2$	硬岩石	石灰岩(坚硬的),不硬的花岗岩,硬的砂岩大理岩、黄铁矿、白云岩	8
Ⅳ	相当硬的岩石	普通砂岩,铁矿石	6
Ⅳ$_2$	相当硬的岩石	砂质页岩,片状砂岩	5
Ⅴ	中硬岩石	硬质黏土质片岩,不坚硬的砂岩和石灰岩,软的砾岩	4
Ⅴ$_2$	中硬岩石	各种不坚硬的页岩,致密的泥灰岩	3
Ⅵ	相当软的岩石	软片岩、软质灰岩、白垩、岩盐、石膏、冻结土、无烟煤、普通泥灰岩、破碎的砂岩、胶结的卵石和砂砾岩、掺石土	2
Ⅵ$_2$	相当软的岩石	碎石土、破碎的页岩、结块的卵石和碎石、坚硬的煤、硬化黏土	1.5
Ⅶ	软岩石	致密的黏土、中硬的煤、硬的冲积土、黏土质土壤	1
Ⅶ$_2$	软岩石	轻砂质黏土、黄土、砾石、软煤($f=0.6\sim1$)	0.8
Ⅷ	土质岩石	腐殖土、泥煤、轻砂质黏土、湿砂	0.6
Ⅸ	松散岩石	砂、岩屑、小砾石、堆积土、松散土、开采出的煤	0.5
Ⅹ	流砂性岩石	流砂、沼泽土、含水黄土、其他含水土壤($f=0.1\sim0.3$)	0.3

2. 围岩分类参考表

为了便于巷道支护设计、施工和管理,巷道围岩按稳定性分为 5 类,见表 1-2。

表 1-2　　围岩分类参考表

围岩分类		岩层描述	巷道开掘后围岩稳定状态（3～5 m 跨度）	岩种举例
类别	名称			
Ⅰ	强稳定岩层	1. 坚硬、完整、整体性强、不易风化，$R_b>60$ MPa。 2. 层状岩层，胶结较好，无软弱夹层	围岩稳定，长期不支护无碎块掉落现象	玄武岩、石英岩、石英质砂岩、奥陶纪石灰岩、第 12 纪石灰岩
Ⅱ	稳定岩层	1. 比较坚硬，$R_b=40\sim60$ MPa。 2. 层状岩层，胶结较好。 3. 坚硬块状岩层，裂隙面闭合无泥质充填物，$R_b>60$ MPa	围岩基本稳定，较长时间不支护会出现小块掉落	胶结好的砂岩、砾岩、石灰岩
Ⅲ	中等稳定岩层	1. 中硬岩层，$R_b=20\sim60$ MPa。 2. 层状岩层以坚硬层为主，夹有少量软岩层。 3. 软坚硬的块状岩层，$R_b=40\sim60$ MPa	能维持一个月以上稳定，会产生局部岩块掉落	砂岩、砂质泥岩、粉砂岩、石灰岩等
Ⅳ	弱稳定岩层	1. 较软岩层，$R_b<20$ MPa。 2. 中硬层状岩层。 3. 中硬块状岩层，$R_b=20\sim40$ MPa	围岩的稳定时间仅有几天	泥岩、胶结不好的砂岩、硬煤
Ⅴ	不稳定岩层	1. 高风化、潮解的松软岩层。 2. 各种破碎岩层	围岩很容易产生冒顶片帮	泥岩、软质灰岩、破碎砂岩等

3. 锚喷围岩分级

巷道掘进采用锚喷支护时，围岩按定性和定量分别划分级别，二者有差别时，一般以低者为准。定性分析主要有岩体结构、构造影响程度、结构面发育情况和组合状态；定量分析主要有岩石强度指标，岩体声波指标和岩体强度应力比。

锚喷围岩按主要工程地质特征分为五级。其围岩级别和毛洞稳定情况如下：

Ⅰ级：毛洞跨度 5～10 m 时，围岩能长期稳定，无碎块掉落。

Ⅱ级：毛洞跨度 5～10 m 时，围岩能较长时间（数月至数年）维持稳定，仅出现局部小块掉落。

Ⅲ级：毛洞跨度 5～10 m 时，围岩能维持一个月以上的稳定，主要出现局部掉块、塌落。

Ⅳ级：毛洞跨度 5 m 时，围岩能维持数日到一个月的稳定，主要失稳形式为冒落或片帮。

Ⅴ级：毛洞跨度 5 m 时，围岩稳定时间很短，约数小时至数日。

第三节　矿内空气

矿内空气的来源是地面空气。地面空气进入矿内后，其成分、温度、湿度和压力都将发生变化。

一、矿内空气名词解释

1. 新鲜空气

当矿内空气和地面空气的成分相差不大时叫新鲜空气。例如在进风井、井底车场，主要运输大巷和运输石门等处的空气，其成分没有发生变化或变化很小，都叫新鲜空气。

2. 乏风

当矿内空气和地面空气的成分相差较大时，叫乏风。例如，地面空气流经采掘工作面或井下机电硐室后，其成分发生了变化，都叫乏风。

3. 空气的密度

在单位体积内所含有的空气质量叫空气的密度。在标准状态下，空气的密度为 1.293 kg/m^3。

4. 空气的重率

在单位体积内所含有的空气重量叫空气的重率。在标准大气压下，干空气的重率为 12.67 N/m^3。

空气的密度和重率的关系：

$$V=\rho \cdot g$$

式中　V——空气的重率，N/m^3；

　　　ρ——空气的密度，kg/m^3；

　　　g——重力加速度，m/s^2。

5. 空气的比容

单位质量空气所占有的体积，叫空气的比容。在标准状态下，空气的比容为 0.773 m^3/kg。

空气的密度和比容的关系：

$$V=\frac{1}{\rho}$$

式中　V——空气的比容，m^3/kg；

　　　ρ——空气的密度，kg/m^3。

6. 空气的压力

矿内空气作用于井下巷道壁帮单位面积上的力，叫空气压力。

压力可用 Pa、mmH_2O 或 mmHg 和 atm 或 at 等单位来表示。它们之间的关系：

1 atm=760 mmHg=10 332 mmH$_2$O；

1 at=10 000 mmH$_2$O。

7. 空气压力分类

空气压力分绝对压力和相对压力。

绝对压力是以真空为基准测算的压力。

相对压力是以当地同标高的大气压力为基准测算的压力。

8. 空气压力形成

井下风流任一断面存在静压、速压和位压三种形式的压力。

静压是指空气对巷道壁帮单位面积施加的压力。

速压是指井下空气流动时，空气对巷道壁帮单位面积施加的压力。速压又叫动压。

位压是指因空气位置高度差而在单位面积施加的压力。

9. 空气的温度

采掘工作面空气的温度过高或过低，都会使作业人员感到不适，甚至会危害人员身体健康和安全生产。《煤矿安全规程》中规定，进风井口以下的空气温度必须在 2 ℃以上；生产矿井、采掘工作面空气温度不得超过 26 ℃，机电设备硐室的空气温度不得超过 30 ℃。

10. 空气的湿度

空气的湿度是指矿内空气中含有水蒸气的数量。

空气的湿度分为两类：

绝对湿度是指单位体积空气中所含水蒸气的质量，g/m^3；

相对湿度是指一定体积空气中含水蒸气质量与同温度和同体积下饱和水蒸气质量之比，%。

11. 空气的流速

空气的流速是指井下空气流动的速度，也叫风速，m/s。

井巷和采掘工作面的风速过低或过高都不好。《煤矿安全规程》规定了不同用途井巷和采掘工作面的最低和最高风速要求。如有人通行的井巷风速不得超过 8 m/s，最低 0.15 m/s。

二、矿内空气成分

1. 地面空气的主要成分

地面空气是相对矿内空气而言，也叫"大气"。

地面空气成分主要由氧（O_2）、氮（N_2）和二氧化碳（CO_2）组成。它们所占比例有以下两种计算方法：

(1) 按体积所占的百分比计算：氧气（O_2）为 20.96%，氮气（N_2）为 79%，二氧化碳（CO_2）为 0.04%，其他气体（如惰性气体、水蒸气）为 0.87%。

(2) 按质量所占的百分比计算：氧气（O_2）为 23.1%，氮气（N_2）为 75.6%，二氧化碳（CO_2）为 0.046%，其他气体（如惰性气体、水蒸气）为 1.254%。

2. 矿内空气成分的性质和安全标准

(1) 氧气（O_2）。

①氧气（O_2）的性质。

——氧气的物理性质。氧气是一种无色、无味、无臭的气体，相对密度为1.11，绝对密度为1.429 kg/m³。难溶于水。

——氧气的化学性质。氧气的化学性质很活泼，能与大多数元素发生化学反应。

——氧气的助燃性。氧气能够帮助燃烧。不同物质燃烧所需含氧量不同，例如，沼气燃烧所需含氧量不得低于15%，木料燃烧所需含氧量不得低于5%。

——氧气能供人呼吸。氧气能供人和动物呼吸，甚至植物的生长也离不开氧气。

②氧气（O_2）对人体健康的作用。

——人的耗氧量。人体维持正常生命过程需要氧气。

人的耗氧量取决于人的体质、精神状态和劳动强度等因素。一般来说，人在休息状态下平均耗氧量为0.25 L/min；在工作和行走状态下平均耗氧量为1~3 L/min。

——空气中氧气浓度对人体健康的作用。

如果空气中氧气浓度减少，人的呼吸就会感到困难，严重时会因缺氧而死亡。见表1-3。

表1-3　　　　　　　　　空气中氧气对人体健康的作用

氧气浓度	对人体健康的作用
17%	人在静止状态下尚无影响，如果从事强度较大的活动或者劳动就会呼吸困难和心跳加速，引起喘息
15%	人的呼吸急促，感觉迟钝，以致不能从事劳动活动
10%~12%	人将失去理智，时间稍长就会对生命构成威胁
6%~9%	人将失去知觉，如果不及时进行抢救就会造成死亡

——井下氧含量减小的原因。地面空气进入井下后，由于人的呼吸、煤岩的氧化、坑木的腐烂变质以及井下发生火灾等原因，使矿内空气中的氧含量减小。另外在煤矿采掘过程中不断产生的和煤岩层不断释放的各种有害气体，特别是沼气的涌出，都相应地降低了矿内空气中的氧含量。例如：井下空气中瓦斯浓度增加至40%时，氧含量将下降到12.576%，而这种现象在井下盲巷、不通风或通风不良的巷道中是有可能发生的。

③氧气（O_2）的安全标准。

《煤矿安全规程》中规定，采掘工作面进风流中，氧气浓度不低于20%。

(2) 氮气（N_2）

①氮气（N_2）的性质。

氮气是一种无色、无味、无臭的惰性气体，不能助燃，也不能供人呼吸。氮气相对密度为0.97，绝对密度为1.25 kg/m³。

②氮气（N_2）对人体健康的影响。

氮气本身对人体健康无害，但当空气中氮气浓度过高时，会使空气中氧气含量相应下降，使人因缺氧而窒息，甚至死亡。

(3) 二氧化碳（CO_2）

①井下二氧化碳（CO_2）的来源。

井下二氧化碳的来源主要是：

——坑木腐朽变质、煤炭及含碳岩层缓慢氧化。

——煤层中二氧化碳含量高，有时会发生煤（岩）与二氧化碳突出现象。

——采掘作业爆破后，会生成大量的二氧化碳。经测定，硝铵炸药爆炸后能生成 150 L/kg 二氧化碳。

——人在井下从事生产劳动时，呼出的二氧化碳一般为 0.75～0.85 L/min。

——井下发生瓦斯、煤尘爆炸和火灾事故时产生大量的二氧化碳。

②二氧化碳（CO_2）的性质。

二氧化碳是一种无色、无味、略带酸味的气体。不能助燃，也不能供人呼吸。易溶于水。成酸性液体后对人的眼、鼻、口腔、黏膜有刺激作用。

二氧化碳相对密度为 1.52，绝对密度为 1.965 kg/m^3，所以它多积存在通风不良的巷道底部或下山等低洼地点。

③二氧化碳（CO_2）对人体健康的危害。

二氧化碳对人体健康危害较大，见表 1-4。

表 1-4 空气中二氧化碳对人体健康的危害

二氧化碳浓度	对人体健康的危害
微量	促使人的呼吸加快、呼吸量增加
1%	人的呼吸变化急促
5%	人的呼吸感到困难，伴有耳鸣和血液流动加快的感觉
10%～20%	人的呼吸将处于停顿状态并失去知觉，时间稍长就会有生命危险
20%～25%	人将窒息死亡

④二氧化碳（CO_2）的安全标准。

《煤矿安全规程》中规定，采掘工作面进风流中，二氧化碳浓度不超过 0.5%。矿井总回风巷或一翼回风巷中二氧化碳浓度超过 0.75% 时，必须立即查明原因，进行处理。

3. 矿内空气中的有害气体

（1）一氧化碳（CO）

①井下一氧化碳（CO）的来源。

井下一氧化碳来源主要是：

——瓦斯、煤尘爆炸。当井下发生瓦斯或煤尘爆炸后，空气中一氧化碳浓度高达 2%～4%，甚至更高。

——煤炭氧化和火灾。1 kg 煤燃烧一般可生成 2 m^3 的一氧化碳。另外，用水直接灭火时也会生成大量一氧化碳。

——采掘作业爆破。经测定，硝铵炸药爆炸后能生成 100～300 L/kg 一氧化碳。

②一氧化碳（CO）的性质。

一氧化碳是一种无色、无味、无臭的气体。其相对密度为 0.97，绝对密度为 1.25 kg/m^3。微溶于水。在正常的温度和压力条件下，化学性质不活泼，当空气中一氧化碳浓度达到13%~75%时，能引起燃烧和爆炸。

③一氧化碳（CO）对人体健康的危害。

一氧化碳的毒性很强，对人体健康危害极大。它对人体血色素的亲和力比氧气大250~300倍，吸入人体后的一氧化碳会很快与血色素结合，阻碍氧气与血色素的正常结合，导致血色素吸氧能力降低，使人体各组织和细胞缺氧，引起中毒、窒息甚至死亡。见表1-5。

表1-5　　　　　　　　　空气中一氧化碳对人体健康的危害

一氧化碳浓度	对人体健康的危害
0.016%	数小时后人会感到轻度头痛
0.048%	使人产生轻微中毒，出现耳鸣、头晕、头痛、心跳加速等现象
0.128%	使人产生严重中毒，失去行动能力，感觉迟钝
0.4%	在很短时间内，人将失去知觉、痉挛，甚至死亡

④一氧化碳（CO）的安全标准。

《煤矿安全规程》中规定，矿井空气中一氧化碳的最高允许浓度为0.0024%。

(2) 硫化氢（H_2S）的性质和安全标准

①井下硫化氢（H_2S）的来源。

井下硫化氢（H_2S）的来源主要是：

——坑木的腐烂变质。

——由废弃的老巷道或煤（岩）层中逸出。

——硫化矿物在遇水分解、燃烧和爆炸时生成。

——井下火灾所产生的氢气，遇黄铁矿会形成硫化氢。

②硫化氢（H_2S）的性质。

硫化氢是一种无色、微甜、带臭鸡蛋味的气体。相对密度为1.19，绝对密度为1.52 kg/m^3。易溶于水。遇火后能燃烧和爆炸（爆炸界限为4.3%~45.5%）。硫化氢有剧毒。

③硫化氢（H_2S）对人体健康的危害。

硫化氢具有极强的毒性。它能刺激人的眼膜和呼吸系统，阻碍人体的氧化过程，使人体缺氧。见表1-6。

表1-6　　　　　　　　　空气中硫化氢对人体健康危害

硫化氢浓度	对人体健康的危害
0.0001%	人能嗅到气味
0.005%	在数小时后人发生轻度中毒，严重时流唾液和鼻涕，呼吸困难
0.02%	人将严重中毒，出现头晕、头痛、呕吐和四肢乏力现象
0.05%	人将很快地失去知觉，发生痉挛，如不及时抢救会有死亡危险
0.1%	人在极短时间内会死亡

④硫化氢（H_2S）的安全标准。

《煤矿安全规程》中规定，矿井空气中硫化氢的最高允许浓度为0.000 66%。

(3) 二氧化硫（SO_2）的性质和安全标准

①二氧化硫（SO_2）的来源。

二氧化硫的来源主要是：

——从煤（岩）层逸出。

——从矿井水中逸出。

——含硫煤（岩）层的氧化、自燃及其粉尘爆炸生成。

——采掘工作面的爆破作业形成，特别是含硫较高的炸药。

②二氧化硫（SO_2）的性质。

二氧化硫是一种无色、有强烈硫磺味和酸味的气体。易溶于水。相对密度为2.2，绝对密度为2.86 kg/m^3。常积聚于巷道的下部位置。有强烈的毒性。

③二氧化硫（SO_2）对人体健康的危害。

二氧化硫对人的眼睛、呼吸道有强烈的刺激作用，可使喉咙、支气管发炎，导致呼呼器官麻痹，引起肺水肿，直至死亡。见表1-7。

表1-7　　　　　　　　空气中二氧化硫对人体健康危害

二氧化硫浓度	对人体健康的危害
0.000 5%	人能嗅到刺激性气味
0.002%	对人的眼睛、呼吸道有强烈刺激，造成眼睛红肿、流泪、头痛、喉痛、咳嗽
0.05%	使人引起肺水肿、急性支气管炎，短时间内即死亡

④二氧化硫（SO_2）的安全标准。

《煤矿安全规程》中规定，矿井空气中二氧化硫最高允许浓度为0.000 5%。

(4) 二氧化氮（NO_2）的性质和安全标准

①二氧化氮（NO_2）的来源。

二氧化氮的主要来源是井下采掘工作面爆破作业。通常爆破产生一氧化氮和一氧化碳，当一氧化氮遇到空气中的氧时，立即被氧化成二氧化氮。

②二氧化氮（NO_2）的性质。

二氧化氮是一种呈红褐色、具有强烈刺激臭味的气体。相对密度为1.57，绝对密度为2.054 kg/m^3。易溶于水。有剧毒。一般情况下二氧化氮中毒潜伏期较长，吸入人体后，并不一定马上表现出症状，而是经过数小时甚至20多小时，毒性才发作。

③二氧化氮（NO_2）对人体健康的危害。

二氧化氮极易溶解于水生成亚硝酸、硝酸，对人的眼睛和呼吸器官具有强烈的刺激作用，能引起咳嗽、吐黄痰、呼吸困难，直至肺水肿，很快致人死亡。见表1-8。

表1-8　　　　　　　　空气中二氧化氮对人体健康危害

二氧化氮浓度	对人体健康的危害
0.006%	人在短时间内就会产生喉痛、咳嗽和肺痛现象
0.01%	人在短时间内会产生强烈咳嗽、呕吐和神经麻痹现象
0.025%	很快就会致人死亡

④二氧化氮（NO_2）的安全标准。

《煤矿安全规程》中规定，矿井空气中二氧化氮的最高允许浓度为0.000 25%。

(5) 井下氢气（H_2）的性质和安全标准

①井下氢气（H_2）的来源。

井下氢气的来源主要是：

——蓄电池充电时生成。

——井巷中行驶的内燃机车或单轨吊车生成。

②氢气（H_2）的性质。

氢气是一种无色、无味、无臭的气体。相对密度为0.587，绝对密度为1.43 kg/m³。氢气能溶于水，经测定，100 L水中氢气的溶解量可达2.15 L。

③氢气（H_2）的危害性。

氢气具有燃烧和爆炸性。当氢气浓度达到7%～74%时能发生爆炸，发火点为300 ℃，与氧混合时爆炸危害性更大，爆速可达2 820 m/s左右，温度可达3 000 ℃左右。

④氢气（H_2）的安全标准。

《煤矿安全规程》中规定，井下充电室风流中以及局部积聚处，氢气的最高允许浓度为0.5%。

(6) 氨气（NH_3）的性质和安全标准

①氨气（NH_3）的性质。

氨气是一种无色、具有强烈刺激性臭味的气体。相对密度为0.587，绝对密度为1.25。易溶于水，易液化。在一般情况下化学性质不活泼。当氨气浓度达到16%～27%时具有爆炸性。有毒性。

②氨气（NH_3）对人体健康的危害。

氨气是剧毒气体，对人体上呼吸道黏膜有较大刺激作用，引起咳嗽，使人流泪、头晕、严重时可导致肺水肿，直至死亡。同时，还会刺激皮肤和严重损伤眼睛。见表1-9。

表1-9　　　　　　　　空气中氨气对人体健康危害

氨气浓度	对人体健康的危害
0.004%～0.009 3%	对人有明显的刺激作用
0.047%～0.05%	对人有强烈的刺激作用，时间稍长能引起贫血，体重下降，抵抗力减弱、产生肺水肿，直至死亡

第四节 矿　　图

矿图是反映井下煤层及围岩的产状、地质构造，以及巷道之间、煤层之间、采区之间、水平之间和井上、下之间相互关系和相对位置的图纸。

矿图是煤矿企业中极为重要的技术资料，是正确指导生产、管好企业的基础工作，也是煤矿班组长系统地了解井下自然条件的变化、掌握采掘工作的进展情况、搞好班组的正常生产和安全生产的重要依据。

一、矿图分类

矿图的种类很多，一个生产矿井必须具备的图纸一般分两大类，即矿井测量图和矿井地质图。

1. 矿井测量图

矿井测量图是根据井上、下的实际测量资料绘制而成的。一个矿井必须具备的矿井测量图有以下几种：

（1）井田区域地形图。
（2）工业广场平面图。
（3）井底车场平面图。
（4）采掘工程平面图。
（5）主要巷道平面图。
（6）井上、井下对照图。
（7）井筒断面图。
（8）主要保安煤柱图。

在以下八种矿图中，除（1）和（2）为地面测量图外，其余六种为井下测量图。

2. 矿井地质图

矿井地质图是一种反映矿井井田范围内煤层地质情况和构造情况的图纸。它是在矿井测量图的基础上，将生产过程中收集到的地质资料填绘上去，经过分析和推断，绘制成相应的地质图。一个矿井必须具备的矿井地质图有以下几种：

（1）地形地质图。
（2）煤层等高线图。
（3）地质剖面图。
（4）矿井瓦斯地质图。
（5）矿井水文地质图。

二、矿图要素

绘制矿图的 5 个要素是：

1. 比例尺

绘制矿图时不能将地面各种地物、地貌或井下各种巷道、工作面和硐室按其真实大小描绘在图纸上，而必须将它们实际的水平尺寸缩小若干倍后再描绘在图纸上。按这种缩小的倍数做成的尺子就是比例尺。例如，在比例尺为 1∶2 000 的矿图上量得巷道长度为 5 cm，则巷道实际长度为 100 m。

煤矿常用的图纸常用比例尺有 1∶5 000、1∶2 000、1∶1 000、1∶500 和 1∶200 多种。一般常用的矿图都有统一规定的比例尺，例如采掘工程平面图常为 1∶2 000 和 1∶1 000，井下巷道断面图常为 1∶200、1∶100 和 1∶50 等。

2. 坐标系统

为了准确地反映矿图上物件的地理位置，必须具有坐标系统。常用的坐标系统有以下两种：

(1) 地理坐标

地理坐标是一种网络全球的统一坐标。在这种坐标中，地面上任一点的位置是用它在地球球面上的经纬度表示的。某一点的经纬度就称为该点的地理坐标，或称球面坐标。

(2) 平面直角坐标

平面直角坐标是由两条相互垂直的直线构成。因为测区范围很小，地球表面的弯曲程度是很微小的，所以可以将该测区的球面当作平面来看待，在平面直角坐标中表示地面各点的相对位置。

在图 1-8 中，纵坐标轴 OX 是与地球子午线方面一致的，表示南北方向；横坐标 OY，表示东西方向；纵横坐标轴的交点 O，称为坐标原点。在平面 XOY 上，一点的位置可用该点对坐标轴的垂直距离来确定，这就是该点的坐标。图 1-8 中一号井井口在 OX 轴方向的距离为 1 522 m，用 X 表示；在 OY 轴方向的距离为 1 635 m，用 Y 表示，这样一号井井口的坐标为：$X=1\,522$；$Y=1\,635$。

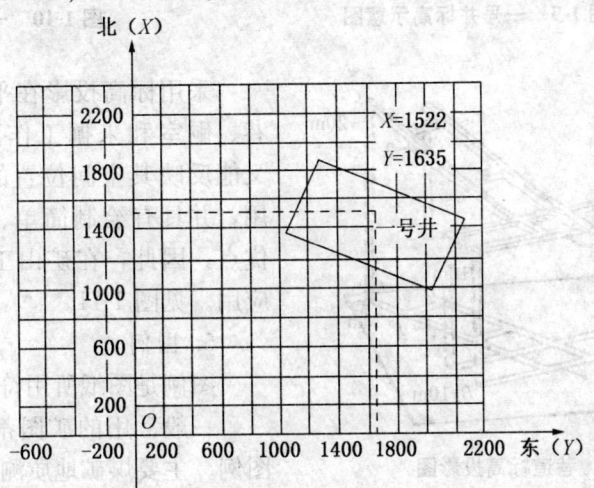

图 1-8 点的坐标

对任何一个测区，均可自行选择坐标原点的位置，或者采用国家规定的统一坐标系统。

3. 高程

高程是地面或井下任一点至水准面的垂直距离，又称标高，也是该点的第三坐标。高于水准面的标高为正，低于水准面的标高为负。两点之间的高程差距为高差，以绝对值表示。由于所选取的水准面不同，高程有以下三种：

(1) 绝对高程

绝对高程又称海拔，是地面或井下任一点至大地水准面的垂直距离。我国大地水准面是以黄海平均海水面作为起算面。

(2) 相对高程

相对高程是地面或井下任一点至假定水准面的垂直距离。

如图 1-9 中一号井口高于水准面 16 m，则其标高为 +116，用 "Z" 表示。这样，一号井的三个坐标为：$X=1\,522$，$Y=1\,635$，$Z=+116$。

4. 标高投影

标高投影是把空间物体垂直投影到零水面上，并将标高数值注在各点投影位置的旁侧，用来说明每个点高于或低于零水平面的数据。

图 1-10 为一号井标高投影图。图形的立井井筒平面图上的投影只是一个圆圈。为了反映井口和井底高程位置，在井筒平面图右侧标记井筒名称，在左侧标记井口、井底及各开采水平的标高。

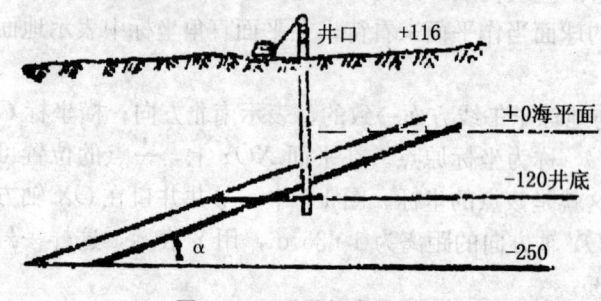

图 1-9 一号井标高示意图

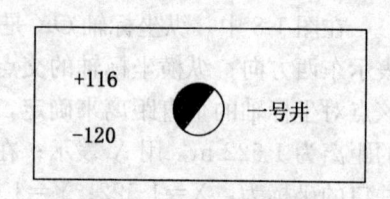

图 1-10 一号井标高投影图

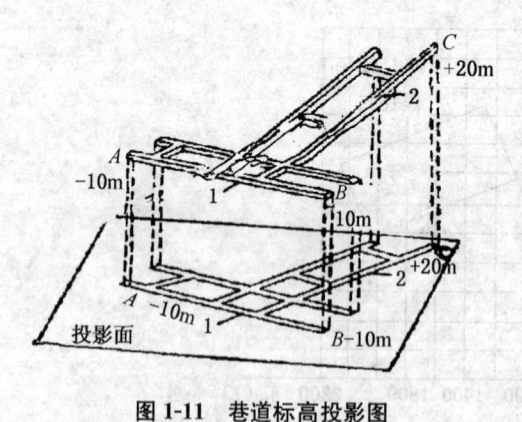

采用标高投影在平面图上既能反映井巷、硐室和采掘工作面的水平投影图形，又能反映其空间位置的高低起伏，一图两用，并具有绘制简单、精确，便于度量等优点，因此，在矿山工程图中得到了广泛应用。见图 1-11。

5. 图例

图例是图纸所用符号的含义。

一般常用的矿图都有国家统一规定的图例。主要煤矿地质测量图例见表 1-10。

图 1-11 巷道标高投影图

1—大巷；2—上山；A、B、C—标高点

表 1-10　　　　　　　主要煤矿地质测量图例

图例	名称	图例	名称
◐	立井	→	进风流方向
◯ (斜纹)	暗立井	◦→	回风流方向

续表1-10

图例	名称	图例	名称
⼨20°	斜井		水闸门
	平硐	500	等高线
	煤巷		向斜轴
	岩巷		背斜轴
	砌碹巷道	30°	正断层
	喷锚巷道	35°	逆断层
	木支架巷		平移断层
	裸体巷道	45°	逆掩断层
50°	井底斜煤仓	30°	走向倾斜
	风桥		断层上盘交面线
	风门	—×—×—	断层下盘交面线
	密闭		积水区
	隔风墙		陷落柱

三、等高线图

等高线图是将标高相同的各点的连线正投影到水平面上得到的图形。在矿图中广泛使用等高线图来表示地形、地物和井下煤层的空间形态。

等高线图一般分为地形等高线图和煤层底板等高线图。

1. 等高线图的名词解释

(1) 等高距。等高距是指相邻两条等高线的标高之差。在同一图上等高距是一致的。

(2) 等高线的平距。等高线的平距是指相邻两条等高线之间的最短水平距。

等高线的平距大小是由地形、地物的坡度所决定，坡度陡的地方，等高线就稠密，平距则小；坡度缓的地方，等高线就稀疏，平距则大。

2. 地形等高线图

表示各种地形的等高线图叫地形等高线图。见图1-12。

(1) 地形等高线的识读

①凹坑和山岗

凹坑和山岗的等高线图都是一圈套一圈的闭合曲线。等高线的标高由外向里逐一降低者为凹坑，如图1-13中的"a"；反之，等高线的标高逐一升高则为山岗，如图1-13中的"b"。

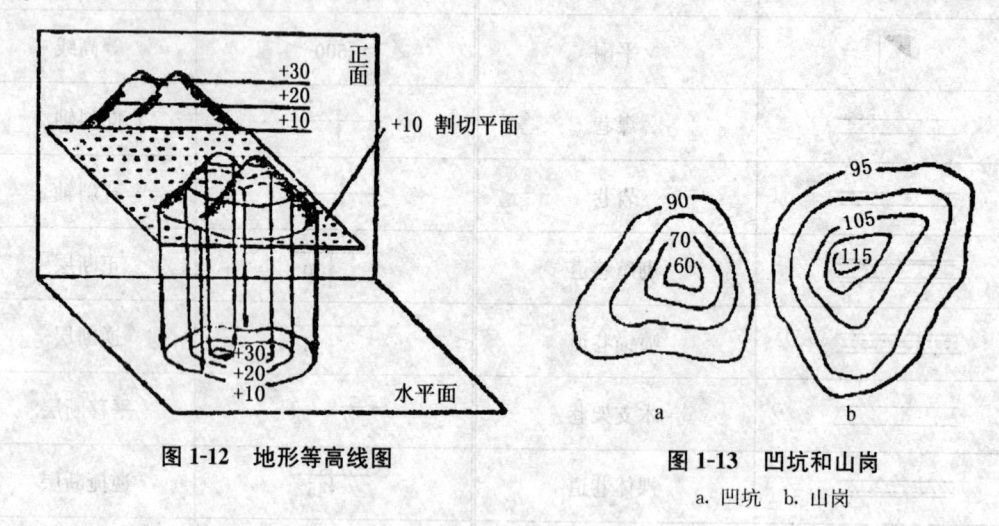

图1-12 地形等高线图

图1-13 凹坑和山岗
a. 凹坑 b. 山岗

②地形陡缓

地形陡缓可由等高线的疏密来表示。等高线稀疏表示地形平缓，如图1-13中"a"的西南方向和"b"的南侧平缓；等高线稠密表示地形陡峻，如图1-14中"a"的东北方向和"b"的西侧陡峻。图1-14中a、b的东侧较平缓，南侧和东北侧则较陡峻。

图1-14 山脊和山谷
a. 山脊 b. 山谷

③山脊和山谷

山脊和山谷等高线图形基本相同，区别在于山脊的等高线凸出方向是坡度降低方向，如图1-14中"a"；而山谷的等高线凸出方向是坡度升高方向，如图1-14中"b"。

(2) 用地形等高线图绘制地形剖面图

图1-15的上部是一幅地形等高线图，现要绘制该地形A-B剖面的地形剖面图，其方法如下：

①A-B剖面线与等高线相交的各点一一编号，为1、2、3……10。

②在图的下方作一与A-B剖面线平行的直线A′B′，并设其标高为±0。

③根据等高线图的比例尺和等高距作出标高为+10米、+20米、+30米……的水平

线。

④将等高线图上各交点向相应标高的水平线作出虚线垂直相交,并编上 1′、2′、3′……10′。

⑤将 1′、2′、3′……10′等点圆滑自然地连接起来,就成为所需要的地形剖面图。

3. 煤层底板等高线图的识读

煤层底板等高线图是一种把煤层底界面与不同标高水平面的交线,垂直投影到平面上的图纸。

煤层具有顶、底板 2 个大致平行的层面,对采煤工程来说,底板面更加稳定、重要,所以通常只画煤层底板等高线图。在煤层底板等高线图上,等高线的延伸方向,就是煤层的走向,其延伸方向和等高线平距的变化反映煤层空间形态和构造变化。见图 1-16。

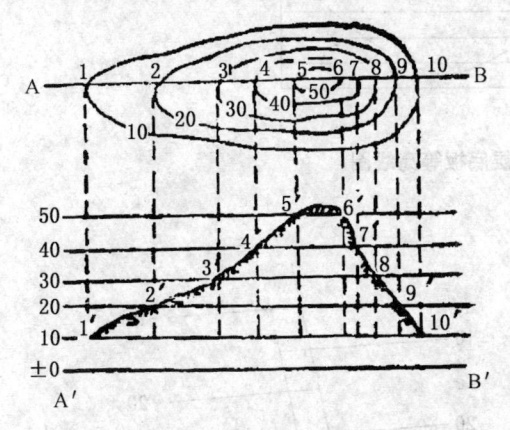

图 1-15 地形剖面图

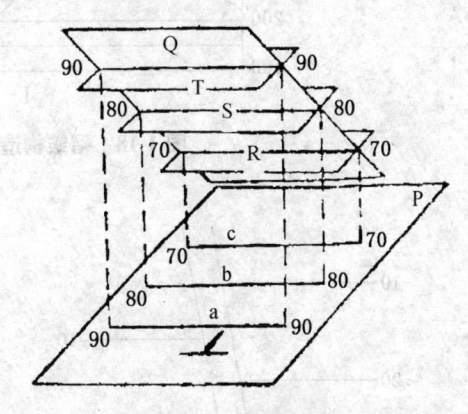

图 1-16 煤层底板等高线图

Q—倾斜煤层底板面;T、S、R—水平面;a、b、c—底板等高线的投影;70、80、90—标高值

(1) 单斜煤层

图 1-17 所示的煤层底板等高线成一组标高不等的平行直线,这样的煤层可以想象为底板规整、倾角均匀的单斜煤层。煤层的走向为北东,倾向为南东,走向方位角为 45°。

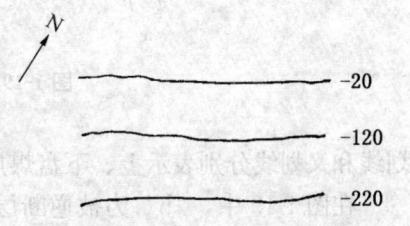

(2) 褶皱构造煤层

图 1-17 单斜煤层底板等高线图

图 1-18 所示的煤层底板等高线成一组标高不等的弯曲线。等高线弯曲部分是煤层褶曲的地方。等高线向高处凸出表示向斜构造,其顶点的连线(ab)是向斜轴;等高线向低处凸出表示背斜构造,其顶点的连线(cd)为背斜轴。

(3) 穹隆、盆地构造煤层

穹隆、盆地构造煤层底板等高线图与地形等高线图的识读方法一样。

(4) 断层构造煤层

断层构造在煤层底板等高线图上是用断层面与煤层面高线的投影来表示的。断层面与煤层面高线叫断层交面线。点划线(—•—)表示上盘,叉划线(—×—)表示下盘。

在图 1-19 中,"a" 为被正断层断开的煤层。其底板等高线中断,在煤层错开处用点

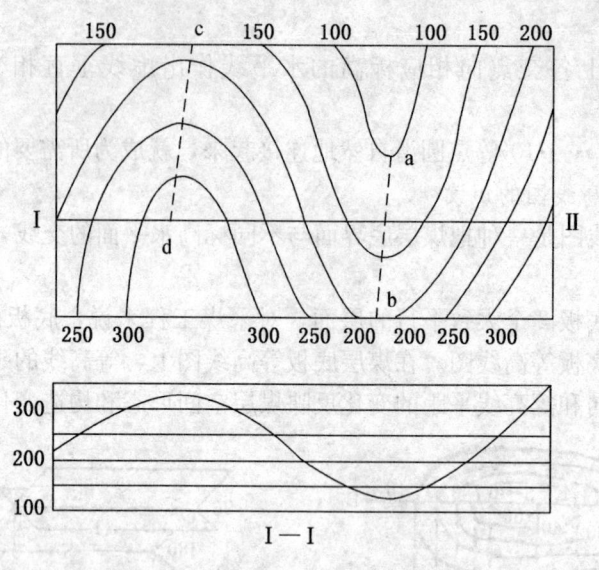

图 1-18 褶皱构造煤层底板等高线图

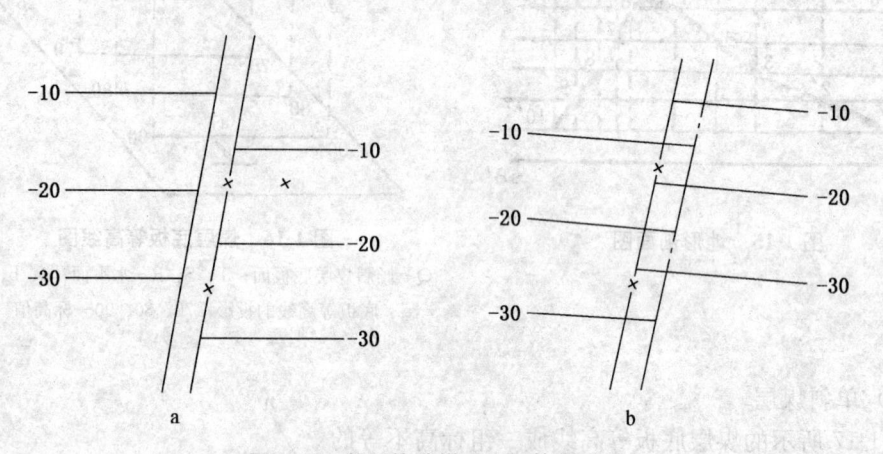

图 1-19 断层构造煤层底板等高线图

划线和叉划线分别表示上、下盘煤层的边界；煤层底板等高线缺失的地方，为无煤带。

在图 1-19 中，"b"为被逆断层断开的煤层。其不缺失，而是重复，使煤层底板等高线发生交错重迭现象，重迭部分的上盘等高线为实线，下盘因被上盘覆盖，等高线为虚线。

四、采掘工程平面图

1. 采掘工程平面图

采掘工程平面图是全面反映煤层赋存状态和主要地质构造，井下主要硐室、采掘巷道布置、工程进展和工作面相互位置关系，以及开拓系统、通风运输等系统的综合性图纸。如图 1-20 所示。

采掘工程平面图是直接根据地质、测量和采煤资料绘制的，是矿图中最主要的图纸。

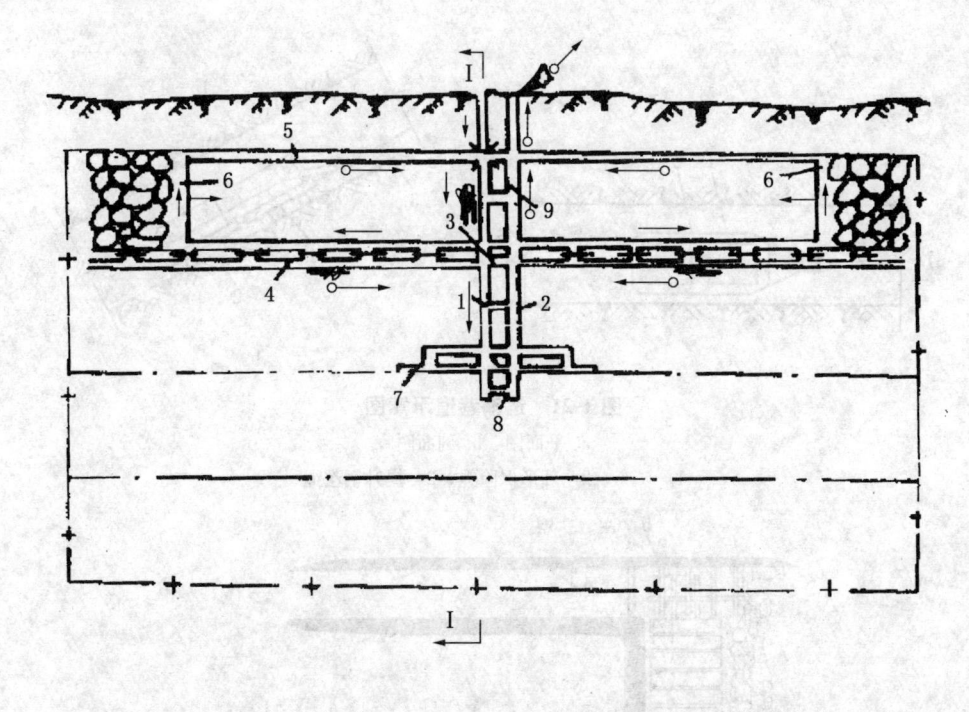

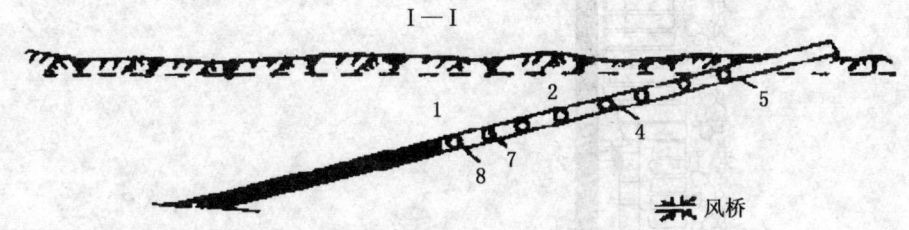

图 1-20 采掘工程平面图
1—主井；2—副井；3—第一片盘车场；4—第一片盘运输巷；5—第一片盘回风巷；
6—采煤工作面；7—第二片盘运输巷；8—泵房水仓；9—联络巷

2. 采掘工作剖面图

为了清楚地表示采掘工程内部情况，用一个假想的平面将采掘工程有关部位剖切开来，移掉剖切平面前面部分，剩下部分用正投影的方法画出，这种图纸称为采掘工程剖面图。

采掘工程剖面图与平面图相配合，使人们更清楚地了解采掘工程的状态，所以它在生产、技术、安全及抢险救灾等工作中应用十分普遍。

图 1-21 为运输巷道平面图和剖面图。

图 1-22 为综采工作面平面图和剖面图。

图 1-23 为普采工作面平面图和剖面图。

3. 主要巷道平面图的识读

主要巷道平面图一般是按水平分别绘制的水平投影图。

(1) 巷道分类

巷道主要可分竖直巷道、倾斜巷道和水平巷道三类。

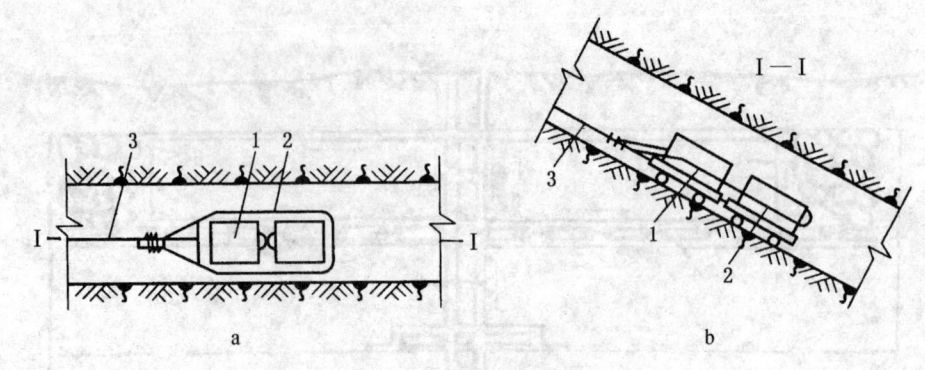

图 1-21 运输巷道示意图
a. 平面图　b. 剖面图
1—矿车；2—环形保险绳；3—提升钢丝绳

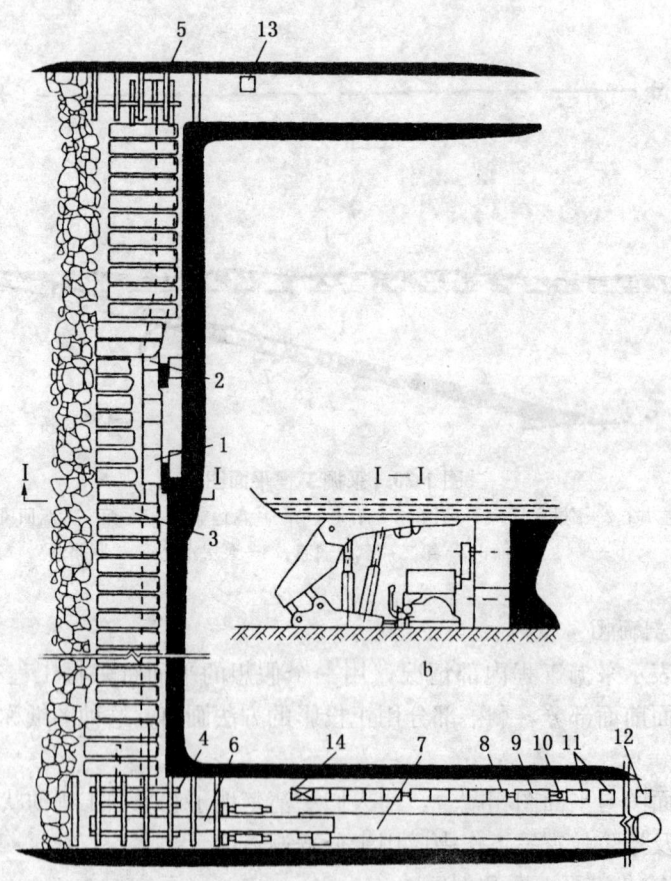

图 1-22 综采工作面平面图和剖面图
1—采煤机；2—刮板输送机；3—液压支架；4—下端头支架；5—上端头支架；6—转载机；7—可伸缩带式输送机；8—配电箱；9—乳化液泵站；10—设备列车；11—移动变电站；12—喷雾泵站；13—液压安全绞车；14—集中控制台

①竖直巷道。立井、暗立井属于竖直巷道。在图上表示为一圆形截图。

②倾斜巷道和水平巷道。如斜井、平硐都以专用符号表示，其余巷道都用双线或单线

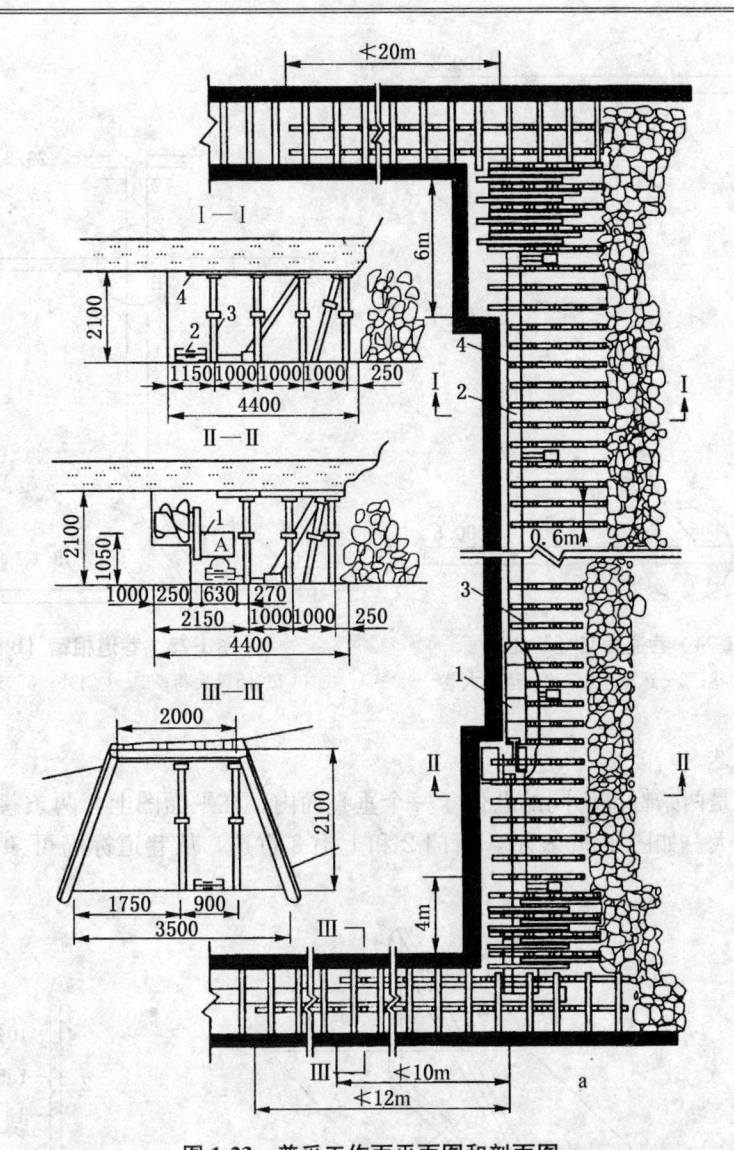

图 1-23　普采工作面平面图和剖面图
1—采煤机；2—刮板输送机；3—单体液压支柱；4—铰接顶梁

表示。在着色的原图上，不同类型的巷道可涂以不同的颜色；在不着色的蓝图上，则需根据图名、巷道名称和巷道底板标高来判断。

(2) 巷道相互位置

①巷道相交。

巷道相交是两条方向不同的巷道相交于一处。在平面图上，两条相交巷道的交点处标高应相等。巷道用双线表示时，相交处线条中断。如图 1-24 所示。

②巷道相错。

巷道相错是两条方向不同、标高不同的巷道在空间相错。在平面图上，两条相错巷道的高点处标高不一样。巷道用双线表示时，相交处上部巷道线条连续，而下部巷道线条中断。如图 1-25 所示。

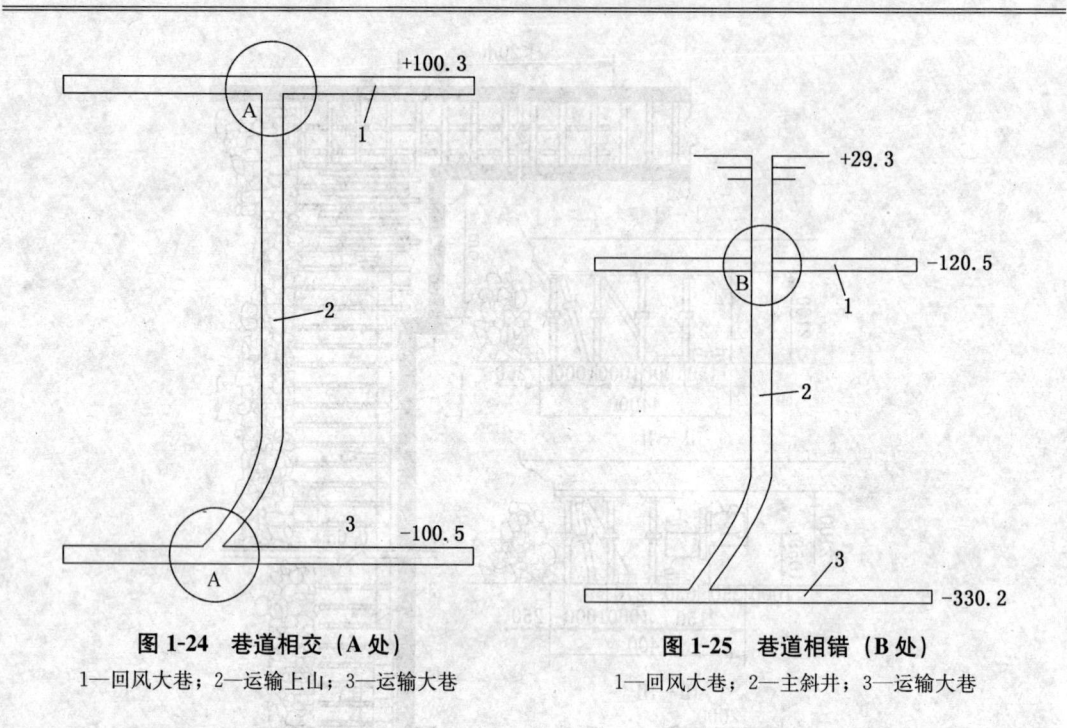

图 1-24　巷道相交（A 处）
1—回风大巷；2—运输上山；3—运输大巷

图 1-25　巷道相错（B 处）
1—回风大巷；2—主斜井；3—运输大巷

③巷道重迭。

巷道重迭是两条标高不同的巷位于一个垂直面内。在平面图上，两条巷道重迭在一起但标高相差甚大。如图 1-26 表示，石门 2 和上山 3 重迭，从巷道标高可知，上山 3 位于石门 2 的上方。

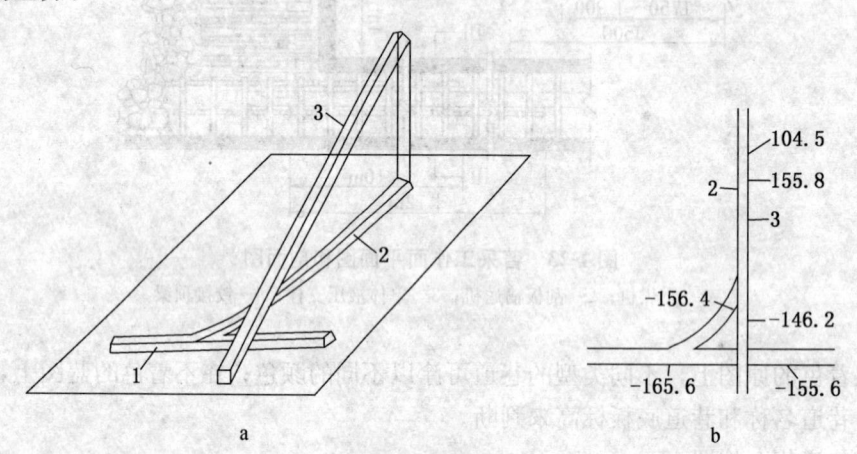

图 1-26　巷道重迭
1—运输大巷；2—石门；3—上山

4. 采掘工程平面图的识读

采掘工程平面图表示的范围有大有小。就图的覆盖面来说，有的表示全矿井范围内所有采掘工作面，而有的仅表示某一采区，甚至某一个采煤工作面；就图的覆盖煤层来说，有的表示矿井集中联合布置的采掘工程，而有的仅表示某一煤层。

识读采掘工程平面图的步骤一般如下：

(1) 看标题栏。首先看图的名称，了解这张图是什么图，用什么视图（平面图、正面图、层面图或剖面图）表达什么内容。看图的比例尺，数一数经纬线的方格数，大致了解工程的尺寸。

(2) 看图例。通常在右下角注有本图所用图例。熟悉图例，读图时才能够了解所表达的内容。

(3) 看煤层的走向和倾斜。先看图上的指北针定出东南西北。找到煤层等高线（因为它上面有标高，较容易找到），就是煤层的走向（煤层的露头线也是煤层走向，露头线条很粗，还有文字标注，很显眼，但有些图中没有）。从标高较高的等高线垂直指向标高较低的等高线，就是煤层的倾斜。

(4) 判别巷道性质。沿走向开掘的巷道，在图上大致和等高线平行，多是水平巷道，可从巷道名称来识别。没有标注巷道名称时，根据巷道底板的标高来判别。如图 1-27 中，8402 回风巷（或运输巷）相邻三点的标高数值都很接近，就可以判别他们是水平巷道。

沿倾斜方向（与等高线垂直或斜交）开掘的巷道，可根据与它两端相连接的巷道标高来判别它是石门或上下山。如图 1-27 中所示，8 400 上山两端相连接的两条平巷标高的差很大（126.4－82.4＝44 m），可判断它是上山。反之，如果标高相差很小，就可判断它是石门。

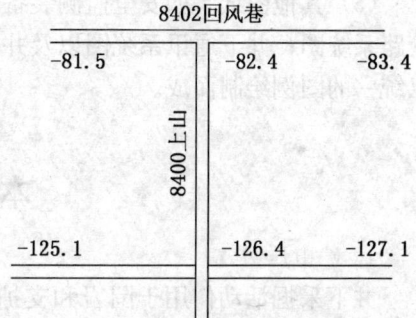

图 1-27　从标高识别巷道性质

采煤工作面也是沿倾斜方向，它有规定的符号，比较容易识别。如果是已着色的矿图，可以根据巷道颜色来识别。各种巷道所用颜色，在该图图例中都有注明。

(5) 根据图例找煤层的地质构造形态和煤层赋存情况

在采掘工程平面图上找出煤层底板等高线，各断层的交面线，煤的风化带、氧化带、变薄带、冲蚀带、火成岩石蚀区，不可采区，井下火区、水淹区、老采空区，见煤钻孔和煤层厚度等。

(6) 找出主要巷道的系统。先在工业广场煤柱的范围中找到井筒和井底车场，主要运输大巷是从井底车场沿走向向两翼延伸出来的。沿运输大巷向前，找到上山（有时还要经过石门）。在回采工作面下方与上山相连通的是区段运输平巷，在工作面上方的是回风平巷，依次找到风井，就完成一个采区的系统。

矿井一般有 2～3 个采区同时生产，用同样的方法，可以找到其他采区的系统，并分清采区的范围。

(7) 看图时最好与剖面图对照阅读，从平面（或正面）图中找到剖切位置线及剖切符号，找出相应的剖面图对照阅读，想象这些巷道在空间的位置和相互关系。这样可以获得矿井主要巷道系统的立体概念，并很容易找到所求的目标。

五、矿井其他系统示意图

所谓示意图是指不按比例绘制的图纸。示意图在矿井生产建设中应用非常广泛。

(1) 通风系统示意图。

通风系统示意图是表示矿井通风系统的路线、通风设备和通过井下巷道及工作面的风量、风速等情况的总图。

通风系统示意图包括通风系统平面示意图、通风系统立体示意图和通风网络图。

（2）运输系统示意图。表示从放煤眼开始到主井井底为止的整个井下运输系统、运输方法、运输设备和各段运输量的综合图纸。

（3）排水系统示意图。表示井下各个水平、各个地段涌水排出井外的排水线路、排水设备和排水量等的综合图纸。

（4）井下供电系统示意图。表示井下供电线路、供电设备等的综合图纸。

（5）其他图纸。如安全监测装备布置图；防尘、防火注浆、压风、充填、抽放瓦斯等管路系统图；井下通讯系统图以及井下安全避灾路线图等，都是以巷道平面图为基础，配以统一的图例绘制而成。

本章主要知识点

1. 矿山压力

井下采掘活动作用于围岩和支护上的力叫做矿山压力，简称矿压。受力后围岩会变形、支护被压断、歪扭等，这种力学现象统称为矿压显现。

2. 围岩分类

缓倾斜煤层采煤工作面直接顶分为不稳定、中等稳定、稳定和非常稳定 4 类，基本顶分为不明显、明显、强烈和非常强烈 4 级。

3. 矿内空气

新鲜空气进入矿内后，其成分、温度、湿度和压力都发生变化。氧气浓度下降，一氧化碳、硫化氢、二氧化硫、二氧化氮等有害气体含量增加。

4. 矿图

矿图是煤矿企业极重要的技术资料。主要包括矿井测量图和矿井地质图以及矿井生产安全系统示意图。

复习思考题

1. 什么叫矿山压力？
2. 采煤工作面的初次来压有哪些特征？
3. 缓倾斜煤层采煤工作面直接顶分为哪几类？基本顶分为哪几级？
4. 氧气对人体健康有什么作用？其安全标准是如何规定的？
5. 一氧化碳对人体健康有哪些危害？其安全标准是如何规定的？
6. 硫化氢有哪些性质？
7. 班组长为什么要学习矿图知识？
8. 矿图有哪五大要素？
9. 如何识读断层构造的煤层底板等高线图？
10. 识读采掘工程平面图有哪些步骤？

第二章　采掘工作面生产活动

采煤和掘进生产过程是煤炭生产过程中最基本、最主要的生产过程。采掘工作面是采掘工人从事煤炭生产的工作场所，煤矿企业一切活动都是围绕着采掘工作进行的。班组长是采掘工作面生产活动的组织者和指挥者，而采掘工作面便是锻炼提高班组长综合素质的熔炉。

目前，我国煤矿采掘工作面类别很多。采煤工作面根据落煤方式和技术装备分为炮采工作面、普采（含高档普采）工作面和综采工作面三类。掘进工作面按照巷道的煤（岩）类别分为岩巷、半煤岩巷和煤巷掘进工作面。在采煤工作面方面，由于我国煤炭资源赋存条件和采煤技术水平的不同，今后在相当长的时间内，三类采煤工作面将共同存在。因此，今后要有重点、有步骤地发展综采工作面，积极普及普采和高档普采工作面，不断更新炮采工作面装备，改进炮采工艺，实现采煤工作面安全、高效、低耗，促进煤矿现代化建设。

第一节　采掘工作面作业特点

一、采掘工作面作业特点

1. 连续性

所谓连续性，是指采掘工作面与其他环节、采掘工作面内各道工序在前后的衔接上，都是相互关联、密不可分、连续不断的。如果发生不合理的中断现象，将造成工时损失、降低劳动生产率和减少产量、进尺，影响整个采掘工作面作业的正常进行。

2. 平行性

所谓平行性，是指采掘工作面内工序是互相平行进行的，例如：采煤工作面中，采煤机在前面割煤，后面 10 m 左右可以同时移溜，移过溜的地段同时可以支柱，这样割煤、移溜、支柱可以在不同位置同时作业。掘进迎头放炮后，可以出煤，出煤后可以支架，这就是在同一地点不同时作业。因此，在安排采掘工作面各道工序时，尽可能实行平行作业，充分利用空间和时间，实现高产、高效、安全的目的。

3. 均衡性

所谓均衡性，是指采掘工作面各道工序和各个环节之间按照规定的节拍，均衡、有节奏地进行作业。在相同的时间间隔内，完成大体相等或稳定上升的产量和进尺，每个工作地点的负荷相对稳定。采掘工作面作业只有均衡，才能稳定。所以，班组长在组织生产中，不能为了完成和超额完成生产任务而一味追求暂时的、局部的高产多尺而影响工作面的长期稳定。

4. 比例性

所谓比例性，是指采掘工作面与各个环节，如与通风、运输等环节能力相适应，工作面内各道工序、各工种人数匹配，基本工序、辅助工序和服务工作相协调。所以，班组长在组织班组生产活动中，要准确确定生产作业中各种比例关系，保证生产作业正常进行的需要。但是，随着新技术的采用，生产工艺的改进，劳动组织的改善，班组工人综合素质的提高，生产作业会出现不平衡现象。因此，班组长必须注意并采取有效措施及时进行调整和消除不协调的现象，努力保证生产过程的合理比例关系。

采掘工作面以上四项作业特点，是相辅相成、互相制约的。比例性、平行性是实现连续性的前提条件，比例性、连续性、平行性又为实现均衡性创造了必要条件。

二、采掘工作面作业的性质

1. 基础性

所谓基础性，是指一切决策、控制信息、管理措施都要通过采掘工作面作业去落实，操作煤矿企业的各项专业性管理，如劳动管理、质量管理、安全管理、技术管理和设备物资管理等，都要通过采掘工作面作业去实现。

2. 综合性

所谓综合性，是指采掘工作面作业是多工种、多工序的。多工种作业一人连一人，多工序操作一环扣一环，一个工种、一个作业人员、一道工序出现问题，都可能影响整个采掘工作面的正常生产活动。班组长必须树立综合管理的思想，管理好每一个工种和每一道工序。

3. 协同性

所谓协同性，是指采掘工作面多工种、多工序作业具有的相互协调、同一性质。班组长在采掘工作面作业管理中，除了管理好每一个工种、每一道工序外，还要注意做好它们之间的协同性，使它们互相配合，协调一致，互创有利条件，共同完成作业任务。

4. 效益性

所谓效益性，是指采掘工作面作业的最终目的是实现高产、高效、低耗、安全。企业的整体效能和综合效益主要通过采掘工作面作业来完成。所以班组不能单纯地追究产量和进尺，而应当考虑全面完成经营目标。

5. 动态性

所谓动态性，是指采掘工作面作业的人、物、信息等诸多因素是不断变化的。例如：采掘工作面不断移动，作业场所经常变化；人员经常流动；新技术的投入、新工艺的推广、新操作的普及、新标准的制定，都使工作面作业具有动态变化、发展前进的特点。

6. 群众性

采掘工作面的每一项活动都是由人来进行的，每一个生产任务都是靠人来实现的，人是工作面作业的核心要素，采掘工作面是人的劳动场所，是人与人、人与物的结合点，诸多的结合点形成了人流、物流、信息流，形成了诸多的群体活动。因此，班组长要克服只见物、不见人的偏向，要重视做好人的思想政治工作。

三、采掘工作面在矿井生产中的地位

1. 矿井生产过程的特点都集中反映在采掘工作面的生产过程中

煤矿企业生产的特点直接影响企业的生产技术管理的基本内容和方法。一般来说，煤矿企业具有以下几个特点：

（1）煤矿企业的劳动对象是煤，这决定了绝大多数煤矿企业的劳动场所在井下。煤存储在井下，开采条件复杂多变，自然灾害严重，作业条件恶劣，劳动强度大，因此，必须认真贯彻落实煤矿安全生产方针，提高机械化程度，确保安全生产；煤炭资源是国家的宝贵财富，开采后不能再生，必须认真贯彻执行煤炭工业技术政策，提高煤炭资源回收率；煤炭作为煤炭企业的产品，生产过程中所消耗的原材料不能转化为产品实体，因此，要减少材料消耗，提高回收复用率。

（2）煤炭企业生产场所是移动的。作为煤炭企业劳动对象的煤是固定的，但作为煤炭生产场所的采掘工作面却是经常移动的，原来的采煤工作面、采区、开采水平采完煤炭以后就要进入到新的采煤工作面、采区、开采水平去采煤，需要按时、按质、按量准备好新的采煤工作面、采区、开采水平，这就是采掘工业特有的需要进行大量生产准备工作。因此，必须坚持以采促掘、以掘保采、采掘并举、掘进先行的方针。

（3）工艺循环性是煤炭采掘生产组织的客观规律。采掘工作面工序是复杂的，但这些工序依照一定的安排周而复始循环进行。采煤工作面中，随着落煤、装煤、运煤的进行，需要在采煤工作地点及时进行必要的支护，并移动输送机等设备，最后进行回柱放顶，这样在采煤工作面每向前推进一定进度后，又顺次重复进行这些工序，构成一个个循环周期。掘进工作面每向前掘进一定距离，也同样要顺次重复进行破煤（岩）、装煤（岩）、运煤（岩）和支架（护）等工序。因此，要求采掘工作面根据不同地质条件、技术装备和工艺流程，组织采掘工作面正规循环作业。

（4）煤矿企业拥有比较繁多的、技术复杂的生产设备。随着采煤机械化、自动化水平的不断提高，各种现代化的提升、运输、通风、排水、采掘等设备越来越被广泛地采用。在煤矿生产过程中，任何一台设备发生故障都将影响整个矿井生产过程的进行，特别是由于设备维护环境差，加之有瓦斯煤尘爆炸的危险，因此，必须加强对矿井机电设备的维修保养，保证煤矿安全、正常地生产。

（5）煤矿企业生产环节多、部门多、生产过程联系紧密。煤炭生产是一个多环节、多部门紧密配合的过程。煤矿是一个十分复杂的企业单位。为了保证采掘工作面生产连续均衡地进行，不仅要有井下提升、运输、通风、排水、动力供应、机电设备、物资材料供应等各个环节的紧密配合，而且还要有井上洗选加工和运销、塌陷迁建等各环节的密切协调，同时还需要合理组织地质、测量、计划、设计、劳动工资、供应、财务、煤质及安全等各个部门相互支持。上述一个环节或一个部门出现问题都会直接影响矿井煤炭生产。因此，必须进行综合调度，实现综合平衡。

2. 采掘工作面是实现煤矿企业经营目标的基本环节

煤矿企业的商品——煤炭，是在采掘工作面直接生产出来的，由此可见，采掘工作面在矿井中的地位是起点和基础，这是实现煤矿企业经营目标诸多环节中的基本环节。煤炭产量的高低、质量的优劣和成本的多少都是由采掘工作面起决定性、基础性作用的。因此，必须搞好采掘工作面的生产活动，才能促进企业全面完成生产技术经济指标，在日益激烈竞争的市场经济中生存、壮大，求得企业的快发展、大发展和全面发展。

3. 采掘工作面是实现矿井安全质量标准化的关键部位

由于采掘工作面作业场所的特点和客观规律，决定了它是煤矿安全质量标准化的"主战场"。安全威胁不仅来自井下自然灾害较多因素，而且作业人员集中，生产环节、工序较多，作业人员相互配合协调不当，也易导致事故的发生和灾情的扩大。所以，采掘工作面往往成为生产安全事故的重灾区，影响整个矿井安全指标的实现。由于采掘工作面环境条件恶劣，再加上它的移动性，实际上已经成为矿井质量标准化的难点和重点。因此，搞好采掘工作面的安全质量标准化是推动矿井安全质量标准化的关键。

4. 采掘工作面是培养人才、实现和谐矿井的平台

采掘工作面条件复杂，生产任务繁重，是锻炼人、培养人的大熔炉。班组长不仅需要强健的身体，而且需要扎实的采掘生产技术知识、丰富的现场管理经验和高尚的职业道德情操。他不仅要带领班组工人完成采掘工作面的产量和进尺计划，而且要将采掘工作面所有人员团结在一起，互相关心，互相帮助，实现和谐工作面，促进和谐矿井建设。

第二节　炮采工作面生产活动

炮采是一种比较落后的采煤技术，但对复杂的地质条件适应性强，设备简单，管理容易，所以广泛地使用在条件复杂的中小型煤矿和大型矿井边角、煤柱等的开采。

炮采工作面的生产活动主要包括落煤、装煤、运煤、支护和回柱放顶五大工序。新中国成立以来，我国炮采工艺得到了长足发展：工作面采用毫秒延期雷管起爆，提高了爆破效果和安全性；由木支柱支护顶板发展为摩擦式金属支柱和金属铰接顶梁，又发展为防炮崩单体液压支柱，支护工作效率得到提高，生产更为安全；由拆移式刮板输送机发展为能力较大、能整体前移的可弯曲刮板输送机运煤，而且在输送机两侧分别安装生产煤板和挡煤板，提高了煤炭自装率；由放顶线设置木垛、密集变为安装切顶支柱，切顶效果更好。随着工艺的进一步发展，使炮采工作面生产效率得以提高，月产量大幅度上升，安全面貌整体改观。

一、爆破落煤

爆破落煤是炮采工作面生产活动的主要特点。爆破落煤包括钻眼、装药、填炮泥、联炮线及爆破等工序，即使用煤电钻在采煤工作面煤壁上钻炮眼，然后在炮眼内装入炸药和雷管，进行联线，操作发爆器，使炸药爆炸，将煤炭自煤壁上破落下来。

1. 爆破落煤的基本要求

爆破落煤应达到"两高"、"两少"、"七不"的要求。

"两高"：炮眼利用率高，保证采煤工作面的循环进度；爆破自装率高，保证爆破后煤体松散适度，尽量减少人工攉煤量；同时要防止将煤抛到采空区内，提高煤炭采出率。

"两少"：尽量增加每一次爆破的炮眼个数，以减少放炮次数，缩短因爆破而影响的采煤时间；合理布置炮眼和装药量，降低炸药和雷管的消耗，提高经济效益。

"七不"：不崩坏顶板；不崩倒、崩坏支柱；不崩翻刮板输送机；不留底煤和伞檐，便于攉煤和支护；不出大块煤，减少二次破碎煤块工作量；不崩人员；不引燃引爆瓦斯、煤尘。

2. 炮眼布置

炮眼布置一般应根据煤层的厚度、硬度、层理与裂隙以及顶板的稳定情况来合理确定，如图 2-1 所示。

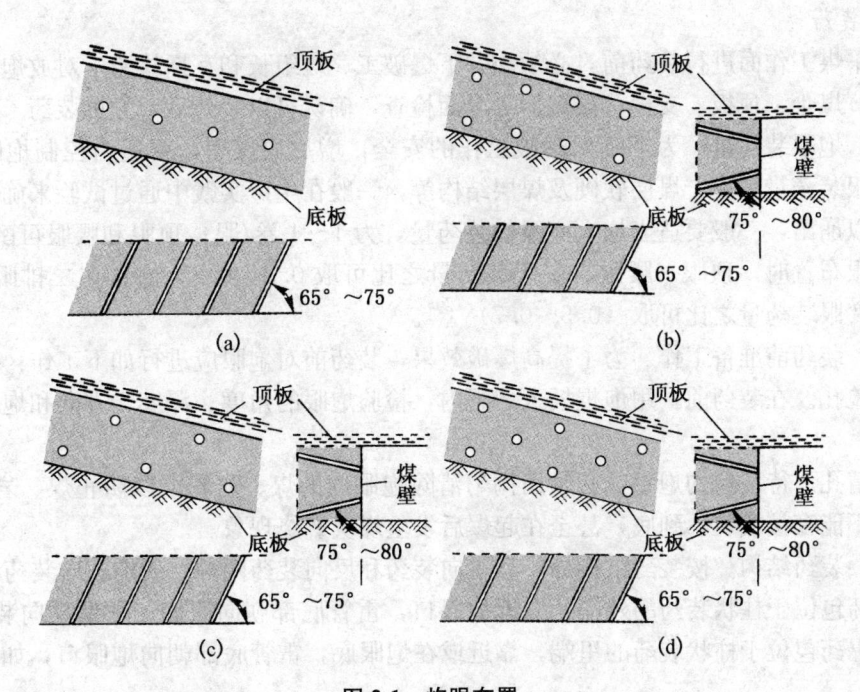

图 2-1 炮眼布置
(a) 单排眼；(b) 双排眼；(c) 三花眼；(d) 三排眼（五花眼）

(1) 炮眼排数

单排眼，主要适用于厚度在 1.0 m 以下或煤质松软的中厚煤层。

双排眼，主要适用于厚度在 1.0~1.5 m 或煤质中硬的中厚煤层。若上下排的炮眼相对错开，又称三花眼。

三排眼，主要适用于厚度大于 1.5 m 或煤质较硬的中厚煤层。若中排眼位于上下排眼的中部，又称五花眼。

(2) 炮眼角度。为了提高爆破效果，便于钻眼工种的操作，炮眼一般布置成一定角度。

①水平角。水平角是指炮眼与煤壁的水平夹角。一般取煤层倾斜方向与煤壁成 65°~75°。煤层较硬时，可适当减小炮眼水平角；煤层较软时，可适当加大炮眼水平角。

②仰角。仰角是指炮眼与顶板在垂直面上的夹角。一般取 5°~10°。它的作用是将煤层沿顶板崩落，既不破坏顶板完整性，又不留顶煤。其眼底位置视煤层软硬、煤的粘顶和顶板情况而定，可选与顶板距离 0.1~0.5 m。

③俯角。俯角是指炮眼与底板在垂直面上的夹角。一般取 10°~15°。它的作用是将煤层沿底板崩出，不丢底煤，不破坏底板。其眼底位置一般距底板约 0.2 m。

(3) 炮眼眼距。炮眼眼距依煤层硬度和崩出煤的块度而定。在正常情况下，炮眼眼距与眼深之比为 3：5 左右。所以，当采煤工作面眼深为 1.2 m 时，眼距应为 0.7 m 左右。顶眼与顶板距离一般为 0.3~0.5 m 左右。底眼与底板距离一般为 0.2 m 左右。

(4) 炮眼眼深。采煤工作面炮眼眼深以循环进度和炮眼角度为准。在一般情况下，考虑炮眼利用率，炮眼眼深要大于循环进度 0.2 m。

3. 装药

在采煤工作面进行装药前,必须由井下爆破工、班组长和瓦斯检验工对放炮地点的通风瓦斯、煤尘、顶板、支护、爆破器等全面检查,确认可以装药后,方可装药。

(1) 炮眼装药量。为了确保爆破工作的安全,增加块煤率,要适当控制炮眼的装药量。炮眼装药量取决于煤层软硬及煤层结构等,一般在生产实践中通过试验来确定。由于底煤难以崩出,一般要适当加大底眼的装药量,为 1~4 卷/眼;顶眼和腰眼可酌情减少。在三排眼布置时,顶眼、腰眼、底眼装药量之比可取 0.5:0.75:1;在二排眼布置时,顶眼与底眼装药量之比可取 (0.5~0.7):1。

(2) 装药前准备工作。为了提高爆破效果,装药前对炮眼应进行如下工作:

①验孔。在装药前,用炮棍插入炮眼内,检验炮眼的角度、深度、方向和炮眼内的情况。

②清孔。待装药的炮眼,必须用掏勺清除炮眼内的煤、岩粉,以防止煤、岩粉堵塞,使药卷不能密接或装不到底,甚至在起爆后发生煤炭燃烧现象。

(3) 装药结构。按装药结构分,有正向装药和反向装药两种。所谓正向装药结构,是指起爆药包位于柱状装药的外端,靠近炮眼口,雷管底部朝向眼底;所谓反向装药结构,是指起爆药包位于柱状装药的里端,靠近或在炮眼底,雷管底部朝向炮眼口,如图 2-2 所示。

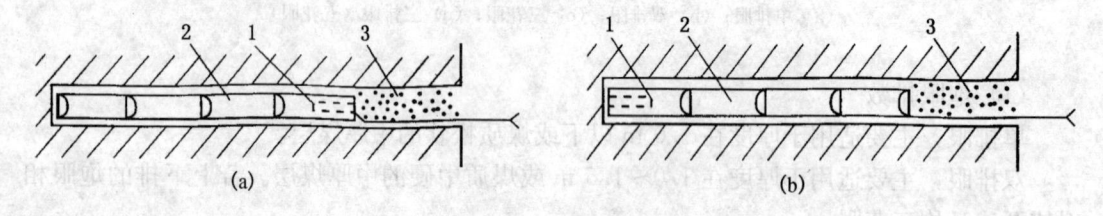

图 2-2 装药结构
(a) 正向装药;(b) 反向装药
1—起爆药卷;2—药卷;3—炮泥

以这两种装药结构进行爆破作业,分别称为正向起爆和反向起爆。它们的区别主要在于爆轰波沿炮眼的运动方向。正向起爆时,爆轰波的运动方向为沿炮眼方向冲向眼底;而反向起爆时爆轰波的运动方向为沿炮眼方向冲向眼口。

从发挥炸药的威力、提高爆破效果方面来分析,反向起爆时炸药的能量能得到合理利用,比正向起爆更合理,特别是当炮眼与药卷间有一定空隙时,尤其明显。

从对瓦斯煤尘的安全性来看,一般都认为正向起爆比反向起爆安全。由于反向起爆时,炸药的爆轰波和固体颗粒是向着眼口方向传递和飞散的,当这些颗粒飞过预先被气态爆炸产物所加热的瓦斯煤尘时,就很容易引爆瓦斯煤尘。所以,《煤矿安全规程》规定,在高瓦斯矿井、低瓦斯矿井高瓦斯区域的采掘工作面采用毫秒爆破时,若采用反向起爆,必须制定安全技术措施。

(4) 装药注意事项:

①装药前必须检查瓦斯,如果爆破地点附近 20 m 范围内瓦斯浓度达到 1% 时,不得装药。

②不得使用硬化、变质、水分过大的炸药。
③不得装"盖药"或"垫药"。所谓"盖药",是指正向装药时在眼口再填上药卷;"垫药"是指反向装药时首先在眼底放好药卷。"盖药"和"垫药"爆破效果极差,还容易引发瓦斯煤尘爆炸和火灾事故。
④一个炮眼内不得装两个起爆药卷。
⑤炮眼内发现温度忽高忽低,有显著瓦斯涌出、煤岩松散、老空或透水预兆时不得装药。
⑥采煤工作面煤尘超过规定时不得装药。
⑦按炮眼装药量,先将药卷逐个送进眼内,然后一手拉住雷管脚线,另一手拿炮棍轻轻地将药卷推入眼底,不得猛力冲击。
⑧对有水的炮眼,必须使用带有防水套的药卷,一次送入炮眼内,眼口立即用炮泥填封,并要求随装随放水。
⑨装药顺序按照底眼—腰眼—顶眼顺序进行。每装好一个炮眼后,立即将脚线端部扭结,盘放在眼口,严禁搭在刮板输送机或电缆上。
⑩炸药填装完后,必须按《煤矿安全规程》的规定封堵炮泥。炮眼封堵应使用水炮泥。炮眼眼深为 0.6～1.0 m 时,封泥长度不得小于炮眼眼深的 1/2;炮眼眼深 1.0 m 以上时,封泥长度不得小于 0.5 m。
⑪炮眼眼深小于 0.6 m 时,不得装药、爆破。在特殊条件下,如挖底、刷帮、挑顶确需浅眼爆破时,必须制定安全措施,报矿总工程师批准,炮眼眼深可以小于 0.6 m,但必须封满炮泥。

4. 联线
(1) 联线方法。炮采工作面的联线方法都采用大串联法。其联线方法有单排眼串联法、双排眼串联法和三排眼串联法三种,如图 2-3 所示。

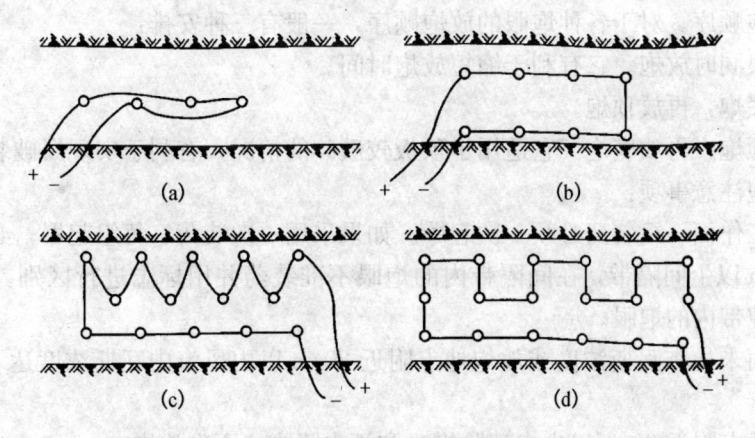

图 2-3 炮采工作面联线法
(a) 单排眼串联法;(b) 双排眼串联法;(c)、(d) 三排眼串联法

(2) 联线注意事项:
①雷管脚线的联接工作,应由井下爆破工负责操作;也可由经过专门培训的班组长协助来进行。但脚线连接母线、检查线路和测试、通电工作只能由爆破工专人操作。联线

时，与联线无关的人员都要撤离到安全地点。

②联线时，把炮眼中引出的脚线解开，把接头刮净，按顺序从一端开始向另一端进行扭接，联接接头必须扭紧，不能虚接，并要悬空，不得与任何物体相接触。联线接头如图2-4和图2-5所示。

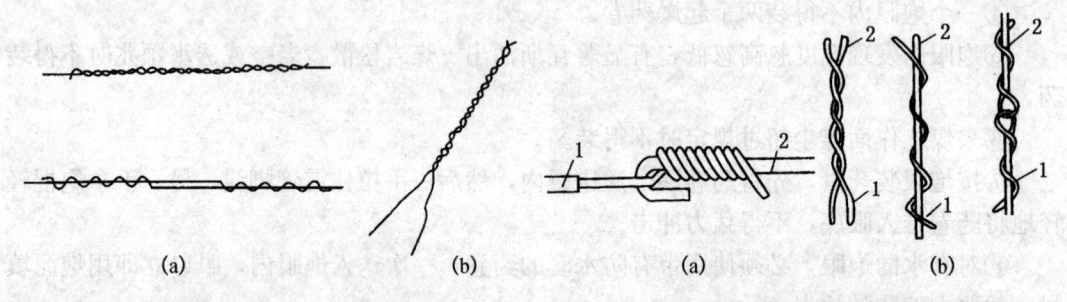

图 2-4 脚线、联接线、端线间的接头
(a) 正确联线；(b) 错误联线

图 2-5 联接线或脚线与母线的联接
(a) 正确联线；(b) 错误联线
1—脚线；2—母线

③如果脚线长度不够，可用规格相同的脚线作联接线，两根脚线接头的位置必须错开，并用胶皮包好，以防止脚线短路和漏电。

④雷管间全部联接好后，再与端线联接。端线要先挽结起来，待工作面做完爆破前的瓦斯检查后决定爆破时，必须在爆破母线接电源处的那头仍扭结在一起的情况下，验明母线确无电源后，方可将端线与母线联接起来。

⑤在煤矿井下严禁用发爆器检查母线是否导通，这样易产生火花，可能引爆瓦斯煤尘。

5. 放炮

(1) 放炮顺序。对于各种炮眼的放炮顺序，一般有三种安排：

①顶底眼同时放炮。它有利于缩短放炮时间。

②先放底炮，再放顶炮。

③先放顶炮，再放底炮。它适用于顶板较破碎的情况，有利于实现爆破装煤。

(2) 放炮注意事项：

①炮采工作面一组装药必须一次起爆。如果采用一次装药、每组起爆，必须在组与组之间留有2 m以上间隔带，在间隔带内的炮眼不准装药并用标志进行区别。视分组爆破情况再装间隙带内的炮眼。

②工作面未检查瓦斯浓度或放炮地点附近20 m以内风流中瓦斯浓度达1%时，不准放炮。

③放炮地点附近20 m以内未清除煤尘和洒水降尘，不准放炮。

④一个工作面只准使用一台发爆器（炮机）。

⑤工作面人员必须撤至警戒线以外、顶板支护完好的安全地点才能放炮，一般躲炮距离为：采煤工作面30 m，拐直角50 m。

⑥认真执行"一炮三检"和"三人连锁放炮"制度。

"一炮三检"是指装药前、爆破前和爆破后必须检查风流中的瓦斯浓度。

"三人连锁放炮"是指爆破工、班组长和瓦斯检验工三人必须同时自始至终参加放炮工作的全过程,并执行换牌制。具体操作过程如下:爆破工联好线后,把"警戒牌"交给班组长;由班组长派人警戒,并检查顶板和支架情况,然后将"爆破命令牌"交给瓦斯检验工;瓦斯检验工检查瓦斯煤尘合格后将"爆破牌"交给爆破工;爆破工发出爆破信号后进行爆破。

⑦放炮后,爆破工、班组长和瓦斯检验工必须检查放炮地点的通风、瓦斯、煤尘、顶板、支架、爆破效果等情况,发现问题应立即处理。处理拒爆(包括残爆)必须在班组长直接指导下进行,并应在当班处理完毕。如果当班未能处理完毕,爆破工必须同下一班爆破工在现场交接清楚。处理拒爆的方法是在距拒爆炮眼至少 0.3 m 处另打与拒爆炮眼平行的新炮眼,重新装药起爆。严禁用镐刨或从炮眼中取出放置的起爆药卷或从起爆药卷中接出电雷管;严禁将炮眼残底(无论有无残余炸药)继续加深;严禁用打眼的方法往外掏药;严禁用压风吹这些炮眼。

⑧为防止炮烟熏人,放炮后需待炮烟吹散吹净后,作业人员方可进入工作面作业;如果作业人员需要通过有较高浓度炮烟区时,必须用湿毛巾堵住口鼻,并迅速通过。

二、装煤、运煤

1. 装煤方式及装煤量的特点

(1) 装煤方式。炮采工作面主要采取人工装煤。人工装煤简单方便,易于操作,但工人劳动强度大,效率低。为了减轻工人的劳动强度,提高装煤效率,目前工作面采用以下几种措施:

①改进爆破工艺,提高爆破自装率。如果方法得当,爆破自装率可以达到 30%~50%。

②在刮板输送机靠采空区侧安设挡煤板,防止煤抛到输送机外面而增加清扫采面浮煤工作量,或将煤抛到采空区而造成煤炭资源丢失。

③在刮板输送机靠煤壁侧安装铲煤板,依靠大推力千斤顶,推动输送机前移,将部分松散的底煤由铲煤板装入输送机里,这样可以减少部分人工装煤量。但是,因为这时新煤壁全部高度基本亮出,极易发生片帮;顶板由悬臂梁支护而没有支柱的时间较长,可能冒落碎矸或发生冒顶。所以,工人不要进入新机道装煤,以保证生产安全。

(2) 装煤量的特点。炮采工作面全线分段依次放炮,从每一分段来说,装煤顺序大体分为四个阶段,即爆破落煤、挂梁刨煤、支柱装煤和清浮卧底。而其中爆破落煤阶段装煤量大,但时间较短;支柱装煤阶段装煤量最大,且时间较长;而挂梁刨煤阶段、清扫浮煤和底煤阶段装煤量最小。所以,炮采工作面装煤量呈现集中、不均衡的特点。

图 2-6 是河北省开滦林西矿 $9083_{中}$ 炮采工作面装煤量实测图。

2. 运煤方式及运煤量的特点

炮采工作面运煤方式主要根据煤层倾角大小和采煤工艺来确定。主要有两种:

(1) 自重运煤。在倾斜和急倾斜工作面可依靠煤的自重下滑。在倾斜工作面为了减小摩擦力,保证运煤畅通,往往在工作面底板上铺设搪瓷溜槽;而在急倾斜工作面煤即可以沿底板自滑。当铺设搪瓷溜槽时,需要在放炮前搭接摆好,用铁丝拴牢两侧,并用浮煤掩埋,以防被炮崩坏。放炮后需要由下向上逐块整理溜槽,保证溜槽铺设沿底板平、沿运煤

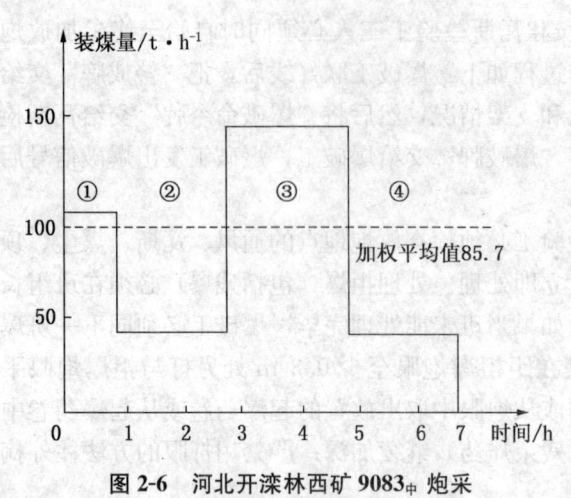

图 2-6 河北开滦林西矿 9083中 炮采工作面装煤量实测图
①爆破落煤阶段；②挂梁刨煤阶段；
③支柱装煤阶段；④清浮卧底阶段

(2) 刮板输送机运煤。使用刮板输送机运煤是目前炮采工作面的主要运煤方式。因为它不仅可以满足工作面运煤的需要，还可以实行整体前移，简化了采煤工序，可以促进炮采工作面提高产量和效率。

炮采工作面运煤量变化的特点是：随着输送机运输方向呈线性关系递增。采用爆破落煤、分段采支同时作业时，不仅出煤量集中，而且随着煤流方向运煤量逐渐增加；当输送机长度达到一定值时，运煤能力上升为满负荷；如果输送机长度再增加，工作面煤炭将无法运出，而出现采、支、攉工种窝工的现象。

所以，分析工作面的运煤能力必须考虑装煤的不均衡性和运煤量随煤流方向的满载系数，不能简单地取输送机运输能力的平均值。

图 2-7 是河北省开滦林西矿 9083中 炮采工作面输送机满载系数实测图。从图 2-7 中可以看出，当工作面长度为 0～120 m 时，运煤的满载系数是呈线性递增的，在 120 m 时达到 100%，超过 120 m 以后，满载系数始终是 100%，如果工作面利用长度为 205 m，将有 85 m 采长范围内输送机长期处于超负荷情况下运转，将造成时间上的浪费。

3. 刮板输送机的使用注意事项

刮板输送机是炮采工作面最重要的设备之一，它承担着工作面的运煤任务。如果输送机在使用过程中出现故障，将直接影响工作面生产任务的完成。另外，输送机在工作面运转条件差，且每班都要移动。所以，必须注意以下事项：

(1) 启动前要发出信号，先断续点动，隔几秒钟再正式启动。其目的是：一是检验刮板输送机运行是正转还是反转；二是断续点动代替警戒信号，警示在输送机上面工作、行走的人员赶紧躲开；三是试验输送机受力情况，有无卡链吃劲的地方。

(2) 防止强行带负荷启动，更禁止超负荷启动。一般情况下都要先启动输送机，再往里装煤。在爆破落煤时要先启动输送机，分次爆破时要待输送机无煤时再进行下一次爆破；输送机停止运转时，不得人工往里装煤。如果连续两次不能启动或切断保险销，必须找出原因并处理好再启动。若输送机煤矸过量，应组织人力外卸。

(3) 采煤工作面输送机必须在运输平巷运输设备启动后再启动，并保证输送机下机头与运输平巷输送机机头的搭接高度应保持在 300～500 mm，搭接距离应不小于 250 mm。

图 2-7 河北省开滦林西矿 9083中 炮采工作面输送机满载系数实测图

(4) 工作面放炮时，应采取措施防止崩坏溜槽或崩脱节。

(5) 工作面顶板淋水较大时，要采取措施对电动机和减速器加以保护，以免电动机受潮和减速器内润滑油乳化，影响润滑效果。

(6) 液力连轴节的易熔合金塞必须符合标准，并设专人检查，清除塞内污物，严禁用不符合标准的物品替代（如木楔等），并应经常清除连轴节上面堆积的煤矸。

(7) 刮板输送机在运转过程中刮板链将会伸长，应该经常对伸长松驰的刮板链进行紧链。

(8) 保持输送机上、下机头各部件的清洁，以便散热和检查维护，更不准将其淤埋在煤堆中。

(9) 对刮板输送机传动部位的各个润滑点应及时注油，润滑油的牌号、注油周期、注入油量及注油方法都要符合有关规定。

(10) 不允许在减速器或电动机上面打支柱或作为起重工具的支撑座。

(11) 采煤工作面要做成平、直一条线，输送机移动后也要保持平、直、稳。如果底板有煤块或矸石时，必须先清除再移动输送机。特别是头要稳固、垫实不晃动，必要时要用支柱固定在机头顶梁或顶板上。

(12) 刮板输送机前移时，要使输送机处于正常运转状态，不要停机移动，以免溜槽底部塞进煤粉。严格掌握推移顺序，可以沿工作面从下而上或自上而下顺序推移，或者由中间向上下两端推移，但不允许由两端向中间推移，以免输送机在中间起拱；当倾角较大时，尽量避免由上往下推移，因为这样容易使输送机整体下滑。推移时要注意前后千斤顶动作相互配合，避免出现急弯，以免引起溜槽脱节而发生断链或底链出事故。所以，推移过程中要保持输送机弯曲段不小于八节溜槽长度，即 12 m 的弯曲长度。推移后的输送机应溜槽接头严密，平整无错口。

(13) 刮板输送机停止使用时，必须将开关控制把手打在零位并锁好。

三、爆破、采支、回柱放顶工序安排

炮采工作面生产活动中的爆破、采支、回柱放顶是主要工序，它们不仅是完成生产任务的基础，也是安全的关键。因此，必须合理地进行安排。

(1) 正确处理好主要工序和次要工序的关系，在充分保证主要工序进行的前提下，为次要工序的进行创造条件，主次工序力求配合协作，它们可以顺序作业、平行作业，还可以交叉作业；有的要求次要工序超前或落后完成，有的要求同时结束。

(2) 充分利用工作面的空间和时间，爆破、采支和回柱放顶层可能安排平行、交叉作业，以减少循环时间，但必须注意避免它们在空间和时间上的相互干扰。

(3) 保证足够的安全距离，防止顶板冒落。爆破、采支、回柱放顶三道工序，特别是爆破和回柱放顶都会引起顶板剧烈下沉，要尽量让它们错开，下一道工序安排在上一道工序影响顶板稳定后进行，以避免对顶板的叠加影响。

据现场观测研究，回柱放顶影响顶板剧烈下沉的范围是在回柱地点前方 15～20 m，其中 10 m 内影响剧烈；回柱地点后方 10～15 m，其中 5 m 内影响剧烈。即回柱放顶影响剧烈范围为 30 m，其中影响最剧烈范围为 15 m。爆破影响顶板剧烈下沉的范围是放炮地点前、后方各为 12～17 m，共 24～34 m，其中影响最剧烈范围为前、后各 5～7 m，共

10～14 m。

鉴于以上研究资料，在安排爆破与回柱放顶工序时，采取的方法是先回柱后爆破，一是缩小控顶距离，二是使支柱少受一次压力影响；同时爆破滞后回柱放顶距离至少 30 m。采支工序一般在生产班中进行，爆破和回柱放顶在准备班中进行，可以避免相互影响。但有时在生产班中也需回柱或爆破，这时必须在先打支柱的条件下进行，或者至少在爆破或回柱地方前后 30 m 范围内将支柱打齐打好。一般情况下，回柱放顶滞后支柱的距离应为 10～15 m。

第三节　普采工作面生产活动

普通机械化采煤（简称普采）工作面指的是使用采煤机落煤与装煤，单体支柱支护顶板的采煤工作面。所谓高档普采工作面，是指使用单体液压支柱支护顶板、装备大功率采煤机、输送机及其配套设备的采煤工作面。

普采工作面与炮采工作面的最大区别是普采工作面不需要爆破落煤和人工装煤，而是采用采煤机落煤、装煤；与综采工作面最大的区别和与炮采工作面一样，使用单体支护，需要进行回柱放顶。所以普采工作面的生产活动主要包括采煤机割煤及装煤、运煤、支护和回柱放顶等工序，安排工序时必须以采煤机为中心，重点保证采煤机正常运行，其他工序则配合采煤机开展工作。

自 20 世纪 60 年代以来，我国普采工作面不断进行技术更新和设备换代，目前已采用了耐崩单体液压支柱，无链牵引双滚筒采煤机，双速、侧卸、封底式刮板输送机，"π"型长钢梁、切顶墩柱支护顶板等新设备和新工艺，使普采工作面的单产、效率、安全和效益又上了一个台阶。

一、采煤机的割煤方式、进刀方式及采煤机使用注意事项

1. 采煤机的割煤方式

普采工作面的生产活动是以采煤机为中心。采煤机割煤以及与其他工序的合理配合，直接关系到产量和效率的提高。一般来说，采煤机割煤方式有以下五种：

(1) 双向割煤、往返一刀，如图 2-8 所示。其特点是：图 2-8（a）为在工作面下切口，采煤机沿工作面倾斜方向由上往下割顶煤，追机挂顶梁至下切口后，下降摇臂，翻转挡煤板；图 2-8（b）为上行割底煤并清理浮煤，自输送机下机头追机前移输送机，在悬臂梁下支单体支柱直至上切口。采煤机上下往返一个来回进一刀，煤壁推进一个循环进度，悬挂一排顶梁，支打一排支柱。

双向割煤、往返一刀的割煤方式适应性强，在煤层粘顶、厚度变化较大的工作面均可采用，无需人工清扫浮煤。但是，悬挂顶梁后而无支柱的时间较长，不利于顶板管理；另外，在分段作业时，工人的工作量不均衡，工时不能充分利用，工作面下部工人必须等上部工人完成任务 1～2 h 后才能开始作业。这种割煤方式在中厚煤层单滚筒采煤机普采工作面中被广泛采用。

(2) "∞" 字形割煤、往返一刀，如图 2-9 所示。其特点是在工作面中部输送机设弯曲段。其过程为：图 2-9（a）为采煤机从工作面中部向上牵引，滚筒逐步升高；图 2-9

(b) 为直至割至上切口后，下半部输送机前移，全工作面输送机移直；图 2-9（c）为采煤机由上往下牵引，直至割到中部，全工作面煤壁割直；图 2-9（d）为采煤机继续从工作面中部向下牵引，工作面上半部输送机前移，输送机在工作面中部出现弯曲线，恢复到图 2-9（a）状态。

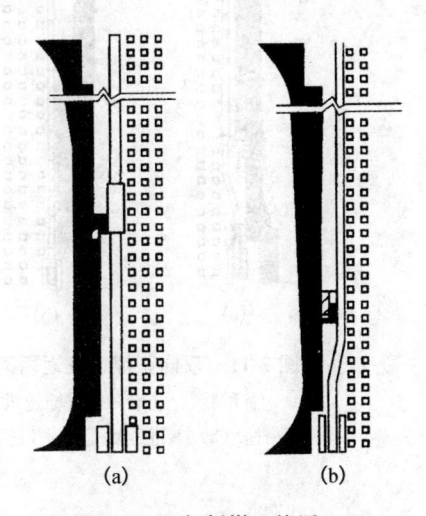

图 2-8 双向割煤、往返一刀
(a) 采煤机下行割顶煤、随机挂梁；(b) 采煤机上行割底煤、清浮煤、推移输送机和支柱

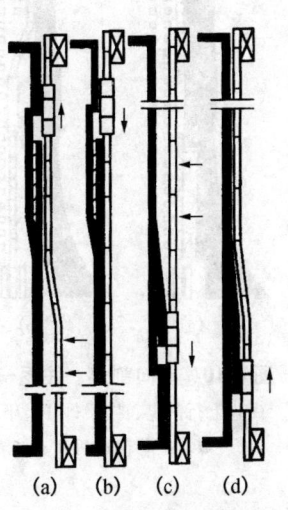

图 2-9 "∞"字形割煤、往返一刀

"∞"字形割煤、往返一刀的割煤方式又称半工作面采煤方式。它可以克服工作面一端悬顶梁后而无立柱的时间过长、工人的工作量不均衡等缺点，在中厚煤层普采工作面广泛采用。

(3) 单向割煤、往返一刀，如图 2-10 所示。其过程为：图 2-10（a）采煤机自工作面下（上）切口向上（下）割底煤，追机清理顶煤、挂梁，必要时可打临时支柱。图 2-10（b）采煤机割至上（下）切口后，翻转弧形挡煤板，快速下（上）行装煤及清理机道丢失的底煤，并追机推移输送机、支设单体支柱，直至工作面下（上）切口。

这种割煤方式适用于采高小于 1.5 m 的煤层、采煤机滚筒直径接近采高、顶板较稳定、煤层粘顶性强、割煤后不能及时垮落的条件。

(4) 双向割煤，往返两刀，如图 2-11 所示。双向割煤、往返两刀的割煤方式又称穿梭割煤方式。其过程为：图 2-11（a）为采煤机由下切口往上割底煤，追机挂梁和推移输送机，并同时清除浮煤、支柱；图 2-11（b）为下行时重复上行时工序。

该方式主要用于煤层较薄并且煤层厚度和采煤机滚筒直径相近的普采工作面。如果煤层厚度稍大于滚筒直径时，挂梁前要处理顶煤。当工作面使用双滚筒采煤机时一般采用此种割煤方式，这时就不受煤层厚度的限制。

(5) 一炮加一刀。此方式适用于顶板破碎或人工假顶条件的普采工作面。其过程为：首先在工作面靠近顶板 40 mm 左右处钻顶眼、放顶炮，然后进行刨窝挂梁，提前将不稳定顶板支护住。在悬臂梁的保护下采煤机由一端向另一端割煤，追机推移输送机，立即支柱。如果顶板压力大，片帮严重，在割煤后必须及时支设贴帮柱，并将煤帮稳固，防止冒

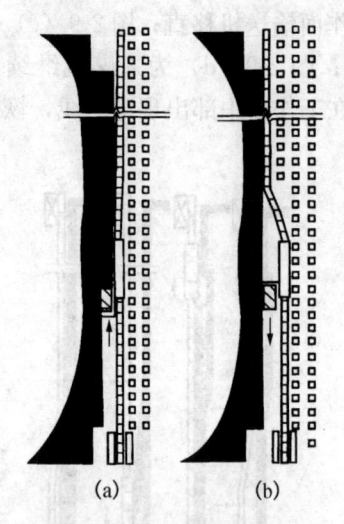

图 2-10 单向割煤、往返一刀
(a) 上行割煤、挂梁；(b) 下行装煤、推移输送机和支柱

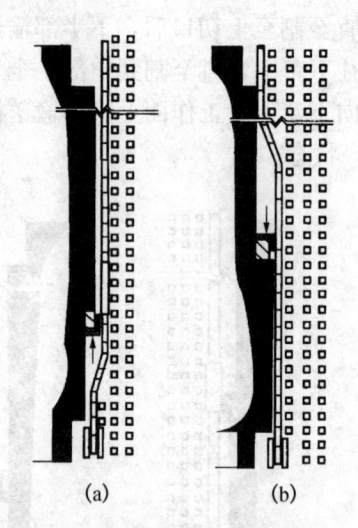

图 2-11 双向割煤、往返两刀
(a) 上行割煤、挂梁、推移输送机和支柱；(b) 下行重复上行时工序

顶和片帮。

2. 采煤机的进刀方式

滚筒采煤机每割一刀煤前，必须使其滚筒进入煤体，这一过程叫做进刀。滚筒采煤机以输送机为运行轨道，沿工作面上下割煤。但是采煤机本身无进刀能力，只有与推移输送机工序相结合才能进刀。因此，进刀方式的实质是采煤机运行与推移输送机的配合关系。

采煤机的进刀方式主要有三种：

(1) 自行进刀。当采煤机采用"∞"字形割煤方式时，采煤机沿着工作面输送机中部弯曲段上下运行，配合于追机上下推移输送机，即能实行采煤机自行进刀。这种进刀方式没有单独的进尺过程，有利于端头作业和顶板支护。

(2) 斜切进刀。斜切进刀方式又可分为割三角煤和留三角煤两种方式。

①割三角煤进刀方式，如图 2-12 所示。图 2-12 (a) 为采煤机割底煤至工作面下端部，输送机追机推移；图 2-12 (b) 为采煤机返向往上沿输送机弯曲段运行，直至完全进入输送机直线段；图 2-12 (c) 为推移输送机机头及弯曲段，使其成一直线；图 2-12 (d) 为采煤机返向往下沿顶板割三角煤直至工作面下部，图 2-12 (e) 为采煤机进刀完毕，上行割顶煤至上端部。

②留三角煤进刀方式，如图 2-13 所示。图 2-13 (a) 为采煤机割煤至工作面下端部后，返向上行沿输送机弯曲段割上刀留下的三角底煤，割至输送机直线段时改为割顶煤直至工作面上切口；图 2-13 (b) 为推移机头和弯曲段，将输送机移

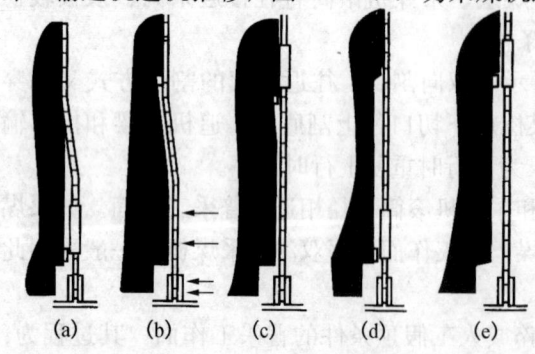

图 2-12 割三角煤进刀方式
(a) 割至下端部；(b) 上行斜切；(c) 移直输送机；
(d) 下行沿割三角煤；(e) 上行正式割煤

直，在工作面下端部留下三角煤；图2-13（c）为采煤机下行割底煤至三角煤处改为割顶煤直至工作面下端部；图2-13（d）为追机自上而下推移输送机至工作面下端部三角煤处，完成进刀全过程。

留三角煤进刀方式与割三角煤进刀方式相比，采煤机无需在工作面端部往返斜切，进刀过程简单，移机头和端头支护与进尺互不干扰。但由于工作面端部煤壁不直，不易保障工程规格质量。

（3）双滚筒采煤机斜切进刀方式。以上自行进刀和斜切进刀方式适用于单滚筒采煤机。目前，普采工作面开始推广使用双滚筒采煤机，以下切口进刀为例，双滚筒采煤机斜切进刀方式的过程如下：

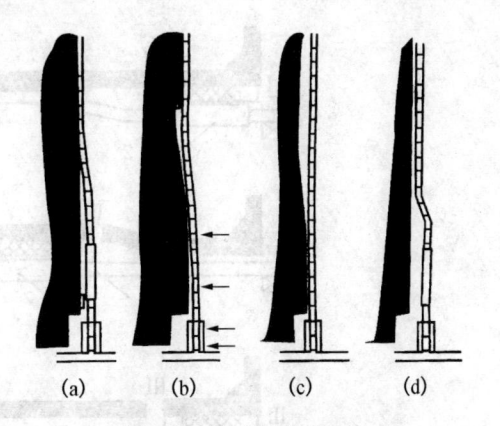

图2-13 留三角煤进刀方式
(a) 进刀初始状态；(b) 上行割煤；(c) 移直输送机；(d) 下行割煤、随机移输送机

①开始。采煤机下行割透下切口后停机，推移刮板输送机距采煤机10 m时停止。

②进刀。采煤机翻转挡煤板，将前后滚筒的上下位置调换，上行割煤至刮板输送机弯曲段以上5 m，达到规定截深时停止。

③推移输送机机头。注意使刮板输送机成直线。

④采煤机翻转挡煤板，调换前后滚筒上下位置，下行割三角煤，割透下切口。

⑤再次翻转挡煤板，调换前后滚筒上下位置，上行割煤，同时按规定距离推移刮板输送机后支护。

在工作面上切口同样可以使用该方法，如图2-14所示。

3. 采煤机使用注意事项

在普采工作面中，采煤机的运行是整个生产过程的中心环节。合理操作采煤机，随时预防和处理各种事故，提高开机率，是实现工作面持续高产的有效途径。操作采煤时应注意以下事项：

（1）一般规定

①采煤机司机（正、副）必须熟悉采煤机性能和构造原理，掌握操作技能，按完好标准维护、保养采煤机。同时，采煤机司机还需懂得采煤基本知识和工作面作业规程，经过具有相应资质的培训机构培训，成绩合格并取得特种作业人员操作资格证书后，方能持证上岗。

②要与工作面和平巷输送机司机、转载机司机、移溜工、支护工、机电维护工等密切合作，按规定顺序开机、停机。

③不得强行切割硬岩。

④电动机、开关附近20 m风流中瓦斯浓度达到1.5%时，必须停止运转，撤出人员，切断电源，进行处理。

（2）准备

①准备好工具：包括扳手、钳子、螺丝刀、锤子等；备品配件：包括截齿、销子、牵引链、连接环以及润滑油等。

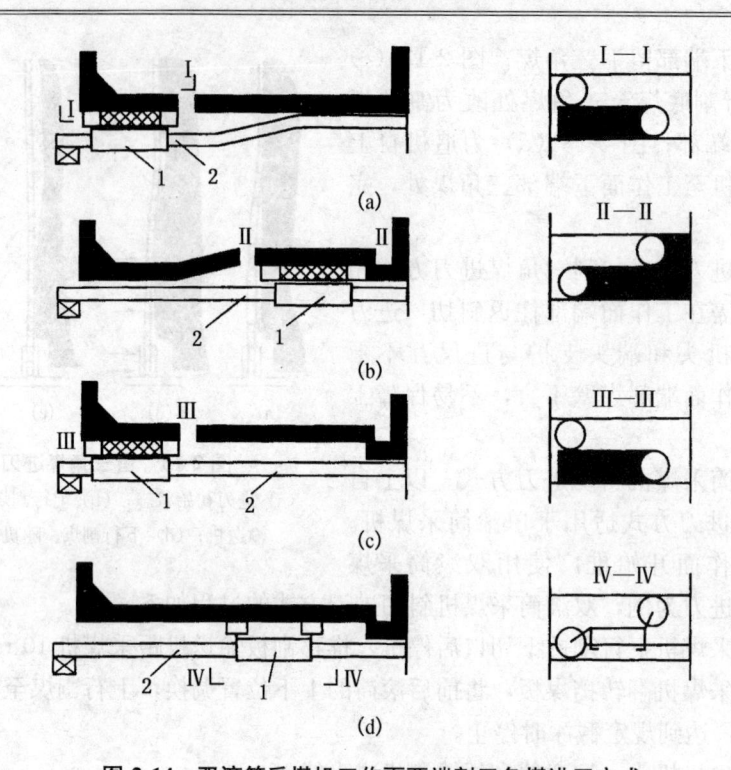

图 2-14 双滚筒采煤机工作面两端割三角煤进刀方式
(a) 开始；(b) 斜切并移直输送机；(c) 割三角煤；(d) 开始正常割煤
1—双滚筒采煤机；2—刮板输送机

②认真做好交接班工作。全面检查煤壁、煤层厚度和顶底板变化，以及支护、切口准备和机道宽度等情况，发现问题应及时向班组长和有关人员报告，妥善处理。

（3）对采煤机的检查与处理

①将采煤机隔离开关扳到切断电源位置。要求各连接螺栓、截齿齐全、紧固，截齿应锋利；各操作手把应灵活可靠；各部油量符合规定；各密封完好、无滴漏；各防护装置齐全、有效。

②采煤机的牵引装置应牢固可靠。有链牵引采煤工作面牵引链两端应牢固，张紧程度适当，链环无扭结，连接环无损伤；牵引链与刮板输送机发生摩擦时，要将牵引链吊起。无链牵引的采煤机，齿轨要固定牢靠，挡煤板、导向管无错差；齿轨与齿轨啮合应良好。钢丝绳牵引的采煤机，钢丝绳两端绳卡应牢固，张紧适度，钢丝绳与刮板输送机发生摩擦时，要将钢丝绳吊起；钢丝绳一个捻距内断丝面积不能超过钢丝绳总断面面积的10%。

③拖缆装置的夹板及电缆、水管应完好无损、无刮卡。

④对液压油温有规定的采煤机，应在滚筒离合器脱开的状态下，不通冷却水，只开电动机，使油温升到规定值后，再正常起动采煤机。

⑤弧形挡煤板应灵活可靠。

⑥防滑装置（采煤工作面倾角大于15°时）应安全可靠。

⑦滑靴、导向管等的磨损量不超过规定值。

⑧冷却和喷雾装置齐全，水压、流量符合规定。

上述各项经检查和处理符合规定后,方能进行操作。严禁机组带病运转。

(4) 采煤机操作及注意事项

①采煤机启动前,司机必须巡视采煤机周围,通知所有人员撤离到安全地点,确认在机器转动范围内(包括割出煤块射出范围内)以及割煤时前方牵引链和钢丝绳的拉紧范围内无人员和妨碍机组运行的障碍物后,方可按下列顺序启动采煤机。

——解除工作面刮板输送机的闭锁,发出启动刮板输送机的信号,然后使刮板输送机空转 1~2 min。

——刮板输送机空转正常后,合上采煤机的隔离开关,按启动按钮启动电动机。电动机空转正常后,停止电动机。在电动机停转前的瞬间合上截割部齿轮离合器。

——打开水阀门,喷雾及供水。

——发出启动信号,按启动按钮,启动采煤机。检查滚筒旋转方向及摇臂调高动作情况。

——采煤机正常空转 2~3 min 后,发出采煤机运行信号,然后缓慢加速牵引,开始割煤作业。

②割煤时经常注意顶底板、煤质变化和刮板输送机载荷的情况,随时调整牵引速度及截割高度。放震动炮时,采煤机必须离放炮地点 5 m 以外,并严格执行有关安全措施。

③割煤时要按直线割直煤壁,并且不准割碰顶梁和割破人工假顶,不留伞檐,不丢底煤,不割顶底板。

④改变采煤机牵引方向时,必须先停止牵引,将调速手把扳到"零"位;发出开机信号后,再将调速手把扳到另一个方向。严禁带速度更换牵引方向。在改变牵引方向运行前,必须通知前方采面作业人员躲开牵引链和牵引钢丝绳,以免链和绳弹起伤人。

⑤割煤时随时注意行走机构运行情况,采煤机前方有无人员和障碍物,有无大块煤矸或其他物件从采煤机下通过。若发现有不安全情况时,应立即停止牵引和切割,并闭锁工作面刮板输送机,进行处理。

⑥拆卸。安装挡煤板时,必须使采煤机停止运转,摘开截割部齿轮离合器,并闭锁工作面刮板输送机。

⑦不准用采煤机牵拉、顶推、托吊其他设备和物件。

⑧发现截齿短缺必须补齐,被磨钝的截齿应及时更换。补、换截齿时,必须先将隔离开关扳到"零"位,摘开截割部齿轮离合器,闭锁工作面刮板输送机。

⑨采煤机换向处的采高要保证挡煤板能顺利翻转。翻转挡煤板时,应调高滚筒使挡煤板能转到滚筒下面;然后下降摇臂,使挡煤板落在底板上,再缓慢牵引采煤机,使挡煤板顺势转到滚筒的另一侧。

⑩牵引速度要由小到大逐渐加大,严禁一次加大到最高速度。停采煤机,必须先停牵引。要合理掌握采煤机的牵引速度,保持匀速牵引、均衡出煤;不过载运转,不强行牵引,不忽走忽停,不频繁启动,同时要注意与支护速度相配合。

⑪临时停机时,应先将调速手把扳到"零"位,然后按"主停"按钮,随后停止供水。如果长时间停机,则应将换向手把扳到停止位置,截割部离合器转到"分"的位置,使滚筒落在底板上。

⑫装有防滑装置的采煤机往上割煤时,要把采煤机下方的防滑机构放下,往下割煤

时,要用铁丝将其吊起。

使用防滑绞车时,采煤机司机和防滑绞车司机应有明确的联系信号。牵引速度要和防滑绞车的绳速同步,使防滑绞车绳保持绷紧状态。

⑬有下列情况之一时,应及时停机进行处理:

——顶底板、煤壁有透水预兆、冒顶、片帮等及瓦斯浓度在1%以上时。

——工作后刮板输送机停止运转或在采煤机上方发现输送机里有大块煤矸、杂物或支护用品时。

——机组出现故障时。例如:采煤机内部发现异常震动、声响、温升和异味;操作手把失灵;机组脱轨、割煤滚筒堵转;牵引链(绳)断裂;供水喷雾装置出现故障等。

(5) 收尾工作

①班组长发出收工命令,将采煤机停放在切口处或无淋水、支架完好地点,将滚筒落在底板上。

②必须把采煤机的隔离开关、牵引速度手把和离合器手把扳在中间断开的位置,关闭供水喷雾装置,清扫机组各部位煤尘,必要时切断溜槽中的采煤机供电开关。

③当工作面、运输巷中的刮板输送机和带式输送机的煤扫净及推移工作面刮板输送机、支护后,发出停运工作面刮板输送机、停止乳化液泵等信号。

④向接班司机详细交待本班采煤机运行情况、出现的故障、存在的问题等。上井后按规定填写采煤机工作日志。

二、普采工作面支柱与支护布置形式

1. 单体液压支柱优缺点

普采工作面使用单体支柱支护顶板。支柱类别主要有摩擦式金属支柱和单体液压支柱。与摩擦式金属支柱相比,单体液压支柱有以下优缺点:

(1) 初撑力大,一般为 70~100 kN。可以减小顶板的移近速度,使作业更加安全。而且初撑力靠泵站压力获得,可靠性高。

(2) 工作阻力大且稳定,一般为 300 kN 左右。摩擦式金属支柱的工作阻力不稳定,有时相差很大,使支柱受载不均匀,顶板容易冒落。

(3) 回柱安全灵活。可根据顶板情况逐渐卸载,而摩擦式金属支柱一打水平楔,活柱就立即下落,使顶板剧烈下沉。

(4) 工作面产量、效率比摩擦式金属支柱工作面高,材料消耗也少。升柱速度快,提高支护效率。

(5) 初期投资较大。单体液压支柱的价格约为摩擦式金属支柱的 4~5 倍。液压管路系统复杂,乳化液不能回收复用,不仅增加了成本,而且软化底板,污染地下水。

(6) 和液压自移支架相比,虽然使用单体液压支柱劳动强度较大,安全性能较差,但在采高和倾角变化大的煤层中,比液压自移支架适应性强。所以,目前我国普采工作面广泛使用单体液压支柱。

单体液压支柱有内注式和外注式两种。所谓内注式是靠手摇泵注液升柱的单体液压支柱;所谓外注式是乳化液由远距离的液压泵站通过液压管路,经专用的注液枪注入缸体升柱的单体液压支柱。两者相比,内注式不需配有液压泵站和管路系统,因而比外注式灵活;但外注式体内不需手摇泵,结构简单、质量轻、价格便宜;同时外注式支柱速度快,初撑力大且稳定。所以,目前我国煤矿采煤工作面使用的单体液压支柱全部是外注式,而内注式可在处理冒高或进行临时性的特殊支护时使用。本书中的单体液压支柱均指外注式。

2. 单体液压支柱的型号、结构组成及工作原理

(1) 型号。单体液压支柱有 NDZ 型(内注式)和 DZ 型(外注式)两种型号。其格式与含义如下:

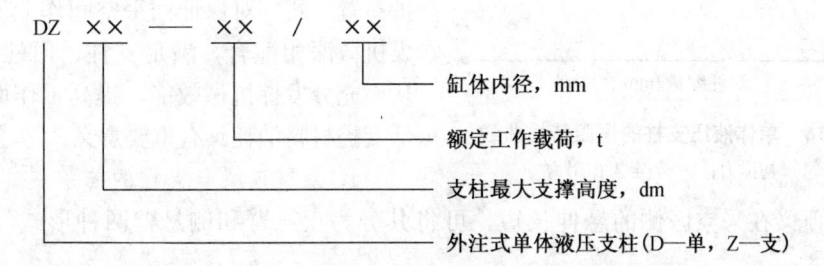

```
DZ ×× — ×× / ××
                  ├── 缸体内径,mm
             ├────── 额定工作载荷,t
       ├──────────── 支柱最大支撑高度,dm
└────────────────── 外注式单体液压支柱(D—单,Z—支)
```

例如:DZ22-30/100,是指外注式单体液压支柱,最大支撑高度 22 dm,即 2.2 m,额定工作载荷 30 t,缸体内径 100 mm。

(2) 结构组成。单体液压支柱主要有活柱和缸体(千斤顶型式)、三用阀组成。活柱和缸体是支柱上下部承载杆件。三用阀是支柱的心脏,由卸载阀、单向阀和安全阀组成,如图 2-15 所示。

(3) 工作原理。

①升柱。将注液枪插入三用阀的注液阀体上,卡好注液枪的锁紧套,操作注液枪手把,高压乳化液打开球型单向阀,进入支柱下腔,将活柱托起。当支柱将金属铰接顶梁,或"π"型长钢梁贴紧顶板时,活柱不再上升。松开手把,解开锁紧套,取下注液枪,完成升柱的全部过程。这时支柱腔内的液压为泵站压力,此压力使支柱获得初撑力。支柱的初撑力取决于泵站压力。

②承载。顶板下沉时,支柱载荷增加。当顶板压力达到或超过额定工作阻力时,高压乳化液迫使安全阀弹簧压缩,安全阀打开,乳化液溢出,活柱随之稍微下缩,此时支柱载荷稍降,直至顶板压力与支柱阻力形成新的平衡为止。这就是单体液压支柱的恒阻特性。其特性曲线如图 2-16 所示。

③回柱。将卸载手把插入右阀筒卸载孔中,转动手把迫使阀套轴向位移打开卸载阀,柱内乳化液射出,活柱在自重和复位弹簧的作用下回

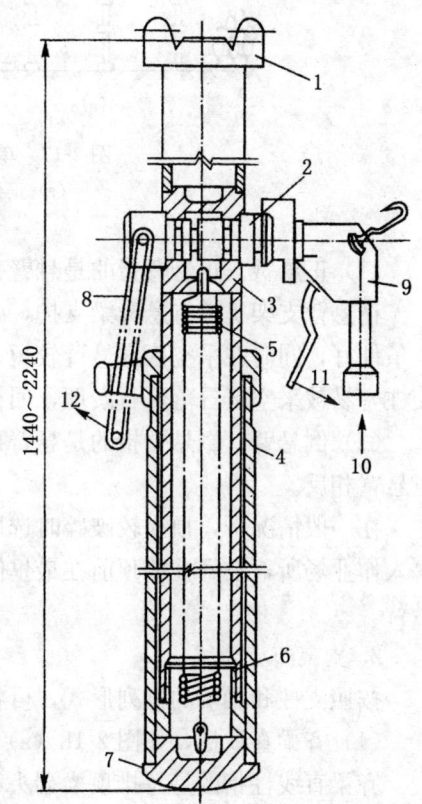

图 2-15 外注式单体液压支柱
1—顶盖;2—油阀;3—活柱体;4—油缸;5—复位弹簧;6—活塞;7—底座;8—卸载手把;9—注液枪;10—泵站供液;11—注液式操作手把方向;12—卸载时动作方向

缩，完成卸载回柱过程。

三、金属铰接顶梁和单体液压支柱配套时的支护布置形式

普采工作面支护布置形式决定于顶底板岩性、煤层赋存条件和采煤工艺特点。合理的支护布置形式，对保证回采空间作业安全、与采煤机截深相配合，满足支柱、回柱工作要求，从而充分发挥机械效能、提高工作面产量和降低支护材料消耗具有重要意义。

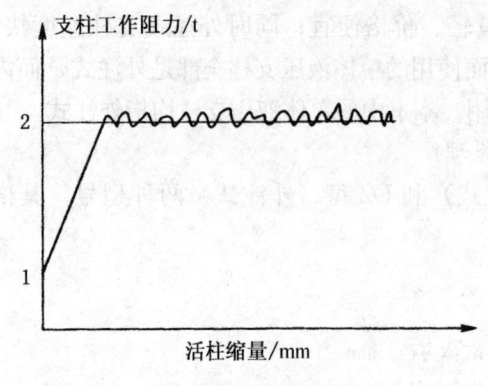

图 2-16 单体液压支柱的恒阻特性曲线
1—初撑力；2—额定工作阻力

1. 悬臂顶梁与支柱的关系

按照顶梁在采空区侧的悬伸长短，可将其分为正悬臂和侧悬臂两种形式，如图 2-17 所示。

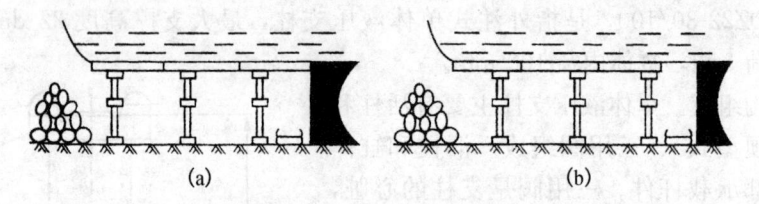

图 2-17 单体支架正悬臂与倒悬臂布置
（a）正悬臂布置；（b）倒悬臂布置

（1）正悬臂。正悬臂指的是悬臂顶梁在采空区侧的悬伸长度较短。

正悬臂支架机道有悬臂梁支护，必要时还可掏梁窝提前挂梁，打临时贴帮柱，机道安全条件好，同时在采空区内悬臂较短，切顶性能好，顶梁还不易折损。但是，最里侧一排支柱容易被采空区冒落矸石淤埋，回柱较困难。

（2）倒悬臂。倒悬臂指的是悬臂顶梁在采空区侧的悬伸长度较长。倒悬壁的优缺点与正悬臂相反。

在一般情况下，顶板较破碎时选用正悬臂。为了防止采空区冒落矸石淤埋支柱，甚至窜入作业场所，在回柱放顶前在最里侧一排支柱挂好挡矸帘。当顶板较完整时一般选用倒悬臂。

2. 支架布置形式

按照支柱和梁端的排列形式，可将支架布置形式分为以下三种：

（1）齐梁直线柱，如图 2-18（a）所示。

齐梁直线柱指的是每排顶梁端头和支柱都是直线排列。顶梁与支柱关系又可根据工作面顶板条件布置为正悬臂和倒悬臂两种，但必须一致。

根据截深和顶梁长度的关系，又将齐梁直线柱分为两种布置形式：

①截深与顶梁长度相等时，采煤机每割一刀，可沿工作面全长挂梁打柱。其优点是：支护方式较简单，规格质量容易掌握；放顶线整齐，顶梁不易被压坏；工序简单，便于组织管理。其缺点是挂梁打柱都必须在割一刀后进行，工作量较集中。

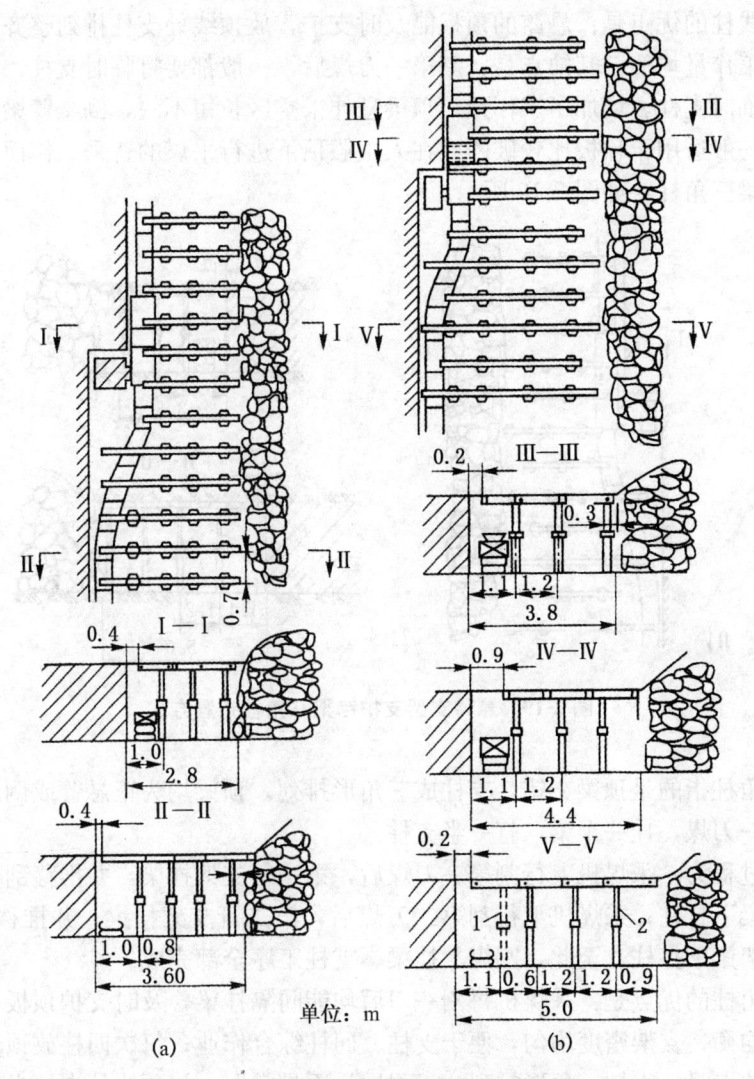

图 2-18 悬臂支架支护直线柱布置方式
(a) 齐梁直线柱布置；(b) 错梁直线柱布置
1—临时柱；2—正式柱

②截深为顶梁长度一半时，采煤机每割三刀时，进行一次挂梁打柱。其缺点是割第一刀后不能挂梁，空顶面积大且时间长；挂梁打柱集中在割第二刀时进行，工作量不均衡，所以仅在顶板条件较好时采用。

(2) 错梁直线柱，如图 2-18 (b) 所示。

错梁直线柱指的是每排支柱成直线，而顶梁交错排列。其相邻两行支架，一行为正悬梁，一行为倒悬臂。

其操作过程为：采煤机上行割第一刀煤后，第一行支架进行挂倒悬臂梁，并推移刮板输送机，在第一行支架梁下打临时支柱；采煤机下行割第二刀煤后，第二行支架进行挂正悬臂梁，并推移刮板输送机，在第一、第二行支架梁打固定支柱，回撤第一行支架的临时支柱。至此，割煤、挂梁、支柱工序全部完成。

错梁直线柱的优点是：悬露的顶板能及时支护，放顶线处支柱排列整齐，便于切顶和挡矸，挂梁工作量均衡。其缺点是：割第一刀煤后，一般都要打临时支柱，割第二刀煤后又要回撤该临时支柱，增加了工作量；顶梁悬伸采空区长短不一，倒悬臂梁容易损坏。这种布置方式一般适用于顶板比较破碎或在人工假顶下进行采煤的普采工作面。

（3）错梁三角柱，如图2-19所示。

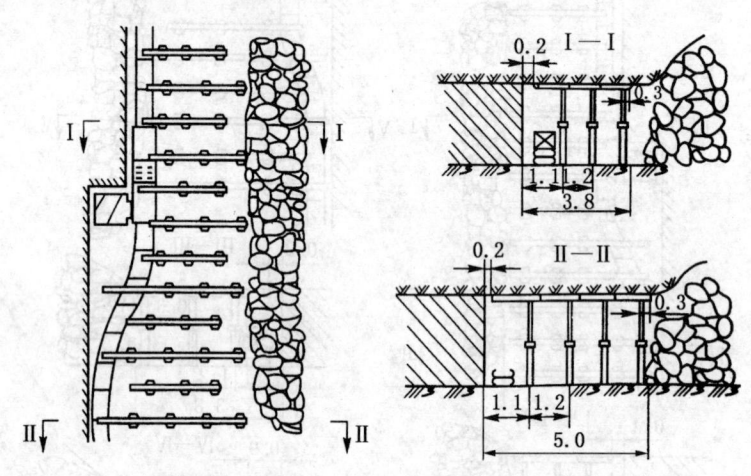

图2-19 悬臂支架支护错梁三角柱布置方式

错梁三角柱指的是顶梁交错，支柱成三角形排列。顶梁均为正悬臂或倒悬臂，但必须一致。每割一刀煤，挂一半梁，打一半支柱。

其操作过程为：采煤机上行割第一刀煤后，第一行支架挂梁，并推移刮板输送机，在第一行支架梁下打柱；采煤机下行割第二刀煤后，第二行支架挂梁，并推移刮板输送机，在第二行支架梁下打柱。至此，割煤、挂梁、支柱工序全部完成。

错梁三角柱的优点是：采煤机每割一刀后均能间隔挂梁，及时支护顶板，每割一刀的支架工作量均衡，支架密度均匀，便于支柱、回柱综合作业；每次回柱放顶步距小，放顶较安全。其缺点是：直柱三角形排列，工程质量不易掌握；放顶线处支柱少，受力大，不利于挡矸；支架间隙小，行人运料不方便。它主要适用于顶板破碎且现场管理水平较高的普采工作面。

3. "π"型长钢梁和单体液压支柱配套的支架布置形式

"π"型钢梁是由两根"π"型钢梁对焊而成，其长度有2.4 m和2.6 m两种。

采用"π"型钢梁和单体液压支柱配套组成交替迈步对梁支护顶板，或者"π型"钢梁对梁与金属铰接顶梁混合支护方式，其优点是大大缩小了端面距，改善了机道顶板维护状况；由铰接支护变为刚性支护，同时避免了一梁一柱的单腿支架，增加了支架的稳定性；在工作面回柱放顶时由于主、副梁之间的相互支撑，保证回柱操作安全。由于采用"π"型钢梁，减少了顶板事故，提高了工作面开机率，所以被广泛应用在普采工作面支护中，特别是顶板较破碎和片帮严重时。其缺点是工人劳动强度较大，且必须双人作业。

"π"型长钢梁支护形式如图2-20所示。

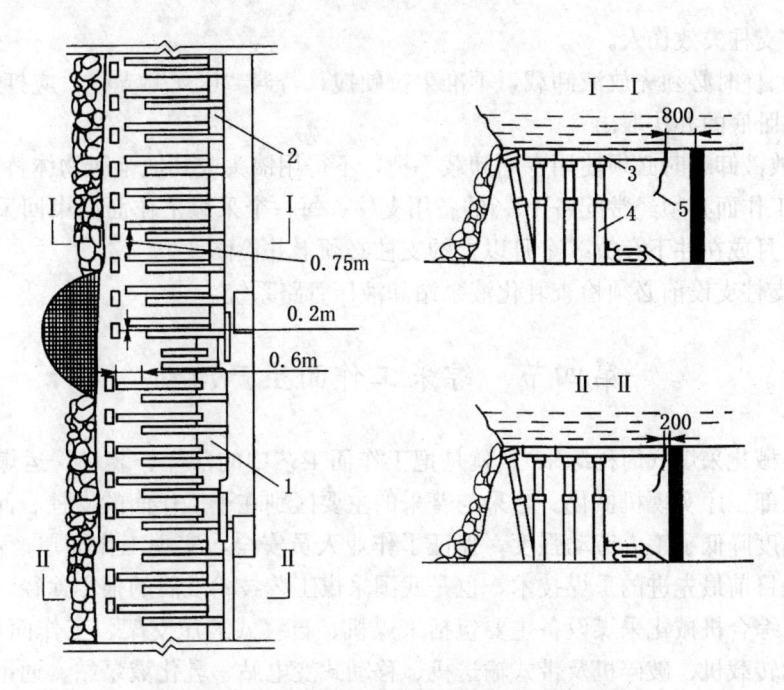

图 2-20 "π"型长钢梁交替迈步对梁支护顶板
1—双滚筒无链牵引采煤机；2—封底式双速侧卸刮板输送机；
3—"π"型长钢梁对梁；4—单体液压支柱；5—金属网

四、单体液压支柱使用注意事项

（1）新下井支柱或长期未使用的支柱，第一次使用时应先按最大行程进行升降柱至少2次，以排除缸体内空气，后方可支设。否则，支柱初撑后可能出现缓慢下沉现象。

（2）支柱支设前应检查零部件是否齐全，柱体有无弯曲、缺件、漏液等现象，不合格的支柱不准使用。

（3）支柱支设前，必须用注液枪冲洗注液阀体，防止煤粉等污物进入支柱内腔。

（4）支柱支设接顶后，应继续供液4~5 s，再切断液源，以保证支柱初撑力。

（5）支柱顶盖四爪应卡在顶梁槽上，接合严密，不允许顶在顶梁上或顶梁接头处，不准单爪承载，缺爪的不允许继续使用。

（6）支柱支设的最大高度应小于支柱设计最大高度0.1 m；支柱支设的最小高度应大于支柱设计最小高度0.2 m。当采高突然变化超过支柱最大高度或小于支柱最小高度时，应及时更换相应规格的支柱，不得在支柱底部垫木板、矸石或打成"死柱"。

（7）禁止用锤、镐和矸石等物体猛力敲击支柱的任何部位；严禁用立柱做推溜器，也不准支柱手把作为移溜千斤顶的支撑，以免损坏支柱。

（8）支柱支设时应根据煤层倾角大小，设一定量的迎山角，其范围为0°~7°。支柱不能打在底板的浮煤浮矸上，底软时必须穿柱鞋。

（9）不得混合使用不同类型或不同性能的支柱。确因地质条件的变化必须使用时，必须制定安全技术措施报矿总工程师批准。

（10）在中厚煤层和急倾斜煤层工作面的人行道两侧支柱应拴铁丝或拉大绳上下串联

起来，以防支柱失效伤人。

（11）回柱时必须先放液卸载，不准生拉硬拽；若遇"压死"支柱，应打好临时支柱，采取挑顶或卧底的办法取出。

（12）放液卸载时必须使用专用卸载手把，不得用镐头或其他金属物体替代。

（13）工作面必须经常配备10%的备用支柱。每一个采煤工作面结束回采后或使用时间超过8个月或在井下存放3个月以上的支柱必须上井检修。

（14）支柱支设前必须检查乳化液泵站和液压管路系统。

第四节 综采工作面生产活动

综合机械化采煤（简称综采），就是把工作面工艺中的落煤、装煤、运煤、支柱和回柱放顶等全部工序实现机械化。综采与普采的主要区别在于工作面的支柱、回柱实现了机械化，大幅度降低了工人劳动强度，保证了作业人员安全，实现工作面单产高、效率高、成本低，是目前最先进的采煤技术，也是我国采煤工艺技术发展的根本途径。

目前，综合机械化采煤设备主要包括采煤机、自移式液压支架、工作面刮板输送机、运输平巷的转载机、破碎机及带式输送机、移动式变电站、乳化液泵站、通讯信号和电气控制等设备。凡装备了上述设备、实行连续生产工艺的采煤工作面，称为综合机械化采煤工作面，简称综采面。

一、综采面生产活动特点

1. 生产手段全部机械化

综采工作面的落煤、装煤、运煤、支柱和回柱放顶全部实现了机械化作业。滚筒式采煤机骑在刮板输送机上面，沿工作面全长往返落煤和装煤；工作面刮板输送机既是采煤机的导轨，又是负责工作面煤炭的运输设备；工作面采用自移式液压支架支护顶板，并由液压千斤顶进行移动，自动完成工作面的支护和放顶。

2. 简化了生产工序

在综合机械化采煤工作面，不仅采煤机将工作面的落煤、装煤、运煤三道工序合为一体（叫做采煤工序）；而且自移式液压支架又将工作面的支柱、回柱放顶等工序合为一体，由移架一道工序所代替；液压千斤顶既负责刮板输送机的推移，又负责液压支架的前移。所以，综采面整个采煤工序只需经过采煤、推运输机、移液压支架三道工序来完成。

3. 生产过程连续性强

综采面实现了生产过程的连续性，大大加快了工作面月推进度，提高了工效。同时，由于连续性强，对其他辅助环节和配套工作要求密切配合，否则，将影响综采设备的效能发挥。

4. 设备检修工作量大

由于综采面技术装备程度的提高，电器设备大量增加，生产强度加大，机械故障也会增多。因此，必须加强设备的检查、维修和保养，以保证所有设备始终处于良好状态。

二、液压支架类型、支护方式和移架方式

综采面采用液压支架进行顶板管理，这是综采面中的关键设备。液压支架以高压液体为动力，通过工作性质不同的几个液压缸，完成支撑、降架、切顶、移架和推输送机等一整套动作。液压支架使支柱和回柱放顶两个主要工序结合为统一的整体；同时，它与采煤机相配合，实现综采面生产活动机械化、连续化。

1. 液压支架的类型

液压支架按照它与工作面围岩相互作用的特点可分为支撑式、掩护式和支撑掩护式三种类型，如图 2-21 所示。它们的结构特点如下：

（1）支撑式支架。支撑式支架是依靠强力支柱支护工作空间，并使采空区内的岩层切断垮落。其特点是在结构上没有掩护梁，对顶板的作用是支撑。

根据支架的受力情况和移步方式不同，支撑式支架又分为垛式和节式两种结构形式。节式支架由于稳定性差，易发生倒架事故，现已基本淘汰。垛式支架如图 2-22 所示。

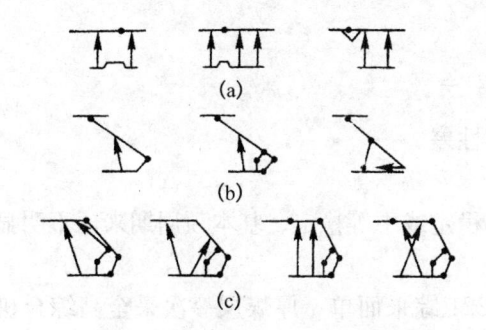

图 2-21 液压自移支架的类型
(a) 支撑式；(b) 掩护式；(c) 支撑掩护式

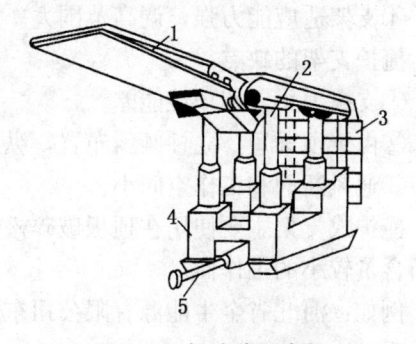

图 2-22 垛式液压支架
1—顶梁；2—立柱；3—挡矸帘；
4—底座箱；5—推移千斤顶

垛式支架的优点：
①支撑力较高，切顶性能好。
②支架的顶梁支撑着整个工作面空间的顶板。
③支架靠采空区一侧，利用挡矸装置来隔离采空区，防止矸石窜入。
④通风断面和工作空间大。
⑤结构简单、质量轻。
⑥液压系统简单，便于操作和维护。

垛式支架的缺点：
①对顶板反复支撑次数多，容易破坏顶板的完整性。
②承受水平推力差，支架稳定性差。
③移架时空顶面积大，防矸效果差。

垛式支架主要使用在直接顶稳定、基本顶有明显和强烈周期来压的紧硬岩层的工作面。

（2）掩护式支架。掩护式支架以掩护采空区已冒落的矸石为主，对工作空间上方的顶

板支撑为辅。其特点是在结构上的立柱有1~2根，且都是倾斜布置的，顶梁较短。

根据掩护梁与底座的联接方式不同，掩护式支架又分为单铰式和四连杆式两种结构形式。单铰式随着支架支撑高度的变化，顶梁的前端至煤壁的距离发生较大的变化；而四连杆式该距离基本保不变，如图2-23所示。

掩护式支架的优点：

①采空区和顶板能够与工作空间完全隔离，掩护性能好，挡矸和防矸效果好。

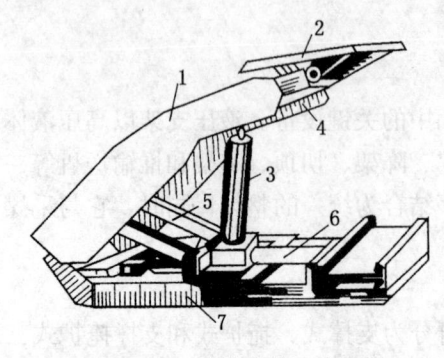

图2-23 掩护式液压支架
1—掩护梁；2—顶梁；3—立柱；4—侧护板；
5—连杆；6—推移千斤顶；7—底座

②由于顶梁短，支撑力集中在靠近煤壁的顶板上，所以支护强度较大且均匀，能承受较大的水平推力，横向稳定性好。

③对顶板反复支撑的次数少，能够实现沿顶带压移架。

④支架适应能力强，调高范围大。

掩护支架的缺点：

①支撑力小，切顶性能差。

②由于顶梁短、立柱倾斜布置，纵向稳定性差。

③通风断面和工作空间小。

掩护式支架主要使用在顶板破碎松软、不稳定或中等稳定、基本顶周期来压不明显和瓦斯含量较小的工作面。

例如：河北省金牛能源有限公司东庞矿2221综采面单一厚煤层一次采全高综合机械化开采。

煤层及顶底板条件：煤层厚度3.8~4.7 m。直接顶为粉砂质泥岩与粉砂岩互层，深灰色、性脆、水平层理、富含植物化石，局部为细砂岩，厚度共14.4 m。基本顶为泥质粉砂，灰黑色，顶部含植物化石，底部含有两道煤线，厚度共8.09 m。伪顶为粉砂岩，其上为0.1~0.15 m煤线，厚度0.4~0.5 m。直接底为粉砂质泥岩，深灰色，富含植物根化石，厚度0.4 m。基本底为中砂岩，浅灰色，岩石较硬，厚度共2.2 m。

采用ZY5000-25/50型掩护式支架。其特征为：支架高度为2.5~3.0 m；工作阻力为5 000 kN；初撑力为3 880 kN；对底板最大比压为2.35 MPa。

工作面主要技术经济指标：工作面长度为90~160 m；平均采高为4.3 m；循环进刀为0.7 m；循环产量为417~639 t；月进度为126 m；月产量为10.1万t；回采工效为40.8 t/工。

（3）支撑掩护式支架。支撑掩护式支架是以支撑为主，兼有掩护作用的支架。其特点是在结构上四根立柱支撑顶梁，或后排两柱支撑在掩护梁上端与顶梁铰接，下端用连杆与底座相连，如图2-24所示。

支撑掩护式支架的优点：

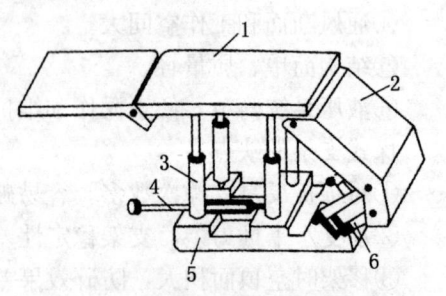

图2-24 支撑掩护式液压支架
1—顶梁；2—掩护梁；3—立柱；
4—推移千斤顶；5—底座；6—连杆

①支撑能力大，顶梁受力状态好，切顶性能强。
②具有掩护梁，防护性能好，能有效防止采空区矸石窜入工作空间。
③通风断面和工作空间大。
④支架稳定性好。

支撑掩护式支架的缺点：
①结构复杂。
②成本较高。

由于支撑掩护式支架兼有支撑式支架和掩护式支架的结构特点和性能，因此广泛应用于中等稳定顶板、稳定顶板和松软底板等各种顶底板条件的工作面。

例如：山西省大同煤矿集团公司云岗矿8828综采面两硬（顶板、煤层）厚煤层综采放顶煤开采。

煤层及顶底板条件：煤层厚度6.95 m。直接顶为细及中砂岩，灰白色，以石英、长石为主，其水平层理、含云母等暗色矿物物，厚度共26～42 m，无基本顶。直接底为粉及细砂岩，浅灰色，含云母及暗色物，致密，厚度共0.63～3.0 m。

采用ZFS-7500/22/35型支撑掩护式支架。其特征为：支架高度为2 200～3 500 mm；长×宽为4 750 mm×1 460 mm；工作阻力为5 691～7 500 kN。

工作面主要技术经济指标：工作面长度为140 m；全煤厚为5.2～7.9 m；其中机采高度为3.0 m，放顶煤高度为3.95 m；截深为0.5 m；循环产量为511.54 t；日产量为3 069 t。

2. 液压支架的支护方式

综采工作面依靠液压支架支撑顶板，维护工作空间安全。综采面按照割煤、移架和推输送机三道工序不同配合顺序，液压支架的支护方式有如下四种：

(1) 及时支护。在采煤机割煤后先移支架，再移输送机，因此，采煤工艺过程为采煤—移架—移溜。为此，支架前柱与输送机的电缆托架间要富余一个截深量。这种方式适宜在顶板破碎及易冒落的条件下采用。

(2) 滞后支护。在采煤机割煤后先推溜，再移支架。移架要滞后割煤较大距离，这样顶板悬露面积较大，其采煤工艺过程为采煤—移溜—移架。因此，应有滞后距离的具体规定，以防止因割煤后移架滞后过远，造成冒顶事故。一般规定移溜滞后机尾不大于15 m（输送机弯曲段长度），移架滞后机尾不大于20 m。这种方式适宜在顶板较坚硬及不易冒落的条件下采用。

(3) 超前支护。超前支护指的是在采煤机还没有割煤，支架就利用前柱与输送机之间的富余量向前推移，使煤壁片帮后悬露的顶板提前得到控制。其采煤工艺过程为移架—采煤—移溜。这种方式主要在顶板破碎、煤壁容易片帮的条件下采用。

(4) 复合支护。复合支护指的是当使用带有可伸缩的前探梁支架时，还可以采取先伸出前探梁的办法进行支护。其采煤工艺过程为：采煤—支架伸出前探梁—移溜—移架。这种方法主要在顶板破碎、极易冒落、煤壁极易片帮的条件下采用。

3. 液压支架移架方式

(1) 单架依次顺序式。单架依次顺序式又称单架连续式。当采煤机割煤后，支架沿采煤机牵引方向依次顺序前移，移动步距等于截深，支架被移成一条直线。此方式操作简单,容易保证移架质量,能适应不稳定顶板,故被普遍采用。但这种方式移架速度较慢。

(2) 分组间隔交错式。分组间隔交错式又称分组交错式。当采煤机割煤后,支架分为2~3组,每组由2~3架支架组成,移架时按分组间隔交错顺序前移。此方式移架速度快,但顶板下沉量大,适用于顶板稳定的情况。

(3) 成组整体依次顺序式。成组整体依次顺序式又称成组连续式。当采煤机割煤后,支架按组(每组2~3架)沿采煤机牵引方向依次顺序前移,即每次移一组。一般由大流量电液阀成组控制。此方式移架速度快,但顶板下沉量大,适用于地质条件较好、采煤机牵引速度快、产量大的综采工作面。

三、综采面生产活动注意事项

1. 《煤矿安全规程》对综采面的有关规定

(1) 必须根据矿井各个生产环节,煤层地质条件、煤层厚度、层倾角、瓦斯涌出量、自然发火倾向和矿山压力等因素,编制设计(包括设备选型、选点)。

(2) 运送、安装和拆除液压支架时,必须有安全措施,明确规定运送方式、安装质量、拆装工艺和控制顶板的措施。

(3) 工作面煤壁、刮板输送机和支架都必须保持直线。支架的煤、矸必须清理干净。倾角大于15°时,液压支架必须采取防倒、防滑措施。倾角大于25°时,必须有防止煤(矸)窜出刮板输送机伤人的措施。

(4) 液压支架必须接顶。顶板破碎时必须超前支护。在处理液压支架上方冒顶时,必须制定安全措施。

(5) 采煤机采煤时必须及时移架。采煤与移架之间的悬顶距离,应根据顶板的具体情况在作业规程中明确规定;超过规定距离或发生冒顶、片帮时,必须停止采煤。

(6) 严格控制采高,严禁采高大于支架的最大支护高度。当煤层变薄时,采高不得小于支架的最小支护高度。

(7) 当采高超过3 m或片帮严重时,液压支架必须有护帮板,防止片帮伤人。

(8) 工作面两端必须使用端头支架或增设其他形式的支护。

(9) 工作面转载机安有破碎机时,必须有安全防护装置。

(10) 处理倒架、歪架、压架以及更换支架和拆修顶梁、支柱、座箱等大型部件时,必须有安全措施。

(11) 工作面爆破时,必须有保护液压支架和其他设备的安全措施。

(12) 乳化液的配制、水质、配比等,必须符合有关要求。泵箱应设自动给液装置,防止吸空。

2. 操作液压支架的基本要求

正确地操作液压支架,是充分发挥其支护特性和支撑能力,更好地管理和控制顶板的关键,是综采面生产活动的基本功。操作液压支架的基本要求如下:

(1) 快。所谓"快"就是各种操作动作要快,也就是及时支护新暴露出来的顶板。当采煤机割煤后,移架工作应立即跟上,要求移架落后采煤机滚筒不得超过3~5 m,以尽量缩短新暴露顶板的无支护"空顶"时间和面积。如果移架过迟,尤其对于破碎顶板将引起冒落矸石甚至发生冒顶事故。因此,在移架方法上,尽量采用先移架后移溜的方式。当移架跟不上采煤机割煤速度时，可采取隔架前移的方法，尽力实现追机立即支护。甚至有时还可以使采煤机暂停割煤，以保证移架工作跟上。在移架操作上要在采煤机割煤后尽快移架；做到"少降"、"快拉"，并应做到一次完成，避免反复支撑，从而达到"快"的要求。

为了达到"快"的要求，移架前还应做到充分的准备工作。例如，检查乳化液泵站、管路、阀组、材料备件情况；检查顶梁与顶板接触情况是否良好，挡矸装置是否完好；观察顶板伞檐、底板情况，支架架间距大小，机道和架间清洁情况。若有问题，应提前处理好。

（2）准。所谓"准"就是对每次推溜、移架的步距和位置要求准确，并要做到一次到位，不能推移量过大或过小。

采煤机割煤后，煤壁残留伞檐或底煤时应挑下刷齐或起平，不允许托顶煤移架或爬底煤移架。否则，可能使支柱立柱向后歪斜，损坏支架和发生局部冒顶。

（3）齐。所谓"齐"就是移架时不发生支架偏斜、歪扭和前倾后仰，顶梁和底座要移平，梁端、立柱保持整齐一条线。

如果支架歪斜，工作状态不良，部件易受损伤或者造成挤架、咬架；如支架间距不匀，间距过大，不能有效地支撑顶板，间距过小，又容易出现挤架、咬架甚至倒架现象，给下一次移架造成困难，严重时会损伤支架。

（4）严。所谓"严"就是使支架与顶底板接触良好，并使架间空隙背严，挡矸板、侧护板要堵严。以防止顶板漏矸和采空区窜矸，保证工作空间和提高支架稳定性。

当顶板破碎时，要实行带压移架，移架时立柱保持一定的工作阻力，使顶梁与顶板不脱离接触，可以减少端面顶板下沉量。用金属网或塑编网护顶时，必须使金属网或塑编网连接牢固，避免破网漏矸。此处还应清除顶梁上的矸石，防止顶梁与顶板接触不良，造成局部压力集中。

支架底座同样要求与底板接触良好。支架与底板平整，不仅可以提高支架的稳定性，同时还会改善支护性能，保证支架良好的工作状态。

（5）净。所谓"净"就是指支架底板和架间中的浮煤、碎矸要清理干净。

如果支架下面的浮煤、碎矸过多，将会因压缩浮煤、碎矸，增加顶板下沉量，造成顶板离层、下沉。另外，及时清理干净底板和架间的浮煤、碎矸还可以为快速、准确地移架创造条件，并避免被清理的电缆电线、胶管铜管、阀门开关遭到挤压损坏。

3. 液压支架操作注意事项

液压支架是综采面的主要设备，管理操作液压支架，就能充分发挥综合机械化采煤的优越性，收到产量高、工效高、安全好的技术经济效果。

（1）一般规定

①液压支架工必须经过专门培训，经考试合格后才能上岗作业。通过培训使操作人员做到"四懂"（懂综采工艺，懂支架结构、性能和工作原理，懂本工种操作规程，懂支架完好标准）和"四会"（会使用，会检查，会维修保养，会排除故障）。

②支架所有阀组、立柱、千斤顶均不准在井下拆检，可整体更换。更换前尽可能将缸体缩到最短，接头处要及时装上防尘帽。

③备用的各种液压软管、阀组、液压缸、管接头等必须用专用堵头堵塞，更换时用乳

化液清洗干净。

④更换胶管和阀组液压件时，只准在"无压"状态下进行，而且不准将高压出口对人。

⑤不准随意拆除和调整支架上的安全阀。

⑥液压支架工要与采煤机司机密切配合。移架时如赶不上割煤速度，超过规定的滞后距离时，应要求暂停割煤。

⑦综采面移架后要达到"三直二平"标准，即煤壁、刮板输送机和支架分别成直线，刮板输送机和支架平稳牢靠。

（2）准备、检查与处理

准备：

①工具：扳手、钳子、螺丝刀、套管、小锤、手把等。

②备品配件：U形销、高低压密封圈、高低压胶管、常用接头、弯管等。

检查：

①检查支架前端、架间有无冒顶、片帮的危险。

②检查支架有无歪斜、倒架、咬架，架间距离是否符合规定，顶梁与顶板接触是否严密，支架是否成一条线或甩头摆尾，顶梁与掩护梁工作状态是否正常等。

③检查结构件：顶梁、掩护梁、侧护板、千斤顶、立柱、推移杆、底座箱等是否开焊、断裂、变形，有无联结脱落，螺钉是否松动、压卡、扭歪等。

④检查液压件：高低压胶管有无损伤、挤压、扭曲、拉裂、脱皮断裂，阀组有无滴漏，操作手把是否齐全、灵活可靠、置于中间停止位置，管接头有无断裂，是否缺"U"形销子。

⑤千斤顶与支架、刮板输送机的联接是否牢固（严禁软联接）。

⑥检查电缆槽（挡煤板）有无变形，槽内的电缆、水管、照明线、通讯线敷设是否良好，挡煤板、铲煤板与输送机联接是否牢固，溜槽口是否平整，采煤机能否顺利通过。

⑦照明灯、信号闭锁、洒水喷雾装置等是否齐全、灵活、可靠。

⑧支架有无严重漏液缺载现象，有无立柱伸缩受阻使前梁不接顶现象。

⑨铺网工作面，网铺的质量是否影响移架，联网铁丝接头能否伤人。

⑩坡度较大的工作面，端头的三组端头支架及刮板输送机防滑锚固装置是否符合质量要求。

处理：

①顶板及煤帮存在的问题，应及时向班组长汇报或由液压支架工用自行接顶或超前接顶等办法处理。

②支架有可能歪架、倒架、咬架而影响顶板管理的，应准备必要的调架千斤顶、短节锚链或单体支柱等，以备下一步移架时调整校正之用。

③更换、处理液压系统中损坏的软管，插牢"U"形销子。

④清理支架前及两侧的障碍物，将管线、通讯设施吊挂、绑扎整齐。

（3）操作及其注意事项

正常移架操作顺序：

①收回伸缩梁、护帮板、侧护板。

②操作前探梁回转千斤顶，使前探梁降低，躲开前面的障碍物。
③降柱使主顶梁略离顶板65~200 mm。
④当支架可移动时立即停止降柱，使支架移至规定步距。
⑤调架使推移千斤顶与刮板输送机保持垂直，支架不歪斜，中心线符合规定，整个工作面支架排成直线。
⑥升柱同时调整平衡千斤顶，使主顶梁与顶板严密接触约3~5 s，以保证达到初撑力。
⑦伸出伸缩梁使护帮板顶住煤壁，伸出侧护板使其紧靠相邻下方支架。
⑧将各操作手把扳到"零"位。

过断层、空巷、顶板破碎带及压力大时的移架操作顺序：
①按照过断层、空巷、顶板破碎带及压力大时的有关安全技术措施进行及时支护和超前支护，尽量缩短顶板暴露时间和缩小顶板暴露面积。
②一般采用"带压移架"，即同时打开降柱及移架手把，及时调整降柱手把，使破碎矸石滑向采空区，移架到规定步距后立即升柱。
③过断层时，应按作业规程规定严格控制采高，防止压死支架。
④通过下分层巷道或溜煤眼时，除超前支护外，必须确认下层空巷、溜煤眼已充实后方准移架，以防通过时下塌造成事故。
⑤移架按正常移架顺序进行。

工作面端头的三架端头支架的移架顺序：
①必须两人配合操作，一人负责前移支架，一人操作防倒、防滑千斤顶。
②移架前将3根防倒、防滑千斤顶全部放松。
③先移第三架，再移第一架，最后移第二架。
④移第二架时，应放松其底部防滑千斤顶，以防被顶坏。

移架操作注意事项：
①每次移架前应先检查本架管线，不得刮卡，清除架前障碍物。如果移架阻力过大，不可强拉硬移，必须查明原因，处理妥当之后再移架。检查时要将操作阀手把置于断开位置。
②移架时，本架上下相邻两组支架推移千斤顶处于收缩状态。
③带有伸缩前探梁的支架，割煤后应立即伸出前探梁支护顶板。
④铺设顶网的工作面，必须先将网放下后再行移架。假顶网下可采用"带压移架"，以保持一定初撑力，紧贴或略脱离假顶网前移支架，要谨防刮坏网或出现大网兜造成冒顶。
⑤采煤机的前滚筒到达前应先收回护帮板。
⑥降柱幅度低于邻架侧护板时，升架前应先收回邻架侧护板，待升柱后再伸出邻架侧护板。
⑦本架操作时，应站在架箱内，面对煤壁操作，禁止脚蹬在底座前。邻架操作时，应站在上一架支架内操作下一架支架，并且注意顶板，以防架间漏矸伤人。
⑧移架的下方和前方不准有其他人员作业或逗留。移动端头支架时，除液压支架工外，其他无关的人员一律撤离到安全地点。

⑨移架时应坚持挂线移架或用激光指向仪，保持工作面支架移成直线。

推移工作面刮板输送机：

①先检查顶底板及煤帮、确认无危险后，再检查煤板与煤帮之间无煤矸石、杂物方可进行推移工作。

②推移刮板输送机与采煤机应保持12~15 m距离，弯曲段不少于15 m。

③可自上而下、自下而上或由中间向两头推移刮板输送机，不准从两头往中间推移。

④除刮板输送机机头、机尾可停机推移外，机身要在刮板输送机运行中推移，不准停机推移。

⑤千斤顶必须与刮板输送机联结使用，以防止顶坏溜槽侧的管线。

⑥移动机头、机尾时，要有专人（班组长）指挥，专人操作。慢速绞车移机头、机尾时，必须按回柱绞车操作工有关操作规程执行。

⑦移设后的刮板输送机要做到：整机安设平稳，开动时不摇摆，机头、机尾、机身要平直，电动机和减速器的轴的水平度要符合要求。

⑧刮板输送机推移到位后，随即将各操作手把扳到停止位置。

工作面冒顶时的移架：

①主顶梁前端顶板破碎局部冒顶时，将顶梁用半圆木刹顶，再升柱使其严密接顶。

②木垛法。支架上方空顶有倒架危险时，应用木料支顶空间。处理时先在顶梁上打临时支柱护顶，人员站在安全地点，用方木或半圆木打木垛。木垛最下一层的两端要分别搭在相邻两支架顶梁上并与顶梁垂直。移架时注意交替前移，以保持木垛完整。

③挑顺山梁法。采煤机割煤后，如果新暴露的顶板在短时间内不会立即冒落，而移架时有可能冒顶时，可以在顶梁上放顺山木梁1~3根（长约2~3 m），然后由支架顶起，使木梁支护顶板。如遇顶板破碎，还要在顺山梁上铺荆条、笆片等材料护顶。

④架走向棚法。当顶板破碎、煤壁片帮，支架没有护帮设施或者护帮设施不起作用时，则贴在煤壁打临时支柱，架设走向棚，走向棚必须不低于支架高度。棚梁的一端由临时支柱支撑，另一端则搭在支架前梁上，随着支架前移，支架顶梁托住走向棚，回撤临时支柱。

⑤搭木梁法。当顶板条件许可，煤壁片帮较小，可在煤壁上方掏一梁窝，把木梁的一端插入梁窝，另一端搭在支架顶梁上，以支护不完整顶板。

⑥注浆法。当顶板破碎非常严重，或冒顶空洞高度相当高时，可采取对破碎带和冒顶空洞进行注浆的方法，待凝固后支架在其下推移而过。

(4) 收尾工作

①割煤后，支架必须紧跟移设，不准留空顶。

②移完支架后，各操作手把都扳在停止位置。

③清理支架内的浮煤、碎矸及煤尘，整理好架内的管线。

④经班组长或验收员验收，处理完毕存在的问题，全部合格后方可清点工具，放置好备品配件，最后撤离作业现场。

⑤在撤退现场前要与接班的液压支架工交待本班支架情况、出现的故障、存在的问题以及处理办法和建议。升井后按规定填写液压支架工作日表。

四、综采面放顶煤开采

放顶煤开采的实质就是在厚煤层及特厚煤层中，首先采用常规采煤方法回采煤层的底部，上方顶煤在矿山压力作用下破碎成散状体，依靠自重冒落，通过液压支架采空区侧上方放煤口，流到支架内的刮板输送机内运出工作面。

综采面放顶煤开采工艺是20世纪50年代始于欧洲，我国煤矿于1982年引进了这项技术，并结合具体情况，不断进行改进，自20世纪90年代以来有了较大发展。实践证明，推行综采放顶煤技术是实现采煤工作面安全高效的有效措施。

1. 综采面放顶煤开采的优缺点

（1）优点

①产量高。厚煤层回采能大幅度提高产量，实现一个综采工作面，生产两个工作面的煤炭。我国目前很多一矿一面的矿井都是用此种开采方式保证全矿井产量任务的完成；有的综采面单产达到500万t以上。

②掘进率低。厚煤层避免了分层开采，节省了大量的回采巷道掘进量。据统计，综采放顶煤工作面的万吨掘进率比分层开采降低约30%～70%。

③有利于顶板管理，特别是在顶板较破碎的煤层开采时，减少了冒顶事故。

（2）缺点

①煤尘大。这是综采放顶煤开采面临的重大安全和健康问题。

②采出率低。当前采出率在80%左右，有的甚至更低。

③易自燃发火。因采空区遗煤多，易自燃。

④含矸率高。顶煤回收时掺入一定量的顶板矸石，使煤质下降。

⑤矿压显现剧烈。由于开采后形成的空间很大，使工作面及两巷矿山压力加剧，有时形成高压的煤与瓦斯混合流，喷向工作面空间，发生突出事故。

⑥放煤口被大块煤（矸）卡住时，如果采用爆破方法处理，很容易引发瓦斯、煤尘爆炸，还可能崩坏液压支架。

2. 综采面放顶煤开采的适用条件

《煤矿安全规程》规定，采用放顶煤开采时，必须遵守下列规定：

（1）矿井第一次采用放顶煤开采，或在煤层（瓦斯）赋存条件变化较大的区域采用放顶煤开采时，必须根据顶板、煤层、瓦斯、自然发火、水文地质、煤尘爆炸性、冲击地压等地质特征和灾害危险性编制开采设计，开采设计应当经专家论证或委托具有相关资质单位评价后报请集团公司或者县级以上煤炭管理部门审批，并报煤矿安全监察机构备案。

（2）针对煤层的开采技术条件和放顶煤开采工艺的特点，必须对防瓦斯、防火、防尘、防水、采放煤工艺、顶板支护、初采和工作面收尾等制定安全技术措施。

（3）采用预裂爆破对坚硬顶板或者坚硬顶煤进行弱化处理时，应在工作面未采动区进行，并制定专门的安全技术措施。严禁在工作面内采用炸药爆破方法处理顶煤、顶板及卡在放煤口的大块煤（矸）。

（4）高瓦斯矿井的易自燃煤层，应当采取以预抽方式为主的综合抽放瓦斯措施和综合防灭火措施，保证本煤层瓦斯含量不大于6 m^3/t 或工作面最高风速不大于4.0 m/s。

（5）工作面严禁采用木支柱、金属摩擦支柱支护方式。

有下列情形之一的，严禁采用单体液压支柱放顶煤开采：
(1) 倾角大于 30°的煤层（急倾斜特厚煤层水平分层放顶煤除外）。
(2) 冲击地压煤层。

有下列情形之一的，严禁采用放顶煤开采：
(1) 煤层平均厚度小于 4 m 的。
(2) 采放比大于 1：3 的。
(3) 采区或工作面回采率达不到矿井设计规范规定的。
(4) 煤层有煤（岩）和瓦斯（二氧化碳）突出危险的。
(5) 坚硬顶板、坚硬顶煤不易冒落，且采取措施后冒放性仍然较差，顶板垮落充填采空区的高度不大于采放煤高度的。
(6) 矿井水文地质条件复杂，采放后有可能与地表水、老窑水和强含水层导通的。

3. 综采面放顶煤开采工艺流程

综采面放顶煤开采工艺流程基本上都采用如下模式：割煤→移架→推前部输送机→放顶煤→拉后部输送机。根据工作面具体条件和当地习惯做法，其中的开始工序和结束工序又有不同。

例如：河南省鹤壁煤业集团四矿 3011 综放工作面的复杂条件，采用轻型支架综采放顶煤开采。

(1) 基本情况

3011 综放工作面长度 150 m；煤层厚度 8.25 m（其中底分层采高 2.3 ± 0.1 m，顶煤厚度 5.95 m）；放煤步距 0.6 m，一采一放；进刀方式为中部斜切进刀；作业形式为二采一准；循环产量为 826 t；日循环个数为 4 个；工作面日产为 3 306 t；直接工效为 17.3 t/工。

(2) 主要机电设备特征

①采煤机：MG200-W1 型双滚筒采煤机。生产能力为 250 t/h；采高为 1.4~3.0 m；电动机功率为 200 kW；卧底量为 288 mm；滚筒直径为 1.4 m；牵引力为 250 kN；牵引速度为 0~5.5 m/min。

②液压支架：ZFH3200-14.4/26 型。工作阻力为 3 200 kN；支撑高度为 1.44~2.6 m；支护面积为 6.375 m^2；初撑力为 2 856 kN。

③前、后部输送机：SGD-630/220 可弯曲刮板输送机。运输能力为 450 t/h；电动机功率为 2×110 kW；链速为 1.07 m/s。

(3) 采煤工艺流程

采煤工艺流程如图 2-25 所示。
其操作工序及要求如下。
①拉后部机头、机尾。
——清理机头、机尾浮煤。把机头、机尾周围浮煤清理干净。
——改单柱。保证拉槽宽度满足要求。
——拉后部机头、机尾。拉机头、机尾时必须同支架工配合好，不可一次拉到位，拉动时架后及端头里严禁站人。
——打单柱、回梁。打单柱、回梁时必须逐棚作业，严格执行先打后回原则。

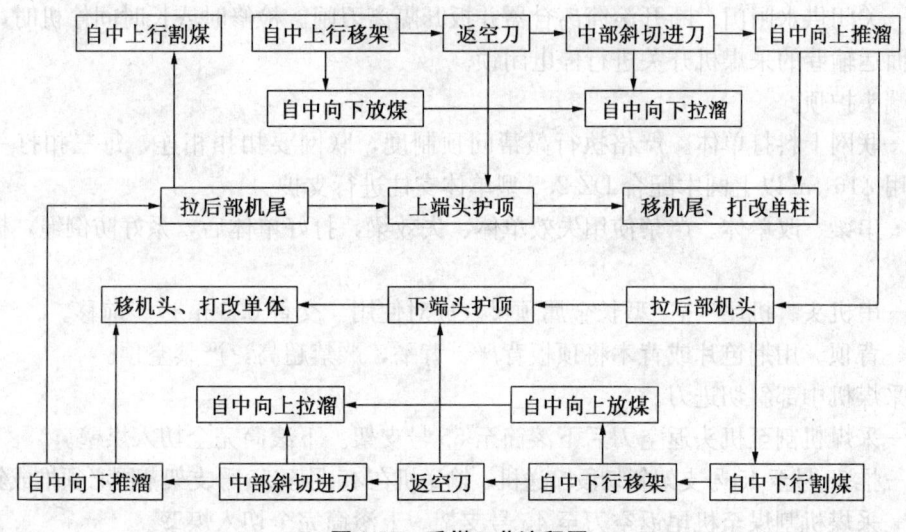

图 2-25 采煤工艺流程图

②割煤。
——打开喷雾，冷却水。水压、流量符合规定。
——启动采煤机。先发出开机信号，通知所有人员撤离到安全地点，当采煤机附近无人和障碍物，以及紧链（绳）段附近无人时方可开机。
——调好滚筒位置。保证工作面采高，不留伞檐，不留底煤。
——割煤。注意顶底板、煤层、煤质变化和刮板输送机载荷情况，以及移架速度，随时调整牵引速度（不大于 2 m/min）和截割高度。

③移架。
——收伸缩梁、侧护板。收伸缩梁时，根据顶板煤质的情况，不要一次收到位；收侧护板时，侧护板正下方严禁站人，并以相邻支架间不发生摩擦为准。
——降柱。使主顶梁约离顶板距离不大于 200 mm。
——移架。移架要带压擦顶移架，做到快、匀、够、正、直、稳，并使割煤与移架之间的悬顶距离不大于 1.5 m。
——升柱、伸出伸缩梁，打开侧护板。升柱要做到紧、稳，伸缩梁顶住煤壁，侧护板紧靠下方支架。

④支架放顶煤。
——打开支架后喷雾装置。要求喷头齐全、无堵塞、喷雾效果良好。
——收插板。严禁架后站人，收插板不可一次收完，控制放煤量。
——摆动尾梁。随时注意后部输送机溜槽负载情况，发现超载立即停止放顶煤。
——关闭放煤口。见白色岩末或矸石立即关闭放煤口。

⑤返空刀。
——调整滚筒位置。使滚筒有适当卧底量，保证把底板割平。
——牵引速度由小逐渐增大。严禁一次加大到最大牵引速度。
——停止采煤机。停止采煤机前必须先停止牵引。

——关闭供水闸门、断开滚筒离合器并扳开隔离刀闸。检修时或长时间停机时，必须将工作面运输巷的采煤机开关进行停电闭锁。

⑥端头护顶。

——联网上料打单体。严格执行敲帮问顶制度，联网要扣扣相连，每三扣打一个死结，采用 ϕ16 cm 以上圆木配合 DZ-2.5 型单体支柱进行支护。

——串梁、改单体。严禁使用失效单体、失效梁，打好单体后，系好防倒绳，棚距严禁超宽。

——串机头、机尾"π"型长金属顶梁。成对使用，交替 0.6 m 迈步前移。

——背顶。用荆笆片或背木将顶板背严、背平，严禁超高，严禁空顶。

⑦采煤机中部斜切进刀。

——采煤机割至机头返空刀后下滚筒至 55 号支架。下滚筒完全切入煤壁。

——推 55 号至 45 号支架斜切段输送机。输送机在 45 号至 55 号支架范围必须推成斜直。

——采煤机割煤至机尾返空刀至 45 号支架。上滚筒完全切入煤壁。

——推 45 号至 55 号支架斜切段输送机。斜切段输送机推成一条直线。

⑧拉后部刮板输送机机身。

——清理架后浮煤。严禁在清煤时操作支架。

——检查各联接部件是否齐全可靠。U 形销必须齐全，严禁单插。

——自上而下或自下而上拉后部刮板输送机机身。严禁从两头向中间拉，防止机身弓起；刮板输送机必须在输送机空载情况下进行拉移，并拉成一条直线。

——拉输送机完毕，手把复位。防止继续动作将机身拉脱节。

⑨推前部刮板输送机机身。

——检查机道内是否有杂物。发现有杂物，必须及时清理；严格执行敲帮问顶制度，严禁在空顶下作业。

——检查各联接部件是否齐全可靠。防止千斤顶联接销脱落挤坏电缆。

——推移前部刮板输送机机身。各推移千斤顶要协调一致，保持平直，每次推 0.2～0.3 m，弯曲度不大于 3°。

——打单体、护顶。单体支柱必须打成一条直线，顶板背实、背严，严禁使用失效单体支柱，并系好防倒绳。

⑩推移前部刮板输送机机头、机尾。

——清理机头、机尾浮煤。将机头、机尾周围浮煤清理干净。

——改单体。

——推移前部刮板输送机机头、机尾。推移时必须同支架工配合好，不可一次推到位置；推移时，架后及端头里严禁站人。

——打单体、回梁。打单体、回梁时必须逐棚作业，严格执行先打后回原则。

第五节 掘进工作面生产活动

掘进工作面生产活动的目的是掘进合乎要求的成品巷道，为回采煤炭提供场所，为矿井正常生产接替保证"三个煤量"。通常所说的"采掘并举，掘进先行，以掘保采"，充分反映了掘进工作面在采掘生产活动中的地位和作用，这也是矿井生产客观规律的要求和反映。

矿井巷道名目繁多，以用途划分有：开拓巷道、准备巷道和回采巷道；以倾角划分有：平巷、斜巷和立井；以岩性划分有：岩巷、半煤岩巷和煤巷；以支护形式划分有：锚杆、架棚和裸硐；以断面形状划分有：拱形、梯形和圆形……不论哪种巷道，掘进工作面的生产过程，主要是破岩（煤）、装岩（煤）、运岩（煤）和支护。

目前，我国煤矿巷道掘进技术、设备和方法都得到了快速发展。在岩石平巷掘进工作面，已广泛采用了钻装锚机、凿岩台车、侧卸式装岩机为主的机械化作业线，全断面岩巷掘进机也在积极推广之中；光面爆破、锚喷支护已成为岩石平巷掘进工作面主要支护形式；在煤巷掘进工作面，广泛使用综合机械化掘进机、激光指向仪、锚网索支护、大功率局部通风机和大直径风筒等，有效地解决了煤巷长距离快速掘进问题。目前，最好的掘进水平按照折算煤平巷年进尺来看，已达 21 477 m。

一、破岩（煤）

在掘进工作面，破碎岩石（煤）是一道主要工序。破碎岩石（煤）的常用方法是机械破岩（煤）法和爆破破岩（煤）法。目前，在我国煤矿掘进工作面主要采用爆破法。

1. 机械破岩（煤）

机械破岩（煤）就是指综合机械化掘进机破岩（煤）。随着采煤工作面机械化程度的不断提高，使采煤工作面的推进速度愈来愈快。因此，要求巷道的掘进速度也必须相应地提高，以实现采掘平衡。目前，采用较多的是煤巷掘进机。

煤巷掘进机在掘进过程中，能将破煤、装煤、转载等工作集于一台机械完成，有的掘进机上还装有锚杆钻装机，即同时完成破、装、运、支全部工作，具有工序少、速度快、效率高、安全质量好、工人劳动强度低等优点。

（1）ELMB 型掘进机组成机构及技术特征。ELMB 型掘进机是目前我国煤巷掘进机中性能较好、质量较稳定的一种，因而使用比较广泛。

ELMB 型掘进机适应巷道断面为 $6\sim12\ m^2$，最大掘进高度为 3.5 m，最大掘进宽度为 4.7 m，适用巷道坡度为 $\pm2°$。它的主要组成机构如下：

①切割机构。切割头直径为 690 mm；切割头行程为 500 mm；切割头转速为 56 r/min；功率为 55 kW。

②装运机构。装载形式为耙爪式。输送机形式为双链刮板式。装运生产能力为 100 t/h；功率为 55 kW。

③行走机构。行走形式为履带式；行走速度为 $2.86\sim5.04$ m/min。

④转载机构。转载形式为带式转载；输送带速度为 1.67 m/s；输送带宽度为 500 mm；输送能力为 100 t/h。

⑤液压系统。额定压力为 $20\sim25$ MPa；流量为 66.1 L/min；功率为 13 kW。

⑥电气系统。电压为 660 V；总功率为 100 kW。

⑦喷雾系统。水压为 1.5 MPa。

（2）合理选择掘进机截割方式。掘进机截割方式指的是掘进机截割头在掘进工作面上移动的路线。为了有利于顶板维护，提高截割速度，掘进工作面的截割方式应根据掘进机机型、地质条件、巷道断面大小、煤与岩石的硬度、顶底板状况、煤层中夹石分布等情况进行合理选择，如图 2-26 所示。一般应注意做到以下几点：

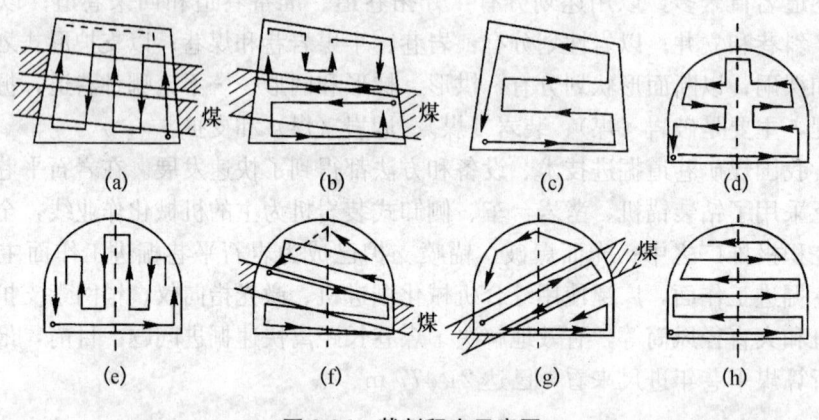

图 2-26 截割程序示意图

①在一般情况下，在煤巷掘进时应从工作面下角钻进，首先截底掏槽，增加自由面，有利于装载，提高生产率。

②掘进半煤岩巷道时，要先截割煤层，后截割岩石。

③截割时必须注意层理的利用。截割头沿层理移动，不可横切层理；工作面岩石硬度有不同情况时，应先破碎软的部分。

④在巷道断面较大时，可以把工作面分为左右两部分进行截割，如图 2-27 所示。

⑤在顶板破碎、软煤层中掘进时，为了减少片帮、冒顶，截割头应在距离顶板、两帮一定距离移动，使截割后留出一定厚度的煤顶和煤帮，在架设支架前，再用手镐加工整形，及时进行支架，见图 2-28。

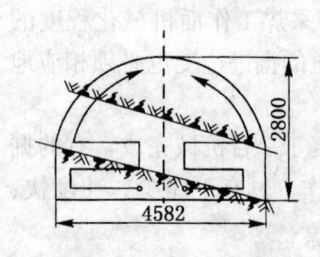

图 2-27 大断面巷道分两部分截割程序示意图

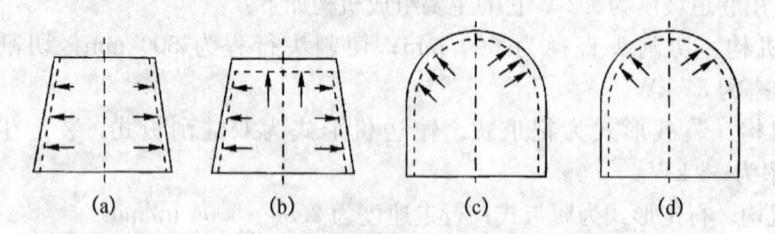

图 2-28 保边截割示意图
——巷道轮廓线，------截割轮廓线

2. 爆破破岩

钻眼是爆破破岩的第一步重要工作，很大程度决定着巷道的掘进速度、质量和安全。在爆破破岩活动中首先要选择、使用好钻眼机具和合理布置炮眼。

（1）钻眼机具及操作注意事项。

①主要钻眼机具。目前,我国煤矿岩巷掘进工作面主要使用风动凿岩机、电动凿岩机和液压凿岩机。风动凿岩机具有结构简单、维修方便、操作灵活、质量轻,控制系统集中,可多台钻同时作业、风水联动,气腿可快速缩回等优点。主要缺点是动力消耗大、工作环境差、噪声大。风动凿岩机是目前岩巷掘进工作面的主要钻眼机具。煤电钻主要用于煤层中钻眼,也可适用于 $f<4$ 的软岩中钻眼。

②凿岩机操作时注意事项:

提高凿岩效果的措施:

——工作时要及时加油。

——给予足够的轴推力,但也不能过大。

——保证工作风压不小于 0.5 MPa。

——水压要低于风压 $0.1\sim0.2$ MPa。

——钎头锐利,钎杆正直,钎尾硬,尺寸准确,光洁度合适,水孔正圆。

预防钻眼时发生人身事故的措施:

——钻眼前要对工作面顶板、两帮、支架等情况进行检查,有问题时必须先处理好。

——操作保持平稳,不得硬憋,钻眼时持机具的工人要站在机具的侧后方,紧贴机具,不要让机具左右摇晃,以避免断钎伤人。

——待气腿支牢靠以后,再开风钻眼,防止气腿突然摔倒砸人。

——凿岩机的风、水管接头一定要卡紧固,钻眼前要对它们进行检查,发现有破损、漏风水、接头卡子不紧固的及时更换,严防风管水受断裂压出打人。

——开眼时,应减少进风量,让钎头钻进一定深度后再增加进风量;钻眼时钎子、机头、气腿应保持在同一垂直面上;钎子应保持在炮眼中心位置旋转,保证炮眼平直,减少钎子与眼壁摩擦。防止钻进过程发生意外人身事故。

③煤电钻操作时注意事项:

——煤电钻使用时必须设有检漏、短路、过负荷、远距离启动和停止煤电钻的综合保护装置,简称"综保"。

——工作后风流中瓦斯浓度达1%时,必须停止用煤电钻钻眼。

——煤电钻电缆不能有网结、胶皮破伤漏电;并用麻绳悬吊在巷道一帮,间距 $3\sim5$ m,悬垂松紧适度,剩余的电缆要选择安全地点盘成圆圈。不准拉着电缆移动煤电钻。

——操作人员的胶鞋应良好无破损,同时扎紧袖口、裤管,扣好衣扣,围巾必须系在上衣内,严禁围巾和工作服的线头等外露。

——钻眼时,先定好位,使钻头顶紧定位点,间断地送电两、三次,使钻头钻进煤体;钻头钻进煤体后,根据作业规程的规定,调整钻眼的方向和角度。推进时要均匀使劲,不可用力过猛,要顺势推进,每隔一段时间要来回抽动钻杆,以防煤粉堵塞。

——当出现以下情况时,必须立即停钻并不准抽动或拔出钻杆。查明原因处理好后,方可继续钻进:出现卡住钻头或钻杆;声音突然不正常;外壳温度烫手或有煤焦味;钻杆严重震动;外壳带电等;发现煤层内有连续小煤炮声响或有大量瓦斯涌出,有煤与瓦斯突出征兆;压力水突然从钻孔中流出,出现透水预兆时。

(2) 掘进工作面炮眼布置。为了获得良好的破岩(煤)效果,必须合理地布置炮眼。影响炮眼布置的因素很多,主要有煤岩性质和结构、巷道断面形状和大小、炸药的性能和装药量。炮眼布置参数主要包括炮眼布置的位置、眼深和角度等。掘进工作面的炮眼按其在破岩（煤）中所起的主要作用和位置不同可分为掏槽眼、辅助眼和周边眼三类。

①掏槽眼。掏槽眼在破岩（煤）爆破中所起的主要作用是形成新的、更多的自由面，为之后爆破的其他炮眼提高爆破效果创造有利条件。因此，它对掘进工作面正常进尺起着决定性影响。由于掏槽眼受周围煤岩的挤压作用，一般爆破效果为80%左右，故掏槽眼的深度要比其他炮眼深200～300 mm。常用的掏槽眼按其与工作后夹角不同有斜眼掏槽、直眼掏槽和混合掏槽三类。

——斜眼掏槽。斜眼掏槽指的是各掏槽炮眼与巷道中线和工作面、水平方向成一定角度。其优点是：掏槽体积大，能将掏槽内的煤岩全部破碎抛出，形成有效的自由面；掏槽效果容易保证，眼位容易掌握。其缺点是：斜眼掏槽深度受巷道宽度限制，不适用于深孔爆破，多台钻孔作业时，容易产生相互干扰；若角度和装药量掌握不好，会影响爆破效果，还会崩倒支架和崩坏设备；抛掷距离较大，爆破分散，不利于清道和装载。斜眼掏槽主要应用在断面大于4 m、循环进尺小于2 m的爆破中，而在装备凿岩台车的大断面巷道中，逐渐被淘汰。

目前，常用的斜眼掏槽方式有单斜掏槽、扇形掏槽、锥形掏槽和楔形掏槽。其中楔形掏槽一般为6～8个炮眼，炮眼与工作面夹角约为65°～75°，眼距1.0～1.4 m，排距0.4～0.6 m，它广泛使用在各类煤岩及中等以上断面的巷道中，如图2-29、图2-30、图2-31和图2-32所示。

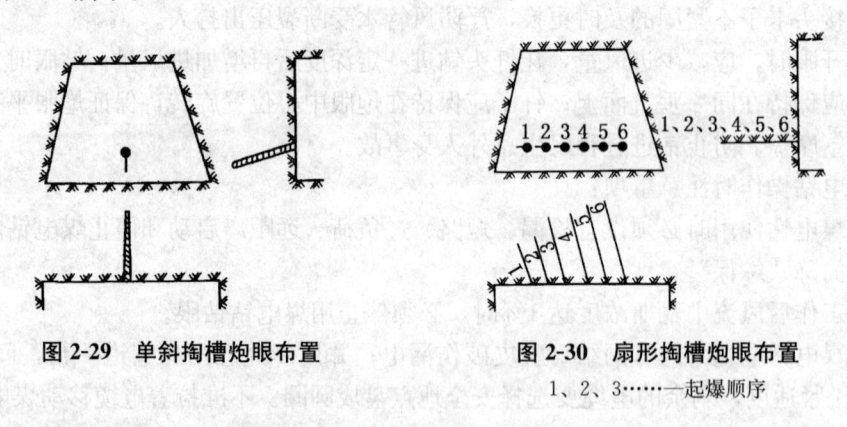

图2-29 单斜掏槽炮眼布置　　图2-30 扇形掏槽炮眼布置
1、2、3……—起爆顺序

——直眼掏槽。直眼掏槽指的是各掏槽炮眼垂直于工作面。它们间距较小，且保持相互平行，同时留有不装药的空眼。其优点是：炮眼相互平行，便于实现多台钻机平行作业和采用凿岩台车作业；岩（煤）块度均匀，抛掷距离较近，煤堆集中，便于清道和装载；不易崩坏支架和设备。其缺点是：对炮眼的间距、钻眼质量不易控制，装药消耗量多，掏槽体积少，掏槽效果较差。直眼掏槽主要适用于中硬岩层、断面较少的巷道和中厚孔爆破中，特别是空井井筒施工中。但有空眼的直眼掏槽因空眼可能积聚瓦斯，不宜在有瓦斯和煤尘爆炸危险的巷道中使用。

目前，常用的直眼掏槽方式有直线掏槽、菱形掏槽、角柱掏槽、五星掏槽和螺旋掏槽等，如图2-33、图2-34和图2-35所示。

——混合式掏槽。在断面较大、岩石坚硬的巷道中，为了弥补直眼掏槽的不足，采用

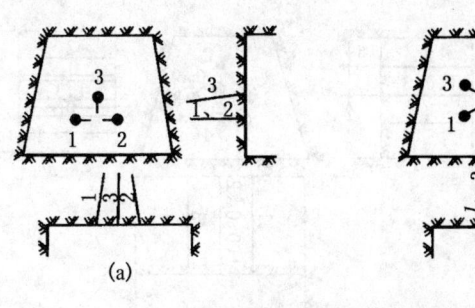

图 2-31 锥形掏槽炮眼布置
(a) 三眼锥形掏槽；(b) 四眼锥形掏槽
1、2、3……—起爆顺序

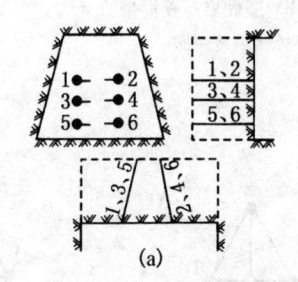

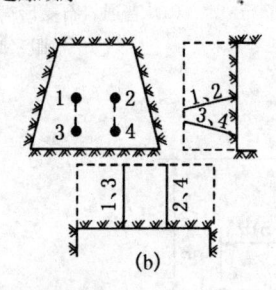

图 2-32 楔形掏槽炮眼布置
(a) 垂直楔形掏槽；(b) 水平楔形掏槽
1、2、3……—起爆顺序

直眼与斜眼混合掏槽。斜眼作垂直楔状布置，布置在直眼外侧，斜眼与工作面的夹角为 75°~85°，眼底与直眼相距离 0.2 m，斜眼装药为眼深的 40%~50%，直眼装药为眼深的 70% 左右，如图 2-36 所示。

② 周边眼。周边眼包括顶眼、帮眼和底眼。周边眼的布置对控制巷道的成形非常重要。按照光面爆破的要求，炮眼外口应布置在巷道设计轮廓线上，但为了便于钻眼，炮眼稍向设计轮廓线以外偏斜一定角度，眼底落在轮廓线以外距离不超过 100~150 mm。底眼是为了控制巷道的标高，保证巷道符合设计坡度。一般情况下，底眼外口应布置在设计

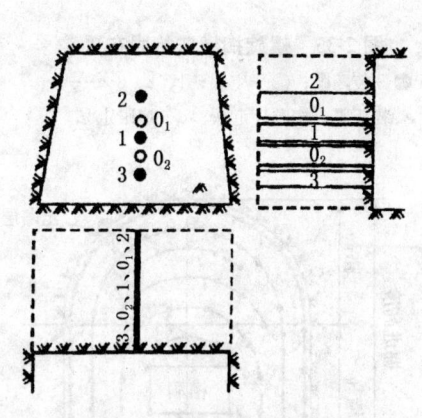

图 2-33 直线掏槽法炮眼布置
○—空眼；1、2、3—装药眼

底板水平 150 mm 左右，底眼稍向下倾斜，以眼底落在底板水平以上 150~200 mm 左右为准。为了使底眼更好地发挥抛掷爆落破碎煤矸的作用，底眼间距取 400 mm 左右，眼深比其他周边眼增加 200 mm，装药量增加 1~2 卷。

③ 辅助眼。辅助眼又称崩落眼，它布置在掏槽眼和周边眼之间。其作用是大量破碎崩落煤矸，形成一定空间，并为周边眼和爆破创造新的自由面，提高周边眼爆破效果。辅助眼垂直工作面均匀布置。间距一般为 500~650 mm。

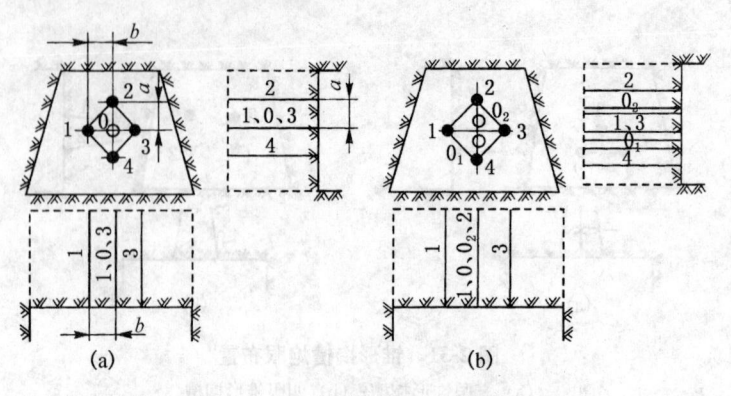

图 2-34 菱形掏槽法炮眼布置

(a) 普通岩石菱形掏槽；(b) 坚硬岩石菱形掏槽

○—空眼；1、2、3、4—装药眼

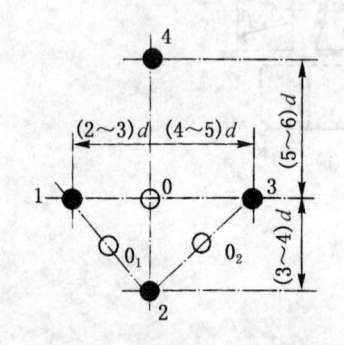

图 2-35 螺旋掏槽法炮眼布置

●—装药眼；○—空眼；1、2、3……装药眼，按顺序起爆；d—炮眼走私

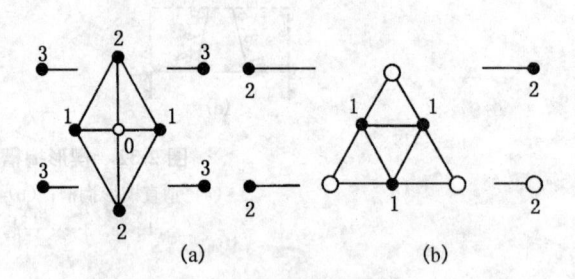

图 2-36 混合式掏槽

(a) 菱形直眼混合掏槽；(b) 三角柱直眼混合掏槽

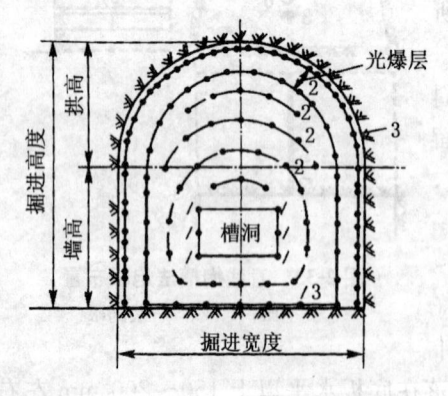

1、2、3—起爆顺序

图 2-37 掘进工作面炮眼布置图

1—掏槽眼；2—辅助眼；3—周边眼

掘进工作面炮眼布置如图 2-37 所示。

(3) 毫秒爆破和光面爆破。在爆破煤岩的生产活动中应用最广泛的是毫秒爆破和光面爆破。它们可以使掘进工作面提高进尺工效、降低成本、改善围岩支护状况，保证安全质量标准化。

①毫秒爆破。毫秒爆破又称微差爆破，即炮眼以毫秒级的间隔时间顺序爆破。

由于毫秒爆破具有前后炮眼微差起爆的特点，所以它具有以下优点：炸落的矸石更破碎，块度均匀，大块率低，节约炸药消耗，提高炮眼利用率，还可增大一次爆破量，减少爆破次数，提高大型设备的利用率；爆堆形状整齐，飞石距离小，爆堆较集中，有利于提高煤矸装载效率；对顶板震动破坏较小，爆后围岩稳定裂隙少，便于管理顶板；可以在有瓦斯煤尘爆炸危险的工作面使用，实现全断面一次起爆，缩短爆破和通风时间，提高掘进速度，有利于工人身体健康。

采用毫秒爆破时，炮眼间距也增加 10%～20%。另外，确定合理的间隔时间能获得良好的爆破破碎抛出效果和最大限度地降震。但是必须做到《煤矿安全规程》关于"使用煤矿许用毫秒延期电雷管时，最后一段的延期时间不得超过 130 ms（即 1～5 段）"的规定。

②光面爆破。光面爆破就是指工作面爆破后，成形规整，岩面光滑平整，围岩不受明显破坏。所以采用光面爆破后的眼痕率为：硬岩不小于 80%，中硬岩不小于 60% 以上；巷道周边成形符合设计轮廓要求，超挖不大于 150 mm，欠挖小于 200 mm；岩面上不应有明显的炮震裂缝。

光面爆破的优点是：巷道成形规整、光滑，接近于巷道设计轮廓线、减少工程量、降低通风阻力，消除瓦斯积聚；对围岩震动破坏小，提高了巷道的稳定性，防止冒顶片帮，保证工人作业生命安全；提高掘进速度和工程质量，降低成本。

二、支护

掘进工作面一经破岩（煤）后，围岩便暴露出来。为了改善巷道围岩的稳定状态，控制围岩变形，必须及时对巷道进行支护。支护是保证安全作业空间的重要环节。

《煤矿安全规程》规定：掘进工作面严禁空顶作业。靠近掘进工作面 10 m 内的支护，在爆破前必须加固。爆破崩倒、崩坏的支架必须先行修复，之后方可进入工作面作业。修复支架时必须先检查顶、帮，并由外向里逐架进行。

掘进工作面的支护主要有架棚支护、砌碹支护、喷浆和喷射混凝土支护与锚杆支护四大类。

1. 架棚支护

架棚支护是目前我国煤矿掘进工作面常用的支护形成。其结构基本上是由一梁（顶梁）两柱（棚腿）组成。按棚式支架的所用材料来分，有木支架、金属支架和装配式钢筋混凝土支架三种；按棚式支架的断面形状来分，有梯形和拱形两种；按棚式支架的柱梁相对关系来分，有可缩性和刚性两种。

（1）梯形木支架，如图 2-38 所示。

①梯形木支架的优缺点：

梯形木支架的优点是：初期投资小；质量轻；加工容易；架设方便；能适应多变的地质条件；当矿山压力剧增达到一定程度时，会由于断裂发出报警声响。

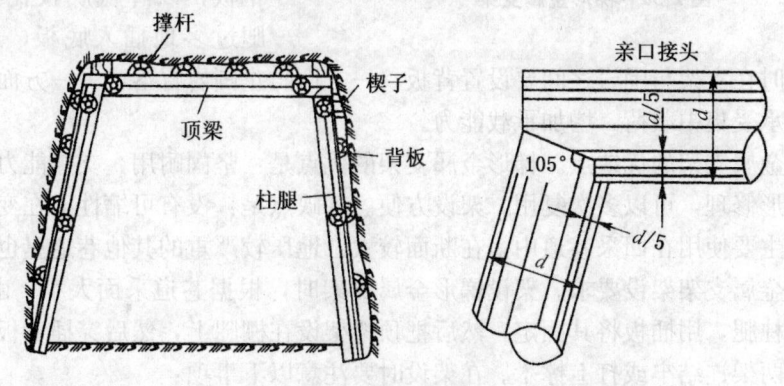

图 2-38 梯形支架

其缺点是：强度小；易腐朽；不防火；不能阻止围岩风化；回收复用率低。

所以，梯形木支架虽然在煤矿井下掘进工作面使用最早，应用最广泛，但目前已在逐渐减少。一般在服务年限短、地压不大、断面较小的采区巷道使用；也可用于掘进巷道时的临时支护。

②梯形木支架架设要求：

——结构牢固，接头严密，无明显歪扭，扎角适当。

——棚腿窝深度不得少于20 mm，架完支架必须埋好与地面平。

——亲口间隙不超过4 mm，后穹间隙不超过15 mm，梁柱亲口唇不准砍、不准砸，梁亲口深度不小于50 mm，柱亲口深度不小于40 mm，梁刷头必须盖满柱头（如柱径小于梁径，则应使梁、柱中心在一条直线上）。

——支架扎角范围为18~250 mm（从亲口处作一垂线，1 m处到棚腿的水平距离，同一架棚两扎角相差不得超过30 mm）。

——梁头位置应背上背板，从梁头到背板外边缘不大于200 mm。

③梯形木支架加工要求：

——柱腿的大头朝上使用。梁柱超长部分应截去细头。

——柱口和梁口的深度不得大于料径的1/4。

——使用弯料时，应使弓背侧朝上。

——砍料时，应避开风、水管路和电缆，要注意附近人员的安全，斧子不能甩头。

——砍料时不得将脚、手伸到砍口附近，并注意木料上的木结、钉子等物。

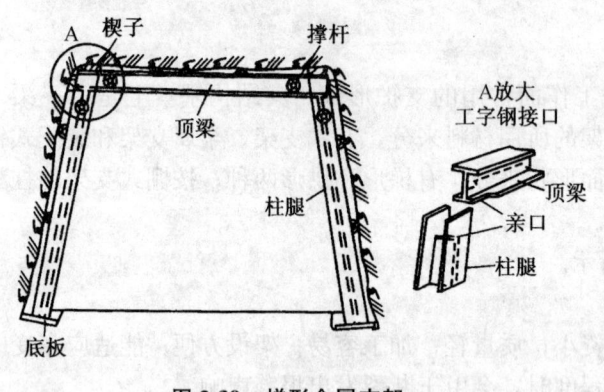

图 2-39 梯形金属支架

(2) 梯形金属支架，如图2-39所示。

①梯形金属支架结构。梯形金属支架的顶梁、柱腿大多数用矿用工字钢加工而成。梁和柱的连接形式较多，其主要作用是使支架形成整体，保持支架的稳定和良好的工作状态，充分发挥其承载作用。柱腿下端要焊上一块钢板，以降低底板比压，防止柱腿过多地插入底板，避免支架阻力过小。同时在支架与围岩之间要设置背板，一方面防止围岩冒落，另一方面使支架受载均匀，避免承受集中载荷，增加承载能力。

②梯形金属支架的优缺点。梯形金属支架的优点是：坚固耐用、支撑能力较高，能防火，容易整形修理，可以多次复用，架设方便。其缺点是：没有可缩性，在变形大的巷道容易歪扭。主要使用在回采巷道中，在断面较大、地压较严重的其他巷道里也可使用。

③梯形金属支架架设要求。架设梯形金属支架时，根据巷道采面大小，由2~4人操作。先安设柱腿，用插板将其固定，然后把顶梁架设在棚腿上，然后穿插背板，并用拉紧装置将邻近两架连结牢或打上撑木。在架设时要注意以下事项：

——不同品种、型号的刚性金属支架，不得混合使用，避免交架的工作性能不同，造成支架集中受压。

——支架背板必须根据围岩条件采取密集间隔或稀疏背板，均匀布置。

——在有瓦斯煤尘爆炸危险的工作面时，禁止用铁锤打击支架，防止产生火花引起瓦斯煤尘爆炸。

——柱梁连接处不吻合时，要调整梁柱倾斜度和方向，不许在缝口处打入木楔，更不准砸打焊接的挡块。

——为了一次架设成功，可使用一根木杆插入柱窝，根据木杆与其后部支架上端高差，再调整柱窝深浅，防止支架架设后因不合规格而撤去重架，或者出现空帮空顶现象。

(3) 装配式钢筋混凝土支架，如图 2-40 所示。

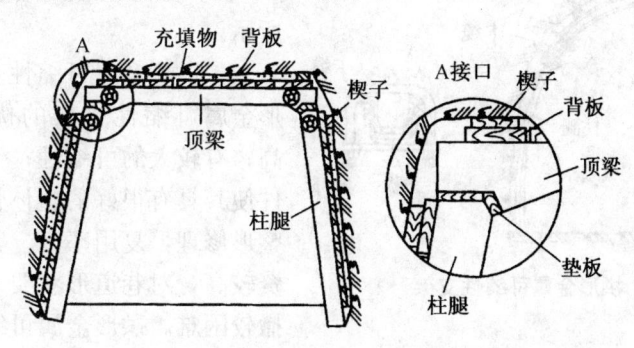

图 2-40 钢筋混凝土支架

①装配式钢筋混凝土支架的优缺点。装配式钢筋混凝土支架的优点是：支撑力大、刚性大，架设后能立即承受压力，防火耐腐蚀。其缺点是：质量大，架设时劳动强度大，没有可缩性，加工较复杂。它主要使用在服务年限较长、巷道断面不大、不受采动影响的永久性巷道。

②装配式钢筋混凝土支架架设要求：

——所有支架构件应无开裂、露筋现象，支架接口处要垫上经防腐处理的厚约 20～30 mm 的木板。

——找出支架时，不准用大锤直接敲打支架，必要时，可垫木板，保护支架不遭损坏。

——混凝土支架一般同时采用预制水泥板作为背板，也可采用木背板，不准直接接触顶帮。

——架设后，应采用架间设撑木（3～5 根）的办法进行联体加固，确保不被放炮崩倒、崩坏。

(4) 抬棚。

①抬棚的特点及加设要求。抬棚是架设在巷道交叉处的一种支架。由于该处控顶面积大，故矿山压力大，所用插梁要长而粗，结构复杂，操作上要求技能水平较高。

架设抬棚要求：插梁不少于 4 根，排列间距要均匀，细头应搭在主抬棚上。抬棚架完后，应架设锁口棚，锁口棚腿应紧贴抬棚腿，但深度不得超过抬棚腿，锁口棚高度不应超过主抬棚。

②抬棚架设顺序。在顶板完整、压力不大的梯形棚子支护的巷道，抬棚应按以下顺序架设：

——在老棚梁下先打好临时点柱，点柱位置不得妨碍抬棚的架设。
——摘掉原支架的柱腿，根据中、腰线找好抬棚柱窝的位置，并挖至设计深度。
——立抬棚柱腿、上抬棚梁。
——将原支架依次替换成插梁，最边上的两根插梁应插在抬棚梁、腿接口处。更换插梁不准从中间向两翼进行。
——背好顶、帮，打紧木楔。

(5) 拱形金属可缩性支架，如图 2-41 所示。

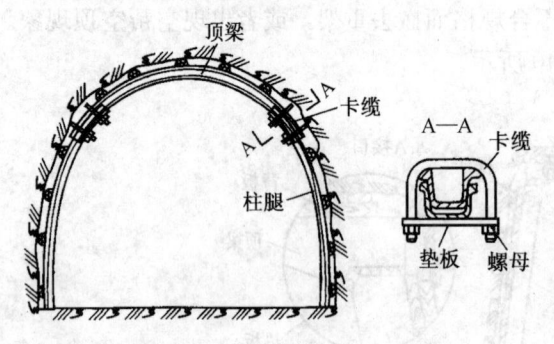

①拱形金属可缩性支架的优缺点。拱形金属可缩性支架的优点是：支撑能力高；有较大的可缩性；卡箍夹紧的各节物件使其具有很好的整体性和稳定性；容易整形修理，复用率高。其缺点是：初期投资较高，对巷道形状要求较高，架设和回撤较困难。拱形金属可缩性支架是一种较理想的支架，它适用于井下一切巷道，特别是矿压明显的采动巷道。

图 2-41 拱形金属可缩性支架

②拱形金属可缩性支架的组成。一般由以下五部分组成：

——顶梁。顶梁为拱形。顶梁数量根据巷道断面大小、支架受力情况、运输条件不同有一节、二节或三节的。
——柱腿。柱腿有全部为曲线段（有一个曲率半径和二个曲率半径之分）和上弧下直两种。底座焊有钢板一块，其面积视底板硬度而定。
——连接件。它是支架节与节间的卡紧装置，调节与控制支架的可缩性，通常要求卡缆上螺帽扭紧力为 150 N·m，以保证支架的初撑力。
——架间拉杆。其作用在于增强支架纵向稳定性。
——背板。背板的目的是改善支架的受力状况，提高其承载能力并保持围岩的稳定性。有时还需铺设金属网用以挡住围岩破碎后涌入工作面空间。

③拱形金属可缩性支架的架设要求：

——U 型钢梁、柱搭接处严禁使用单卡缆，其搭接长度、卡缆中心距要符合作业规程规定，误差不得超过±10%。
——拱梁两端与柱腿搭接吻合后，可先在两侧各上一只卡缆，然后背紧帮、顶，再用中、腰线检查支护质量，合格后即可将卡缆上齐。卡缆螺栓扭矩不得大于规定值的 5%（主要巷道）和 10%（一般巷道）。
——拱形金属可缩性支架应用金属支拉杆，并用机械或力矩扳手拧紧卡缆。
——架设支架可以采用两种操作方法：一是先架设棚腿，并将棚腿固定起来，然后再架设棚梁，最后安装卡缆；二是先架设顶梁，把顶梁提至要求的高度以后，固定起来，在顶梁保护下，架设棚腿和安装卡缆。顶梁的架设可以由人工进行，也可以用支架器上梁法、前探梁上梁法和掘进机截割悬臂上梁法。

——在登高上梁、插背板或拧紧螺丝等作业时，脚手架必须牢固结实，必要时要搭设工作台，防止作业人员跌落。

2. 砌碹支架

砌碹支架所用的材料有砖、料石或混凝土。它是一种连续整体式支架，由碹墙和基础组成，如图2-42所示。

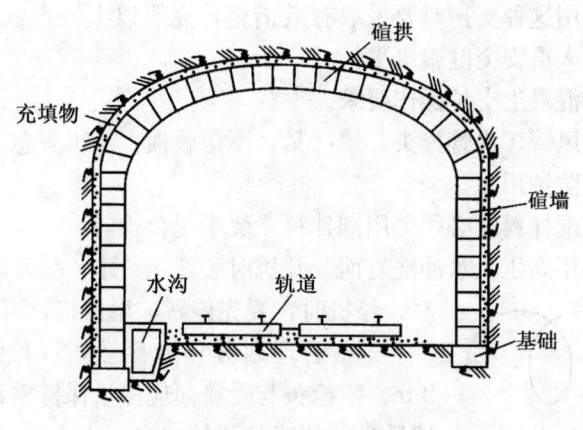

图2-42 砌碹支架

（1）砌碹支架的优缺点。砌碹支架的优点是：支撑力大、刚性强，通风阻力小，耐腐蚀、防火、服务年限长、防水。其缺点是：砌碹劳动强度大、效率低，支架可缩量少，壁后充填困难；巷道被压坏后维修困难，维修质量不易保证。因此，砌碹巷道主要使用在服务年限长、变形量小的永久巷道或者顶板十分破碎、淋水较大、有化学腐蚀的地段。

（2）砌碹应注意事项。

——基础槽应挖到实底。如基础下是煤层或软岩时，基础必须加深、加宽；底臌严重时，加砌底拱。基础槽挖好后，应排净积水，铺好底部灰浆。墙基背后必须用灰浆填满。

——砌墙时必须将料石摆正放平，不平稳时应用碎石垫平、垫稳。料石大面缝口应和巷道坡度一致。

——料石压茬要明显，在正常情况下，压茬宽度不得小于料石宽度的1/4。接茬要严密，严禁出现对缝、重缝和齐茬。砂浆配比要符合要求，砂浆均匀饱满，无干瞎缝，严禁干垒。

——砌拱时应从两侧墙砌向拱顶，每块料石要用顶头灰，封口的砌块之间必须用石楔打紧，封顶时应在拱顶中心由里向外合口，要使用合适的料石，以防封口不紧和灰缝过大。封口后应在背部浇抹砂浆。

——砌碹与巷壁之间必须用不燃性材料填实。

——采用浇筑混凝土碹时，要先清理模板上的矸石杂物，按设计配合比拌好混凝土，并检查钢筋排列数量、直径、规格和位置是否符合设计要求。浇筑时要均匀、捣实。

3. 喷浆和喷射混凝土支护

喷浆和喷射混凝土支护就是指按一定配合比的水泥、砂子、石子配成的浆液喷射在围岩表面以支护围岩的一种支护。

（1）喷浆和喷射混凝土支护的优缺点。喷浆和喷射混凝土支护具有及时、密贴、早强、封闭的特点。

其优点是：不需要临时支护，施工不需模板，而且可以紧跟工作面施工，有效地防止围岩移动和由此而引起的矿山压力，这种支护在我国煤矿发展迅速，应用极广。

其缺点是：在喷射过程中容易发生堵管现象；部分材料回溅落地，使材料消耗增大；产生大量粉尘，恶化了工作环境，影响作业人员的身体健康；遇有工作面渗水较大时，影响支护质量。故在使用这种支护时要采取有效措施，克服以上缺点或者减轻它们的影响，提高经济效益和作业人员安全健康水平。

(2) 喷浆和喷射混凝土支护操作要求。

——输料管路、风管、水管接头必须严紧，不得破损，不得有急弯。喷射作业人员要佩戴齐全有效的劳动防护用品。

——人工或机械配拌料时必须采用潮拌料，要求混合均匀。

——喷射前必须用高压风水冲洗岩面。开机时必须先给水，后开风，再开机，最后上料；停机时，要先停料，后停机，再关水，最后停风。

——合理划分作业区段，区段最大宽度不应超过2 m。喷枪头与受喷面应尽量保持垂直。喷射顺序为：先墙后拱，从墙基开始，自下而上进行。喷头应按螺旋形一圈压半圈的轨迹移动，螺旋圈的直径不得超过250 mm。如图2-43所示。

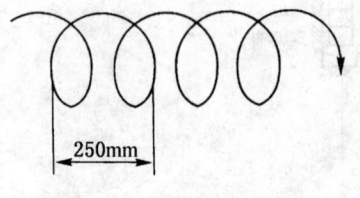

图2-43 喷头移动轨迹

——一次喷射混凝土厚度应大于50 mm。如一次喷射厚度达不到设计要求时，应分次喷射，但复喷间隔时间不得超过2 h。

——喷射工作结束后，喷层必须连续洒水养护7 d以上，每天洒水不得少于一次。离开作业场所前，必须卸开喷头，清理水环和喷射机内外部的灰浆或材料。

4. 锚杆支护

锚杆支护实质上是把锚杆安装在巷道围岩体内，使巷道周围形成一个完整而稳定的岩石带，以维护巷道的稳定性。锚杆支护把围岩从荷载变为承载，是一种积极防御的支护方法，是煤矿巷道支护技术的一次重大变革，它广泛地使用在井下各类巷道中。

(1) 锚杆支护的优缺点。

锚杆支护的优点是：巷道围岩的位移和变形小，巷道施工安全，失修小，维护费低；操作工艺简单，工人劳动强度低，掘进断面小，运输量减小，有利于一次成巷和加快掘进速度；节约坑木钢材，降低支架成本，减小通风阻力；使用范围广，适应性强。

锚杆支护的缺点是：锚杆支护不能完全防止锚杆与锚杆之间裂隙岩石的剥落，不能防止围岩的风化。

为了更好发挥锚杆支护的优点，克服其不足，20世纪70年代采用和推广光面爆破和锚杆网、钢带、喷射混凝土联合支护形式，20世纪80年代采用工程量测、试用新奥法、信息化动态管理，促进了锚杆支护这一新技术的发展。

(2) 锚杆支护类型。锚杆支护类型很多，按锚杆材料分类，有木锚杆、竹锚杆、金属锚杆、树脂锚杆、快硬水泥锚杆。按锚杆作用方式分类，有端部锚杆、锚固型锚杆、全长胶结型锚杆、摩擦型锚杆、长锚索等。几种典型锚杆支架如图2-44所示。

常见的两种主要锚杆支护如下：

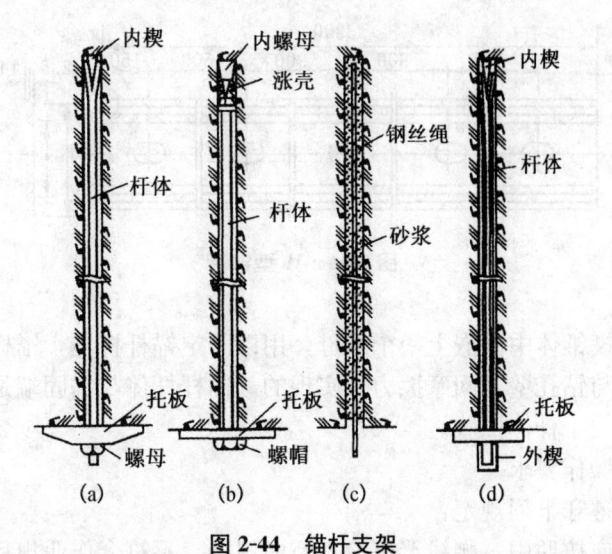

图 2-44 锚杆支架
(a) 金属楔缝式锚杆；(b) 金属涨圈式锚杆；(c) 钢丝绳锚杆；(d) 木锚杆

①顶板锚杆——超高强度螺纹钢锚杆。

——锚杆杆体。锚杆杆体采用 $\phi22$ mm 无纵筋左旋螺纹钢杆体，材质为 20 MnSi 经中频调质处理，其强度提高到：屈服强度平均 610 MPa，屈服载荷平均 231.8 kN，极限强度平均 820 MPa，极限载荷平均 311.6 kN，伸长率平均 19%。

——锚固形式：全长锚固。

——锚杆托盘等附件：锚杆托盘为压制碟形托盘，其承载能力大，材料消耗少，强度与锚杆杆体相适应。为了提高锚杆的预紧力，配有减摩擦尼龙垫；为了适应锚杆安装角度和防止树脂剂外流，还附有球形垫。锚杆螺母的强度与锚杆杆体等相匹配。

超高强度锚杆结构如图 2-45 所示。

——巷道顶板采用金属网和 W 型钢带护顶，如图 2-46 所示。

②煤帮锚杆。煤帮锚杆主要有竹木锚杆、金属锚杆和化学锚杆三种。

——竹木锚杆。因为煤帮锚杆要承受重复拉伸，而竹木锚杆本身强度较低，所以不宜在围岩变形较大的巷道中使用。但由于其成本低、操作方便，也常应用在压力不大的巷道两帮。

——金属锚杆。金属锚杆有全长树脂锚杆、端锚金属锚杆和管缝式锚杆。其中以 $\phi22$ mm 左螺纹钢锚杆全长锚固最为普遍，配有托盘，同时采用塑料网和梯子梁护帮。

——化学锚杆。化学锚杆有以下两种：

复合玻璃钢锚杆。该锚杆杆体以高强度玻璃钢为原料，内端头做成左旋麻花结构，底部是把 M16 的圆钢螺栓高压压入玻璃钢杆体内。目前我国设计的该锚杆杆体外部最大尺寸不超过 $\phi26$ mm，适用钻孔直径 $\phi28\sim32$ mm。

双楔涨壳式可回收锚杆。该锚杆杆体为普通圆钢。将高强度塑料加工成的两组楔锥

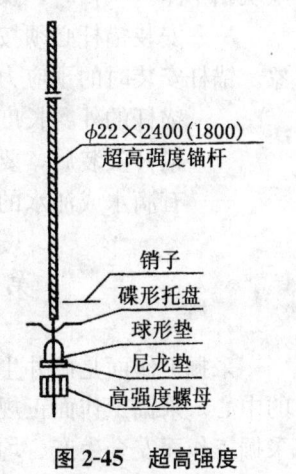

图 2-45 超高强度锚杆结构

图 2-46 W 型钢带

体。在钻孔内部的楔锥体中镶嵌上一个螺母，用以固定锚杆杆体，锚杆的锚固方式是靠两个楔锥楔紧后外壳与钻孔壁之间摩擦力来实现的。锚杆杆体与锚固端是靠螺纹连接的，所以拆卸十分方便，便于杆体回收。

(3) 锚杆支护操作要求

①钻锚杆眼应遵守下列规定：

——钻眼前，应按照中、腰线严格检查断面规格，不符合作业规程要求时必须先进行处理；必须首先敲帮问顶，将活矸处理掉，在确保安全的条件下，方可作业；用粉笔或黄泥标好锚杆眼位并在钎杆上作出眼深标记。

——严禁空顶作业，必须在前探梁、临时棚或点柱掩护下钻眼，钻眼的顺序应由外向里进行。

——锚杆眼的方向、角度，原则上应与岩石的层理面垂直；当层理面不明显时，锚杆眼方向应与巷道周边垂直。

②安装锚杆必须遵守下列规定：

——安装前，应先检查锚杆眼布置形式、眼距、眼深、角度以及锚杆部件是否符合作业规程要求，不符合规定的要进行处理及更换。并应将眼内的积水、煤岩粉屑用掏勺或压风吹扫干净。吹扫时，操作人员应站在眼口一侧，眼口方向不得有人。

——安装锚杆必须按作业规程的要求认真操作，托板要紧贴壁面，并不得有松动现象。锚杆安装时的预应力必须符合作业规程规定。

——锚杆的外露长度要符合作业规程的规定，一根锚杆不允许上两个托板或螺帽。

——锚杆安装后，要定期按规定进行锚固力检测，对不合格的锚杆必须重新补打。

——有滴水或涌水的锚眼，不得使用水泥锚杆。

第六节 采掘工作面正规循环作业

采掘工作面是矿井生产过程中的基本环节，是煤炭产品生产的场所，是矿井组织生产的中心。采掘工作面正规循环作业是煤矿生产一项基本的、科学的生产管理制度，是实现采掘工作面安全生产、均衡生产、优质、高效的重要途径，是实现班组管理科学化、现代化的有效手段。所以，煤矿班组长必须懂得采掘工作面正规循环作业的有关知识，掌握组织方法，实施采掘工作面正规循环作业的管理规定。

一、正规循环作业的概念

采掘工作面每向前推进一定的距离，就要求生产过程中各道工序必须重新进行一次。

在采掘工作面生产过程中，生产的各道工序周期性重复的特点，就是煤炭生产具有循环性的客观表现。

采掘工作面对工序的组织方式一般有两种：一种是非正规循环作业，一种是正规循环作业。

所谓正规循环作业，就是采掘工作面在一昼夜 24 h 内，按定员配备的工种和人数，遵循一定的工艺顺序，按安全质量标准化标准和规定的进度要求，安全地完成作业规程中循环图表所规定的全部工序和工作量，并保持周而复始地进行采掘生产作业的方式。

而非正规循环作业，是指完成循环内工作量的所需时间没有严格的控制，生产周期是自由不固定的作业方式。

从正规循环作业的概念，可以归纳正规循环作业的五个基本要素：

1. 循环时间

循环时间是指完成一个正规循环所需要的时间。它不得超过循环作业图表中规定的时间，并在 24 h 内连续完成整数个循环。

2. 循环工作量

循环工作量是指按照作业规程的规定，完成一个循环内所包括的全部工序和相应工作量。一般以完成最后一道工序作为完成一个循环的标志。例如：单体支护采煤工作面的最后一道工序为回柱放顶；综采工作面的最后一道工序为移架；掘进工作面一般以支架（支设锚杆）或喷浆为最后一道工序。

3. 循环进度

完成的各道工序必须符合工程规格质量要求；循环进度是采煤工作面煤壁必须是沿工作面全长，完成全部工序和工作量后的工作面进度；掘进工作面迎头向前位移要符合作业规程规定的一个循环的进度要求。

4. 循环工序

在一个循环内，所有工序都要按照作业规程中循环作业图表在时间和空间上的相对位置进行作业。

5. 循环人数

在工种和人员定额上，循环人数不得超过作业规程中规定的完成正规循环的工人人数。

二、正规循环作业的标准及计算方法

1. 采掘工作面完成正规循环作业的标准

采掘工作面完成正规循环作业的标准为：

(1) 每月正规循环率必须达到 80% 以上。

(2) 完成作业计划规定的产量、效率、煤质、坑木、火药消耗等技术经济指标。

(3) 工程规格质量达到合格，机电设备完好率在 80% 以上，待修率不超过 7%，事故率不超过 2%。

(4) 金属支柱丢失率在 5‰ 以下，顶梁丢失率在 10‰ 以下。

(5) 做到安全生产，消灭死亡和重大恶性事故。

2. 采掘工作面完成月正规循环率的计算方法

采掘工作面完成月正规循环率的计算公式如下：

$$月正确循环率 = \frac{月实现完成正规循环数}{月工作日数 \times 日计划循环数} \times 100\%$$

（1）月实现完成正规循环数，是指由每日实际完成的正规循环个数，逐日计算至月末的总个数，不准许在月末由工作面累计进度反算个数。

日实现完成的正规循环个数的标准为：完成日作业计划规定产量95%及以下；完成作业规定的日进度，浮煤出净。

（2）月工作日数，是指全月日历数减去外部因数（如放假、矿井停产检修、停电、大的提升运输事故以及大的地质变化）造成停止生产而影响的日数，如因工作面本身事故影响的停产日数，仍按工作日计算。

（3）日计划循环数，是指作业规程中规定的日循环数。当采用单循环或双循环组织形式时，即一昼夜一循环或二循环时，采煤工作面全月正规循环率应不低于75%；当采用多循环组织形成时，即一昼夜三循环或三个以上循环时，采煤工作面全月正规循环率应不低于70%。掘进工作面全月正规循环率应不低于80%和70%。

三、正规循环作业的主要内容

采掘工作面正规循环作业主要包括四个方面的内容。

1. 循环方式

循环方式是循环进度和昼夜循环数的总称。

（1）循环进度。每完成一个循环，工作面向前推进的距离叫循环进度。采煤工作面的循环进度是具体反映采煤工作面开采强度的一个指标，与工作面长度、高度、顶板性质、采煤机械的技术特征以及昼夜工作制度和循环形式等因素有关，在工作面长度、采高已定的情况下，循环进度的大小决定着各道工序工作量的大小，从而对整个循环组织起着决定性的影响，因此，根据具体条件选择合理的循环进度，具有重要意义。掘进工作面的循环进度主要与断面、支护形式、顶板性质、掘进机械、煤（岩）装运方式等因素有关，在采掘工作面的循环进度诸多有关因素中，其中以顶板性质关系最为密切，顶板越坚硬、完整、稳定，允许暴露的面积越大和时间越长，则选择循环进度较大；反之，顶板松软、易碎、不稳定，允许暴露的面积小且时间短，应该选择循环进度较小。

（2）昼夜循环数。昼夜循环数的确定主要与循环时间有关。循环时间是完成循环工作所必需的最短延续时间，即循环内不能平行作业的各工序时间之和，采掘工作面在一昼夜24 h内一般分为一人准备班次、二个生产班次（三八作业制）或三个生产班次（四六作业制）。在一个生产班次内完成循环个数计算如下：

$$生产班次循环个数 = \frac{生产班次时间}{循环时间}$$

一般情况下，在一昼夜内炮采工作面多为双循环或单循环，普采工作面多为双循环，综采工作面多为多循环；掘进工作面多为双循环。

2. 作业形式

在昼夜24 h内采掘工作面的生产班与准备班的时间分配形式叫作业形式。它必须与矿井作业制度和工作面循环方式相适应。采煤工作面作业形式主要有以下几种：

(1) 两采一准。两采一准的采煤班包括采煤、挂梁、移刮板输送机、支柱，准备班包括回柱、检修机电设备。由于有专门的准备班，而且准备时间比较充分，易于保证回柱放顶工作安全和机电设备检修、衔接质量、保证采煤班正常采煤。

(2) 两采两准。两采两准就是在原两采一准的基础上，在两个采煤班的中间插入一个准备班，由专业人员进行回柱放顶工作。这样可以解决控顶距过大的问题，但常常出现采煤与回柱相互干扰的问题。

(3) 三采一准。三采一准就是三个班采煤、一个班准备。适宜准备工作量不大的情况，故在综采工作面得到了广泛采用。这种作业形式既保证了固定的准备时间，又充分利用了采面的机电设备，有利于提高采面产量。

在三采一准中有"四六"制（每班六小时、分四班作业）与"四八"交叉制（每班八小时，分四班，班与班之间交叉作业两小时）两种劳动方式。"四六"制有利于保护工人的劳动能力，为改善井下采煤工人文化生活等创造了条件。"四八"交叉制可提高设备利用率和工作面产量，但交叉期间现场管理比较困难。

3. 工序安排

安排工序应充分利用工作面空间和时间，使各工个序有节奏，紧而不乱，避免各个工序互相影响，工时利用率高，工作量均衡，并按时、按质、按量、安全地完成规定的工作量。具体来说，工序安排应注意以下几个问题：

(1) 提高主要工序的工时利用率是提高产量和效率的关键。首先要考虑主要工序的安排，其他工序则应配合主要工序来安排，以保证主要工序连续不断地进行。例如，采煤机割煤的工作面应以采煤机的运行为主要工序，炮采工作面则应以采煤、支柱、回柱为主要工序。

(2) 处理好主次工序的联系与配合，在保证安全的前提下，尽可能平行交叉作业，以充分利用采煤空间和时间，缩短循环周期。但对于严重影响顶板管理安全的有关工序应尽量在空间上或时间上保持一定错距，以避免对顶板的迭加作用。例如，回柱放顶应在采煤机割煤前 15 m，放炮应在回柱放顶后 15 m。

(3) 每昼夜应规定有固定的停电抢修时间。不能为了追赶生产任务，挤掉机电设备抢修工作的时间，长期下去，会打乱采掘工作面的正常生产。

4. 劳动组织

采掘工作面劳动组织对于增加工作面产量（进尺）、提高劳动效率有很大影响。它与循环方式、作业形式、工序安排等互相适应。这是因为循环方式规定了各工种的工作量，作业形式将生产与准备工作在时间上进行了划分，工序安排明确了各工种完成规定工作量在空间和时间上的要求，劳动组织工作的主要内容包括：按循环工作量配备各工种工人的数量，确定合理的劳动组织形式，选择班组作业方式。

(1) 劳动力配备应注意的问题

①要把主要工序的工人配备好，以此作为采掘工作面队伍的核心力量，带动其他工序，促进其他工序。

②注意新老工人的比例搭配。

③注意各等级工人和技术水平的比例搭配。

(2) 采煤工作面劳动组织形式

①分段作业。将采煤工作面分成若干段，每段范围由 1 人或 2 人负责采煤、挂梁、支

柱、移架、移溜（有的甚至包括回柱放顶）等项工作。这种形式任务明确、责任清楚、易于管理。它多用在顶板条件不好的炮采工作面和昼夜循环个数较多的综采工作面。

②追机作业。将采煤工作面工人分成挂梁、装煤、移溜、支柱、回柱（也有将支柱、回柱合在一起）等专业小组，各专业小组在采煤机后，追赶采煤机割煤而顺序进行本职工作。这种形式工种之间分工明确，便于提高工作专业操作水平，采煤工效效高。但有时割煤快，有的专业小组由于人少跟不上，影响采煤进度；另外，容易出现忙的时候太忙，闲的时候太闲。它主要适应机采工作面长度较大、每班割煤刀数少、工作操作水平高、工人出勤低的情况。

③分段、挂梁接力追机作业。这种形式基本上属于分段作业，但是当采煤机割煤后，上一段帮助下一段挂梁，保证机组正常运行，不因为挂梁跟不上而需要停机。它特别适用于顶板较破碎，割过煤不允许暴露面积过大和时间过长的条件。

四、正规循环作业图表

根据采掘工作面生产过程具有循环性的特点，将工作面的循环方式、作业形式、工序安排和劳动组织，以及预计完成的技术经济指标，用图表形式表现出来，作为组织与指挥正规循环作业的依据，这种图表称为正规循环作业图表。

1. 正规循环作业图表的内容

正规循环作业图表主要包括循环作业图、劳动组织表、技术经济指标表三部分。

（1）循环作业图。循环作业图主要表示工作面内各道工序在空间和时间上的相互配合和制约关系。这是正规循环作业图表的核心。目前，常用的循环作业图有以下三种形式：

①时间横道图。时间横道图主要表示循环内各道工序在时间方面的发展和联系，各道工序的延续时间是用横道直线表示的。表2-1中，横坐标表示时间，纵坐标表示工序。它广泛应用于长工作面和短壁多循环采煤工作面和掘进工作面。

表 2-1　　　　　　　　　掘进工作面循环作业图表

类别	时间 工序	六点班				两点班	十点班
		7	9	11	13	15～23	～7
炮掘巷道金属拱型支护	准备					同六点班	
	打眼、放炮、通风						
	出煤						
	支护						
	接溜						
	运料						
	机修						

②空间时间坐标图。空间时间坐标图表示循环内所包含的各道工序在空间和时间方面的相互关系。表2-2所示为范各庄煤矿1318切顶支架高档普采工作面正规循环作业图表。

横坐标表示工序延续的时间，以小时为单位，标明各班次及昼夜的工作时间；纵坐标则是以米为单位，画出采煤工作面的实际长度，以规定的图例代表一定的工序绘在图中，这样图中的任何一点即代表该工序在工作面长度的具体地点和时间。地点和时间的变化形成一条斜线表示工序作业的过程。相邻两条斜线在纵坐标上的上下距离，表示它们在同一工作在长度位置的间隔时间。空间时间坐标图还能反映出各道工序的组织方式，即顺序作业、平行作业、交叉作业，辅助工序和主要工序的超前和滞后关系。它是一种经常使用的循环作业图。

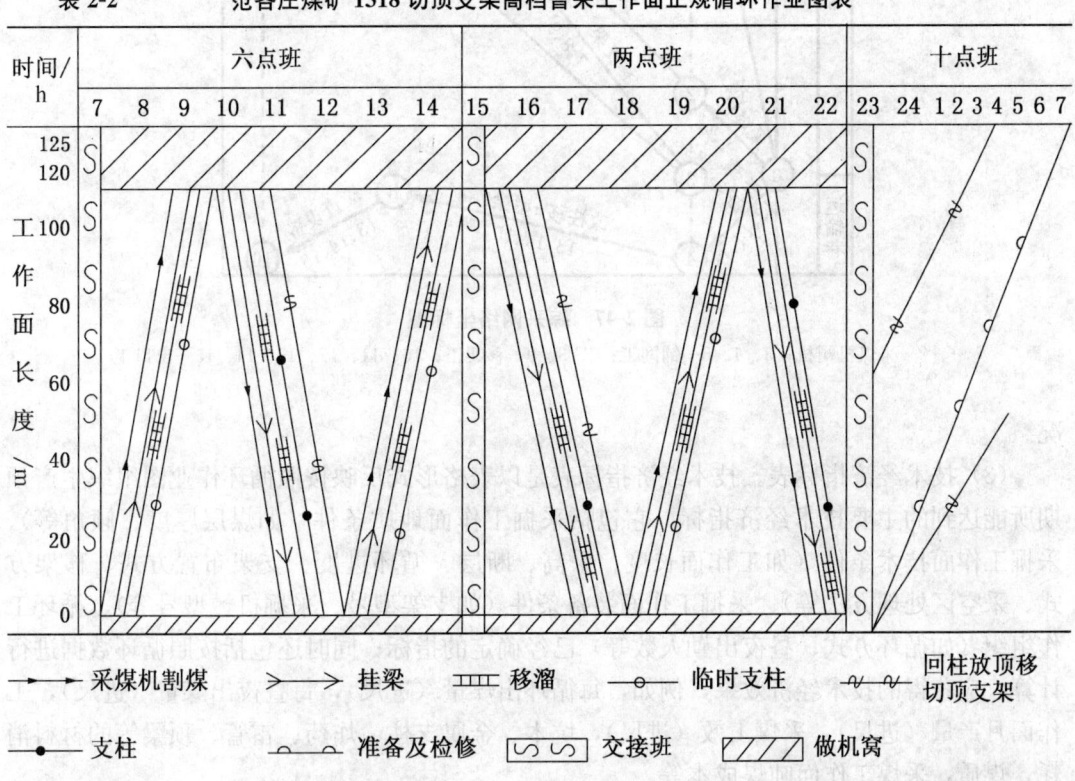

表 2-2 范各庄煤矿 1318 切顶支架高档普采工作面正规循环作业图表

③网络坐标图。网络坐标图是利用网络和坐标两种图形结合在一起反映采煤循环作业组织的一种图，如图 2-47 所示。图中的纵坐标除表示工作面的长度外，还标明了运输和回风巷的宽度。横坐标表示时间，图中的工序用箭线表示，箭线上方写有工序的名称，下方是执行工作的工人代号。箭线的长短和衔接顺序表示完成各工序的延续时间和工序之间的衔接关系，同时还反映各道工序开始与结束时的空间位置。网络坐标图的优点是比较好地反映了综合机械化采煤工作面循环作业工作的组织情况，图中反映的内容多、范围大，把运输巷、回风巷的工作量和工人也统一考虑进行综合平衡，做到职责分明，更有利于组织指挥生产。这种网络坐标图在综合机械化采煤工作面很有应用价值。

（2）劳动组织表。劳动组织表表示循环内各道工序需要的工种、定员和工作时间的安排。作业时间应与循环作业图中的横坐标相对应，这就可以清楚地看出各工序之间的相互关系，并能反映各工种的人数、工作地点和工作量的均衡程度，以及时间和空间的利用情

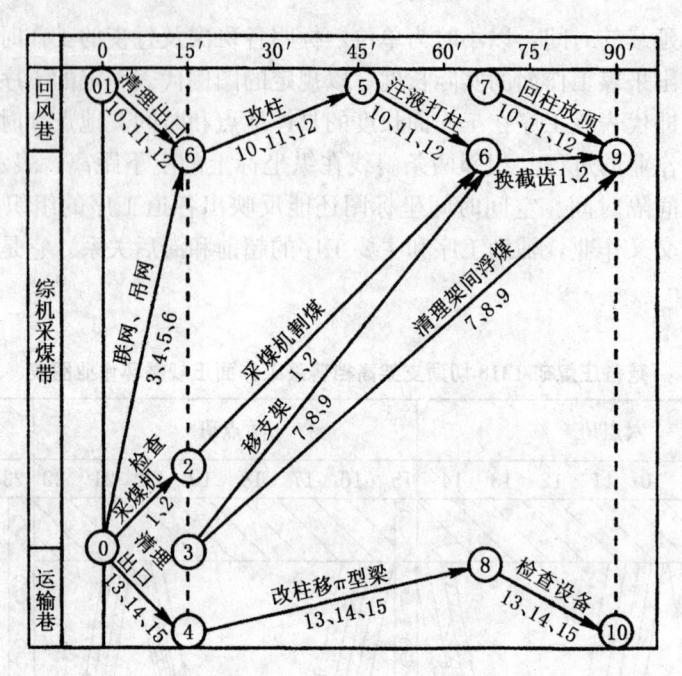

图 2-47 综采网络坐标图

1、2—采煤机司机；3、4、5—铺网工；7、8、9—移架工；10、11、12、13、14、15—出口工

况。

(3) 技术经济指标表。技术经济指标表是以表格形式反映按照循环作业图组织生产预期所能达到的主要技术经济指标。它包括采掘工作面地质条件（如煤层厚度、倾角等）、采掘工作面技术条件（如工作面长度、采高、断层、循环进度、支架布置方式、移架方式、采空区处理方法等）、采掘工作面装备条件（如支架型号、采掘机械型号等）、循环工作组织（如循环方式、昼夜出勤人数等）已经确定的指标；同时还包括按照循环数据进行计算、应获得的技术经济效果，例如，每循环出煤量（进尺），每昼夜出煤量（进尺），工作面月产量（进尺），采煤工效（进尺），坑木、金属支柱、炸药、雷管、顶梁等的材料消耗，煤质，采煤工作面吨煤成本等。

2. 采掘工作面正规循环作业图表实例

(1) 采掘循环工序图例。采掘循环工序图例，是指在采掘正规循环作业图中用于代表一定工序的符号，如表 2-3 所示。

表 2-3　　采掘循环工序图例表

顺序	工序名称	图例	顺序	工序名称	图例
1	打煤眼	•⌇	13	移风管	oooo
2	打岩眼	▷	14	支木垛	+ + + +
3	放炮	⌇	15	回收木垛	- + + + +
4	支柱	•—•	16	刨煤机刨煤	⋀

续表 2-3

顺序	工序名称	图例	顺序	工序名称	图例
5	运料		17	开缺口	
6	回柱放顶		18	采煤机割煤	
7	移输送机		19	采煤机下放	
8	装煤、运煤		20	风镐采煤	
9	打密集支柱		21	铺金属网及底梁	
10	准备及检修		22	临时支柱	
11	移支柱		23	挂梁	
12	移支架				

（2）掘进工作面正规循环作业图表实例。

山西省阳泉煤业（集团）有限责任公司新景煤矿芦南 3 号煤二区南三正、副巷及横管综合机械掘进工作面正规循环作业图表如表 2-4 所示，工作面劳动组织表如表 2-5 所示，工作面主要技术经济指标表如表 2-6 所示。

表 2-4　　　　　　　　　　　综掘正规循环作业图表

工序名称	时间/min	早六点班 6 7 8 9 10 11 12	中午班 13 14 15 16 17 18	晚六点班 19 20 21 22 23 24	零点班 0 1 2 3 4 5 6
交接班	10				
安全检查	10				
质量检查	10				
割、装、运煤	20×5				
运料	20×5				
清浮煤	20×5				
临时支护	10×5				
打锚杆	40×5				
检修	350				
下料	350				
其他工作	350				

表 2-5　　　　　　　　　　　　工作面劳动组织表

序号	工种	在册人数/人	出勤人数/人				
			Ⅰ	Ⅱ	Ⅲ	Ⅳ	合计
1	工长	4	1	1	1	1	4
2	安全员	4	1	1	1	1	4
3	综掘机司机	15	4	4	4		12
4	锚杆工	44	10	10	10	4	34
5	锚索工	9	2	2	2		6
6	带式输送机司机	8	1	1	1	1	4
7	刮板输送机司机	20	3	3	3	3	12
8	机电工	11	1	1	1	4	7
9	记录员	4	1	1	1	1	4
10	抢修工	6				4	4
11	材料员工	1	1	1			
12	配件库工	4	1	1	1	1	4
13	队干	5				5	5
14	合计	136	25	25	25	26	101

表 2-6　　　　　　　　　　　　工作面主要技术经济表

序号	项目	单位	指标	备注
1	工作面长度	m	1 250	
2	荒断面	m²	正巷 12.69，副巷 11.61，横管 4.83	
3	净断面	m²	正巷 11.61，裂巷 10.41，横管 4.0	
4	在册人数	人	136	
5	出勤人数	人	101	
6	出勤率	%	75	
7	循环进度	m	0.85	
8	日进尺	m	25.5	
9	月进尺	m	612	按 30 天/月计算
10	循环率	%	80	
11	锚杆消耗	根/m	正巷 7.06＋7.06，副巷 7.06＋6 横管 3.53＋4	顶＋帮
12	钢带消耗	根/m	1.18	
13	网消耗	m²/m	正巷 12.7，副巷 11.6，横管 4.8	顶＋帮
14	药卷消耗	根/m	正巷 7.06＋7.06，副巷 7.06＋6，横管 3.53＋4	顶＋帮

续表 2-6

序号	项 目	单位	指 标	备 注
15	顶托板	个/m	正巷 7.06，副巷 7.06，横管 3.53	
16	帮垫片帮托板	个/m	正巷 7.06，副巷 6，横管 4	
17	锚索	根/m	正巷 1.17，副巷 0.30	
18	锚具	个/m	正巷 1.17，副巷 0.30	
19	锚索托板	个/m	正巷 1.17，副巷 0.30	
20	工效	m/工	6.21	

(3) 采煤工作面正规循环作业图表实例。

河北省开滦矿业（集团）公司范各庄煤矿 1318 切顶支架高档普采工作面正规循环作业图表见表 2-2，工作面切顶支架布置图如图 2-48 所示，切顶支架工作面采煤工艺流程图如图 2-49 所示，工作面劳动组织表如表 2-7 所示，工作面主要技术经济指标表见表 2-8。

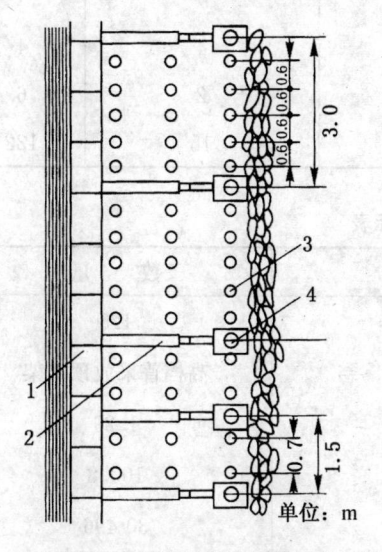

图 2-48 工作面切顶支架布置图
1—运输机；2—推移千斤顶；
3—单体液压支柱；4—切顶支架

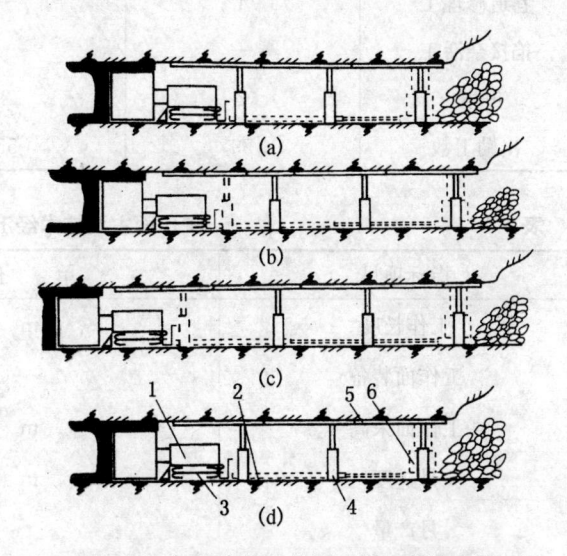

图 2-49 切顶支架工作面采煤工艺流程图
1—采煤机；2—推移千斤顶；3—运输机；
4—单体液压支柱；5—顶梁；6—切顶支架

表 2-7　　　　　　　工作面劳动组织表

工 种	点 班			共 计
	六点班	两点班	十点班	
采煤机司机	3	3	1	7
回采工	24	24	4	52
移溜工	2	2	—	4
钻眼炮工	2	2	—	4

续表 2-7

工　种	点班			共　计
	六点班	两点班	十点班	
掏窝工	2	2	—	4
机电维修工	2	2	5	9
管路维修工 2	2	—	4	
开溜工 6	6		12	
点柱工	1	1	1	3
泵站司机	1	1	—	2
运料工	6	6	—	12
看家俱工	1	1	13	
看溜煤井工	1	1	—	2
巷道修理工	4			4
掐接杂活工	—		4	4
班长	2	2	2	6
出勤工数	59	55	18	132

表 2-8　　　　　　　　　工作面主要技术经济指标表

指标项目	单　位	数　量
工作长度	m	125
工作面装备	—	高档普采放顶支架
工作面采高	m	1.29
月进度	m	100.8
月产量	t	30 496
最高日产	t	1 425
循环进度	m	1.2
昼夜循环数	个	3
直接工效率	t/工	10.73
坑木消耗	$m^3/10^4 t$	52
炸药消耗	$kg/10^4 t$	236
雷管消耗	$个/10^4 t$	986
柱/梁丢失率	‰	—
安全情况	人次	轻伤1人

续表2-8

指标项目	单 位	数 量
工作面支架：梁	m	1.2
柱	型号	DZ-14
控顶排数	排	3～4
直接成本	元/t	1.9
时间	—	1984年1月

第七节 顶板灾害防治

顶板事故指的是，在井下建设和生产过程中，因为顶板意外冒落造成的人员伤亡、设备损坏和生产中止等事故。

煤矿从业人员从下井开始，到上井为止，每时每刻都要和顶板打交道，如果顶板管理不好，就可能发生事故。煤矿顶板事故虽然零敲碎打的情况较多，但累计起来总数却是惊人的。据2005年统计，全国煤矿顶板事故起数占全国煤矿事故总起数的52.92%；顶板事故死亡人数占死亡总人数的33.33%。所以，必须加强顶板灾害防治。

一、发生顶板灾害原因

井下采掘工作面发生冒顶的原因很多，也很复杂。但总的来分析主要是由于主观和客观两方面的原因，其中主观原因是第一位的。

1. 客观原因

（1）采煤过程中因围岩应力重新分布，采煤方法和巷道布置位置选择不能适应这些应力变化，从而造成顶板垮落发生顶板灾害事故。

（2）采掘工作面突然遇到地质条件变化，即使按章作业，但因设计资料不全，也会引起冒顶。例如采掘工作面地质构造变化，出现断层，采用通常的支护方法仍难以避免发生冒顶事故。

2. 主观原因

（1）技术措施不到位

①对采掘工作面的地质条件、来压规律掌握不清楚，不能及时采取果断措施，造成冒顶事故，而且往往发生大面积冒顶。

②支护设计不到位，采煤工作面支护方式和支护密度不能适应顶板压力的要求，当顶板来压时，支护对顶板形成支不牢、护不严的被动局面。

（2）按章作业不到位

①不严格执行敲帮问顶制、不按作业规程和操作规程进行作业。

②采掘工作面安全质量标准化低劣，支柱柱排距过大，不迎山有劲，插背不严实，初撑力过小。

（3）现场管理不到位

①交接班制、签名验收制等行之有效的规章制度执行不严。

②工作面生产管理混乱、多工种平行作业，造成顶板压力迭加；发现冒顶预兆不及时采取措施进行处理。

二、冒顶预兆

（1）响声。顶板压力急剧增大时会发生很多种响声，如摩擦式金属支柱活柱下缩的摩擦声、木支架和背板损坏的劈裂声、金属铰接顶梁扁肖被压挤出的撞击声、基本顶断裂的"板炮"声和直接顶受压的碎裂声等。

（2）漏液。顶板来压发生下沉，使支架载荷迅速上升，单体液压支柱和自移式液压支架安全阀出现自动漏液现象。

（3）掉渣。顶板严重破碎时出现掉渣现象，掉渣越多，说明顶板压力越大。

（4）片帮。冒顶前煤壁因所承受的支承压力增加，煤变松软，片帮程度更为严重，甚至还会出现煤的压出和突出现象。

（5）裂隙。冒顶到来之前会出现裂隙或原有裂隙加宽、加深。

（6）淋水。有淋水的顶板，淋水量明显增加；甚至有的原本不淋水的顶板也出现淋水现象。

（7）漏顶。破碎的伪顶或直接顶，在顶板压力急增时，会因背顶不严或支架不牢出现漏顶现象。

（8）离层。顶板将要冒落时，往往出现离层现象，采用敲帮问顶的方法不易发现，当基本顶垮落时，则将发生没有预兆的大面积冒顶事故。

（9）变形。由于顶板压力加剧对支架的作用，支架出现歪扭变形现象，甚至难以控制顶板，会立即冒顶。

（10）瓦斯。冒顶时有时瓦斯涌出量会突然增加。

三、现场判断顶板冒落危险的方法

1. 敲帮问顶法

敲帮问顶指的是人站在安全地点，用手敲或专用工具敲击顶板、煤帮（或两帮），以测试其完整性和稳定性的一种方法。这种方法在采掘工作面应用十分普遍。《煤矿安全规程》中规定："严格执行敲帮问顶制度"。

（1）敲帮问顶应由2名有经验的人员一起进行，一人手持手镐或专用工具（长针等）敲击顶板、煤壁（或两帮），另一人观察顶板和安全退路。敲帮问顶人员应站在顶板较完整的地点和避开因敲击顶板下落的地点；观察人员应站在敲帮问顶人员的侧后方安全地点，并保证2人的退路畅通。

（2）敲帮问顶工作应从有完好支架的地点开始，由外向里，先顶部后煤壁（或两帮）。敲帮问顶所触及顶板地点应避开人员站立位置。敲帮问顶范围内严禁其他无关人员进入。

（3）敲帮问顶时，如果顶板发出空旷的沉闷声，表明顶帮有松动现象，必须立即撬下。

（4）敲帮问顶时，如果顶板发出清脆回声，接着用手指紧贴顶板或两帮，再用工具敲击顶板和两帮，手指没有震动感，表明顶板和两帮没有发生剥离或断裂现象，是安全的。

如果手指有震动感，即使回声清脆，也有可能存在大块岩石与顶帮离层危险，必须立即加强支护。

（5）禁止2组人员在同一地点同时进行敲帮问顶工作，以避免互相干扰。

（6）敲帮问顶应戴好手套，遇有顶板破碎、掉矸，应扔掉工具迅速后撤到安全地点。敲帮问顶工具的手柄长度应根据具体条件而定。

2. 木楔法

木楔法指的是在采掘工作面顶板的裂缝中插入一个木楔，观察木楔是否变松动或掉下，以测试顶板裂缝是否变宽、变大的一种方法。原本插入的木楔，过一段时间后，出现松动或掉下现象，表明顶板裂缝在矿山压力作用下正在逐渐加宽、增大，即可判断存在冒顶危险，必须采取措施进行处理。

3. 信号柱法

信号柱法指的是在采煤工作面设置木柱（直径或长、宽不大于50 mm），观察木柱是否被压劈、折断，以测试顶板是否下沉的一种方法。木柱的纵向允许变形较小，一旦顶板发生急剧下沉，木柱将被压劈甚至折断，并发出声响，即可判断顶板压力加大，下沉量增加，有发生冒顶危险，必须加固支架或停止作业、撤出人员。

信号柱法既可用在采煤工作面的控制区内，也可以用采空区内，以预报采空区大面积悬顶的垮落。

四、采煤工作面顶板灾害防治

按照发生冒顶事故的力学原因分析，可将采煤工作面顶板灾害分为三大类，它们的防治措施也不相同。

1. 坚硬顶板压垮型冒顶

坚硬顶板压垮型冒顶指的是，采空区内大面积悬露的坚硬顶板在短时间内突然塌落，将工作面压垮而造成的大型顶板事故。

（1）坚硬顶板及其冒顶特点

坚硬难冒顶板指的是直接顶岩层比较完整、坚硬（固），回柱或移架后不能立即垮落的顶板。一般为砂岩、砾岩和石灰岩。

坚硬难冒顶板的特点是顶板完整、岩层厚度大和岩层试块抗压强度大。

压垮型冒顶的主要特点是由垂直于岩层层面的顶板压力破坏工作面支架而导致的冒顶。

（2）坚硬难冒顶板来压规律

①初次来压与周期来压步距大

坚硬难冒顶板采煤工作面初次来压步距一般大于30 m，整体厚砂岩或砂岩、砾岩组合顶板则大于50 m，甚至可达100 m以上。周期来压步距小于初次来压步距，但一般也大于20 m。

②工作面切顶线后方顶板悬露面积大

坚硬难冒顶板采煤工作面切顶线后方悬露面积大，一般形成3 m～6 m宽度的悬顶，有的甚至几十米、一百多米之宽。悬顶大造成液压支架前后柱受力不均，后柱压力常常为前柱压力的1.5倍，同时造成工作面顶板有时沿煤壁折断、下沉。

③顶板来压强度大

坚硬难冒顶板采煤工作面顶板来压时强度大，造成单体支柱折断、液压支架工作面来压强度比单体支柱工作面还要大，常出现支柱活柱变形、弯曲裂开、缸体胀裂和底座变形等，严重时可使高吨位液压支架缸体发生爆炸。

(3) 坚硬难冒顶板冒顶的预兆

①工作面煤壁片帮或刀柱煤柱炸裂，并伴有明显的响声。"煤炮"增多，工作面和顺槽都出现"煤炮"，甚至每隔 5～6 min 就响一次。

②由于煤体内支承压力的作用，煤层中的炮眼变形，打完眼不能装药，甚至连煤钻杆都不能拔出。

③可听到顶板折断发出的闷雷声。发出声响的位置由远及近，由低到高，地音仪收到的岩石开裂声频显著增加。

④顶板下沉急剧加速。顶板和采空区有明显的台阶状断裂、下沉和回转，垮落岩块呈长条状。

⑤顶板有时出现裂隙和淋水，局部地鼓，断层处滴水增大，有时钻孔水混有岩粉。

⑥来压时支架压力剧增，支载系数可达 3.0 倍以下，且液压支架后柱阻力远大于前柱阻力，常伴有指向煤壁的水平拉力。

⑦微震仪记录有较多的岩体破裂与滑移的波形，也可记录到小的顶板冒落。

(4) 坚硬难冒顶板顶板灾害的防治方法

防治坚硬难冒顶板灾害的基本原则就是采取有效措施不使采空区悬顶过大。其主要方法是提前强制炸落顶板和采取注水等措施软化坚硬顶板。

①提前强制炸落顶板

——地面深孔炸破放顶。在采空区悬顶区上方相对应的地面向地下打钻至采空区顶板，然后进行扩孔和大药量爆破崩落悬顶区处顶板。如图 2-50 所示。

——刀柱采煤采空区强制放顶。在刀柱的一侧向采空区顶板打钻孔，钻孔沿垂直工作面方向布置。如图 2-51 所示。

——平行于工作面长钻孔强制放顶。在本采煤工作面前方未采动煤层上方顶板打平行工作面的长钻孔，煤层开采后在采空区内装药爆破；也有的在煤层采动前爆破，对煤层顶板进行预裂。如图 2-52 所示。

——垂直于工作面钻孔强制放顶。在采煤工作面垂直于工作面方向向采空区顶板钻眼爆破，如图 2-53 所示。

②灌注压力水处理坚硬难冒顶板

通过钻孔向顶板灌注压力水，能有效软化和压裂顶板，提高放顶效果。为了提高处理效果，有的灌注盐酸溶液。如图 2-54 所示。

——超前工作面预注水。在工作面采煤前，超前工作面一定距离进行顶板注水。

——分层注水。根据顶板组合情况，针对不同岩性和结构条件，分别进行单层或单层混合注水。

——采空区注水。采空区上方的顶板尚未冒落时，通过位于采空区上方的注水孔向顶板注水。

——工作面应力集中区注水。在注水孔预注水之后，当注水孔进入应力集中区时，再

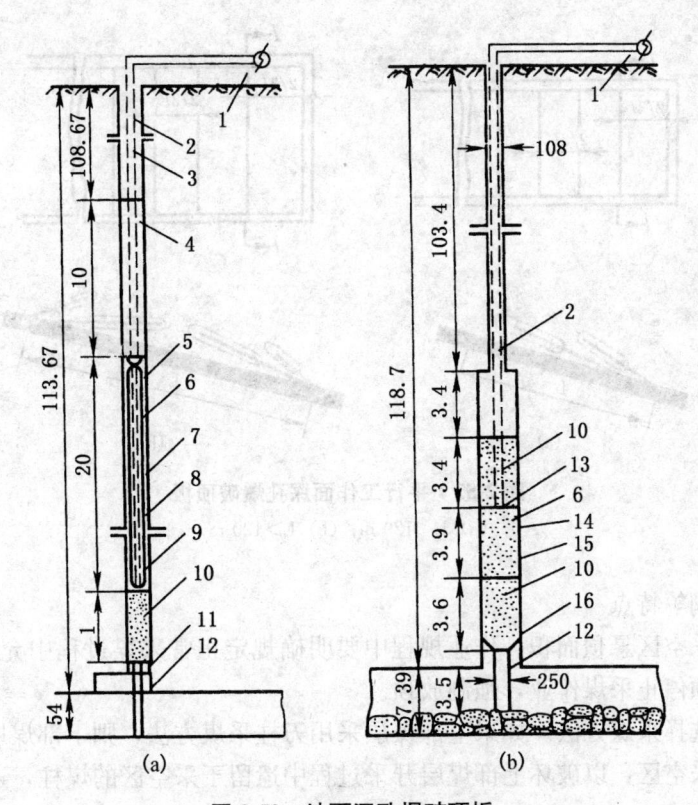

图 2-50　地面深孔爆破顶板

(a) 长柱状扩孔爆破装药结构；(b) 药壶爆破装药结构

1—起爆电源；2—放炮母线；3—下放铅丝；4—封堵材料；5—雷管；6—导爆索；7—防水高威力炸药（168 kg）；8—防水胶带；9—防护铅丝（14°）；10—石子；11—方木块；12—堵塞材料；13—8号雷管；14—起爆药包；15—散药包；16—托伞

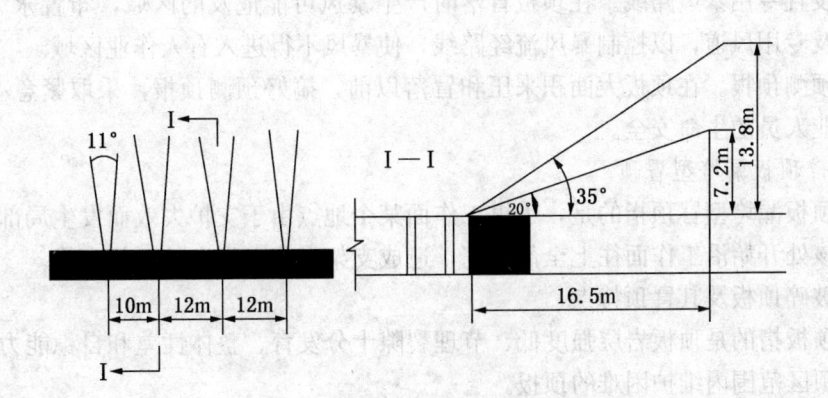

图 2-51　刀柱采空区深孔放顶炮眼布置

次向顶板注水。

③其他安全技术措施

——合理选择支架类型。为了减少顶板的离层，降低顶板对支架的冲击力，应尽量选用高初撑力的液压支架，一般采用垛式液压支架，它具有支护强度高、切顶能力强，并装

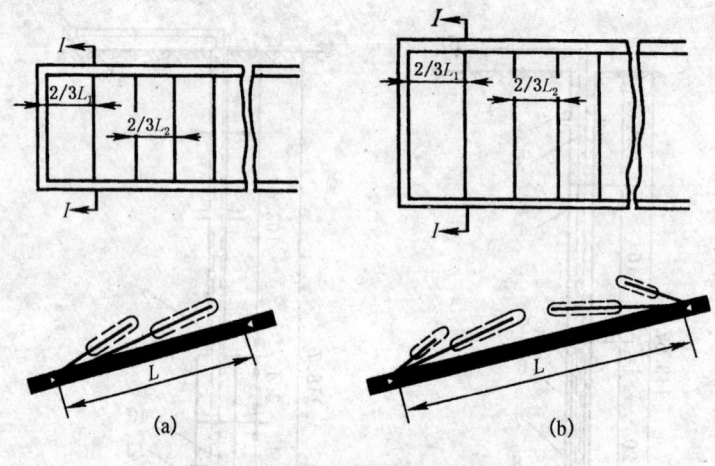

图 2-52 平行工作面深孔爆破顶板
(a) L<120 m；(b) L>120 m

有大流量安全阀等特点。

——控制采空区悬顶面积。作业规程中要明确规定正常采煤过程中允许的悬顶面积，超过规定时必须停止采煤作业，强制放顶。

——合理选择采煤方法。如果上部煤层采用刀柱采煤方法，则下部煤层尽可能采用全部垮落法处理采空区，以破坏上部煤层开采过程中遗留于采空区的煤柱，避免出现应力集中区。

——留设隔离煤柱。使用刀柱法采煤时，应留设较大尺寸的煤柱将采空区进行分离，使顶板发生大面积来压和冒顶时以大煤柱为界分隔开来，一般隔离煤柱不少于 15 m～20 m。

——设置专用暴风路线。在顶板冒落时产生暴风可能危及的区域，布置永久密闭墙、临时密闭及专用风道，以控制暴风流经路线，使暴风不得进入有人作业区域。

——预测预报。在顶板大面积来压和冒落以前，搞好预测预报，采取紧急有效措施，以确保作业人员的生命安全。

2. 破碎顶板漏垮型冒顶

破碎顶板漏垮型冒顶指的是，采煤工作面某个地点由于支护失效而发生局部漏冒，破碎顶板从该处开始沿工作面往上全部漏完，造成支架失稳而发生的顶板事故。

(1) 破碎顶板及其冒顶特点

破碎顶板指的是顶板岩层强度低、节理裂隙十分发育、整体性差和自稳能力低，并在工作面控顶区范围内维护困难的顶板。

破碎顶板冒顶的主要特点是，先发生支架空档或机（炮）道内局部漏顶现象，由于得不到及时有效的控制，漏顶范围越来越大，工作面支柱不稳，最后发生大面积冒顶。如图 2-55 所示。

(2) 破碎顶板冒顶的原因

①破碎顶板允许暴露时间短、暴露面积少，常因采煤机割煤或放炮后，机（炮）道得不到及时支护而发生局部漏顶现象。

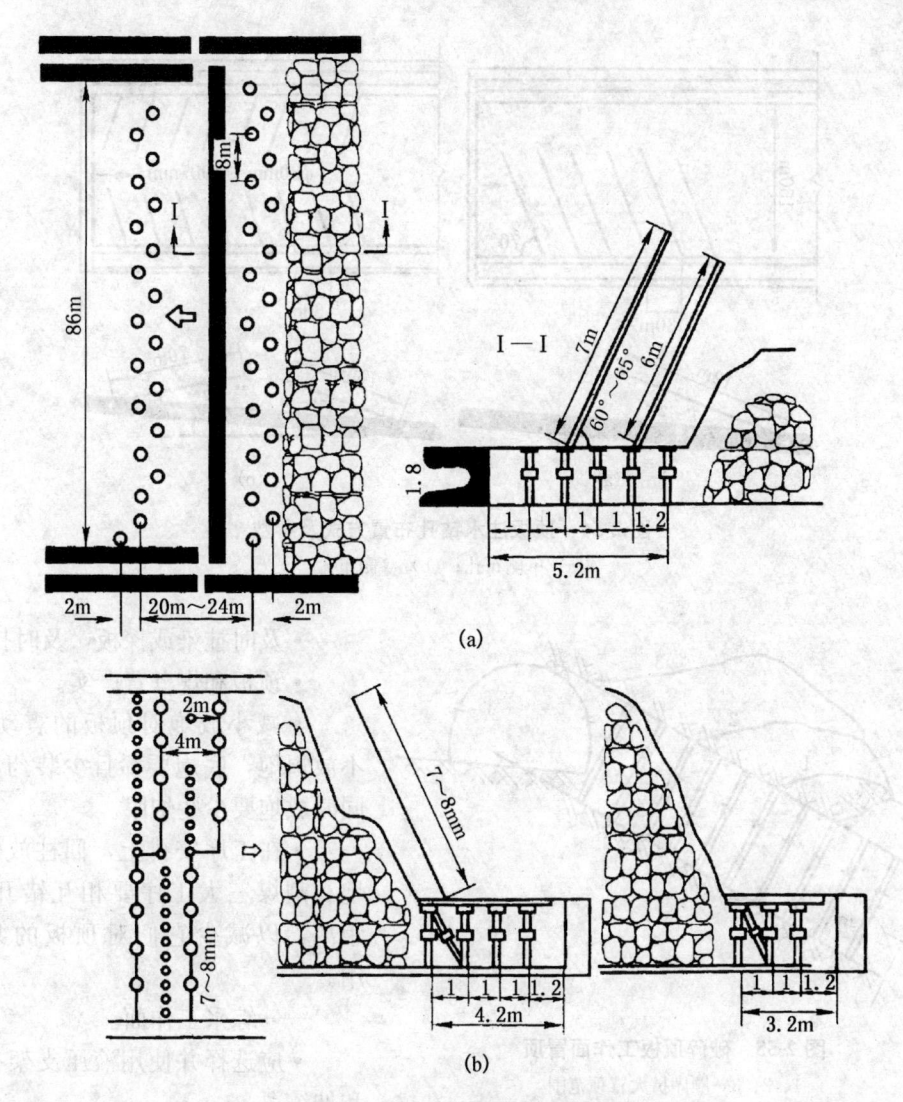

图 2-53 垂直工作面深孔爆破顶板
(a) 步距式双栏槽；(b) 循环台阶式

②初次来压和周期来压期间，破碎顶板容易和上覆直接顶或坚硬老顶离层而垮落。

③由于工作面压力加大将支架间上方的背顶材料压折造成漏顶现象。

④金属铰接顶梁与顶板摩擦阻力小，在顶板来压时容易被摧倒而发生冒顶。

⑤在破碎顶板条件下支柱的初撑力往往很低，容易造成早期下沉离层、自动倒柱或人员设备碰撞倒柱，顶板丧失了支撑物而冒落。

(3) 破碎顶板灾害的防治方法

根据破碎顶板冒顶的主要特点，为了防止破碎顶板漏垮型冒顶，必须在局部漏顶发生以前就妥善地控制住顶板，使其不形成薄弱环节；或者在发生局部漏顶以后立即进行封堵，加强支护，限制局部漏顶的面积进一步扩大。

①减小顶板暴露面积和缩短顶板暴露时间

——单体支柱采煤工作面

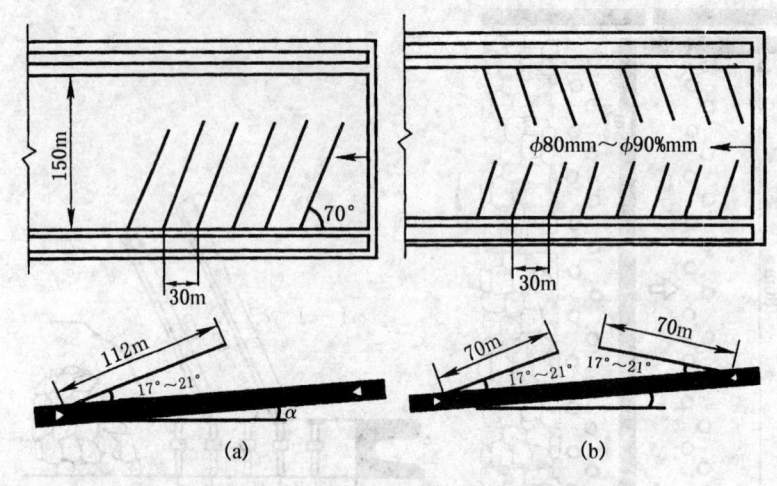

图 2-54 顶板注水钻孔布置方式及参数

(a) 单侧布孔；(b) 双侧布孔

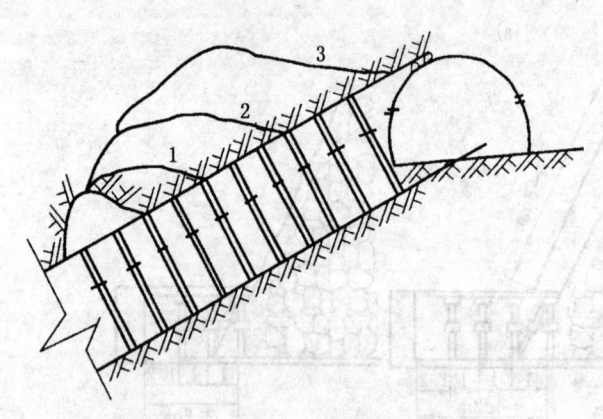

图 2-55 破碎顶板工作面冒顶

1、2、3—顺序扩大冒顶范围

- 及时挂梁或探板，及时打柱。
- 顶板和煤壁背严实。
- 减小放炮对顶板的震动破坏。不放顶炮，底炮要稀且少装药，每次同时放炮要少些炮眼。
- 在工序安排上，回柱放炮、放炮和割煤三大工序要相互错开15 m距离，以减少它们对顶板的共同作用。

——综采工作面

- 应选择并使用液压支架护帮板和伸缩梁。
- 采用带压移压方法，防止顶板反复支撑变得更加破碎甚至冒落。
- 液压支架顶梁带板或超前架棚的方法支护顶板。如图 2-56 和图 2-57 所示。

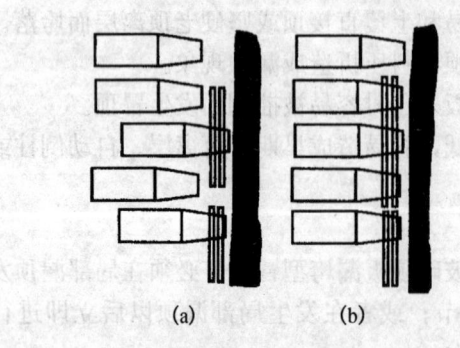

图 2-56 顶梁带板

(a) 带板间隔移架；(b) 移相邻支架

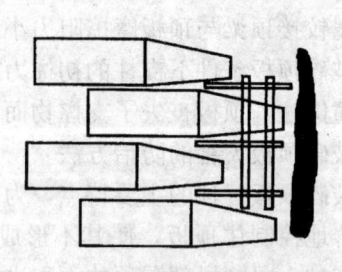

图 2-57 超前架棚

- 铺金属顶网或塑料顶网，以防破碎顶板由架间冒落。

②选择合理的开采方法

——尽量选择无煤柱开采，以避免残留煤柱的高应力集中。

——工作面初采时不能推采开切眼的另一侧煤柱。

——工作面要尽可能布置成俯斜方向，避免仰斜开采，掘进上下平巷时要避免挑顶。

——合理选择支护形式，尽量采用错梁直线柱形式。提高单体液压支柱的初撑力和初始工作阻力。

③采用化学加固顶板技术

目前，国内外煤矿广泛应用化学加固技术控制破碎顶板和填充冒落空间。这种方法操作简单、效果显著，常在综采工作面推采中遇断层等破碎带时使用。如图2-58所示。

④特殊条件下破碎顶板支护技术

采掘工作面推过断层褶曲等地质构造带、采空区和石门时，往往出现顶板破碎、倾角变化、煤层变软、淋水增大、压力加大等不良情况，必须针对具体条件制订专门的安全技术措施，确保不发生破碎顶板漏垮型顶板灾害。如图2-59所示。

3. 复合顶板摧垮型冒顶

复合顶板摧垮型冒顶指的是，采煤工作面由于位于顶板下部岩层下沉，与上部岩层离层，支架处于失稳状态，遇外力作用倾倒而发生的顶板事故。

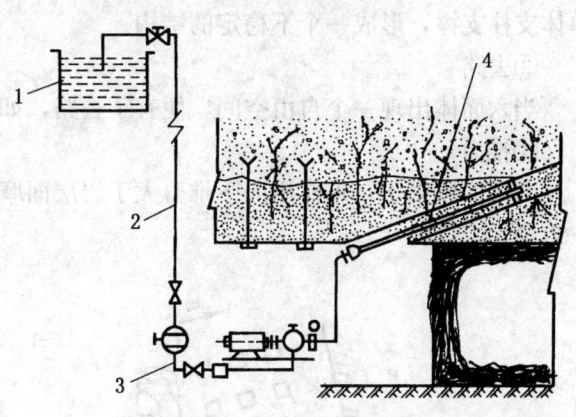

图2-58 化学加固顶板
1—化学液池；2—管路；3—加固泵；4—钻孔

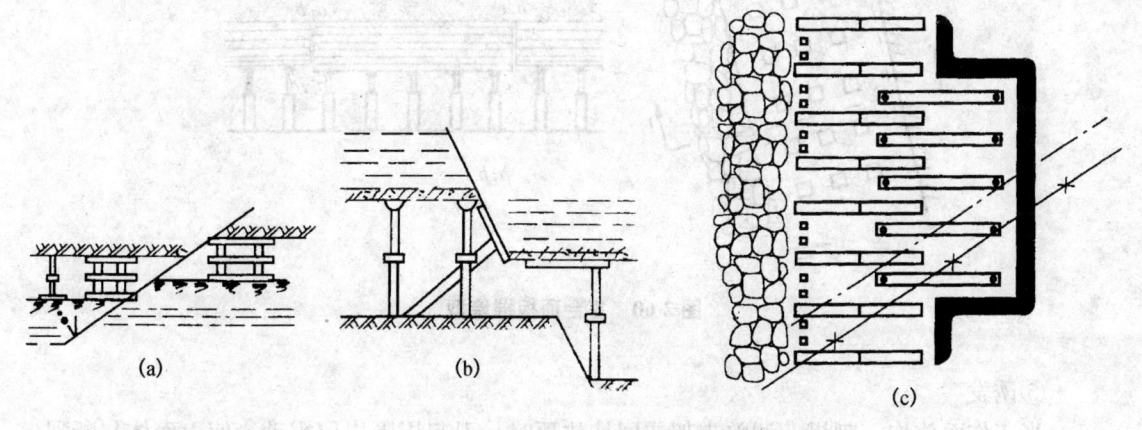

图2-59 断层处特殊支架
(a) 木垛；(b) 带帽戗柱；(c) 超前探板

(1) 复合顶板及其冒顶特点

复合顶板指的是，由厚度为0.5～2.0 m的下部软岩及上部硬岩组成，且它们之间存有煤线或薄层软弱岩层的顶板。

复合顶板的下部软岩一般是泥岩、页岩和砂页岩等，它可能是由一层或多层不同岩性的岩层组成，也可能层理比较发育；上部硬岩一般是中粒砂岩如细粒砂岩和炎成岩等。

复合顶板冒顶的主要特点是由平行于岩层层面的顶板压力推倒工作面支架而导致的冒顶。

（2）复合顶板推垮型冒顶的条件

①离层

由于支柱的初撑力小、刚度差，在顶板下位软岩自重作用下支柱下缩或下沉，而顶板上位硬岩未下沉或下沉缓慢，从而导致软硬岩层不同步下沉而形成离层。

②断裂

由于裂隙的作用，顶板下位软岩形成一个六面体。此六面体上部与硬岩脱离，下部由单体支柱支撑，形成一个不稳定的结构。

③去路

当六面体出现一个自由空间，便有了去路，如果倾斜下方冒空，此去路更加畅通。

④推力

当六面体由于自重作用向下推力大于岩层面摩擦阻力时，就会发生推垮型冒顶。如图2-60所示。

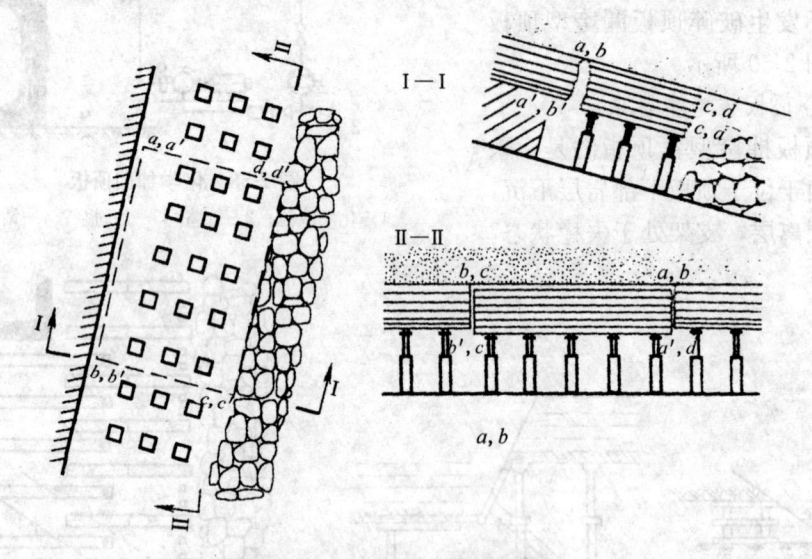

图 2-60 复合顶板推垮型

⑤诱发

当工作面放炮、割煤、调整支架或回柱放顶时，引起周围岩层震动，使六面体与断裂岩层面阻力变小，导致六面体下推力大于总阻力，诱发冒顶事故。

（3）复合顶板灾害的防治方法

根据复合顶板冒顶的条件，为了防止复合顶板推垮型冒顶，必须要破坏其形成的条件。主要采取以下措施：

①严禁仰斜开采。仰斜开采使顶板产生向采空区下推力，顶板连同支架向采空区倾倒，形成了"出路"条件。

②掘进采煤工作面下平巷禁止破坏顶板。顶板破坏后，六面体失去阻力，仅依靠岩层面摩擦阻力是难以控制六面体下推的。如图 2-61 所示。

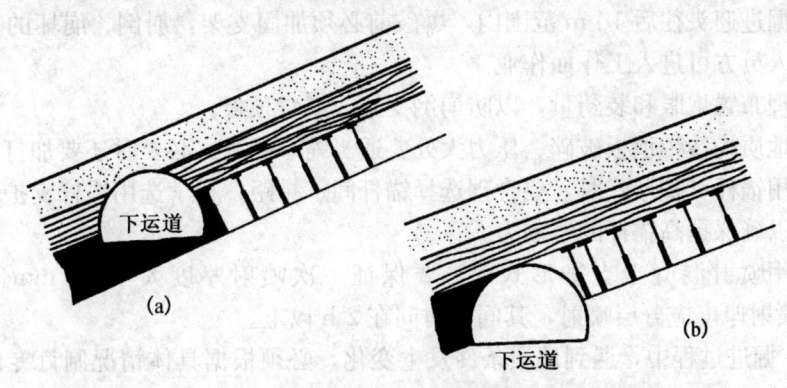

图 2-61　复合型顶板下运道位置
(a) 不正确（破顶）；(b) 正确（托顶）

③工作面初采时禁止反向推进。开切眼的顶板由于时间较长已经离层断裂。在反向推进时由于初次放顶极易诱发原开切眼处冒顶。如图 2-62 所示。

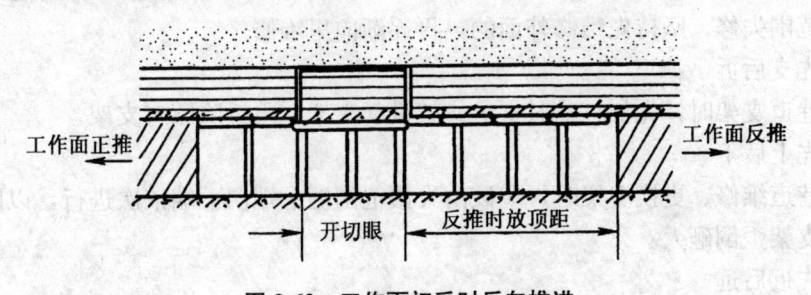

图 2-62　工作面初采时反向推进

④提高支架的稳定性。使用拉钩式连接器将工作面支架上下连接起来；也可以加戗柱、斜撑抬板。抵抗六面体的下推力。

⑤增加单体支柱的初撑力和刚度。采煤工作面取消金属摩擦支柱和木支柱，采用单体液压支柱，推广使用液压支架，可以增加支护的初撑力和稳定性，防止冒顶事故的发生。

五、掘进工作面巷道顶板灾害防治

掘进工作面顶板灾害主要发生在掘进工作面迎头处、巷道维修更换支架处和巷道交叉处。

1. 掘进工作面迎头处冒顶事故的预防措施

掘进工作面迎头支架架设时间短，初撑力小，容易被放炮崩倒；人员经常在未支架地方进行作业；同时受到地质构造变化影响，所以，掘进工作面迎头是冒顶多发部位。

(1) 根据掘进工作面顶板岩性，严格控制空顶距，坚持使用超前支护，严禁空顶作业。

(2) 严格执行敲帮问顶制度。

（3）支架间应设牢固的撑木或拉杆。支架与顶帮之间的空隙必须插严背实。

（4）支架必须架设牢固。可缩性金属支架应使用力矩扳手拧紧卡缆。

（5）在掘进迎头往后 10 m 范围内，爆破前必须加固支架，崩倒、崩坏的支架必须待修复好后，人员方可进入工作面作业。

（6）合理布置炮眼和装药量，以防崩倒支架或崩冒顶板。

（7）在地质构造带顶板破碎、压力大处要适当缩小棚距，必要时还要加打中柱。

（8）采用锚杆支护形式时，要合理选择锚杆间、排距；科学选用锚杆支护材料和提高施工质量，以确保提高锚杆的锚固力。

（9）采用喷射混凝土支护形式时，要保证一次喷射厚度大于 50 mm。对于超过 100 mm 的喷射厚度应分层喷射，其间隔时间在 2 h 以上。

（10）在掘进过程中，遇到地质条件发生变化，必须根据具体情况制订专门的安全技术措施，确保不发生顶板灾害。

2. 巷道维修、更换支架处预防冒顶事故的措施

在进行巷道维修、更换支架时，必须注意做到"五先五后"，确保不发生冒顶事故。

（1）先外后里

先检查巷道维修、更换支架地点以外 5 m 范围内支架的完整性，有问题先处理。如巷道一段范围失修，坚持先维修外面的，再逐渐向里维修。

（2）先支后拆

更换巷道支架时，先加打临时支护或架设新支架，再拆除原有支架。

（3）先上后下

倾斜巷道维修、更换支架时，应该由失修范围的上端向下端依次进行，以防矸石、物料滚落和支架歪倒砸人。

（4）先近后远

一条巷道内有多处失修，必须先维修离安全出口较近的一处，再逐渐向前维修离安全出口远的一处，以避免维修时发生冒顶将人员堵在里面。

（5）先顶后帮

在维修、更换巷道支架时，必须注意先维护、支撑好顶板，再护好两帮的顺序，以确保维修人员的安全。

3. 巷道交叉处冒顶事故的预防措施

巷道交叉处控顶面积大、支护复杂、矿山压力集中，是预防巷道冒顶的重点部位。

（1）开岔口应尽可能避开原来巷道冒顶范围、废弃巷道和硐室。

（2）巷道交叉处必须采用安全可靠的支护形式和支护材料，保证其支护强度。

（3）必须在开口棚支设稳固后，再拆除原巷道棚腿。

（4）当开口处围岩尖角被压坏时，应及时采取加强抬棚稳定性措施。

（5）抬棚上顶空洞必须堵塞严实。空洞高度较大时必须码木垛接顶。在码木垛时，作业人员应站在安全地点并确保退路畅通，还应设专人观察顶帮的变化。

本章主要知识点

1. 采掘作业在矿井生产中的地位

采掘作业是实现煤矿企业经营目标的基本环节，采掘工作面是实现矿井安全质量标准化的关键部位和实现和谐矿井的平台。

2. 炮采工作面生产活动

炮采工作面的生产活动主要包括打眼放炮落煤、人工装煤、输送机运煤和人工支柱、回柱放顶等五大工序。

3. 普采工作面生产活动

普采工作面的生产活动主要包括采煤机落煤和装煤、输送机运煤和人工支柱、回柱放顶等五大工序。

4. 综采工作面生产活动

综采工作面的生产活动主要是把落煤、装煤、运煤、支柱和放顶等五大工序全部实现机械化。它是我国采煤工艺技术发展的根本途径。

5. 掘进工作面生产活动

掘进工作面的生产活动主要包括破落煤（岩）、装载煤（岩）、运输煤（岩）和支护四大工序。其中破落煤（岩）和装载煤（岩）分人工和机械两种方法，所以掘进工作面又可分为炮掘工作面和综合掘进机械化工作面。

6. 采掘工作面正规循环作业

采掘工作面正规循环作业就是采掘工作面在一昼夜 24 h 内，按照循环时间、循环工作量、循环进度、循环工序和循环人数的要求周而复始地进行采掘生产作业的方式。

7. 顶板灾害防治

按照发生冒顶事故的力学原因分析，采煤工作面顶板灾害分为坚硬顶板压垮型冒顶、破碎顶板漏垮型冒顶和复合顶板摧垮型冒顶等 3 大类。

按照发生冒顶事故的常见部位分析，掘进工作面顶板灾害主要发生在迎头处、巷道维修更换支架处和巷道交叉处等 3 处。

复习思考题

1. 什么叫正向装药、反向装药？它们在爆破效果和安全性上有哪些不同？
2. 什么叫"三人连锁放炮"？
3. 单体液压支柱有哪些优缺点？
4. 操作液压支架有哪些基本要求？
5. 哪些情形严禁采用放顶煤开采？
6. 安装锚杆支护必须遵守哪些规定？
7. 采掘工作面正规循环作业包括哪些基本要素？
8. 采煤工作面顶板灾害分哪三大类？
9. 掘进工作面常发生顶板灾害的部位有哪三处？
10. 巷道维修、更换支架时有哪些预防冒顶事故措施？

第三章 矿井通风和瓦斯、煤尘、火灾隐患认定及其排除

第一节 矿井通风及其隐患认定和排除

一、矿井通风的基本任务和作用

(1) 矿井通风的基本任务

矿井通风的基本任务有以下三方面：

①将足够的新鲜空气送到井下，供给井下人员呼吸所需要的氧气。

②冲淡有害气体和矿尘后的空气并将其排出地面，保证井下空气质量并使矿尘浓度限制在规定的安全范围内。

③调节井下巷道和作业场所的气候条件，满足井下规定的风速、温度和湿度的要求，创造良好的作业环境。

(2) 矿井通风的作用

矿井通风是煤矿生产的一个重要环节。矿井通风与矿井安全密切相关。煤矿井下开采存在着瓦斯及其他有害气体、煤尘、煤炭的自燃等严重威胁，搞好煤矿"一通三防"工作，是煤矿安全工作的重中之重，也是杜绝重大灾害事故、实现煤矿安全状况根本好转的关键。为了创造良好的煤矿生产作业环境，对瓦斯、煤尘和火灾实施切实可行的防治措施，提高矿井的抗灾救灾能力，最经济、最基础的解决方法就是搞好矿井通风工作。

二、矿井通风方式

矿井通风方式一般根据煤层瓦斯含量高低、煤层埋藏深度和赋存条件、冲积层厚度、煤层自燃倾向性、小窑塌陷漏风情况、地形地貌状态以及开拓方式等因素综合考虑确定。

根据矿井进、回风井布置形式的不同，矿井通风方式分为以下三种基本类型：

1. 中央式通风

中央式通风是指进风井和回风井大致位于井田走向的中央。中央式通风分为以下两种形式：

(1) 中央并列式通风：进、回风井位于沿煤层倾斜方向中央位置的工业广场内。两井井底标高一致。这时，风流由进风井进入井底车场，经大巷至两翼工作之后，又由石门返回中央风井排出地面，如图3-1所示。

适用条件：中央并列式通风适用于煤层倾角较大、走向不长、投产初期暂未设置边界安全出口且自然发火不严重的矿井。

优缺点：

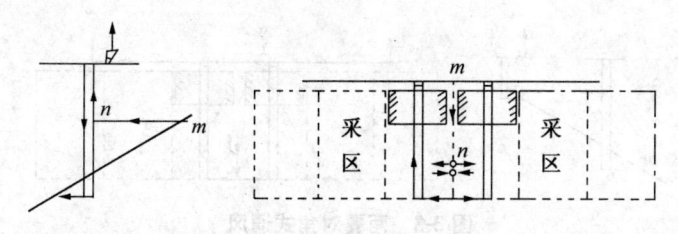

图 3-1 中央并列式通风

①初期投资少，采区生产集中，便于管理。
②节省回风井工业场地，占地少，压煤少。
③进、回井之间风路较长，风阻较大，漏风较多。
④工业场地有噪声影响。

(2) 中央边界式通风：回风井位于沿煤层倾斜方向的上部边界。回风井底标高高于进风井底。这时，风流由进风井进入井底车场，经大巷至两翼工作之后，由总回风巷至边界回风井排出地面，如图 3-2 所示。

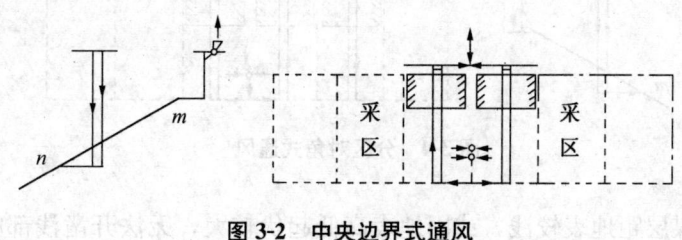

图 3-2 中央边界式通风

适用条件：中央边界式通风适用于煤层倾角较小、走向长度不大的矿井。
优缺点：
①比中央并列式通风安全、可靠性强。
②矿井通风阻力较小，内部漏风较小，有利于对瓦斯、自然发火的管理。
③工业场所没有噪声影响。
④增加一个回风井场地，压煤多。

2. 对角式通风

对角式通风是指进风井位于井田中央，回风井分别位于井田浅部走向两翼边界采区的中央。这种方式分为以下两种形式：

(1) 两翼对角式通风：回风井位于井田浅部走向两翼边界采区的中央。每翼1个回风井。这时，风流由进风井进入井底车场，经大巷至两翼工作面，再分别由石门返回两翼的回风井排出地面，如图 3-3 所示。

适用条件：两翼对角式通风适用于煤层走向长、井田面积大、产量较高的矿井。
优缺点：
①初期投资大，建井期较长。
②增加两个回风井场地，压煤多。
③矿井通风阻力小，风路短，漏风小。

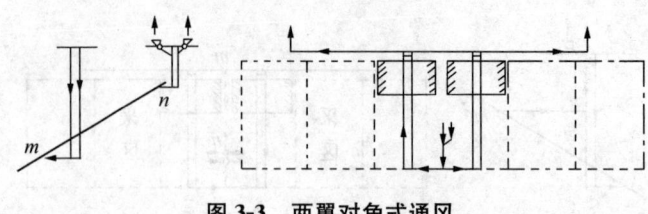

图 3-3　两翼对角式通风

④工业场地没有噪声影响。

⑤比中央式通风安全可靠性强。特别是有瓦斯喷出或有煤与瓦斯（二氧化碳）突出的矿井应采用对角式通风。

(2) 分区对角式通风：沿采掘总回风巷每个采区开掘一个小回风井。每个采区1个回风井。这时，风流由进风井进入井底车场，经大巷至两翼工作面之后，分别由石门返回采区回风井排出地面，如图3-4所示。

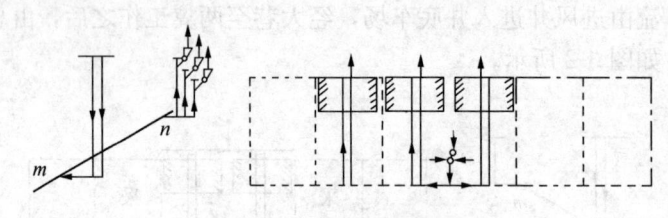

图 3-4　分区对角式通风

适用条件：煤层距地表较浅，或因地表高低起伏较大，无法开凿浅部的总回风道时，在开采第一水平时一般都采用分区对角式通风。同时，分区对角式通风适用于矿井走向长、多煤层开采、高温、高瓦斯、有瓦斯喷出和有煤（岩）与瓦斯（二氧化碳）突出的矿井。

优缺点：

①初期投资大，建井期较长。

②增加若干个回风井场地，压煤多。

③工业场地没有噪声影响。

④矿进通风阻力小，风路短，漏风小。

⑤矿井通风安全可靠性强，特别是具有严重自然灾害威胁的矿井应采用该法。

3. 混合式通风

混合式通风是大型矿井和老矿井进行深部开采时常用的一种通风方式。一般进风井和回风井由3个或3个以上井筒或斜井按①、②两种方式组合而成。

(1) 混合式通风主要有以下三种形式：

——中央边界与两翼对角混合式通风。

——中央边界与双翼对角混合式通风如图3-5所示。

——中央并列与中央边界混合式通风。

(2) 适用条件：

——矿井走向距离很长以及老矿井的改扩建和深部开采。

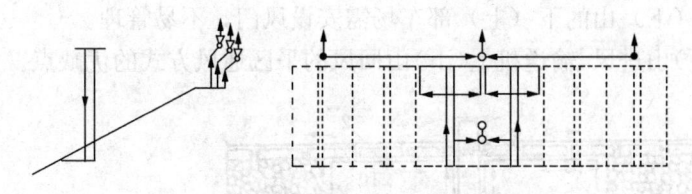

图 3-5 中央边界与双翼对角混合式通风

——多煤层、多井筒的矿井，有利于矿井分区、分期投产。
——大型矿井，井田面积大、产量高或采用分区开拓的矿井。
(3) 优缺点：具有中央式通风和对角式通风的优缺点。

三、采区通风方式

在确定采区通风系统时，应保证采区通风系统中风流流动的稳定性，尽可能避免对角风路，尽量减少采区漏风量，并且要有利于采空区瓦斯的安全排放及防止采空区内遗煤自然发火，使新鲜风流减轻升温和污染的威胁。

1. 采区通风方式

采区通风方式主要形式有以下两种：

(1) 两条通风上（下）山。输送机上（下）山进风，轨道上（下）山回风；或者输送机上（下）山回风，轨道上（下）山进风。

①输送机上（下）山进风，轨道上（下）山回风采区通风方式的优缺点。如图3-6所示。

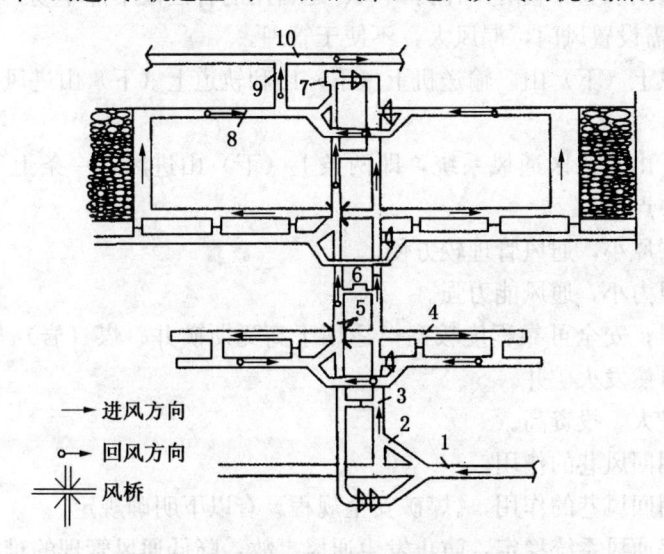

图 3-6 输送机上山进风的采区通风方式
1—输送机进风大巷；2—进风联络巷；3—输送机上山；4—运输平巷；5—轨道上山；
6—采区变电所；7—绞车房；8—回风平巷；9—回风石门；10—总回风巷

——输送机上（下）山进风，其风流方向与运煤方向相反，比较容易控制风流，风门较少，但是进风风流受运送煤炭影响，煤尘浓度较高。
——输送机上（下）山电气设备散热，使进风风流温度升高。

——轨道上（下）山的下（上）部车场需安设风门，不易管理。

②轨道上（下）山进风，输送机上（下）山回风的采区通风方式的优缺点。如图3-7所示。

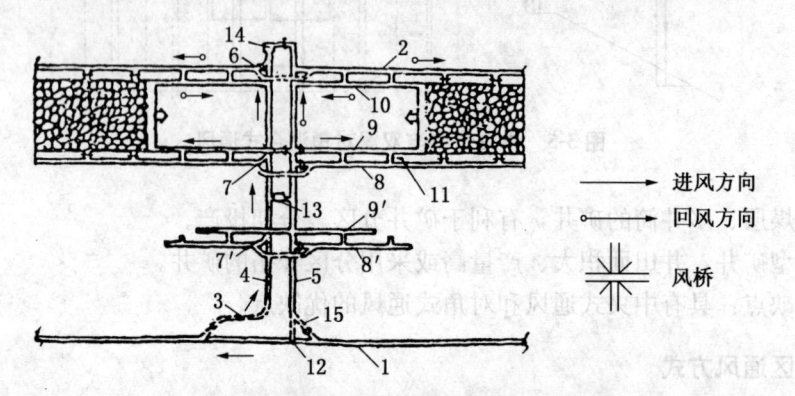

图3-7 轨道上山进风的采区通风方式
1—运输大巷；2—回风大巷；3—下部车场；4—轨道上山；5—输送机上山；6—上部车场；
7、7′中部车场；8、8′、10—区段回风平巷；9、9′—区段运输平巷；11—联络眼；
12—采区煤仓；13—采区变电所；14—绞车房；15—行人联络眼

——轨道上（下）山的下（上）部车场可不设风门，以方便材料运输，使通风安全可靠。

——轨道上（下）山绞车房便于新鲜风流进入。

——进风风流不受运送煤炭影响，煤尘浓度较低。

——当采用煤层双巷布置时，作为回风、运料用的各区段中部车场，上（下）山的下（上）部车场内均需设置风门，漏风大，不便于管理。

（2）三条通风上（下）山。输送机上（下）山和轨道上（下）山进风，另一条是专用回风巷。

三条上（下）山的采区通风系统，即两条上（下）山进风，一条上（下）山专门回风，具有以下优缺点：

①风门少，漏风小，通风管理较方便。

②采区通风阻力小，通风能力强。

③抗灾能力强，安全可靠程度较高，适用于高瓦斯矿井、煤（岩）与瓦斯（二氧化碳）突出矿井和自然发火矿井。

④巷道掘进量大，投资高。

（3）采区专用回风巷的作用。

关于采区专用回风巷的作用，《煤矿安全规程》有以下明确规定。

①有利于确保通风系统稳定，防止发生通风事故，降低通风管理的难度，提高采区安全生产的可靠程度。

②有利于抑制采空区自然发火，特别是适用于综采放顶煤开采工作面。

③有利于发生灾变事故时的抢险救灾工作。当发生瓦斯煤尘爆炸事故和火灾事故时，有毒有害气体可直接进入专用回风巷，可缩小灾区范围，减少人员伤亡。同时，排放瓦斯时安全、简单。

2. 采煤工作面通风方式

采煤工作面通风系统主要由工作面进风平巷、回风平巷和工作面组成。

(1) 采煤工作面通风方式

采煤工作面通风方式主要有U形、Z形、Y形、W形、H形、U+L形和双Z形等形式。

①U形通风

U形通风系统又叫反向通风系统，如图3-8所示。这种通风系统的优点是：系统简单；U形后退式通风系统采空区漏风量小；风流管理容易；巷道施工量和维修量小。缺点是：在工作面的上隅角附近容易积聚瓦斯。

目前我国煤矿采煤工作面主要采用U形通风系统。

②Z形通风

Z形通风系统又叫顺向通风系统，如图3-9所示。这种通风系统的优点是：结构简单，能消除工作面上隅角积聚的瓦斯，还能排出一部分采空区内的瓦斯。缺点是：巷道维修量大，而且不利于自燃煤层的防火。

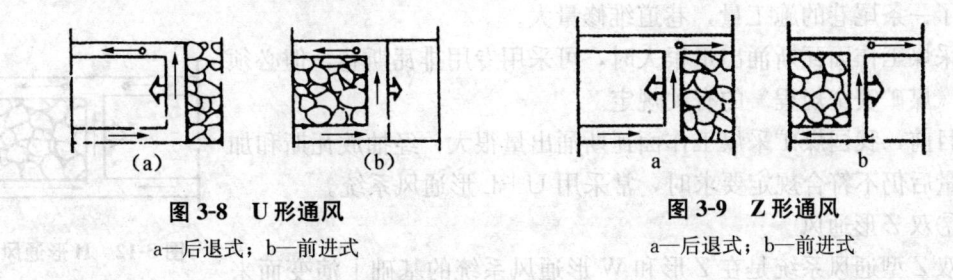

图 3-8 U形通风
a—后退式；b—前进式

图 3-9 Z形通风
a—后退式；b—前进式

③Y形通风

Y形通风系统又叫顺向掺新通风系统，如图3-10所示。这种通风系统的优点是：当工作面瓦斯涌出量大，采用顺向通风系统仍不能使工作面回风流中瓦斯浓度降低到有关规定以下时，增加一条巷道进风，可将工作面上平巷的回风，改为在工作面前方引进新鲜风流，越过工作面后保留下来成为回风巷。Y形通风系统通过两条进风巷引进的新鲜风流，将回风流中的瓦斯稀释和冲淡，然后排出。它适用于瓦斯含量大的工作面。缺点是：巷道维修量大，而且不利于自燃煤层的防火。

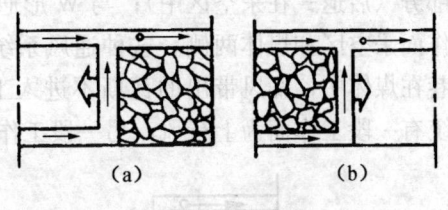

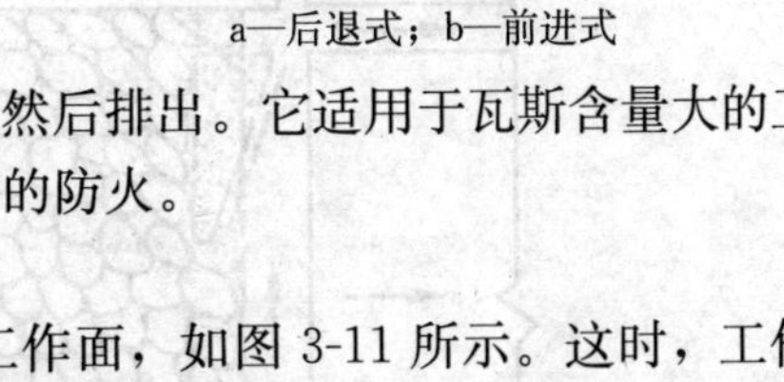

图 3-10 Y形通风
a—后退式；b—前进式

④W形通风

W形通风系统适用于高瓦斯的长工作面和双工作面，如图3-11所示。这时，工作面布置三条通风平巷，其中一条进风两条回风或者两条进风一条回风。这种通风系统的优点是：工作面风量比U形通风系统高1倍；风流在工作面的流动距离短，有利于降温、防尘；同时对减少漏风和防止采空区自燃都有较好的效果。缺点是：巷道工程量和维修量大。

目前，我国煤矿高瓦斯放顶煤开采综采工作面主要采用W形通风系统。

⑤H形通风

H形通风系统是指工作面有四条通风平巷，其中两条进风两条回风或者三条进风一条回风，如图3-12所示。这种通风系统的优点是：工作面通风能力大，采空区瓦斯不涌向工作面。缺点是：巷道施工量和维修量很大，维修采空区巷道要防止漏风。因此，这种通风系统也常在高瓦斯放顶煤综采工作面中采用。

⑥U+L形通风

U+L形通风系统是在U形后退式基础上演变而来的，如图3-13所示。在工作面采空区或回风平巷的外侧增加一条平巷，作为专门排放瓦斯巷，俗称"尾巷"，形成1进2回的形式。这种通风系统的优点是：两条回风平巷的风量可以通过调阻控制，以控制采空区涌向工作面的瓦斯量，使上隅角不致超限。缺点是：

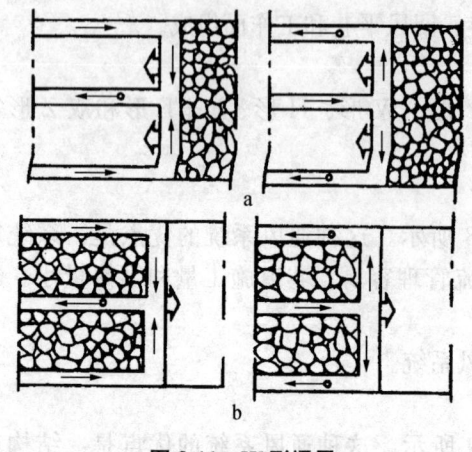

图3-11 W形通风
a—后退式；b—前进式

增加了一条尾巷的施工量，巷道维修量大。

采煤工作面瓦斯涌出量很大时，可采用专用排瓦斯巷，但必须符合《煤矿安全规程》的有关规定。

目前，我国煤矿采煤工作面瓦斯涌出量很大，经抽放瓦斯和加大风量后仍不符合规定要求时，常采用U+L形通风系统。

⑦双Z形通风

双Z型通风系统是在Z形和W形通风系统的基础上演变而来

图3-12 H形通风

的，如图3-14所示。与Z形通风系统不同的是，它将回风平巷布置在工作面长度的中央部分（后退式在采空区中）；与W形通风系统不同的是，回风平巷和进风平巷分别位于工作面采空区和煤体两侧。这种通风系统的优点是：双Z形后退式通风系统上、下进风平巷在煤体中，漏风带出的瓦斯不进入工作面，工作面比较安全。缺点是：双Z形通风系统有一段工作面为上行风，另一段工作面为下行风，故不能使用在有煤（岩）与瓦斯（二

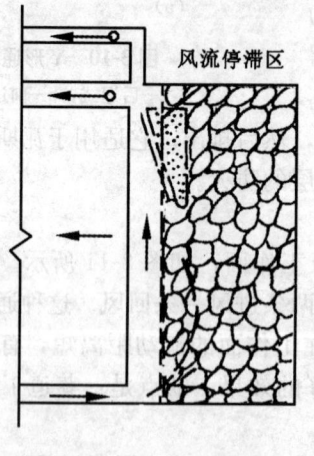

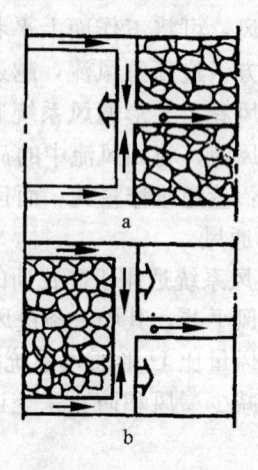

图3-13 U+L形通风

图3-14 双Z形通风
a—后退式；b—前进式

氧化碳）突出危险的采煤工作面；同时，维护保留在采空区中的回风平巷要防止漏风，且维护工程量大。

(2) 采煤工作面专用排瓦斯巷的作用和有关规定

随着我国采煤技术的不断发展，特别是推广综采放顶煤开采以来，采煤工作面生产能力逐步加大，瓦斯涌出量急剧增加，但是，采用瓦斯抽放和加大通风能力的方法后，仍然不能有效解决风流中瓦斯浓度超限的问题，所以，出现了采用专用排瓦斯巷的新技术。

①采煤工作面专用排瓦斯巷的作用

采煤工作面的专用排瓦斯巷是治理瓦斯的有效措施。它的作用主要表现在以下几方面：

——由于专用排瓦斯巷的瓦斯控制浓度较高，因而能够以较小的风量排出大量较高浓度的瓦斯。

——由于专用排瓦斯巷处于采空区位置，能够有效地带走工作面上隅角积存的大量瓦斯。

②采用专用排瓦斯巷的基本条件

采用专用排瓦斯巷必须具备以下基本条件：

——采煤工作面瓦斯涌出量大于或等于 $20\ m^3/min$。

——进回风巷道净断面 $8\ m^2$ 以上。

——经抽放瓦斯（抽效率 25% 以上）后。

——风流已达允许最高风速。

——回风巷风流中瓦斯浓度超过 1.0% 和二氧化碳浓度超过 1.5%。

③专用排瓦斯巷有关规定

——巷道风流中瓦斯浓度的规定

采用专用排瓦斯巷时，该巷风流中的瓦斯浓度不得超过 2.5%。

瓦斯爆炸时，瓦斯浓度界限为 5%～16%。即专用排瓦斯巷的风流最高允许瓦斯浓度，是依据瓦斯爆炸下限浓度（5%），加大 1 倍的安全系数而确定的。实践证明，在这种瓦斯浓度限制下，既实现了排放工作面瓦斯的目的，又能够保证安全生产。

——巷道通风的规定

采用专用排瓦斯巷时，对通风方面应做到以下几方面：

· 工作面风流控制必须可靠。

· 专用排瓦斯巷内风速不得低于 $0.5\ m/s$。

· 专用排瓦斯巷必须贯穿整个工作面推进长度且不得留有盲巷。

——巷道防、灭火的规定

采用专用排瓦斯巷时，在防、灭火方面应做到以下几方面：

· 煤层的自燃倾向性为不易自燃。

· 专用排瓦斯巷内必须使用不燃性材料进行支护。

· 专用排瓦斯巷内应有防止产生静电、摩擦和撞击火花的安全措施。

· 专用排瓦斯巷内不得设置电气设备。

· 专用排瓦斯巷内不得进行生产作业。进行巷道维修时，瓦斯浓度必须低于 1.5%。

——巷道甲烷断电仪的规定

专用排瓦斯巷应安装使用甲烷断电仪，规定如下：

——甲烷断电仪悬挂的位置

专用排瓦斯巷的甲烷断电仪，应悬挂在距专用排瓦斯巷回风口15 m处。

——甲烷断电仪报警断电的要求

专用排瓦斯巷的甲烷断电仪，当甲烷浓度达到最高允许浓度2.5%时，能发出报警信号并切断工作面电源，工作面必须停止工作，进行处理。

3. 掘进工作面通风方式

煤矿井下掘进巷道时，为了供给掘进作业人员新鲜空气，稀释并排除掘进工作面的瓦斯、煤尘和有害气体，创造良好的作业环境，必须对掘进工作面进行通风。这种通风通常叫局部通风。

《煤矿安全规程》中规定，掘进巷道必须采用矿井全风压通风或局部通风机通风。

(1) 扩散通风

利用空气中分子的自然扩散运动，对局部地点进行通风的方式，叫做扩散通风。

掘进巷道时，不得采用扩散通风的方式。

井下机电硐室深度不超过6 m、入口宽度不小于1.5 m并且无瓦斯涌出时，可采用扩散通风。

(2) 矿井全风压通风

利用矿井主要通风机的风压，借助导风设施把主导风流的新鲜空气引入掘进工作面，这种通风方式叫全风压通风。

①矿井全风压通风的优缺点

利用矿井全风压进行掘进巷道通风，具有通风连续可靠、安全性好、管理方便等优点，但必须有足够的总风压，通风距离受到限制，所以仅适用于使用局部通风机不方便、通风距离又不长的巷道掘进中。

②矿井全风压通风形式

掘进巷道采用矿井全风压通风时，按其导风设施的不同，主要有风筒导风、平行巷道导风、钻孔导风、风障导风等形式。

——风筒导风

将硬质风筒设置在进风巷道中，利用风筒把新鲜空气送到掘进工作面。在风筒入风口可挂一风帘，或砌筑风墙、风门，使新鲜空气和乏风分别流动，如图3-15所示。

风筒导风方式辅助工程量小，风筒安装、拆卸比较方便。适用于需风量不大的短距离掘进巷道。

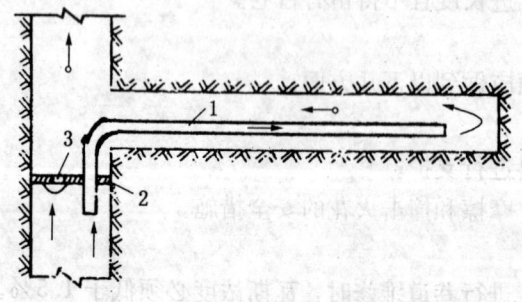

图3-15 风筒导风

1—风筒；2—风墙；3—风门

——平行巷道导风

在掘进主巷的同时，距主巷10～20 m处平行地另掘一条副巷，主、副巷道之间隔一定距离开掘一条联络眼。利用矿井全风压使风流从一条巷道进入，从另一条巷道排出，以满足掘进巷道供风需要。在前方联络眼掘透后，后方联络眼立即密封。两条巷道的独头部分可采用风筒或风障通风，如图3-16所示。

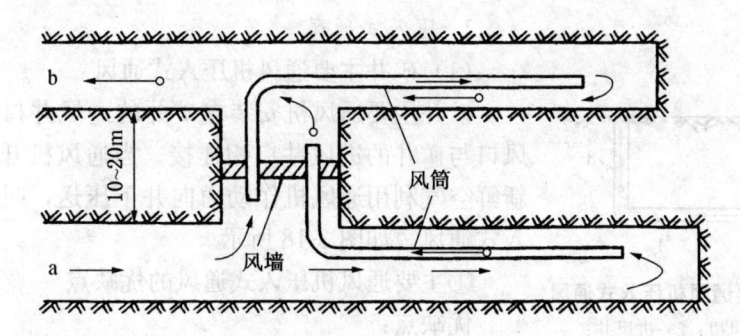

图 3-16 平行巷道通风图
a—进风巷道；b—回风巷道

平行巷道导风方式主要适用于双巷掘进的条件。

——钻孔导风

在距离邻近水平的全风压中，利用钻孔将新鲜空气导入的方式，叫做钻孔导风方式。

钻孔导风方式主要适用于掘进长巷反眼或上山，提前形成风流贯通。另外，在灾变事故发生后，采用钻孔导风方式可将新鲜空气导入被困矿工避灾地点，以解决氧气不足的问题。

——风障导风

在巷道中安设纵向风障，将巷道分隔成进风和回风两部分。新鲜空气从巷道一侧进入到掘进工作面，乏风从巷道的另一侧排出，这种方式叫做风障导风方式，如图 3-17 所示。

风障导风方式构筑和拆除风障的工程量大。它仅适用于地质构造不复杂、矿山压力不大、送风距离较短的条件。

(3) 引射器（风、水）通风

利用引射器（风、水）产生的通风负压，通过风筒导风的通风方法，叫做引射器通风。

引射器通风的优点是：引射器通风无电气设备，无噪声，可以降尘、降低气温，采用引射器通风设备简单、安全性能好。

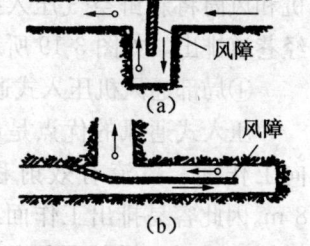

图 3-17 风障导风
a—横向风障；b—纵向风障

引射器通风的缺点是：风压低、风量小、效率低，需要高压水源和清理积水。

引射器通风主要使用在处理采煤工作面上隅角积存的瓦斯中。

(4) 局部通风机通风

采用局部通风机（俗称局扇）作动力，通过风筒导风的通风方法，叫局部通风机通风。

局部通风机通风具有稳定、安全、可靠等优点，适宜于各种巷道的掘进通风，是掘进工作面采用的最基本、最主要的通风方法。

四、通风机布置方式

按照矿井通风机布置方式的不同，可以分为压入式通风、抽出式通风和混合式通风三种。

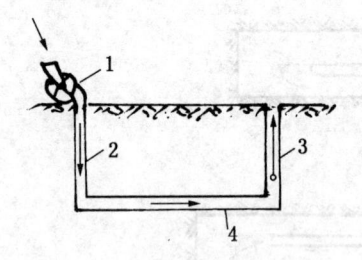

1. 压入式通风

(1) 矿井主要通风机压入式通风

矿井主要通风机安装在矿井的进风井口，通风机的排风口与矿井的进风井口相连接。当通风机开动时，地面的新鲜空气利用通风机作动力向井下压送，叫主要通风机压入式通风。如图 3-18 所示。

图 3-18 主要通风机压入式通风
1—主要通风机；2—进风井；
3—出风机；4—井下巷道

①主要通风机压入式通风的优缺点

优缺点：

——能用一部分回风将相邻贯通的小煤窑塌陷区内的有害气体压到地面。

——由于井下风流处于正压状态，当主要通风机因故停止运转时，井下风流压力降低，有可能使采空区瓦斯涌出量增大。

——进风网络漏风多，管理困难，风阻大，风量调节困难。

②主要通风机压入式通风的适用条件

适用条件：压入式通风适用范围较小，当与本矿贯通的小煤窑地面塌陷严重或通达地表裂缝多时，地面地形复杂无法在回风井设置主要通风机或者总回风巷无法连通或维护困难的条件下，也可以采用该法。

(2) 局部通风机压入式通风

局部通风机压入式通风是指利用局部通风机和风筒将新鲜空气压入掘进工作面，而乏风经巷道排出，如图 3-19 所示。

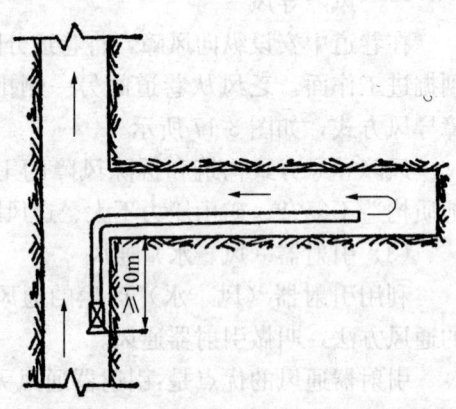

①局部通风机压入式通风的优缺点

压入式通风的优点是：风流从风筒末端射向工作面，风流有效射程较长，一般达 7～8 m。因此容易排出工作面乏风和粉尘，通风效果好。同时，局部通风机安设在新鲜风流中，安全性能较好。

压入式通风的缺点是：掘进工作面排出的

图 3-19 局部通风机压入式通风

乏风和粉尘要经过有人作业的巷道，爆破时炮烟排出速度慢、时间长。

②局部通风机压入式通风的适用条件

压入式通风是局部通风机通风最主要的方式。

《煤矿安全规程》中规定：煤巷、半煤岩巷和有瓦斯涌出的岩巷的掘进，应采用压入式通风方式。瓦斯喷出区域和煤（岩）与瓦斯（二氧化碳）突出煤层的掘进通风方式必须采用压入式。

2. 抽出式通风

(1) 矿井主要通风机抽出式通风

矿井主要通风机安装在矿井的出风井口，通风机的吸风口和矿井的出风井口相连接。当通风机开动时，矿井中的污浊空气利用压差作动力，由通风机排出地面，叫主要通风机抽出式通风，如图 3-20 所示。

① 主要通风机抽出式通风的优缺点

优缺点：

——由于井下风流处于负压状态，当主要通风机因故停止运转时，井下风流压力提高，可使采空区瓦斯涌出量减少，比较安全。

——漏风量少，通风管理较简单。

——当相邻矿井或采区相互贯通时，会把相邻矿井或采区积聚的有害气体抽到本矿井下，使矿井有效风量减小。

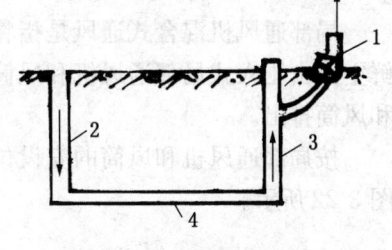

图 3-20 主要通风机抽出式通风
1—主要通风机；2—进风井；
3—出风井；4—井下巷道

② 主要通风机抽出式通风的适用条件

适用条件：抽出式是目前我国煤矿广泛采用的通风方式，特别适用于高瓦斯矿井和开采范围较大的矿井。

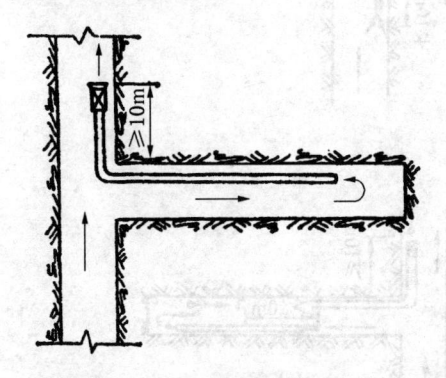

图 3-21 局部通风机抽出式通风

（2）局部通风机抽出式通风

局部通风机抽出式通风是指利用局部通风机经风筒抽出掘进工作面的乏风和粉尘，而新鲜空气由巷道进入工作面，如图 3-21 所示。

① 局部通风机抽出式通风的优缺点

抽出式通风的优缺点与压入式通风相反。其优点是：掘进工作面排出的乏风、粉尘和炮烟不需要经过有人作业的巷道，保障作业人员的身体健康和提高掘进效率。其缺点是：风流由风筒末端吸入，通风效果较差；局部通风机安设在乏风中，乏风由局部通风机中流过，安全性能较差；同时，抽出式通风必须使用硬质风筒，或带刚性骨架的可伸缩风筒，成本高且适应性较差。

② 局部通风机抽出式通风的限制使用条件

——在有瓦斯涌出的掘进巷道中不能采用局部通风机抽出式通风

因为在局部通风机抽出式通风方式中，掘进工作面的瓦斯要经过风筒流入局部通风机内部而排出，一旦抽出式局部通风机防爆性能降低，防止静电和防止摩擦火花的性能差，就可能引发瓦斯爆炸事故。特别是当抽出式局部通风机因故障突然停止运转时，会造成瓦斯积聚，而超过局部通风机吸入风流中的瓦斯浓度的规定。这样就无法进行停风后的排放瓦斯工作，恢复掘进工作面的通风也就无法进行。所以，《煤矿安全规程》中规定：煤巷、半煤岩巷和有瓦斯涌出的岩巷的掘进，应采用压入式通风方式，不得采用抽出式。

——在瓦斯喷出区域或煤（岩）与瓦斯（二氧化碳）突出煤层的掘进通风严禁采用抽出式。

在瓦斯喷出区域或煤（岩）与瓦斯（二氧化碳）突出煤层的掘进工作面，因掘进巷道和工作面内有可能发生瓦斯喷出或突出，突然形成的高浓度、大量的瓦斯被吸入抽出式局部通风机内，会由于抽出式局部通风机的失爆，造成瓦斯爆炸。所以，《煤矿安全规程》中规定：瓦斯喷出区域和煤（岩）与瓦斯（二氧化碳）突出煤层的掘进通风方式必须采用压入式，严禁采用抽出式或混合式。

3. 局部通风机混合式通风

局部通风机混合式通风是指将抽出式和压入式两种通风方法同时使用的一种方式，新鲜空气由压入式局部通风机和风筒压入掘进工作面，而乏风和粉尘则由抽出式局部通风机和风筒排出。

按局部通风机和风筒的安设位置，分为长压短抽、长压长抽和长抽短压三种形式，如图 3-22 所示。

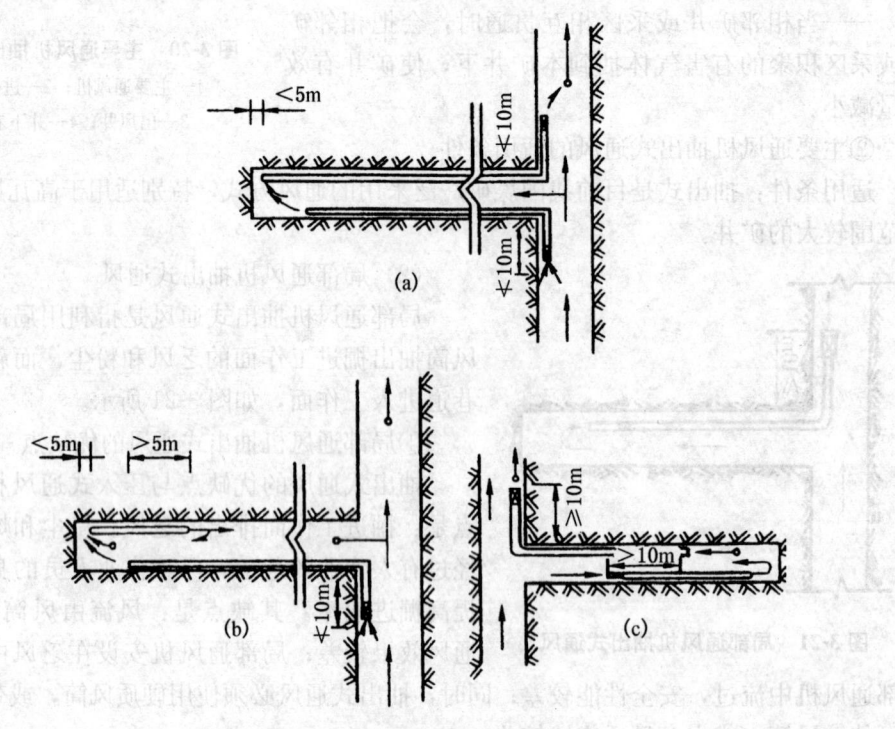

图 3-22 局部通风机混合式通风
a—长抽长压；b—长压短抽；c—长抽短压

（1）局部通风机混合式通风的优缺点

混合式通风的优点是：通风效果好，特别适用于大断面、长距离岩巷掘进工作面的供风。

混合式通风的缺点是：降低了压入式和抽出式两列风筒重叠段巷道内的风量，造成此处瓦斯积存较大。

（2）采用局部通风机混合式通风的规定要求

采用局部通风机混合式通风必须符合以下要求：

① 在瓦斯喷出或煤与瓦斯突出的煤（岩层）中不得采用混合式通风。
② 采用混合式通风必须制定安全措施。
③ 抽出式局部通风机的风量应大于压入式局部通风机的风量。
④ 抽出式局部通风机的风筒末端与掘进工作面的距离不得大于 5 m；压入式局部通风机的风筒末端必须在风流有效射程内。
⑤ 两台局部通风机必须闭锁联动。当压入式局部通风机停止运转时，抽出式局部通风

机自动停止运转;当压入式局部通风机未启动时,抽出式局部通风机被闭锁,不能先启动。

⑥抽出式局部通风机,必须采用经国家检定单位检验合格的抽出式局部通风机。在有瓦斯涌出的掘进工作面,抽出式局部通风机的风筒末端应安设瓦斯自动监测报警断电仪,保证吸入风流中的瓦斯浓度不大于1%。

五、通风机及其附属装置

《煤矿安全规程》中规定:矿井必须采用机械通风。机械通风是相对自然通风而言的,即矿井通风压力是由通风机形成的。

由于自然风压主要受进、回井井口高差和井内外温差的影响,在冬季和夏季、白昼与黑夜,其风流方向和风量是不相同的。例如,当地面温度低于井内温度时,地面空气的比重高于井内,标高高的井口压力低于标高低的井口压力,自然风压由标高低的井口流入,经井下巷道,从标高高的井口排出。相反,地面温度高于井内温度时,自然风压从标高高的井口流入,从标高低的井口排出。瓦斯事故往往发生在气温变化、风流不稳定、风向不确定、风量不固定,使瓦斯浓度增加到爆炸界限的时候。

1. 矿用通风机分类

(1) 按照通风机服务范围可将其分为三类

①主要通风机

主要通风机指的是服务于金矿井或矿井的某一翼(部分)的通风机。

②辅助通风机

辅助通风机指的是服务于某一采区或采煤工作面,帮助主要通风机使该采区或采煤工作面达到通风技术要求的通风机。

③局部通风机

局部通通风机指的是服务于独头掘进工作面等局部巷道、硐室的通风机。

(2) 按照通风机的构造和工作原理可将其分为两类

①离心式通风机,如图3-23所示。

离心式通风机的工作原理如下:

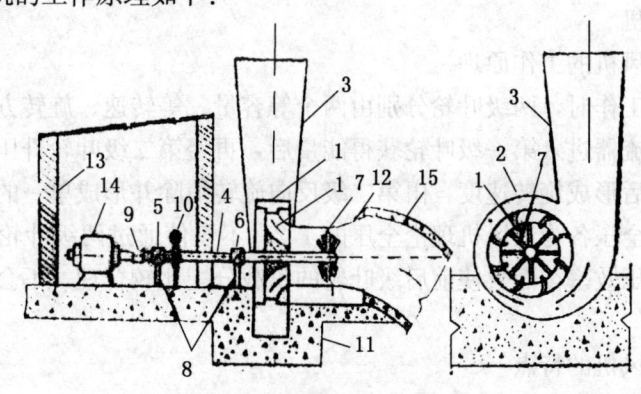

图3-23 离心式通风机

1—动轮;2—螺形外壳;3—扩散器;4—扇风机轴;5—止推轴承;6—径向轴承;
7—前导器;8—轴承架;9—齿轮联轴节;10—制动器;11—机座;12—出风口;
13—扇风机房;14—电动机;15—风硐

离心式通风机的电机通过传动装置带动叶轮旋转时，叶片流道间的空气随叶片旋转而旋转，获得离心力。经叶端被抛出叶轮，进入机壳。在机壳内速度逐渐减小，压力升高，然后经扩散器排出。与此同时，在叶片入口（叶根）形成较低的压力（低于进风口压力），于是进风口的风流便在此压差的作用下流入叶道，自叶根流入，在叶端流出，如此源源不断，形成连续的流动。

②轴流式通风机，如图3-24所示。

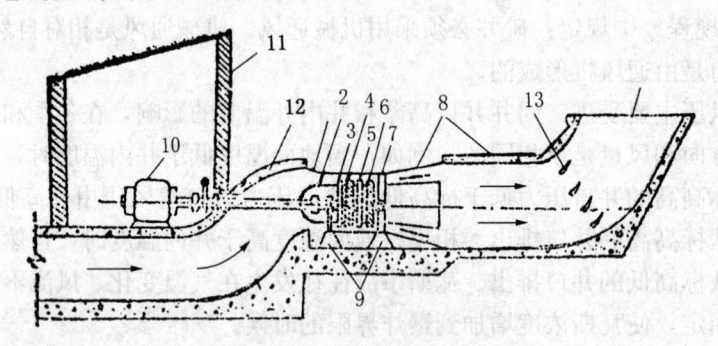

图3-24 轴流式通风机
1—集风口；2—线流罩；3—前导器；4—第一级动轮；5—中间整流器；
6—第二级动轮；7—后整流器；8—扩散器；9—扇风机架；10—电动机；
11—扇风机架；12—风峒；13—流线型导风板

轴流式通风机的工作原理如下：

轴流式通风机的叶（动）轮旋转时，翼栅即以圆周速度移动。处于叶片迎面的气流受挤压，静压增加；同时叶片背的气体静压降低，翼栅受压差作用，但受轴承限制，不能向前运动，于是叶片迎面的高压气流由叶道出口流出，翼背的低压区"吸引"叶道入口侧的气体流入，形成穿过翼栅的连续气流。其风流流动的特点是：当叶（动）轮转动时，气流沿等半径的圆柱面旋绕流出。

轴流式通风机又可分为普通轴流式通风机和对旋式通风机。

③对旋式通风机

——对旋式通风机的工作原理

对旋式通风机工作时，两级叶轮分别由两个等容量、等转速、旋转方向相反的电动机驱动，气流通过集流器进入第一级叶轮获得能量后，再经第二级叶轮升压排出。两级叶轮互为导叶，第一级后形成旋转速度，由第二级反向旋转消除并形成单一的轴向流动。两个叶轮所产生的理论全压各为通风机理论全压的1/2，不仅使通过两级叶轮的气流平稳，有利于提高风机的全压效率，而且使前后级叶轮的负载分配比较合理，不会造成各级电机的超功和过载现象。

——对旋式通风机的特点

对旋式通风机有以下几方面特点：

• 可实现三种运转方式，第一级、第二级和两级同时运行，既节省了电能消耗，又可以互为备用，较好地满足了不同长度的掘进供风需要。

• 送风距离较长，最长可达1 500 m左右。

- 通风机内耗少、阻力损失低，最高效率可达85%以上。
- 性能好，高效区宽，驼峰区风压平稳、风流稳定。
- 噪声较低，取消了前后消音器，安装检修更加方便。

2. 矿井主要通风机有关规定要求

(1) 矿井主要通风机严禁用局部通风机和风机群代替

局部通风机或风机群作为主要通风机使用，对矿井通风不可靠、不安全，存在以下几方面的问题：

①局部通风机和小型通风机本身质量较差，可靠性较低，在运转过程中常发生故障。

②风机群中若有一台通风机发生故障而停止运转，停止的通风机相当于一个短路通道，风机群会由此产生短路循环风，会大大地减少对井下的供风量，保证不了井下有效风量的供给。

③多台通风机在同一井口进行并联运转，通风机相互之间会发生干扰，使有的通风机排风量减小、风流逆转、负荷加大等，降低风机群的通风能力。

④采用风机群通风的井口，不可能再安装另一套备用的风机群，当风机群发生故障时，不能保证连续向井下供风。

⑤风机群的进风口和出风口之间，仅使用一道间墙分隔，往往由于封闭不严，产生很大的外部漏风。

所以，《煤矿安全规程》中规定：严禁采用局部通风机和风机群作为主要通风机使用。

(2) 主要通风机附属装置必须齐全、完好。

主要通风机附属装置主要有以下几种：

①风硐——连接通风机和通风井的一段巷道。

②扩散器——其作用是降低出口速压以提高通风机静压。

③防爆盖（门）——其作用是一旦井下发生瓦斯、煤尘爆炸事故，防爆盖（门）受爆炸波的冲击自动打开，以保护主要通风机免受损毁。

④反风装置——其作用是用来实施井下反风。

(3) 主要通风机屋内必须具备以下仪器、仪表和图纸资料，同时机房不能兼作他用。

①必须安装水柱计、电流表、电压表、轴承温度计等仪表。

②必须设置直通矿调度室的电话。

③必须悬挂反风操作系统图、司机岗位责任制和操作规程等牌扳。

3. 井下辅助通风机有关规定要求

《煤矿安全规程》中规定：井下安设辅助通风机时，必须供给辅助通风机房新鲜风流；在辅助通风机停止运转期间，必须打开绕道风门。

(1) 井下辅助通风机房必须供给新鲜风流

辅助通风机、电控设备及供电电缆等电气设备在新鲜风流中运转，有利于设备的维护保养，减轻潮湿空气的锈蚀；同时，有利于预防瓦斯爆炸事故。《煤矿安全规程》中规定：必须供给辅助通风机房新鲜风流，以保证辅助通风机长期连续运转。

(2) 在辅助通风机停转时必须打开绕道风门

辅助通风机房前后两端的巷道有绕道相连，绕道内设置2道风门，平时2道风门均处于关闭状态。一旦辅助通风机发生故障而停止运转时，辅助通风机房内基本上无风流。这样，打开绕道内的2道风门，主要通风机仍能经绕道向原辅助通风机负担供风的区域供给用风，有利于避免该区域因辅助通风机停止运转而造成风流停滞、瓦斯等有害有毒气体增加的危险。所以，《煤矿安全规程》中规定：在辅助通风机停止运转期间，必须打开绕道风门。

4. 局部通风机有关规定要求

（1）局部通风机安装位置

①局部通风机安装位置规定重要性

为了防止压入式局部通风机吸入回风流的乏风，杜绝循环风，使掘进巷道风流中的瓦斯在爆炸浓度以下，避免瓦斯爆炸事故，同时为了防止煤堆淤埋，更好地保证局部通风机正常工作，必须对局部通风机安装位置进行规定。

②局部通风机出现循环风危害

当掘进工作面局部通风机通风出现循环风时，进入掘进工作面的风流不是新鲜风流，而含有该工作面的瓦斯等有害有毒气体以及大量矿尘，严重地影响工作面的安全与卫生；另外，如果掘进工作面风流中瓦斯或煤尘的浓度达到爆炸界限，在风流进入并通过局部通风机时，可能因遇局部通风机使用不当产生的机械摩擦火花和电气失爆火花，而引发瓦斯或煤尘爆炸事故，对安全生产构成严重威胁。所以，循环风是局部通风之大忌。在"通风安全质量标准化标准及考核评分办法"中，"局部通风"的100分中发现循环风即扣除20分。

③局部通风机安装位置规定要求

掘进巷道使用的局部通风机位置必须符合以下规定要求：

——压入式局部通风机必须安装在进风巷道中，距掘进巷道回风口不得小于10 m。

——全风压供给该处局部通风机的风量必须大于局部通风机的吸入风量。

——局部通风机安装地点到回风口间巷道中的最低风速必须不得小于0.15 m/s。

——安装使用的局部通风机必须吊挂或垫高，离地面高度大0.3 m。

（2）严禁使用3台局部通风机同时向1个掘进工作面供风。

使用3台局部通风机向1个掘进工作面供风严重存在以下缺陷和危险：

①掘进巷道安装3条风筒，不利于通风、行人和运料等。

②掘进巷道的顶帮安装有风筒，不便于该处瓦斯和有害气体的检查，以及风筒检修。

③3台局部通风机中有1台出现故障，将造成掘进工作面供风不足而引起瓦斯积聚或超限。

所以，《煤矿安全规程》中规定：严禁使用3台以上（含3台）的局部通风机同时向1个掘进工作面供风。

（3）不能使用1台局部通风机同时向2个作业的掘进工作面供风

使用1台局部通风机向2个作业的掘进工作面供风，不能或很难做到同时满足2个掘进工作面各自的风量要求，具体原因如下：

这时，1台局部通风机需要接出2条长度不同的并联风筒。风筒长者阻力大，风量小；风筒短者阻力小，风量大，而风筒长者，其掘进距离较长，更需要较大的风量，造成风量不能满足要求；而掘进距离较短的工作面却出现风量有富余。同时，一旦局部通风机停转，将影响2个工作面的供风，恢复通风更为复杂、困难。所以，《煤矿安全规程》规定：不得使用1台局部通风机同时向2个作业的掘进工作面供风。

(4) 局部通风机安全供电

①掘进工作面局部通风机必须与采煤工作面分开供电

因为采煤工作面的用电设备较多，供电问题也较多，常因超载而造成采区变电所开关跳闸，此时就影响局部通风机的正常供电，造成掘进工作面停风，给掘进工作面带来许多不安全因素，甚至发生许多事故。所以，掘进工作面的局部通风机要与采煤工作面分开供电。

②局部通风机必须实行风电闭锁

局部通风机的风电闭锁指的是局部通风机停止运转时，能立即自动切断局部通风机供风巷道中的一切电气设备的电源，并且在局部通风机未启动通风前，不能接通巷道中的一切电源。

当局部通风机因故停风后，掘进巷道的瓦斯得不到有效的冲淡和排除，常造成瓦斯积聚浓度超限；同时，非本质安全型电气设备，如果管理不善，容易产生电火花。电火花与达到爆炸浓度的瓦斯相结合后，即发生瓦斯爆炸事故。如果停风后，能够切断，不能接通电源，就减少了产生电火花的危险。同时停电后，工人不能在掘进巷道进行作业，也减少了其他火源的产生和控制现场无风作业。所以，实行风电闭锁，是预防瓦斯爆炸的一项重要举措。

《煤矿安全规程》中规定：使用局部通风机供风的地点必须实行风电闭锁。使用2台局部通风机供风的，2台局部通风机都必须同时实现风电闭锁。

③高突矿井掘进工作面局部通风机应采用"三专"供电

《煤矿安全规程》中规定：瓦斯喷出区域、高瓦斯矿井、煤（岩）与瓦斯（二氧化碳）突出矿井中，掘进工作面的局部通风机应采用三专（专用变压器、专用开关、专用线路）供电；也可采用装有选择性漏电保护装置的供电线路供电，但每天应有专人检查1次，保证局部通风机可靠运转。

(5) 掘进工作面局部通风机停止运转的有关规定要求

掘进工作面局部通风机停风时，应符合以下几方面的规定要求：

①使用局部通风机通风的掘进工作面，不管掘进与否，都不得停风，以防掘进巷道中积存大量瓦斯。否则，如果有人作业，会导致人员窒息、死亡；如果是停工工作面，恢复掘进时需要排放瓦斯，带来许多不安全因素。

②因检修、停电等原因计划性停风，为了确保人员身体健康和安全，必须将人员撤出；同时，为了避免出现电火花引爆瓦斯，必须切断掘进巷道的一切电源。

③恢复通风前，必须检查瓦斯。只有在局部通风机及其开关附近10 m以内风流中的瓦斯浓度都不超过0.5%时，方可人工开启局部通风机，以免引起巷道中涌出的瓦斯爆炸。

(6) 局部通风机风筒

①局部通风机风筒的种类

局部通风机的风筒按照风筒的材质和结构不同分为以下三种：

——柔性风筒

柔性风筒包括帆布风筒、人造草风筒、胶波风筒和塑料风筒等。主要用在压入式通风中。

——刚性风筒

刚性风筒包括铁风筒和玻璃钢风筒等,主要用在抽出式通风中。

——可伸缩风筒

可伸缩风筒是在柔性风筒每隔一定距离（如150 mm）加一钢丝圈或用弹簧作成的螺旋形刚性骨架而制成。具有刚性风筒和柔性风筒的优点,并具有可伸缩特点。既适用于正压通风,也适用于负压通风,特别是在抽出式通风中应用很广泛。

②对局部通风机风筒的要求

局部通风机的风筒应该具备的要求有：阻燃,抗静电,耐腐蚀,漏风沙,风阻小,连接简单,运输存放方便,黏补维修容易,而且经久耐用、价格低。

③局部通风机风筒的规格

局部通风机柔性风筒内径有300 mm、400 mm、500 mm、600 mm、800 mm、1 000 mm等；长度有5 m、10 m、20 m等。

局部通风机刚性风筒内径有300 mm、400 mm、450 mm、500 mm、600 mm、800 mm等,长度有3 m、5 m、10 m等。

④局部通风机风筒的接头要求

风筒接头要求严密（手距接头处0.1 m处）感到不漏风,无破口（末端20 m除外）,无反接头,软质风筒接头要反压边,硬质风筒接头要加垫,上紧螺钉。

⑤局部通风机风筒的吊挂要求

局部通风机风筒吊挂要求平直、逢环必挂。铁风筒每节至少吊挂2点。

吊挂风筒时,风筒拐弯处要设弯头或缓慢拐弯,不准拐死弯,异径风筒接头要用专用过渡节,先大后小,不准花接。

⑥局部通风机风筒的吊挂方法

采用局部通风机通风时,吊挂风筒方法如下：

——在砌碹、光喷等无支架巷道中,应沿着巷道一侧每隔5 m钻一行深300 mm的吊挂眼,然后插入钢筋吊钩并注砂浆以固定。

——在支架支护巷道中,可利用顶梁或棚腿上吊设吊钩,或者在棚间加一横木设置吊钩。

——吊钩要安设在高度相同的一条直线上。

——顺吊钩拉一根粗号铅丝,每200 m左右设一个固定点,然后用紧线器连接铅线和固定点,以便拉紧铅丝和调整松紧程度。

——用S形钩子将风筒吊挂在铅丝上。

⑦局部通风机风筒口与掘进工作面迎头距离

采用局部通风机通风时,风筒口到掘进工作面的距离小于风流有效射（吸）程,炮烟、瓦斯等有害气体及粉尘与压入的新鲜风流强烈掺混,可使它们浓度降低,迅速排出工作面。如果风筒口到掘进工作面的距离大于风流有效射（吸）程,在风流有效射（吸）程以外将出现风流循环涡流区,炮烟、瓦斯等有害气体及粉尘排出的速度较慢,排出的时间较长。所以,风筒口不能距离掘进工作面太远。而采用抽出式通风时,这个距离应当比压入式通风小3倍左右。例如,巷道断面9 m²,采用压入式通风时,风口到掘进工作面距离不能大于 12~15 m，而采用抽出式通风时，风筒口到掘进工作面距离不能大于 4.5 m。所以，大多数掘进工作面局部通风机风筒口到迎头距离为 10 m 左右。

六、矿井风量计算与调节

矿井所需风量按井下同时工作的最多人数计算（每人每分钟供风量 4 m³）和按采煤、掘进、硐室及其他地点实际需风量的总和计算。按以上两种方法分别进行计算，并选取其中最大值。

1. 矿井所需风量计算

（1）采煤工作面实际需风量计算方法

①采煤工作面实际需风量，应按瓦斯、二氧化碳的涌出量，爆破后有害气体的产生量，工作面的空气温度和人数等因素分别计算，取其计算值的最大值，最后用风速进行验算。

②采煤工作面有符合规定的串联通风时，应按其中一个采煤工作面实际需风量的最大值计算。

③备用采煤工作面也应按满足瓦斯和二氧化碳涌出量、空气温度及风速等规定计算，且不得低于其采煤作业时实际风量的 50%。

④全矿井采煤工作面所需风量等于矿井各个采煤工作面实际需要风量的总和。

（2）掘进工作面实际需风量计算方法

①掘进工作面的需风量都应按瓦斯、二氧化碳涌出量、炸药量、局部通风机的实际吸风量和同时作业最多人数等因素分别计算，取其计算最大值，最后用风速进行验算。

②全矿井掘进工作面所需风量等于矿井各个掘进工作面实际需要风量的总和

（3）井下硐室实际需风量计算方法

①井下爆炸材料库实际需风量计算方法

井下爆炸材料库实际需风量，应保证每小时换 4 次库内空气，即

$$Q_{炸} = 4V/60$$

式中　$Q_{炸}$——井下爆炸材料库所需风量，m³/min；

　　　V——爆炸材料库容积，m³。

大型爆炸材料库一般配风为 100~150 m³/min；中小型爆炸材料库一般配风为 60~100 m³/min。

②发热量较大的机电硐室实际需风量，应根据机电设备运转时的发热量计算。

③采区绞车房及变电硐室实际需风量，按经验为 60~80 m³/min。

④充电硐室按回风流中氢气浓度小于 0.5% 计算，实际需风量不得小于 100 m³/min，或按经验值给定风量为 100~200 m³/min。

（4）其他地点（巷道）实际需风量

其他地点（巷道）实际需风量，应根据该地点（巷道）绝对瓦斯涌出量，考虑瓦斯涌出不均衡的风量系数进行计算，最后用最低风速验算。

2. 矿井风量调节

随着采掘工作面的推进和不断衔接接替，在矿井通风系统中，巷道的通风阻力和各用风地点的所需风量也在发生变化，所以，必须对矿井风量进行及时的调节。矿井风量调节

的目的是为了更好地保证矿井通风安全和减少矿井通风的电耗。

(1) 增阻调节法

增阻调节法指的是在巷道中增设一些通风构筑物,以增加其局部阻力,达到风量调节的目的。增阻调节法是局部风量调节常用的方法之一。通过加大巷道风阻,可以减少该巷道通过的风量,或者增加与其相关联巷道通过的风量。

增阻调节法所增设的通风构筑物,主要有调节风窗、临时风帘和水幕等。

(2) 减阻调节法

减阻调节法指的是在巷道中采取一些减阻措施,从而达到加大巷道通过的风量,或者减少与其相关联巷道通过的风量的目的。减阻调节法是局部风量调节常用的方法之一。

减阻调节法通常采取的措施为:扩大巷道断面、改变巷道支护形式、清除巷道中的堆积物、矿车和输送机,缩短风流所流经路线,采用并联风路等。

(3) 增能调节法

增能调节法指的是在巷道中设置辅助通风机,以增加巷道通风时的风量。增能调节法是局部风量调节常用的方法之一。

(4) 改变主要通风机特性调节法

改变主要通风机工作特性主要是采取改变主要通风机的叶轮转速、轴流式风机叶片安装角度和离心式风机前导器叶片角度等来改变主要通风机的风压特性,从而达到调节全矿井总风量的目的。

(5) 改变主要通风机总风阻值调节法

改变主要通风机总风阻值主要的方法是:在主要通风机风硐内设置调节闸门,将闸门开口增大,可减少总工作风阻,增加矿井总风量;反之,将闸门开口减小,可增加总工作风阻,减小矿井总风量。风硐闸门调节法是矿井总风量调节的主要方法。但是,风流通过闸门,将增加一定的无效功率。

七、"通风系统不完善、不可靠的"隐患认定

2005年9月3日起施行的《国务院关于预防煤矿生产安全事故的特别规定》在分析、总结近年来发生的煤矿生产安全事故教训的基础上,明确规定了最容易引发煤矿生产安全事故的十五项重大隐患和行为,其中第五项即是指"通风系统不完善、不可靠的"。《特别规定》同时又规定,煤矿有重大安全生产隐患和行为的,应当立即停止生产,排除隐患。

1. "通风系统不完善,不可靠的"隐患认定

根据国家安全生产监督管理总局和国家煤矿安全监察制定的《煤矿重大安全生产隐患认定办法(试行)》,"通风系统不完善、不可靠的"是指有下列情形之一的:

①矿井总风量不足的。

②主井、回风井同时出煤的。

③没有备用主要通风机或者两台主要通风机能力不匹配的。

④违反规定串联通风的。

⑤没有按正规形式设计通风系统的。

⑥采掘工作面等主要用风地点风量不足的。

⑦采区进(回)风巷未贯穿整个采区,或者虽贯穿整个采区但一段进风、一段回风

的。

⑧风门、风桥、密闭等通风设施构筑质量不符合标准、设置不能满足通风安全需要的。

⑨煤巷、半煤岩巷和有瓦斯涌出的岩巷的掘进工作面未装备甲烷风电闭锁装置或者甲烷断电仪和风电闭锁装置的。

2."通风系统不完善、不可靠的"认定后的处理

认定"通风系统不完善、不可靠的"后，应该立即登记建档，指定专人负责跟踪监控，督促企业认真整改，排除隐患。整改完成后，由煤矿主要负责人组织自检。自检合格后，向县级以上政府煤矿安全生产监管部门提出恢复生产的申请报告。验收合格后方可恢复生产。

3."通风系统不完善、不可靠的"仍然生产的处罚规定

对于存在"通风系统不完善、不可靠的"重大安全生产隐患的煤矿，仍然进行生产的，应当责令立即停产整顿，并处 50 万元以上 200 万元以下的罚款，对煤矿企业负责人处 3 万元以上 15 万元以下的罚款。对 3 个月内 2 次或者 2 次以上发现"通风系统不完善、不可靠的"仍然进行生产的煤矿，由有关部门、机构提请有关地方人民政府关闭该煤矿，并由颁发证照的部门立即吊销矿长资格证和矿长安全资格证，该煤矿的法定代表人和矿长 5 年内不得再担任任何煤矿的法定代表人或者矿长。

八、"通风系统不完善、不可靠的"隐患排除

1. 矿井通风管理规定

（1）矿井必须有完整的独立通风系统。改变全矿井通风系统时，必须编制通风设计及安全措施，由企业技术负责人审批。矿井必须建立测风制度。每 10 天进行 1 次全面测风。矿井总风量必须满足全矿井安全生产的需要。

（2）进、回风井之间和主要进、回巷之间的每个联络巷中，必须砌筑永久性风墙；需要使用的联络巷，必须安装 2 道联锁的正向风门和 2 道反向风门。

（3）箕斗提升井兼作回风井时，必须有完善的封闭措施，其漏风率不能超过 15%，并应有可靠的防尘措施；箕斗提升井或装有带式输送机的井筒兼作进风井时，风速必须符合有关规定要求，并应有可靠的防尘措施，在井筒中必须装设自动报警灭火装置和铺设消防管路。

（4）进风井口必须布置在粉尘、有毒和高温气体不能侵入的地方。

（5）控制风流的风门、风桥、风墙和风窗等设施必须齐全、完好和可靠。不应在倾斜运输巷中设置风门。

（6）新井投产前必须进行 1 次矿井通风阻力测定，以后每 3 年至少进行 1 次。矿井转入新水平生产或改变一些通风系统后，必须重新进行矿井通风阻力测定。

（7）矿井主要通风机必须安装在地面，并且必须封闭严密。

矿井主要通风机是保障矿井有效通风的可靠装备，也是保证矿井安全的重要装备。矿井主要通风机安装在地面，可以确保向井下连续不断地供给稳定的和足够的新鲜风流，保证矿井有效可靠地通风。矿井主要通风机安装在地面，具有以下几方面的好处：

①地面空气新鲜、干燥、粉尘少，有利于设备的维护保养。

②安装在地面，一些附属的大型电气设备不必选用防爆系列，设备选型简单。

③矿井主要通风机的反风装置建于地面，有利于施工和日常操作管理。

④地面条件较好，便于矿井主要通风机及其附属装置的安装和检修。

(8) 矿井必须安装2套同等能力的主要通风机

只有依靠主要通风装置连续不停的运转，才能满足井下连续不断供风的需要，主要通风机一旦停止运转，井下将出现瓦斯等有毒有害气体含量增加的危险，可能引发瓦斯爆炸事故和熏人现象。安装两套主要通风装置，可以1套运转，1套备用（保持完好状态），万一运转的主要通风机发生故障停转，备用的主要通风机必须能在10 min内开动，保证对井下的正常供风。

至于安装两套主要通风机应该同等能力的问题，主要目的是为保证井下稳定、均匀、可靠地用风。如果备用主要通风机能力较低，将不能满足井下用风的需要；如果备用主要通风机能力较高，又会出现经济不佳的状态。

所以，《煤矿安全规程》中规定：矿井必须安装两套同等能力的主要通风装置。

(9) 新安装的主要通风机投入使用前，必须进行1次通风机性能测定和试运转工作，以后每5年至少进行1次性能测定。

(10) 装有主要通风机的出风井口应安装防爆门，防爆门每6个月检查维修1次。

(11) 生产矿井主要通风机必须装有反风设施，并能在10 min内改变巷道中的风流方向；当风流方向改变后，主要通风机的供风量不应小于正常供风量的40%。每季度应至少检查1次反风设施，每年应进行1次反风演习。

(12) 主要通风机停止运转时安全措施

主要通风机因检修、停电或其他原因停止运转时，受停风影响地点必须采取如下安全措施：

①停止工作，撤出人员

主要通风机停止运转时，受停风影响的地点必须立即停止工作，切断电源，工作人员先撤到进风巷道中，由值班矿长迅速决定全矿井是否停止生产，工作人员是否全部撤出。

②利用自然风压通风

主要通风机停止运转期间，对由1台主要通风机担负全矿通风的矿井，必须打开井口防爆门和有关风门，利用自然风压进行矿井通风；对由多台主要通风机联合通风的矿井，必须正确控制风流，防止风流紊乱。

2. 采区通风管理规定

(1) 生产水平和采区必须实行分区通风。

(2) 准备采区，必须在采区构成通风系统后，方可开掘其他巷道。采煤工作面必须在采区构成完整的通风、排水系统后，方可回采。

(3) 高突矿井的每个采区和开采容易自燃煤层的采区，必须设置至少1条专用回风巷；低瓦斯矿井开采煤层群和分层开采采用联合布置的采区，必须设置1条专用回风巷。

(4) 采区进、回风巷必须贯穿整个采区，严禁一段为进风巷、一段为回风巷。

(5) 矿井开拓新水平和准备新采区的回风，必须引入总回风巷和主要回风巷中。

(6) 矿井开拓或准备采区时，在设计中必须根据该处全风压供风和瓦斯涌出量编制通风设计。

(7)采区开采结束后45天内,必须在所有与已采区相连通的巷道中设置防火墙,全部封闭采区。

3. 采掘工作面通风管理规定

(1)采、掘工作面应实行独立通风。采掘工作面风量必须满足该采掘工作面安全生产的需要。

(2)采掘工作面串联通风的限制条件:

①同一采区内,同一煤层上下相连的2个同一风路中的采煤工作面、与采煤工作面相连的掘进工作面、相邻的2个掘进工作面,布置独立通风有困难时,在制定措施后,可采用串联通风,但串联通风的次数不能超过1次。

②采区内为构成新区段通风系统的掘进巷道或采煤工作面遇地质构造面重新掘进的巷道,布置独立通风确有困难的,其回风可以串入采煤工作面,但必须制定安全措施,且串联通风的次数不能超过1次;构成独立通风系统后,必须立即改为独立通风。

③对于以上规定的串联通风,必须在进入被串联工作面的风流中装设甲烷断电仪,且瓦斯和二氧化碳浓度不能超过0.5%,其他有害气体浓度应符合《煤矿安全规程》的规定。

④开采有瓦斯喷出或有煤(岩)与瓦斯(二氧化碳)突出危险的煤层时,严禁任何2个工作面之间串联通风。

(3)有煤(岩)与瓦斯(二氧化碳)突出危险的采煤工作面不能采用下行通风。

(4)采掘工作面的进风和回风不能经过采空区或冒顶区。

(5)采空区必须及时封闭。必须随采煤工作面的推进逐个封闭至采空区的连通巷道。

(6)贯通巷道规定要求

①掘进巷道贯通前,综掘巷道在相距50 m前,其他巷道在相距20 m前,必须停止1个工作面作业,做好调整通风系统的准备工作。

②掘进巷道贯通时,停掘的工作面必须保持正常通风,并经常检查瓦斯浓度。只有在2个工作面及其回风流中的瓦斯浓度都在1.0%以下时,方可进行爆破作业。

③掘进巷道贯通后,立即调整通风系统,风流稳定后,方可恢复工作。

(7)掘进巷道的通风方式、局部通风机和风筒的安装及使用等应在作业规程中明确规定。

(8)使用局部通风机通风的掘进工作面,不能停风;因检修、停电等原因停风时,必须撤出人员,切断电源。

恢复通风前,必须检查瓦斯浓度。只有在通风机及其开关附近10 m以内风流中的瓦斯浓度都不超过0.5%时,方可人工开启局部通风机。

第二节 矿井瓦斯及其隐患认定和排除

一、矿井瓦斯概述

1. 什么叫瓦斯

广义地讲,煤矿瓦斯是煤矿所有有毒、有害气体的总称。由于其中沼气的含量占

80%以上,所以习惯上又把沼气叫做瓦斯。在某些特定场合中,沼气也叫做甲烷,化学分子式写成 CH_4。

2. 矿井瓦斯的产生

煤矿瓦斯是在煤的生成过程中伴随产生的。古代植物在成煤过程中,经过化学作用,其纤维质分解产生大量沼气。在以后煤的变质过程中,随着煤的化学成分和结构的改变,继续有沼气不断生成。在漫长的地质年代里,大部分沼气早已逸散于大气之中,只有少部分还保留于煤层和围岩中。当人们进行采矿活动时,这部分气体便会涌出来,成为危害矿井安全的瓦斯。

3. 矿井瓦斯性质及其危害

(1) 瓦斯本身无毒,但空气中瓦斯浓度增加时,会使氧含量相应减少,当空气中氧含量被降低到一定程度时,会使人因缺氧窒息。

(2) 瓦斯不助燃,但与空气混合达到一定浓度后,遇火源可以燃烧、爆炸。

瓦斯爆炸带来以下三方面的危害:

①瓦斯爆炸产生高温

瓦斯浓度为9.5%时爆炸的瞬间温度,在自由空间内可达1 850 ℃,在封闭空间内最高可达2 650 ℃。井下巷道呈半封闭状态,其爆炸温度将在1 850 ℃~2 650 ℃之间。这样的高温灼热,不但人的皮肤和肌肉会被烧伤,就连呼吸器官和消化器官的黏膜也会遭到严重损伤;电气设备遭到毁坏,尤其是电缆和易燃材料,容易形成"二次火源",引发火灾;还会引爆煤尘。

②瓦斯爆炸形成冲击波

在瓦斯爆炸过程中,气体温度骤然升高,引起气体压力的突然增大,据有关计算,爆炸后气体压力约为爆炸前的9倍。压力波发展产生冲击波。冲击波对巷道和巷道中的物体产生破坏作用。例如,移动和毁坏设备、巷道支护歪扭倾倒、顶板垮落、巷道断面变形、通风系统和通风设施遭到破坏。同时,冲击波通过时给人体带来创伤,甚至是致命的创伤。

瓦斯发生爆炸时,爆源附近的气体高速向外冲击,叫正向冲击。瓦斯爆炸发生时,由于正向冲击,加上爆炸后生成的一部分水蒸气很快凝聚,在爆源附近形成气体稀薄的低压区,于是被正向冲击的气体连同爆源周围气体又以高速从外向爆源冲击,这种反向冲回爆源地的冲击叫做反向冲击。

瓦斯爆炸产生的反向冲击比正向冲击破坏力更大,主要表现在以下两个方面:

——瓦斯爆炸时产生的反向冲击力虽然比正向冲击力小,但是由于它是沿着被破坏的巷道反向破坏,所以损失更为惨重。

——如果反向冲击的空气中含有达到爆炸界限的瓦斯和氧气,而爆源附近引炸火源尚未熄灭,就容易引起"二次爆炸"。

③瓦斯爆炸生成有毒有害气体

瓦斯爆炸后空气成分发生变化,氧气浓度下降到6%~8%,生成大量的有毒有害气体,如二氧化碳浓度增加到4%~8%,一氧化碳浓度增加到2%~4%,致使人员因严重缺氧和吸入大量一氧化碳而窒息、中毒甚至死亡。多次爆炸事故证明,爆炸后的有毒有害气体的中毒是造成人员死亡的主要原因,占死亡总人数的70%~80%。

(3) 瓦斯是一种无色、无味、无臭的气体，且扩散能力很强，是空气的 1.6 倍。

瓦斯无色——人看不见，无味——人品尝不出来，无臭——人闻不出来，所以人们在井下很难发现瓦斯的存在。正因为瓦斯具有很强的隐蔽性和高速的扩散性，只有当人被熏倒、发生中毒甚至发生爆炸以后，才知道瓦斯已经超限了，这时预防瓦斯事故就非常被动了。故必须对瓦斯慎之又慎，真正防止瓦斯故事的发生。

(4) 瓦斯的相对密度

瓦斯的相对密度为 0.554，约为空气的一半，所以经常积聚在巷道空间的上部，特别是巷道冒顶空洞中，采煤工作面上隅角和采空区高冒处，积聚的瓦斯浓度容易达到爆炸界限，但又不容易察觉或不容易被检测出来。在放顶煤开采的综采工作面，采空区高浓度瓦斯常积聚在高冒处，处理起来十分困难，成为瓦斯爆炸的重要原因之一。

另外，当发生瓦斯突出事故或瓦斯涌出加大时，高浓度瓦斯大部分位于巷道上部，人们在巷道中行走或避灾时，最容易吸入，造成不安全隐患，这时人们必须弯腰或者爬在地面上前进。

二、矿井瓦斯涌出

1. 瓦斯涌出形式

当人们进行采掘活动时，煤体遭到破坏和影响，存留在煤体孔隙和裂隙中的瓦斯就会离开煤体而涌入采掘空间，这种现象叫做瓦斯涌出。

瓦斯涌出形式主要有普通涌出和特殊涌出两种。

(1) 瓦斯普通涌出

瓦斯普通涌出指的是，瓦斯从采落的煤（岩）层的微小孔隙和裂隙，或者从煤（岩）层的暴露面上长时间、均匀地放出的形式。

瓦斯普通涌出是矿井瓦斯涌出的主要形式，涌出范围广、时间持续长、数量相对稳定。

(2) 瓦斯特殊涌出

瓦斯特殊涌出包括瓦斯喷出和煤（岩）与瓦斯突出两种。在短时间内大量的瓦斯从煤（岩）体孔隙、列隙、空洞或炮眼中异常涌出的现象叫喷出；如在喷出的同时，伴随有大量破碎的煤（岩）块被抛出的现象则叫突出。

瓦斯特殊涌出的范围是局部的，时间也较短，但瓦斯涌出的数量可能很大，而且由于突发性，往往造成极大的危害。

2. 瓦斯涌出量

矿井瓦斯涌出量指的是矿井中以普通涌出的形式涌出的瓦斯总和。

计算矿井瓦斯涌出量有绝对瓦斯涌出量和相对瓦斯涌出量两种方法。

(1) 绝对瓦斯涌出量

矿井绝对瓦斯涌出量指的是，矿井在单位时间内涌出的瓦斯数量的总和，单位是 m^3/min 或 m^3/d。

$$q_{绝} = Q \times C \times 60 \times 24$$

式中 $q_{绝}$——绝对瓦斯涌出量，m^3/d；

Q——矿井总回风巷风量，m^3/min；

C——矿井总回风巷的平均瓦斯浓度，%；

$60×24$——一天中的分钟数量。

（2）相对瓦斯涌出量

矿井相对瓦斯涌出量指的是，矿井在正常生产情况下，平均每采 1 t 煤所涌出的瓦斯数量的总和，单位是 m^3/t。

$$q_{相}=q_{绝}/A$$

式中　$q_{相}$——相对瓦斯涌出量，m^3/t；

　　　$q_{绝}$——绝对瓦斯涌出量，m^3/d；

　　　A——矿井平均日产量，t。

3. 矿井瓦斯等级

《煤矿安全规程》中规定：一个矿井中只要有一个煤（岩）层发现瓦斯，该矿井即为瓦斯矿井。瓦斯矿井是低瓦斯矿井和高瓦斯矿井的总称。并且规定瓦斯矿井必须依照矿井瓦斯等级进行管理。

（1）对矿井瓦斯分级管理的必要性

矿井瓦斯是煤矿重大灾害之一。按照矿井瓦斯涌出量的大小及其危害程度，将瓦斯矿井分为不同的等级进行管理，其主要目的是为了做到区分对待，采取不同的有针对性的技术、管理和装备措施，对矿井瓦斯进行有效管理和事故防治，创造良好的井下作业环境，为矿井安全和人员生命安全提供保障。

（2）矿井瓦斯等级的划分

矿井瓦斯等级，是根据矿井相对瓦斯涌出量、矿井绝对瓦斯涌出量和瓦斯涌出形式来划分的。

矿井瓦斯等级分为以下三级：

①低瓦斯矿井

低瓦斯矿井指的是，矿井相对瓦斯涌出量小于或等于 10 m^3/t 且矿井绝对瓦斯涌出量小于或等于 40 m^3/min 的矿井。

②高瓦斯矿井

高瓦斯矿井指的是，矿井相对瓦斯涌出量大于 10 m^3/t 或矿井绝对瓦斯涌出量大于 40 m^3/min 的矿井。

③煤（岩）与瓦斯（二氧化碳）突出矿井。

（3）瓦斯（二氧化碳）喷出危险区

凡在 20 m 巷道范围内，瓦斯涌出量大于或等于 1.0 m^3/min，且持续时间在 8 h 以上时，该采掘区即定为瓦斯（二氧化碳）喷出危险区域。

（4）高瓦斯区

在低瓦斯矿井中，相对瓦斯涌出量大于 10 m^3/t 或有瓦斯喷出的个别区域（采区或工作面），叫做高瓦斯区。

高瓦斯区应按高瓦斯矿井管理。

4. 矿井瓦斯等级鉴定

（1）进行矿井瓦斯等级鉴定的必要性

因为影响矿井瓦斯涌出量的因素很多，在生产过程中有很多因素是经常变化的，所以矿井瓦斯涌出量也是不断变化的，矿井瓦斯等级也有可能发生变化。经过矿井瓦斯等级鉴定，按矿井实际瓦斯等级供给所需风量，选用不同的机电设备，采取不同的措施加以管理，这样既能保证矿井安全生产，又避免不必要的人力物力浪费。因此，《煤矿安全规程》中规定：每年必须对矿井进行瓦斯等级和二氧化碳涌出量的鉴定工作。

煤矿必须严格按照《矿井瓦斯等鉴定规范》（AQ1025—2006）的标准进行矿井瓦斯和二氧化碳涌出量测定工作，为煤矿瓦斯等级鉴定提供准确的基础数据。

(2) 矿井瓦斯等级鉴定时间

矿井瓦斯等级鉴定时间选择应符合以下要求：

①矿井瓦斯等级鉴定应在矿井正常生产条件下进行。

②矿井瓦斯等级鉴定应选择矿井绝对瓦斯涌出量最大的月份进行，一般选择7月份。

③在当月的上、中、下旬中间隔10天各取一天进行，如5日、15日和25日三天。

④在一天安排三个班（或四个班）进行。

⑤在每一测定班中应选择生产正常的同一时刻进行。

(3) 矿井瓦斯鉴定测定内容

在进行矿井瓦斯等级鉴定时，测定内容主要包括以下"四量"：

①风量。

②风流中瓦斯和二氧化碳涌出量。

③瓦斯抽放量。

④月产煤量。

(4) 矿井瓦斯鉴定测点

由于确定矿井瓦斯等级时，按每一自然矿井、煤层、翼、水平和各采区分别计算相对瓦斯涌出量和绝对瓦斯涌出量，所以，测点应布置在每一通风系统的主要通风机的风硐、各水平、各煤层和各采区的进、回风道测风站内。如没有测风站，可选择断面规整并无杂物堆积的一段平直巷道作为测点。

三、瓦斯爆炸条件及其预防措施

瓦斯爆炸的实质是，一定浓度的瓦斯和空气中的氧气，在一定温度作用下产生的激烈的化学反应。反应过程非常复杂，而且在极短时间内活化反应越来越迅速，以极其猛烈的爆炸形式表现出来。

瓦斯爆炸的化学反应式是：

$$CH_4 + 2O_2 \xrightarrow{\text{高温}} CO_2 + 2H_2O + 829.3 \text{ kJ}$$

1. 瓦斯爆炸的条件

瓦斯爆炸的基本条件是以下3个，且缺一不可：

(1) 一定浓度的瓦斯

瓦斯爆炸是在一定瓦斯浓度范围内发生的，这个浓度范围叫做爆炸界限。最低浓度界限叫做爆炸下限，最高浓度界限叫做爆炸上限。在新鲜空气中瓦斯爆炸界限一般为5%～16%。

当瓦斯浓度低于5%时，遇火源不爆炸，只在火焰外围呈浅蓝色或淡青色燃烧层。

当瓦斯浓度高于16%时，遇火源既不燃烧也不会爆炸。但是，如果继续供给新鲜空气，将使瓦斯浓度降到爆炸界限以内，就能发生瓦斯爆炸。

瓦斯浓度达到9.5%时，瓦斯爆炸时混合气体中的氧气和瓦斯全部参与爆炸，爆炸威力最强。

但是，瓦斯爆炸界限与很多因素有关，例如，在混合气体中混入其他可燃气体和煤尘，或者混合气体的压力和温度升高，将使瓦斯爆炸界限扩大；如果混入惰性气体，还可以使爆炸界限缩小，甚至失去爆炸性。

（2）一定温度的引爆火源

点燃瓦斯所需要的最低温度叫做引爆火源温度。在一般情况下瓦斯引爆温度为650~750 ℃。

在煤矿井下，明火、煤炭自燃，电气火花、杂散电流、赤热的金属表面、撞击或摩擦等都是瓦斯引爆火源。另外，火柴的明火温度可达1 200 ℃，点燃香烟温度600~800 ℃，它们也可以成为瓦斯引爆火源。

（3）一定浓度的氧气

瓦斯爆炸界限与混合气体中氧气浓度密切相关。当氧气浓度降低时，瓦斯爆炸下限缓慢升高，而上限则急速降低，即瓦斯爆炸界限随氧气浓度的降低而变小。当氧气浓度降到12%时，瓦斯混合气体就不会爆炸。

《煤矿安全规程》中规定：井下采掘工作面的进风流中，氧气浓度不得低于20%。所以，井下普遍存在着引炸瓦斯的氧气浓度。但是，如果对火区封闭不严，或启封火区时，由于新鲜空气不断流入，氧气浓度增加到12%以上，就有可能发生瓦斯爆炸。

2. 瓦斯爆炸的感应期

（1）感应期的概念

由于瓦斯爆炸是一个极其复杂的化学反应过程，爆炸的产生与形成需要一定的时间，所以即使瓦斯浓度达到了爆炸界限，但遇到高温火源也不会立即爆炸。这种需要延迟一个很短时间才能爆炸的现象叫做引火延迟现象。

瓦斯爆炸所需要的引火延迟时间叫做感应期。

（2）影响感应期的因素

感应期的长短与瓦斯浓度、引火温度的压力有关系。一般来说，瓦斯浓度越大，感应期越长；引火温度越高，感应期越短；压力越大，感应期越短。

（3）感应期对煤矿安全生产的作用

瓦斯爆炸的感应期虽然很短，例如，当瓦斯浓度6%、火温温度700 ℃时，感应期约为10.2 s，也就是说在这种条件下瓦斯不会发生爆炸，人们可以利用这10.2 s时间，做好安全工作。举例说明如下：

①在井下爆破工程中，炸药爆炸的初温能达2 000 ℃，爆炸产物温度高达4 500 ℃，但是这种高温存在的时间通常很短，小于瓦斯爆炸的感应期，不会引起瓦斯爆炸。但如果使用劣质炸药或非煤矿安全炸药，高温存在的时间可能大于感应期，容易引起瓦斯爆炸。

②矿用安全电气设备，在发生故障时能够迅速断电，其断电所需要的时间小于感应期，也不会发生瓦斯爆炸。

3. 瓦斯爆炸的预防措施

预防瓦斯爆炸的主要措施有以下三方面：
(1) 防止瓦斯积聚超限
防止瓦斯积聚是预防瓦斯爆炸事故的主要措施。
①瓦斯积聚的原因
对 1949～1995 年国有重点煤矿 361 起一次死亡 3 人以上瓦斯爆炸事故进行分析：
——由于通风系统问题引发瓦斯积聚而导致的瓦斯事故 53 次，占事故总次数的 14.68%。
——由于局部通风机停止运转造成瓦斯积聚而导致瓦斯事故 56 次，占事故总次数的 15.51%。
——由于风量不足造成瓦斯积聚而导致瓦斯事故 56 次，占事故总次数的 15.51%。
——由于巷道局部无风造成瓦斯积聚而导致瓦斯事故 26 次，占事故总次数的 7.20%。
——由于盲巷造成瓦斯积聚而导致瓦斯事故 24 次，占事故总次数的 6.65%。
——由于采空区积聚瓦斯而导致瓦斯事故 39 次，占事故总次数的 10.80%。
——由于循环风造成瓦斯积聚而导致瓦斯事故 7 次，占事故总次数的 1.94%。
——由于地质条件变化造成瓦斯积聚而导致瓦斯事故 6 次，占事故总次数的 1.66%。
——由于其他原因造成瓦斯积聚而导致瓦斯事故 94 次，占事故总次数的 26.04%。
②防止瓦斯积聚的主要措施
——加强通风

矿井通风是防止瓦斯积聚的基本措施，只有做到供风稳定、连续、有效，才能保证冲淡和排出瓦斯。矿井必须有因停电和检修主要通风机停止运转或通风系统遭到破坏以后，恢复通风、排出瓦斯和送电的安全措施。局部通风机不得无计划停电、停风，风筒不得破损、脱节，禁止微风、无风作业。临时停工的地点不得停风，否则必须切断电源，设置栅栏、提示警标，禁止人员入内，并向矿调度室报告。

——加强检查
严格按照《煤矿安全规程》和有关规定对瓦斯进行检查，严禁空班漏检。
——及时处理
发现局部积聚的瓦斯，必须立即进行处理。
——抽放瓦斯

瓦斯涌出量大，采用通风方法解决瓦斯问题不合理时，应预先采取抽放措施，把开采时的瓦斯涌出量降下来。

(2) 杜绝引爆瓦斯火源的产生
①引爆瓦斯火源种类
对 1949～1995 年国有重点煤矿一次死亡 3 人以上的 361 次瓦斯爆炸事故引爆火源进行分析：
——电火花

由于井下照明和机械设备的电源、电器装置管理不善或操作不当而产生电火花，是引爆瓦斯的主要火源。其中矿灯失爆、电缆漏电、明接头和带电作业所占比例最大。由于电火花而引发的瓦斯爆炸事故 150 次，占事故总次数的 41.55%。

——爆破火源

爆破火源主要是由于炮泥装填不满、最小抵抗线不够和放明炮、接线不良和炸药不合格引起的。由于爆破火源而引发的瓦斯爆炸事故108次,占事故总次数的29.92%。

——撞击摩擦火花

由于机械设备之间及坚硬岩石之间的撞击、与巷道与坚硬岩石及金属表面之间的摩擦产生的火花,引发的瓦斯爆炸事故31次,占事故总次数的8.59%。

——吸烟、明火

由于吸烟、明火而引发的瓦斯爆炸事故7次,占事故总次数的1.94%。

其他火源

由于其他火源而引发的瓦斯爆炸事故65次,占事故总次数的18.00%。

②加强对引爆瓦斯火源的管理

——加强对明火的管理。严禁携带烟草和点火物品下井,地面有防止烟火进入井筒的安全措施;井下严禁用灯泡取暖或使用电炉;井下需要电焊、气焊和喷灯焊接时,应严格遵守有关规定和措施;矿灯应完好,严禁拆开、敲打和撞击;要对井下火区严加管理。

——加强对爆破引发火源的管理。严格禁止放糊炮、放明炮和明火爆破;严格要求用爆破的方法崩碎大块煤(矸);煤层中的采掘工作面必须使用煤矿安全炸药和瞬发电雷管;炮眼深度和封泥长度都必须符合《煤矿安全规程》的规定要求。

——加强对电气设备产生火花的管理。井下电气设备的选用,应符合《煤矿安全规程》的有关规定,防爆性能要确保100%。对井下电气设备要经常进行检查与维修,确保处于完好状态;对井下电缆的选型、连接、敷设和吊挂要符合有关规定;井下严禁带电检修和带电搬迁电气设备;局部通风机必须坚持风、电、瓦斯闭锁;要坚持使用漏电保护、过电流保护和接地保护。

——加强对杂散电流的管理

电路的电流方向和电流量都不是固定不变的电流,叫做杂散电流。

杂散电流可以通过沿井巷的导电体,如管路和铁轨形成电路;如与潮湿煤、岩壁接触,可形成煤、岩壁导电。漏电电源之一与另一漏电电源之一相接触,就可能引起瓦斯、煤尘爆炸发生。

井下杂散电流的主要来源是电机车牵引网路的漏电。电机车启动时牵引网路杂散电流高达数十安培,运行时也达十几至数十安培。

为了降低电机车牵引网路产生的杂散电流,可采取用电线连接两轨间的接头(或将两根铁轨相焊接),形成轨道电路,降低网路的电阻值的办法。

——加强对机械、摩擦和撞击产生火花的管理。

合理选用和操作机械设备及器具,减少机械设备摩擦、撞击火花。主要措施有以下几点:

• 严禁使用未经鉴定合格的机械设备和器具。

• 井下使用的铝合金电机风扇,风扇与风扇罩、盖板等固件之间的距离不小于风扇直径的1%,其最小间距不小于1 mm。

• 在井下要小心谨慎地使用、操作机械设备和器具,小件金属装备、工具要做到轻拿轻放,以免发生碰撞产生火花。

·采掘机械要避免切割岩石,遇夹矸时要放炮松动,再通过采掘机械。

·斜巷运输要做好牵引钢丝绳的检查,不合格的钢丝绳不能使用,坚持做到超限不提升和设置"一坡三挡"安全设施,以防断绳、跑车产生火花。

f. 在使用带式输送机时,要防止胶带被浮煤掩埋或摩擦底煤,以免摩擦升温着火。

(3) 防止爆炸事故扩大的主要措施

防止爆炸事故扩大的措施主要有:

①实行分区通风,使各水平、采区和工作面均具有得力的通风系统。

②通风系统简单可靠,不需要的巷道及时封闭。

③设置正、反向风门等通风设施。

④设置水棚、岩粉棚和撒布岩粉等隔爆设施。

⑤编制预防和处理爆炸事故的计划,并定期进行演习。

⑥搞好煤矿救护工作和现场作业人员应急自救互救工作。

四、瓦斯检测仪器

目前我国煤矿常用的瓦斯检测仪器,主要有光学甲烷检测仪、便携式甲烷检测报警仪、智能式瓦斯检测报警记录仪、瓦斯氧气双参数检测仪和瓦斯报警矿灯等。

1. 光学甲烷检定器

光学甲烷检测仪是煤矿井下用来测定瓦斯和二氧化碳浓度的主要仪器之一。

光学甲烷检测仪是一种便携式仪器,携带方便,操作简单,安全可靠,且有足够的精度。但是构造复杂,维修不方便。

(1) 光学甲烷检定器工作原理

光学甲烷检测仪以瓦斯与空气对光的折射率不同为原理,当同一光源发出的两束光分别经过充有空气的参考气室与充有待测气样的气室时,两束光将产生干涉条纹,待测气样的瓦斯浓度不同,光干涉条纹的位置也不同,根据干涉条纹的位置可以测定瓦斯浓度,如图3-25所示。

(2) 光学甲烷检测仪器使用方法

使用光学甲烷检测仪测定瓦斯浓度的主要步骤如下:

①"对零。"

——"对零"及其作用

光学甲烷检测仪的"对零"指的是,在待测瓦斯地点附近的进风巷道中,捏放吸气橡皮球数次,吸入新鲜空气清洗瓦斯室。这里的温度和绝对压力与待测瓦斯地点的温度和绝对压力相近,从而避免因温度和绝对压力的不同而引起零点"漂移"现象。当零点出现跑正或跑负时,测量的瓦斯浓度就不准确。为了保证光学甲烷检测仪测量的瓦斯浓度真正反映该地点的实际情况,在测定前必须对仪器进行"对零"工作。

——"对零"的步骤

对光学甲烷检测仪"对零"步骤如下:

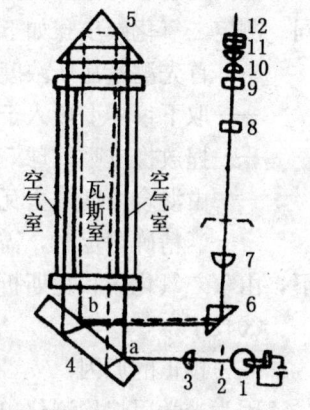

图 3-25 光学甲烷检测仪工作原理

1—光源灯泡;2—光栅;
3—聚光镜;4—平行平面镜;
5—反射棱镜;6—折射棱镜;
7—物镜;8—测微玻璃;
9—分划板;10—场镜;
11—目镜;12—镜保护玻璃

・对光学甲烷检测仪瓦斯室情况后,首先按下微读数按钮,观看微读数观测窗,并逆时针方向旋转微调螺旋,使微读数盘的零位刻度和指标线重合。

・按下光源按钮,观看目镜,打开主调螺旋盖,旋转主调螺旋,在干涉条纹中选定一条最明显的黑线作为基线,对准分划板的零位。

・最后盖好主调螺旋盖。在盖盖时要注意防止干涉条纹的移动(一边观看目镜,一边拧主调螺旋盖),同时盖盖后还要避免黑基线因碰撞而发生位置变化。

②测定

——使用光学甲烷检测仪测定瓦斯浓度

使用光学甲烷检测仪测定瓦斯浓度的步骤如下:

・在测定地点,在光学甲烷检测仪的进气管上安装二氧化碳吸收管,吸收二氧化碳,排除干扰,提高测量数据准确性。

・将光学甲烷检测仪的进气管送到待测位置。如果待测位置过高或过远,可在进气管上接长胶皮管,用竹木棍将胶皮管送到位。

・捏放橡皮吸气球 5~10 次,使含有瓦斯的待测混合气体吸入瓦斯室。

・按下光源按钮,由目镜中观察黑基线位移后最接近的整数数值,该整数数值即为测量瓦斯浓度整数的百分数。

・顺时针转动微调螺旋,使黑基线退到和该整数数值刻度相重合处,从微读数盘上观察小数位数值,该小数位数值即为测量瓦斯浓度小数的百分数。

・整数与小数相加,即为测量瓦斯浓度的数值。例如,从整数位读出数位 1,微读数 0.5,测量瓦斯浓度 1.5%。

——使用光学甲烷检测仪测定二氧化碳浓度

使用光学甲烷检测仪测定二氧化碳浓度时,其"对零"和测定方法与测定瓦斯浓度相同。测定二氧化碳步骤如下:

——首先测量瓦斯浓度。

——取下仪器上接入于吸气管上的二氧化碳吸收管。

——捏放橡皮吸气球 5~10 次,测量二氧化碳和瓦斯混合气体的浓度。

——由混合浓度减去瓦斯浓度,即为二氧化碳浓度。

——当精确测定时,需将测得的二氧化碳浓度乘以校正系数 0.955,但在一般情况下,由于二氧化碳和瓦斯折射率相关不大,故不作校正。

③校正

——校正的原因

因为光学甲烷检测仪出厂时,是在温度 20 ℃、标准大气压力条件下标定刻度的。当被测地点空气温度和大气压力与标定刻度时的温度和大气压力相差较大时,测量的误差就大,必须对已测得的瓦斯或二氧化碳浓度值进行校正。

——校正的方法

对光学甲烷检测仪校正的方法是,将已测得的瓦斯或二氧化碳浓度值乘以校正系数。

$$K' = 345.8 \frac{T}{p}$$

式中 K'——校正系数;

T——测定地点绝对温度，K。
$$T=t+273$$
式中 t——测定地点摄氏温度，℃；
p——测定地点大气压力，Pa。

例如，测定地点温度 27 ℃、大气压力 86 645 Pa，测得瓦斯浓度值 2.0%，则
$$T=27+273$$
$$K'=345.8\frac{300k}{86\ 645}=1.197$$

校正后瓦斯浓度为 2.0%×1.197＝2.39%。

（3）光学甲烷检测仪的使用和保养

光学甲烷检测仪的使用和保养应注意以下问题：

①携带和使用检测仪时，应轻拿轻放，防止和其他物体碰撞，以免仪器受较大振动，损坏仪器内部的光学镜片和其他部件。

②当仪器干涉条纹观察不清时，往往是测定时空气湿度过大，水分吸收管不能将水分全部吸收，在光学玻璃上结成雾粒；或者有灰尘附在光学玻璃上。当光学系统确有问题时，调动光源灯泡也不能解决，就要拆开进行擦试，或调整光学系统。

③如果二氧化碳吸收管中的钠石灰失效或颗粒过大，进入瓦斯室的空气中将含有二氧化碳，会造成瓦斯浓度测定结果偏高。

④如果空气中含有一氧化碳（火灾气体）或硫化氢，将使瓦斯测定结果偏高。为消除这一影响，应再加一个辅助吸收管，管内装颗粒活性碳可消除硫化氢；装 40% 氧化铜和 60% 二氧化锰混合物可消除一氧化碳。

⑤在严重缺氧地点（如密闭区和火区），气体成分变化大，用光学甲烷检测仪测定时，仪器测定结果将比实际浓度大得多，最好采取气样，用化学分析的方法测定瓦斯浓度。

⑥高原地点空气密度小、气压低，使用时应对仪器进行相应的调整，或根据测定地点的温度和大气压力计算校正系数，进行测定结果的校正。

（4）防止光学甲烷检测仪零点漂移

用光学甲烷检测仪测定瓦斯时，发生零点漂移（跑正或跑负）会使测定结果不准确，主要原因和解决办法如下：

①仪器空气室内空气不新鲜。解决办法是不得连班使用同一个检定器，否则毛细管里的空气不新鲜，起不到毛细管的作用。

②对零地点与测定地点温度和气压不同。解决办法是尽量在靠近测定地点、标高相差不大、温度相近的进风巷内对零。

③瓦斯室气路不畅通。要经常检查气路，如发现堵塞及时修理。

2. 便携式甲烷检测报警仪

便携式甲烷检测报警仪是一种携式可连续测定空气中瓦斯浓度的电子仪器，当瓦斯浓度超过设定的报警值时，仪器能发出声、光报警信号。所以，便携式甲烷检测报警仪具有连续监测、自动报警的作用。

便携式甲烷检测仪报警仪具有体积小、质量轻、检测精度高、读数直观、连续检测、自动报警等优点，它便于携带，在煤矿井下应用很普遍。但是，它主要用来检测低浓度瓦

斯，同时维修要求水平较高。

(1) 便携式甲烷检测报警仪性能

① 测量误差

便携式甲烷检测报警仪的测量误差因测量范围不同而有所差别，总的来说，测量瓦斯浓度越高，测量误差越大，例如：

浓度 $0\sim1.0\%CH_4$ 时，误差 $\pm0.1CH_4$；

浓度 $1.0\%\sim2.0\%CH_4$ 时，误差 $\pm0.2CH_4$；

浓度 $2.0\%\sim4.0\%CH_4$ 时，误差 $\pm0.3CH_4$。

② 使用环境

便携式甲烷检测报警仪不宜在以下空气环境中使用：

——含有 H_2S 的地区（对热效式而言）。

——瓦斯浓度高于4%（或5%）时。

——氧气浓度低于15%的地区。

——含有硅蒸气的场所。

(2) 便携式甲烷检测报警仪测量瓦斯浓度的步骤

使用便携式甲烷检测报警仪测量瓦斯浓度的步骤如下：

① 使用前必须充足电。

② 使用时在清洁空气中打开电源。

③ 预热 15 min 后，观察指示是否为零，如有偏差，则需调整调零电位器使其归零。

④ 测量时，用手将仪器的传感器部位举至或悬挂在待测地点，经十几秒钟的自然扩散，即可读取瓦斯浓度值。

(3) 使用便携式甲烷检测报警仪注意事项

使用便携式甲烷检测报警仪应注意做到以下几点：

① 要保护好仪器。在携带和使用过程中严禁摔打、碰撞、水淋或火烤。

② 电压不足时使用将影响仪器的正常工作，并缩短电池使用寿命，因此，发现电压不足必须立即停止使用。

③ 对仪器的零点、测量精度和报警范围应定期校验，以便使仪器测量数据更加准确。

3. 瓦斯报警矿灯

矿灯上附加一个瓦斯报警电路，即为瓦斯报警矿灯。该仪器以矿灯电池为电源。

瓦斯报警矿灯具有矿灯的照明等作用，同时又具有瓦斯超限报警的功能。

(1) 瓦斯报警矿灯的优缺点

瓦斯报警矿灯具有体积小、质量轻、使用方便、价格低廉等优点；同时由于将矿灯功能和报警功能联在一起，携带了矿灯，就必然有报警装置，保证了工人的生命安全。

瓦斯报警矿灯的缺点是，其传感器为载体催化元件，每隔一周必须用校准气样标定一次，仪器没有显示部件，校正比较繁琐。

(2) 瓦斯报警矿灯种类

瓦斯报警矿灯现有数十种不同结构形式的产品，主要分以下几种：

① 按与头灯、矿帽的关系分类。

——一体式。

——分离式。
②按报警方式分类。
——矿灯灯光闪烁。
——蜂鸣器和发光二极管报警。
③按报警电路设置位置分类。
——头灯中。
——矿帽上。
④按矿帽中报警电路安设部位分类。
——矿帽前方。
——矿帽后方。
——矿帽两侧。

(3) 一体式和分离式瓦斯报警矿灯的区别

一体式瓦斯报警矿灯和分离式瓦斯报警矿灯的主要区别在于以下几方面：

①从报警方式看，一体式瓦斯报警矿灯为矿灯灯光闪烁；而分离式瓦斯报警矿灯为蜂鸣器和发光二极管报警。

②从结构形式看，一体式瓦斯报警矿灯的报警电路与头灯或矿帽连为一体；而分离式瓦斯报警矿灯的报警电路与头灯或矿帽是可拆卸的。

③从保管维护看，分离式瓦斯报警矿灯优于一体式。

④从使用效果看，一体式瓦斯报警矿灯与矿灯同时使用，不能自行将其拆除，所以使用效果优于分离式。

五、煤矿瓦斯隐患认定及其排除

《国务院关于预防煤矿生产安全事故的特别规定》中明确指出：瓦斯超限作业的、煤与瓦斯突出矿井，未依照规定实施防突措施的和高瓦斯的矿井未建立瓦斯抽放系统和监控系统，或者瓦斯监控系统不能正常运行的，都属于煤矿重大安全生产隐患，应当立即停止生产，排除隐患。

1. "瓦斯超限作业的"隐患认定及其排除

因为瓦斯超限是导致瓦斯事故的主要原因之一。为了预防因瓦斯超限时进行作业，产生引爆火源，而引起瓦斯事故的发生，国务院《关于预防煤矿生产安全事故的特别规定》中把"瓦斯超限作业"列为煤矿重大安全生产隐患之一。

根据国家安全生产监督管理总局、国家煤矿安全监察局制定的《煤矿重大安全生产隐患认定办法（试行）》，认定瓦斯检查工配备数量不足的、不按规定检查瓦斯，存在漏检、假检的和井下瓦斯超限后不采取措施继续作业的，为"瓦斯超限作业"。

(1) 配足瓦斯检查工

瓦斯检查工必须按《煤矿安全规程》和实际工作需要配齐。

瓦斯检查工的数量应充分考虑到井下瓦斯检查的实际需要。对《煤矿安全规程》要求配备专职瓦斯检查工的地点必须配齐专职瓦斯检查工，并保证煤矿井下其他作业地点和容易积聚瓦斯的地点，定人、定时进行瓦斯巡回检查的需要。在人员编制上，既要考虑到每班工作的需要，还要考虑到休假、培训及其他需要。确保煤矿有足够数量的瓦斯检查工，防止空班漏检。

(2) 按规定检查瓦斯

不按规定的地点和次数检查瓦斯叫漏检瓦斯。

检查瓦斯浓度不能真实反映该点瓦斯浓度情况，例如，没有到现场测量而随意编写瓦斯浓度或没有采取正确的测量方法而出现瓦斯浓度不准确等，叫做假检。

检查瓦斯要杜绝漏检和假检，按以下规定进行检查：

①高瓦斯矿井检查瓦斯地点和次数

高瓦斯矿井的所有采掘工作面、排放瓦斯尾巷、利用局部通风机通风的煤仓和巷道，每班至少检查 3 次瓦斯；机电硐室、已采区、无人工作区域和全负压通风的煤巷，每班至少检查 1 次瓦斯。

②低瓦斯矿井检查瓦斯地点和次数

低瓦斯矿井的所有采掘工作面、利用局部通风机通风的煤仓和巷道，每班至少检查 2 次瓦斯；机电硐室、已采区、无人工作区域和全负压通风的煤巷，每班至少检查 1 次瓦斯。

③专人经常检查的地点

具备以下条件之一的采掘工作面必须有专人经常检查瓦斯，并安设甲烷断电仪：

——有煤（岩）与瓦斯突出危险的采掘工作面。

——有瓦斯喷出危险的采掘工作面。

——瓦斯涌出量较大、变化异常的采掘工作面。

④栅栏外和挡风墙外瓦斯检查次数

井下停风地点栅栏外风流中的瓦斯浓度每天至少检查 1 次；挡风墙外的瓦斯浓度每周至少检查 1 次。

⑤采掘工作面瓦斯检查主要地点

采掘工作面主要瓦斯检查地点是以下各处：

——采掘工作面主要检查工作面入风口、工作面风流、煤帮和上隅角、工作面回风口、尾巷等处。

——掘进工作面主要检查工作面入风口、工作面风流、工作面回风口及分区回风距联络巷 30 m 等处。

——采掘工作面所有爆破地点都必须实行"一炮三检"，即装药前、爆破前和爆破后都要检查瓦斯。

(3) 瓦斯超限后要停止作业、进行处理。

——矿井总回风巷或一翼回风巷中瓦斯浓度超过 0.75% 时，必须立即查明原因，进行处理。

——采区回风巷风流中瓦斯浓度超过 1.0% 时，必须停止工作，撤出人员，采取措施，进行处理。

——采掘工作面回风巷风流中瓦斯浓度超过 1.0% 时，必须停止工作，撤出人员，采取措施，进行处理。

——采掘工作面及其他作业地点风流中瓦斯浓度达到 1.0% 时，必须停止用电钻打眼。

——爆破地点附近 20 m 以内风流中瓦斯浓度达到 1.0% 时，严禁爆破。

——采掘工作面及其他作业地点风流中瓦斯浓度达到 1.5% 时，必须停止工作，切断电源，撤出人员，进行处理。

——电动机或其开关安设地点附近 20 m 以内风流中瓦斯浓度达到 1.5% 时，必须停止工作，切断电源，撤出人员，进行处理。

——采掘工作面及其他巷道内，体积大于 0.5 m^3 的空间内积聚的瓦斯浓度达到 2.0% 时，附近 20 m 内必须停止工作，撤出人员，切断电源，进行处理。

——凡因瓦斯浓度超过规定被切断电源的电气设备，必须在瓦斯浓度降到 1.0% 以下时，方可通电开动。

——恢复矿井正常通风以后，所有受到停风影响的地点，电动机及其开关安设地点附近 20 m 的巷道内，都必须检查瓦斯浓度，只有瓦斯浓度符合《煤矿安全规程》的规定时，方可开启。

——使用甲烷检测仪检查煤仓瓦斯时，以用胶皮管伸入煤仓内 2 m 处为准，瓦斯浓度达到 1.5% 时，附近 20 m 内停止电气设备运转。

——临时停工的地点不得停风；否则必须切断电源，设置栅栏，提示警标，禁止人员进入，并向矿调度室报告。停工区内瓦斯浓度达到 3.0% 不能立即处理时，必须在 24 h 内封闭完毕。

——局部通风机因故停止运转，在恢复通风前，必须首先检查瓦斯浓度，只有停风区中最高瓦斯浓度不超过 1.0% 和最高二氧化碳浓度不超过 1.5%，且符合局部通风机及其开关安设地点附近 10 m 以内风流中瓦斯浓度都不超过 0.5% 时，方可人工开启局部通风机，恢复正常通风。

——井下个别机电设备硐室，可设在回风流中，但此回风流中的瓦斯浓度不得超过 0.5%，并必须安装甲烷断电仪。

——在排放瓦斯过程中，排出的瓦斯与全风压风流混合处的瓦斯和二氧化碳浓度都不得超过 1.5%，且采区回风系统内必须停电撤人，其他地点的停电撤人范围应在措施中明确规定。

——矿井开拓新水平和准备新采区的回风，在未构成通风系统前，可将回风引入生产水平的进风中，但是回风流中的瓦斯和二氧化碳浓度都不得超过 0.5%，并制定安全措施，报企业技术负责人审批。

——井下采掘工作面采用串联通风时，进入被串联工作面的风流中瓦斯浓度和二氧化碳浓度都不得超过 0.5%，而且在该风流中安装甲烷断电仪。

——采煤工作面专用排瓦斯巷道内风流中的瓦斯浓度必须符合以下几方面规定要求：

· 专用排瓦斯巷内回风流中的瓦斯浓度不得超过 2.5%。

· 在专用排瓦斯巷道内进行巷道维修工作时，瓦斯浓度必须低于 1.5%。

· 专用排瓦斯巷内必须安设甲烷传感器，甲烷传感器应悬挂在距专用排瓦斯巷回风口 15 m 处，当甲烷浓度达到 2.5% 时，能发出报警信号并切断工作面电源，工作面必须停止工作，进行处理。

井下临时抽放瓦斯泵站下风侧栅栏，必须安设甲烷断电仪或甲烷传感器。其报警浓度 $\geqslant 1.0\% CH_4$，断电浓度 $\geqslant 1.0 CH_4$，断电范围是抽放瓦斯泵，复电浓度 $< 1.0\% CH_4$。

——由于空气与瓦斯混合时，瓦斯浓度的爆炸上限是16%，考虑到留一倍的安全系数，所以利用瓦斯时，瓦斯浓度不得小于30%，否则应查明原因，进行处理，禁止利用。

——采用干式抽放瓦斯泵，不利用瓦斯时，因该抽放设备无水环安全封闭，有产生机械火花引爆瓦斯的可能性。因此，对它提出了更严格的要求，即瓦斯浓度不得低于25%，高出瓦斯爆炸上限浓度9%，以确保安全。

2."煤与瓦斯突出矿井，未依照规定实施防突措施的"隐患认定及其排除

(1) 煤与瓦斯突出及其危害

因为煤与瓦斯突出是一种异常的动力现象，突出所产生的高速瓦斯流（含有煤粉或岩粉）能造成对矿井安全和井下人员安全极大的危害。因此，煤与瓦斯突出是煤矿生产中危险性甚大的自然灾害之一，必须实施防突措施。国务院《关于预防煤矿生产安全事故的特别规定》中把"煤与瓦斯突出矿井，未依照规定实施防突措施的"列为煤矿重大安全生产隐患之一。

①煤与瓦斯突出危害：

能够摧毁巷道、支架和设施，破坏矿井通风设施，甚至造成风流逆转。

喷出的瓦斯由几百到几万、甚至几十万立方米，能够使采掘工作面、巷道和硐室充满高浓度瓦斯，造成井下人员窒息，引起瓦斯燃烧或爆炸。

抛出来的煤（岩）由几千吨到万吨以上，能够淤埋巷道、设备和人员。

猛烈的动力效应还可能导致冒顶和火灾事故的发生。

②煤与瓦斯突出预兆：

煤与瓦斯突出有有声预兆和无声预兆两种。

——有声预兆

煤与瓦斯突出的有声预兆有以下几种：

· 煤炮（指的是深部岩层或煤层的劈裂声）响声。

· 支架变形，如支柱、顶梁折断或位移的声音。

· 煤（岩）开裂、片帮或掉矸、底鼓发出的响声。

· 瓦斯涌出异常，打钻喷瓦斯、喷煤，出现响声、风声和蜂鸣声。

· 气体穿过含水裂隙的嘶嘶声。

——无声预兆

煤与瓦斯突出的无声预兆有以下几种：

· 煤层结构变化，层理紊乱、煤层变软、煤层厚度变大、倾角变陡、煤层由湿变干、光泽暗淡。

· 煤层构造变化、挤压褶曲、波状起伏、顶底板阶梯凸起、出现新断层。

· 瓦斯涌出量变化、瓦斯浓度忽大忽小、煤尘增大、气温变冷、气味异常。

(2) "煤与瓦斯突出矿井，未依照规定实施防突措施的"隐患认定

根据国家安全生产监督管理总局、国家煤矿安全监察局制定的《煤矿重大安全生产隐患认定办法（试行）》，有下列情形之一的，都认定为"煤与瓦斯突出矿井，未依照规定实施防突措施"：

①未建立防治突出机构并配备相应专业人员的。

②未装备矿井安全监控系统和抽放瓦斯系统，未设置采区专用回风巷的。

③未进行区域突出危险性预测的。
④未采取防治突出措施的。
⑤未进行防治突出措施效果检验的。
⑥未采取安全防护措施的。
⑦未按规定配备防治突出装备和仪器的。

(3) "煤与瓦斯突出矿井，未依照规定实施防突措施的"隐患排除

①建立防治煤与瓦斯突出领导机构，由煤矿企业主要负责人担任正职，配备相应专业足够数量的防突队伍，并且根据防突需要配置必需的装备和仪器。

②装备矿井安全监控系统和瓦斯抽放系统。

③设置采区专用回风巷。

④实施"四位一体"综合防突措施

煤与瓦斯突出既有危险性，又有突发性，目前在很大程度上具有不可知性，所以要预防和预知它的产生还是难以实现的。在目前技术条件下，要防治突出事故带来的人员伤亡，首先要弄清它发生的地区、范围，再采取必要的可行防治措施，以使其不突然发生，降低突出强度，保证作业人员的安全，必须采取"四位一体"综合防突措施。

"四位一体"综合防突措施包括以下内容：

——突出危险性预测

通过对煤与瓦斯突出危险性进行预测，根据突出危险性预测结果和对突出危险程度的划分，指导选择应采取的不同防突措施，可以使防突措施具有科学性、可靠性和合理性，所以，对煤与瓦斯突出进行预测是"四位一体"综合防突措施的第一个环节。

煤与瓦斯突出危险性预测分为以下两种：

• 区域突出危险性预测，即预测矿井、煤层和煤层区域的突出危险性。

区域突出危险性预测主要有单项指标法，瓦斯地质统计法，综合指标法等方法。

• 工作面突出危险性预测，即预测采掘工作面突出危险性。

工作面突出危险性预测主要有综合指标法，钻屑指标法，钻孔瓦斯涌出初速度法，其他经试验证实有效的方法等方法。

——防治突出措施

防治突出措施按作用范围分为以下两类：

• 区域性防突措施，即能起到大面积防突作用，即包含了煤层或煤层群大区域的措施。

区域性防突措施主要有开采保护层预抽煤层瓦斯、煤体注水等方法

• 局部性防突措施，即起到局部范围防突作用的措施。

局部性防突措施主要有超前钻孔、排放钻孔、水力冲孔、水力冲刷、松动爆破、金属骨架、卸压槽等方法

——防治突出措施的效果检验

采取防治突出措施后，还要进行措施效果检验，经检验证实措施有效后，方可采取安全防护措施进行作业。如果经检验证实措施无效，则必须采取防治突出的补充措施并经检验有效后，方可采取安全防护措施作业。

——安全防护措施

由于煤与瓦斯突出的原因至今仍未清楚掌握，防止突出措施也很难完全彻底地有效预防突出的发生。所以，必须具有一整套完善的安全防护措施，在一旦突出发生后，能够保证现场作业人员的生命安全。故安全防护措施是综合防突措施中的最后一个环节。

安全防护措施主要有以下内容：
- 震动放炮
- 远距离放炮
- 挡栏设施
- 反向风门
- 自救器
- 井下避难所和压风自救系统

3. "高瓦斯矿井未建立瓦斯抽放系统的"隐患认定及其排除

瓦斯抽放系统指的是，为了减少和解除矿井瓦斯对煤矿安全生产的威胁，利用机械设备造成的负压，将煤层中存在或释放出来的瓦斯，用管道输送到地面或其他安全地点的专门系统。

(1) 瓦斯抽放的作用

瓦斯抽放实质就是把瓦斯抽放出来，并加以综合利用，变害为利。其作用主要有以下几点：

①瓦斯抽放可以减少煤矿开采时瓦斯涌出量，从而能有效地减少和消除瓦斯隐患和各种瓦斯事故，提高矿井的安全可靠程度。

②瓦斯抽放可以降低矿井通风费用，同时还能解决单纯利用通风稀释瓦斯技术和经济不合理的难题。

③瓦斯抽放到地面可以加以综合利用，既充分利用能量，又减少排放到大气中造成环境污染问题。

(2) "高瓦斯矿井未建立瓦斯抽放系统的"的隐患认定

根据国家安全生产监督管理总局、国家煤矿安全监察局制定的《煤矿重大安全生产隐患认定办法（试行）》，有下列情形之一的，都认定为"高瓦斯矿井未建立瓦斯抽放系统"：

①1个采煤工作面的瓦斯涌出量大于 5 m^3/min 或 1 个掘进工作面的瓦斯涌出量大于 3 m^3/min，用通风方法解决瓦斯问题而未建立瓦斯抽放系统的。

②矿井绝对瓦斯涌出量达到以下条件时而未建立抽放瓦斯系统的：

——大于或等于 40 m^3/min。

——年产量 1.0~1.5 Mt 的矿井，大于 30 m^3/min。

——年产量 0.6~1.0 Mt 的矿井，大于 25 m^3/min。

——年产量 0.4~0.6 Mt 的矿井，大于 20 m^3/min。

——年产量小于或等于 0.4 Mt 的矿井，大于 15 m^3/min。

③开采有煤与瓦斯突出危险煤层的，未建立瓦斯抽放系统的。

(3) 矿井瓦斯抽放方法

矿井瓦斯抽放方法多种多样，按照抽放瓦斯的来源，可以分为本煤层瓦斯抽放、邻近层瓦斯抽放和采空区瓦斯抽放等三类。

①本煤层抽放瓦斯

本煤层抽放就是采用巷道法或钻孔法直接抽放开采煤层的瓦斯。按照抽放与采掘的时间关系，本煤层抽放可分为"预抽"和"边抽"两种方法。所谓预抽，就是在开采之前预先抽出煤体内的瓦斯，以减少开采时的瓦斯涌出量。预抽又可分为巷道预抽和钻孔预抽两种施工方法。所谓边抽，是指边生产边抽放瓦斯，即生产和抽放同时进行。边抽又包括边采边抽和边掘边抽两种施工方式，如图3-26所示。

边采边抽本煤层瓦斯方法的优缺点：

——由于受采动影响，煤的透气性增加，能提高瓦斯抽放效果。

——不受开采时间的限制。采煤与抽放互不干扰，具有较强的适应性。

图 3-26　边采边抽钻孔布置方式
a. 长钻孔；b. 短钻孔

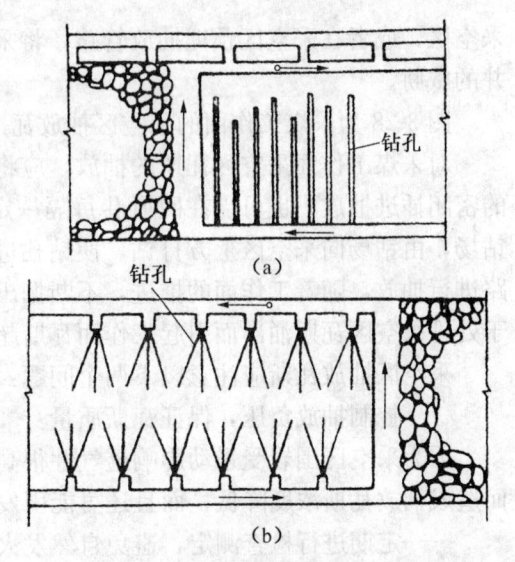

——因为在煤层中开口，钻孔的封孔效果较差，影响瓦斯抽放效果。

所以，它适用于瓦斯涌出量大、预抽不充分或不能进行预抽的煤层。

②邻近层抽放瓦斯

为了解除邻近层涌出的瓦斯对开采煤层的威胁，从开采煤层或围岩大巷中向邻近层打钻，抽放邻近层中的瓦斯，以减少邻近层由于受采动影响而向开采层涌出的瓦斯。这种抽放称作邻近层抽放瓦斯，并分为上邻近层抽放（抽放上邻近层中的瓦斯）和下邻近层抽放（抽放下邻近层中的瓦斯）两种方式。

图3-27为抽放瓦斯钻场设在开采煤层底板岩巷内，由钻场往上向邻近层打穿层钻孔进行瓦斯抽放。

图 3-27　下邻近层抽放钻孔位置布置

下邻近层抽放瓦斯方法的优缺点：

——抽放钻孔一般服务年限较长，除抽放卸压瓦斯外，还可以用作预抽和采后抽放瓦斯。

——不受采掘工作影响，也不相互干扰，具有较强的灵活性和针对性。

——钻孔的封孔位置在岩层中，能保证封孔质量，提高抽放瓦斯效果。

——钻场设在岩巷中，减少了巷道维修工程量，同时给出抽放工作创造较好环境条件。

——钻孔需穿过岩层，钻孔工作量较大。

③采空区抽放瓦斯

采空区抽放瓦斯就是利用巷道法或钻孔法打通

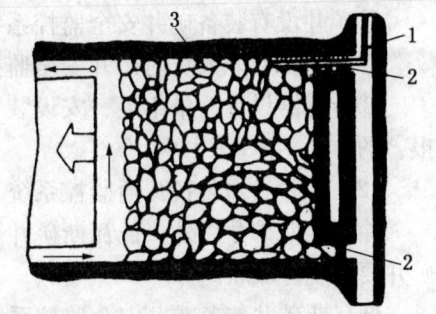

图 3-28　采煤工作面采空区抽放瓦斯
1—抽放瓦斯管路；2—密闭；3—采空区

采空区，或者在采空区预埋抽放管路，将采空区积聚的高浓度瓦斯引出，以减少瓦斯对矿井的威胁。

图 3-28 为采煤工作面的采空区抽放瓦斯。

对采煤工作面采空区瓦斯的抽放，应将采空区全部密闭，以防止采空区漏风，在回风的密闭插进抽放；也可以在回风巷每隔一定距离（30 m～50 m）掘一个斜上绕行巷道作钻场，由钻场向采空区上方打钻，使钻孔进入冒落带或裂隙带，然后将绕道密闭并接设管路进行抽放，随着工作面的推进，不断掘出新的钻场（旧钻孔可继续使用）。这种方法用于处理采空区瓦斯涌出而引起工作面瓦斯超限或上隅角瓦斯积聚时，效果甚佳。

采空区抽放瓦斯应注意以下两个问题：

——控制抽放负压，保证瓦斯质量

因为采空区围岩受采动影响透气性很高，若抽放负压过大，很容易使空气进入采空区而造成抽放瓦斯浓度降低，而且还可能引发自然发火。

——定期进行检查测定，避免自然发火

对于有自然发火危险的煤层，为防止采空区因抽放瓦斯而引起煤炭自然发火，必须定期进行检查并采取气样进行分析测定，其内容包括密闭或抽放管内的气体成分（O_2、CO、CO_2、CH_4）、温度、负压、流量等，并分析其变化动态。当一氧化碳或温度呈上升趋势时，应进行控制抽放（低负压抽放）；而发现有自然发火预兆时，必须立即停止抽放并采取向密闭内注水、注浆等防火措施，待自然发火征兆消除后再逐渐恢复抽放。

4. "未建立瓦斯监控系统或系统不能正常运行的"隐患认定及其排除

为了防止瓦斯事故，必须了解和掌握瓦斯涌出情况，及时发现和处理瓦斯超限或积聚等，加强瓦斯的检测和监控是煤矿治理瓦斯工作最重要的措施之一。如果未建立瓦斯监控系统，或者瓦斯监控系统不能正常运行，将不能对矿井瓦斯更好地实行监测和控制，容易导致矿井发生瓦斯熏人、燃烧和爆炸事故，所以成了煤矿重大安全生产隐患之一。故《煤矿安全规程》中规定，所有矿井必须装备矿井安全监控系统。

(1)"未建立瓦斯监控系或系统不能正常运行的"隐患认定

根据国家安全生产监督管理总局、国家煤矿安全监察局制定的《煤矿重大安全生产隐患认定办法（试行）》，有下列情形之一的，都认定为"未建立瓦斯监控系统，或者与瓦斯监控系统不能正常运行"：

①矿井没有装备矿井安全监控系统的。

②未配备专职人员对矿井安全监控系统进行管理、使用和维护的。

③传感器设置数量不足、安设装置不当、调校不及时，瓦斯超限不能断电并发出声光报警的。

(2) 矿井必须装备瓦斯监控系统

除高瓦斯矿井以外，低瓦斯矿井也必须装备瓦斯监控系统，重点产煤县（区）的高突矿井要实现区域联网。

低瓦斯矿井装备矿井安全监控系统的目的是，提高矿井安全装备和管理水平，确保矿井安全生产，其理由主要有以下几点：

①瓦斯是成煤过程中的一种伴生产物，所有煤矿的各个煤层都含有瓦斯等有毒有害气

体,只不过瓦斯涌出量大小不同而已,只要有瓦斯涌出,都会对煤矿安全生产构成威胁。

②在低瓦斯矿井中,瓦斯涌出量经常发生变化,有的瓦斯浓度增加,特别是当煤层赋存条件发生变化或遇到地质构造复杂地带时,有可能出现高瓦斯区域,这些情况都会使矿井安全生产的威胁变大。

③在低瓦斯矿井中,一般人们思想上重视不够,管理不严,容易出现无风、微风现象,造成局部地点瓦斯积聚,达到爆炸浓度界限。

④从瓦斯爆炸实例来看,我国煤矿低瓦斯矿井发生爆炸事故次数约占总爆炸事故次数约70%,有的还发生了重特大瓦斯爆炸事故。

(3) 配备专职人员对矿井安全监控系统管理、供用和维护

①要完善系统的管理运行机制,各重点煤矿以及实现区域联网的地区要配备专门人员负责系统的运行和维修管理。

②要按照管理、使用和维护的实际需要配备足够的人员。

③所有煤矿安全监控系统和区域监控联网系统的管理、使用和维护人员,必须经过培训、考试合格后持证上岗。

④各产煤省(区、市)应在乡镇煤矿相对集中、技术力量比较薄弱的地区扶持一批煤矿安全监控系统技术服务机构,依法为中小煤矿开展技术服务活动。

(4) 煤矿安全监控系统有关规定要求

①煤矿安全监控系统分站及其设置位置

煤矿安全监控系统中用来接收传感器的信号,并按预先约定的复用方式远距离传送给传输接口,同时,接收来自传输接口多路复用信号的装置,叫做分站。

井下分站应设置在便于人员观察、调试、检验及支护良好、无滴水、无杂物的进风巷道或硐室中,安装时应垫支架,或吊挂在巷道中,使其距巷道底板不小于300 mm。

②甲烷传感器及其悬挂位置

煤矿安全监控系统中连续监测矿井环境气体及抽放管道内甲烷浓度的装置,叫做甲烷传感器。它一般具有显示及声光报警功能。

甲烷传感器应垂直悬挂,距顶板(顶梁、屋顶)不得大于300 mm,距巷道侧壁(墙壁)不得小于200 mm,并应安装维护方便,不影响行人和行车。

③安全监控设备的调校及其调校周期

安全监控设备在使用中,由于受到环境因素和自然条件的影响,灵敏度下降,准确性变差,所以必须定期调校,其调校周期是:

——安全监控设备中一般在设备安装完成后,应全面标调1次,以后每月至少进行1次调试,校正。

——采用载体催化元件的甲烷检测设备,旧系统每隔7 d,新系统每隔10 d必须使用校准气样和空气样调校1次。

——安全监控设备中甲烷超限断电闭锁和甲烷风电闭锁功能必须每隔10 d进行1次测试。

——低浓度甲烷传感器遭受大于4%甲烷的冲击后,应及时进行调校或更换。

——安全监控设备发生故障时,必须及时处理,在处理期必须采取人工监测等安全措施。

④安全监控设备的巡检维护

井下安全监测工必须 24 h 值班。每天由专职人员（经过培训合格，并取得安全操作资格证）检查安全监控设备及电缆是否正常。使用便携式甲烷检测报警仪或便携式光学甲烷检测仪与甲烷传感器进行对照，并将记录和检查结果报监测值班员；当两者读数误差大于允许误差时，先以读数较大者为依据，采取安全措施并必须在 8 h 内对 2 种设备调校完毕。煤矿安全监控系统的分站，传感器等装置在井下连续运行 6~12 个月，必须升井检修。

⑤采煤工作面甲烷传感器的设置

当采用 U 形通风方式时，采煤工作面在上隅角、回风巷距工作面上出口≤10 m 处，回风巷距采区回风上山 10~15 m 处各设置 1 个甲烷传感器。如果是煤与瓦斯突出矿井还应在进风巷距工作面出口≤10 m 处设置 1 个甲烷传感器；如果采用串联通风，被串联工作面在进风巷距采区进风上山 10~15 m 处设置 1 个甲烷传感器。

采煤工作面上隅角甲烷传感器报警浓度≥$1.0\%CH_4$，断电浓度≥$1.5\%CH_4$，复电浓度＜$1.0\%CH_4$，断电范围为工作面及其回风巷内全部非本质安全型电气设备。

⑥掘进工作面甲烷传感器的设置

煤巷、半煤岩巷和有瓦斯涌出岩巷的掘进工作面应在以下地点设置甲烷传感器，并实现瓦斯风电闭锁：

——在掘进工作面混合风流处，即距工作面迎头≤5 m 处。

——在掘进工作面回风流中，即距采区回风上山 10~15 m 处。

——采用串联通风的掘进工作面，被串联工作面局部通风机前 3~5 m 处。

被串联掘进工作面局部通风机前的甲烷传感器报警浓度≥$0.5\%CH_4$，断电浓度≥$0.5\%CH_4$，复电浓度＜$0.5\%CH_4$，断电范围为被串联掘进巷道内全部非本质安全型电气设备；若包括局部通风机在内，则断电浓度为≥$1.5CH_4$。

六、构建煤矿瓦斯综合治理工作体系

1. 目前全国煤矿瓦斯治理现状

2006 年、2007 年全国煤矿瓦斯治理工作取得了显著成绩，瓦斯事故起数和死亡人数比 2005 年平均下降 17% 和 25%，2008 年 1~6 月同比分别下降 43% 和 48.3%。其中重大事故起数和死亡人数分别下降 53.9% 和 56.3%，没有发生特大事故。全国煤矿百万吨死亡率从 2005 年的 3.08 下降到 2007 年的 1.485，2008 年 1~6 月又降到 1.05。

但是，我国煤矿瓦斯事故多发仍是制约煤炭工业安全发展和可持续发展，影响全国安全生产状况稳定好转的主要矛盾和突出问题，全国煤矿安全生产形势依然严峻。

（1）重特大瓦斯事故尚未得到有效遏制。2007 年全国煤矿共发生重特大瓦斯事故 22 起，死亡 460 人，分别占煤矿同等级事故的 78.6% 和 80.3%。2008 年 1~6 月发生瓦斯事故 81 起，死亡 294 人，分别占煤矿事故的 9.6% 和 22.5%。

（2）"一通三防"工作不落实，瓦斯隐患仍然相当严重。一些煤矿企业"一通三防"欠账尚未全部补还。特别是一些小煤矿，通风系统不可靠，通风安全没保证。2007 年四季度发生的 2 起特大瓦斯事故（贵州省纳雍县群力煤矿"11·8"事故死亡 35 人，山西省洪洞县瑞之原煤矿"12·5"事故死亡 105 人），都是由于通风系统不健全、风量不足、违章作业所造成。

(3) 抽采抽放仍有较大差距。国有重点煤矿的348处高突矿井,目前大多数没能达到《煤矿瓦斯抽采基本指标》规定的标准。多数高突矿井的地方小煤矿尚未开展瓦斯抽采工作。国家扶持煤矿瓦斯抽采利用的相关政策,在一些地方尚未全部落实。

(4) 监测监控失效。目前全国所有高瓦斯矿井和92.5%的低瓦斯矿井已安装了监测监控系统。但一些煤矿监测监控系统运转不正常,一些小煤矿虽然安装了瓦斯监测监控系统,但形同虚设,不能发挥应有的作用。

(5) 现场基础管理工作薄弱。一些煤矿"一通三防"规章制度不健全、特别是一些小煤矿,井下层层转包、以包代管,工人未经培训就下井,现场管理混乱,"三违"现象随时随处可见。

2. 进一步加强煤矿瓦斯治理的指导思想和工作目标

(1) 指导思想

深入贯彻党的十七大精神,落实科学发展观,坚持"以人为本"和"安全发展",以有效防范和遏制重特大瓦斯事故、大幅度降低瓦斯事故总量为目标,坚持"安全第一、预防为主、综合治理"的安全生产方针,进一步加强领导、落实责任、增加投入、依靠科技、严格监管、强化监察,着力构造"通风可靠、抽采达标、监控有效、管理到位"的煤矿瓦斯综合治理工作体系,推动煤矿瓦斯治理工作再上新水平。

(2) 工作目标

到2010年,全国煤矿瓦斯事故死亡人数比2007年下降20%以上,重特大瓦斯事故得到有效遏制;煤层气(煤矿瓦斯)抽采总量突破100亿立方米;建成100个瓦斯治理示范矿井和100个瓦斯治理示范县,煤矿瓦斯综合治理工作体系建设取得明显成效,为实现煤矿安全生产状况明显好转、根本好转奠定基础。

3. 煤矿瓦斯治理方针

煤矿瓦斯治理的十六字方针是:

(1) 先抽后采

先抽后采是利用一切可利用的条件和一切能够采用的技术手段,将煤层瓦斯预抽到有关规定的指标以下后,再进行煤炭开采。

(2) 以风定产

矿井通风是有效遏制瓦斯事故的重要途径。以风定产指的是,按照《煤矿通风能力核定办法(试行)》每年进行一次矿井通风能力核定工作,根据核定的矿井通风能力科学合理地组织生产,严禁超通风能力进行生产。

(3) 监测监控

监测监控是采用瓦斯检测、控制仪器和装备,及时掌握瓦斯涌出异常情况,并加以断电控制。监测监控的目的就是预防发生瓦斯超限和积聚等隐患,从而控制瓦斯事故。

(4) 瓦斯治理

瓦斯治理是建立健全煤矿瓦斯重大安全隐患排查、治理和报告制度,落实煤矿企业瓦斯治理的主体责任,做到治理项目、资金、责任和进度四落实,建立隐患分级监控制度,务求在治理瓦斯隐患,防范重特大瓦斯事故上见实效。

4. 煤矿瓦斯综合治理工作体系

（1）通风可靠

通风是治理瓦斯的基础。因为瓦斯客观存在于煤炭采掘过程中。矿井通风系统可靠稳定，采掘工作面有足够的新鲜风流，瓦斯不聚积、不超限，就不会发生瓦斯事故。所以必须把矿井和采掘工作面通风，作为重要的基础性工作来抓，矿井和采掘工作面必须建立可靠稳定的通风系统。

①系统合理

系统合理指的是矿井和采掘工作面必须具备独立完善的通风系统。

——各煤矿企应根据矿井实际情况，按规定进行通风阻力测定，明确通风系统合理的通风线路、通风阻力和阻力分布比例。通风系统不合理时，应当进行系统改造，矿井通风阻力必须符合《煤矿井工开采通风技术条件》（AQ1028～2006）的规定，否则应采取降阻措施。

——矿井的生产水平和采区必须实行分区通风，采区进、回风巷必须贯穿整个采区，严禁一段为进风巷，一段为回风巷。高瓦斯矿井、煤与瓦斯突出矿井的每个采区，低瓦斯矿井开采煤层群和分层开采采用联合布置的采区、开采易自燃煤层的采区，必须设置专用回风巷。

——回采工作面通风方式的选择，必须满足治理瓦斯的需要。严禁无风、微风作业和采取不合理的串联通风。

②设施完好

设施完好指的是矿井通风设施位置合理、完好无损，通风巷道有足够的断面积。

——矿井主要通风机和局部通风机要按规定检测、检修和维护，实行挂牌管理，专人负责并持证上岗。按规定进行反风演习，保证通风设施完好、正常运行。

——要加强对风门、风筒、密闭、风窗和风桥等井下通风设施及构筑物设置的管理，明确构筑标准和验收程序。已有设施要建立检查和维护制度，定期检查其完好情况，保持通风设施完好可靠，防止风流短路、系统紊乱和有害气体涌出。

——总回风巷、主要回风巷不得设置风流控制设施，采区应尽量减少通风构筑物，减少漏风，提高有效风量率。

——要加强通风巷道维护。保证通风所需要的巷道断面，并且通风巷道无维修现象。

③风量充足

风量充足指的是矿井、采掘工作面及其他场所供风量满足安全生产的要求。

——矿井主要通风机应当双机同能力配备，实现双回路供电。

——矿井开拓、准备采区以及采掘作业前，要准确预测瓦斯涌出量，制定通风风量计算和配风标准，编制通风设计，保证采掘面配风充足。

——硐室配风量要满足设备降温、空气质量符合规定、有害气体不超限的要求。

——矿井有效风量率应达到87%以上。

——矿井风量应当在满足井下各工作地点、通风巷道和硐室等用风的前提下，加强通风能力配备、具备充足、合理的富裕系数，提高矿井抗灾能力。

——开采易自燃和自燃煤层的矿井和采区，风量配备要在满足防治瓦斯的前提下进行有效控制，满足防范自然发火的要求。

④风流稳定

风流稳定指的是用风地点风向、风量、风速持续均衡稳定。
——废弃巷道、盲巷和与采空区联通的巷道要及时进行封闭。
——要尽量减少角联通风，对无法避免的角联通风巷道要进行有效控制，确保风向、风速稳定，严禁在角联通风网络内布置采掘工作面。

掘进工作面必须采用局部通风机通风或全风压通风。
——要根据采掘进度及施工永久通风设施，杜绝通风工程亏欠，并确保风流稳定，控制可靠。
——高突矿井掘进工作面必须实行"三专两闭锁"，采用"双风机、双电源"，并实现运行风机和备用风机自动切换，保持通风机连续、均衡供风，风流稳定。
——低瓦斯矿井的煤与煤岩掘进工作面要积极推广使用的"双风机、双电源"，确保供风稳定、可靠。

（2）抽采达标

抽采抽放是防范瓦斯事故的重要手段。因为瓦斯治理必须坚持标本兼治，重在治本。通过抽采抽放降低煤层中的瓦斯含量，从根本上治理防范瓦斯灾害。所以，要加大瓦斯抽采力度，提高抽采率和利用率，努力实现抽采达标。

①多措并举

多措并举指的是地面抽采与地下抽采相结合。因地制宜、因矿制宜，把矿井（采区）投产前的预抽采、采动层抽采、边开采边抽采，老空区抽采等措施结合起来，全面加强瓦斯抽采抽放。
——要准确掌握开采水平和回采区域煤层的瓦斯压力、瓦斯含量和煤层透气性等参数，科学确定抽采方式，并根据采掘工作面瓦斯涌出情况，合理选择抽采系统、抽采方法和抽采工艺。
——要积极采用密集钻孔，大直径钻孔、水平长距离钻孔和专用巷道等抽采工艺，强化抽采措施。
——要优先选择高负压大流量水环或真空泵，瓦斯抽采泵和管网的能力要留有足够的富余系数，泵的装机能力应为需要抽采能力的2~3倍。
——具备条件的矿井，应分别建立高、低浓度两套抽采系统，满足煤层预抽、卸压抽采和采空区抽采的需要。

②应抽尽抽

应抽尽抽指的是，凡是应当抽采的煤层，都必须进行抽采，把煤层中的瓦斯最大限度地抽采出来，降低煤层瓦斯含量。
——水平连续、采区连续都要保证瓦斯预抽达标和整个抽采作业过程的安全技术要求，实现先抽后采。
——煤与瓦斯突出矿井具备开采保护层条件的，必须优先选择开采保护层，实施超前预抽瓦斯等区域防突措施，并强化"四位一体"防突措施的落实。要充分认真考察被保护层保护范围和保护效果，并确保保护效果有效。保护层开采过程中要避免煤柱留设，并积极推广沿空留巷无煤柱开采技术，取消阶段煤柱。
——煤与瓦斯突出矿井不具备开采保护条件的，应采用煤层顶底板巷道和穿层钻孔、顺层长钻孔等措施预抽煤层瓦斯。突出危险区域煤层掘进工作面应在预抽钻孔的掩护下进行作业，严重突出危险煤层尽可能选择地面钻井预抽或穿层钻孔预抽。

——石门揭穿突出煤层前必须编制设计，严格突出危险性预测和防突效果检验，留设足够的岩柱尺寸，认真实施抽采瓦斯、水力冲孔等综合防突措施。

③抽采平衡

抽采平衡指的是，矿井瓦斯抽放能力与采掘布局相协调、相平衡，使采掘生产活动始终在抽采达标的区域内进行。

——煤层瓦斯抽采工程要做到与采掘工程同步设计，超前施工、超前抽采，超前预抽时间要满足煤层预抽效果达标的要求。

——矿井企业生产计划的编制应以矿井瓦斯抽采达标煤量为限，计划开采煤量不得超过瓦斯抽采达标煤量。

——应抽采瓦斯的矿井生产安排必须与瓦斯抽采达标煤量禁止匹配，保持抽采达标煤量和生产准备及回采煤量相平衡，使采掘生产活动始终在抽采达标的区域内进行。

④效果达标

效果达标指的是，通过抽采，使吨煤瓦斯含量、煤层的瓦斯压力、矿井和工作面瓦斯抽采率、采煤工作面回采前的瓦斯含量，达到《煤矿瓦斯抽采基本指标》规定的标准。

——煤矿企业要建立瓦斯抽采达标考核办法，加强对瓦斯抽采效果的评估考核。

——要针对煤层瓦斯赋存条件，试验摸索实现抽采达标的系统、设备和工艺参数，建立抽采设计和评估考核标准。

煤层经抽采瓦斯后，采掘工作面瓦斯抽采率、煤的可解及瓦斯含量和回风流瓦斯浓度要达到《煤矿瓦斯抽采基本指标》（AQ1026—2006）的要求。

——所有突出矿井必须实施区域预抽，突出煤层突出危险区域的采掘工作面经预抽后，瓦斯含量和瓦斯压力要达到《煤矿瓦斯抽采基本指标》（AQ1026—2006）的规定要求，否则严禁组织采掘作业。

（3）监测监控

监测监控是防范瓦斯事故的有效保障。监测监控就是利用先进的技术手段，及时掌握井下瓦斯含量和瓦斯浓度，在瓦斯超限等异常情况发生时，及时采取措施，化解风险，杜绝事故。所以，必须做到监测准确，监控有效。

①装备齐全

装备齐全指的是，监测监控系统的中心站、分站、传感器等设备齐全，安装位置符合规定要求，系统运作不间断、不漏报。

所有煤矿都必须按照《煤矿安全监控系统及检测仪器使用管理规范》（AQ1029—2007）的要求安装煤矿安全监控系统。

——安全监控系统的中心站、分站和传输电缆等设备要齐全，数量和安装位置要符合规定。

——中心站应采用双回路供电，并双机或多机备份。备份主机能在 5 min 内投入工作。

——有不小于 2 h 在线或不间断电源，有接地、防雷装置及录间电话。

——矿调度室内有主机或显示终端。

——联网主机有防火墙等网络安全设备。

②数据准确

数据准确指的是，瓦斯传感器必须按期调校，其报警位、断电值、复电值要准确合理，监测中心能适时反映监控场所瓦斯的真实状态。

——要制定安全监控岗位责任制、操作规程、值班制度、维护调校等规章制度，完善图纸台账，配备足够的管理、维护、检修、值班人员，并经培训合格持证上岗。

——监控主机能显示所有传感器的真实信息，监控中心能适时反映监控场所和对象的真实状态。

——甲烷传感器必须按照规定的报警、断电和复电值以及断电范围进行设置，必须采用新鲜空气和标准气样用正确的方法调校。

——没有能力对系统和传感器进行维护、调校的小煤矿，要与技术服务机构签订协议，及时维护、定期调校，保证系统运行稳定、数据准确可靠。

③断电可靠

断电可靠指的是，当瓦斯超限时，能够及时切断工作场所的电源，迫使停止采掘等生产活动。

——监控设备的供电电源必须取自被控开关的电源侧。

——每隔 10 d 必须对甲烷超限断电闭锁和甲烷风电闭锁功能进行测试，保证甲烷超限断电、停风断电功能和断电范围的准确可靠。

——中心站应正确显示报警断电及馈电的时间、地点。

——采掘工作面等作业地点瓦斯超限时，应声光报警、自动切断监控区域内全部非本质安全型电气设备的电源并保持闭锁状态。

④处置迅速

处置迅速指的是，按照瓦斯事故应急预案，当瓦斯超限各类异常现象出现时，能够迅速作出反应，采取正确的应对措施，使事故得到有效控制。

——各地要加快监控系统区域联网和技术服务体系建设，完善网络中心和服务机构非正常处置程序和应急预案等，确保网络和系统正常运行并发挥其监测、控制和预警作用。

——煤矿企业要加强监控中心的值班和值守，明确值班和带班人的责任，当瓦斯超限和各类异常现象出现时，要迅速做出反应，采取正确的应对措施，及时处理瓦斯异常问题。

——大型煤矿要建立救援队伍，配足救援装备。

——不具备建立救援队伍条件的小型煤矿要与周边专业救援队伍签订协议，保证事故的及时抢险和救助。

——新建矿井和具备条件的生产矿井要建设井下应急避难所，具备为遇险人员提供氧（风）、通讯、食品和饮水等功能。

(4) 管理到位

管理是瓦斯治理各项措施得到落实的关键。因为管理是企业永恒的主题。管理不到位，再完善的系统，再先进的装备也难以发挥应有作用。特别是当前一些煤矿管理松弛，一些小煤矿无章可循、有章不循、三违严重，给瓦斯治理带来极大的危害。所以，必须做到管理到位。

①责任明确

责任明确指的是，把瓦斯治理和安全生产的责任细化，分解落实到煤矿各个层级、各个环节和各个岗位，上至董事长、总经理和总工程师，下至作业现场的每个职工，都有自己明确的具体职责。

——要细化瓦斯治理和安全生产责任，并分解落实到煤矿企业各个层级、各个环节和各个岗位，上至董事长、总经理和总工程师，下至作业现场的每个职工，都有自己明确的具体职责。

——要健全以总工程师（技术负责人）为核心的技术管理体系，设立由总工程师（技术负责人）直接管理的科研、设计、地测、生产技术"一通三防"等技术部门和机构。

——高瓦斯、煤与瓦斯突出矿井必须按要求设立通风、防突、抽采、安全监控等专业队伍，并配备专业技术人员。

——矿井必须设专职通风副总工程师，提倡设通风副矿长、实现技术与行政管理责任分离。

——煤与瓦斯突出矿井应设专职地测副总工程师。

——涉及瓦斯治理的矿井开拓部署、采掘巷道布置和生产系统调整，技术规范、标准和措施的制定，以及新技术、新装备和新工艺的推广应用等重大技术问题，必须由总工程师（技术负责人）负责决策。

②制度完善

制度完善指的是，建立健全瓦斯防治规章制度，把对各个环节、各个岗位的工作要求，全部纳入规范化、制度化轨道，做到有章可循，并根据井下条件的变化和随时出现的新情况、新问题，不断修改、充实、完善规章制度，不断改进和加强瓦斯治理的各项措施，使管理工作常抓常新，科学有效。

——要根据井下条件的变化和随时出现的新情况和新问题，不断修改、充实、完善规章制度和各项措施。

——要建立隐患排查制度，及时排查治理瓦斯等隐患。

——要建立瓦斯等有害气体的检查制度，配备足够的瓦斯检查人员，落实巡回检查和专人检查规定。

——要树立"瓦斯超限就是事故"的理念，建立瓦斯超限追查制度，查找和清除事故隐患。

——要建立排放瓦斯管理制度，落实安全排放措施，确保瓦斯排放安全。

——要建立通风系统调整管理制度，明确程序、分级审批和专人指挥；改变全矿井通风系统时，必须由煤矿企业总工程师（技术负责人）进行审批。

——要建立巷道贯通管理制度，保证贯通两巷的正常通风和系统稳定、瓦斯不超限。

——要建立机电设备使用管理制度，加强矿用设备安全标志管理以及机电设备和供电系统维护，按规定定期检测检验，及时淘汰国家明令禁止使用的设备，坚决杜绝失爆，保障供电安全。

③执行有力

执行有力指的是，加大贯彻执行力度，在抓落实上狠下功夫。坚持从严要求，一丝不苟，严格执行规章制度，严厉惩处违章指挥、违章作业和违反劳动纪律的行为。落实岗位责任，实现群防群治。

——要对煤矿企业主要负责人、安全管理人员、特种作业人员以及其他从业人员进行煤矿瓦斯综合治理意识、知识和操作技能的教育培训，使他们认识到瓦斯治理的必要性。瓦斯事故形成的成因和治理瓦斯的措施，从而自觉、有效地投入到瓦斯综合治理工作中来。

——要将瓦斯治理的责任贯彻到每个矿井、区队和班组，落实到每个环节和每道工序。

——要建立瓦斯治理定期研究和推进机制，明确工作标准、工作程序和执行标准，煤矿企业及所属矿井主要负责人每月至少组织专题研究1次瓦斯治理工作，定目标、定责任、定进度，及时研究解决瓦斯治理工作中的突出问题，确保职责和制度的落实。

——要坚持从严要求，一丝不苟，严格执行规章制度，严厉惩处违章指挥、违章作业和违反劳动纪律的行为。

——要积极发挥党、政、工、团、妇联和群众的监督作用，实现群防群治。

④监督严格

监督严格指的是，建立强有力的监督机制，加强监督检查。煤矿各级干部必须切实履行安全生产职责。各级煤炭管理部门要加强行业管理和指导，安全监管监察机构要加大监管监察力度，确保国家安全生产法律法规、上级安全生产指示指令在各类煤矿得到切实认真的贯彻落实。

——煤矿企业必须强化对瓦斯治理的监督管理工作。

·煤矿企业及所属矿井要认真落实岗位责任，建立严格的监督检查和考核奖励制度，加强对安全生产规章制度、规程、标准和规范的执行情况的监督检查。

·煤矿干部必须切实履行职责，强化和完善领导干部下井带班制度，加强对重点部位、关键环节的巡视、检查和监督，研究解决井下存在的突出问题，增强下井带班效果。

·要加强瓦斯治理目标和责任制落实情况的监督考核，实行"一票否决"。

——煤炭管理部门要加强对瓦斯治理的行业管理和指导工作。

·按规定组织开展所辖煤矿的瓦斯等级鉴定，严把审核批准关，严格按标准和规范确定矿井瓦斯等级。

·要严肃认真地搞好矿井生产能力核定工作，把构建瓦斯综合治理工作体系的要求，特别是矿井通风和瓦斯抽采能力等作为生产能力核定的重要内容和约束指标。

·要积极推进辖区内煤矿企业瓦斯综合治理工作体系的建设，努力建成一批瓦斯治理县和矿井。

·煤矿新建和改扩建项目，瓦斯治理工程不配套的，不得立项建设。

·存在重大瓦斯隐患难以治理的小煤矿，要予以关闭。

·要督促煤矿企业认真排查治理重大瓦斯隐患、落实瓦斯治理各项措施，切实做好从业人员安全教育培训，提高防范瓦斯灾害的技能。

——煤矿安全监察机构要依法履行国家监察职责把煤矿瓦斯治理情况作为监察重点

·要把瓦斯治理列入重点监察计划，开展定期监察、专项监察和重点监察。

·严格煤矿建设项目"三同时"，对通风系统、瓦斯抽采、安全监控等瓦斯治理工程不配套的矿井，不得通过安全设施设计审查和竣工验收。

·严把煤矿安全许可关，对存在重大瓦斯隐患没有整改的煤矿，要依法暂扣安全生产许可证或不得换发安全生产许可证。

· 对存在系统不完善、管理不到位、抽采不达标等问题仍然组织生产的，必须责令停产整顿。

· 对瓦斯隐患严重、排查治理不力的，要予以行政处罚或停产整改；造成事故的，要依法从严追究责任。

· 对存在重大瓦斯隐患难以治理的煤矿，特别是煤与瓦斯突出严重矿区，生产能力在30万 t/a 以下的煤矿，应提请地方政府对该煤矿治理灾害的能力进行专家论证，并决定是否予以关闭。

第三节 矿尘及其防治

一、矿尘概述

1. 矿尘及其分类

矿尘指的是在矿井生产和建设过程中所产生的，并能在空气中悬浮一定时间的各种矿物细微颗粒的总称。

矿尘的分类方法很多，目前我国煤矿对矿尘主要有以下分类方法：

（1）按矿尘的成分分类

①煤尘：直径小于 1 mm 煤炭颗粒。

②岩尘：直径小于 5 um 岩石颗粒。

（2）按矿尘中游离 SiO_2 的含量分类

①矽尘：矿尘中游离 SiO_2 含量在 10% 以上。

②非矽尘：矿尘中游离 SiO_2 含量在 10% 及其以下。

（3）按矿尘存在状态分类

①浮尘：悬浮在矿井空气中的矿尘。

②积尘：沉积在井巷四周、支架、设备和物料上的矿尘。

（4）按卫生学观点分类

①总粉尘：悬浮于矿井空气中各种粒径的矿尘总和，以前称为全尘。它指的是在正常呼吸过程中通过鼻和嘴能够吸入的矿尘。

②非呼吸性粉尘：虽然进入体内，但由于鼻、咽、气管支气管、细支气管的拦截、阻留作用仍不能进入肺泡区的粉尘。

③呼吸性粉尘：能够呼吸到人体肺泡区的粉尘。它是导致尘肺病的粉尘。呼吸性粉尘空气动力学直径均在 7.07 um 以下，并且空气动力学直径 5 um 的效率为 50%。

（5）按矿尘的爆炸性分类

①有爆炸性矿尘：本身具有爆炸性，在一定条件下能发生爆炸的矿尘。

②无爆炸性矿尘：本身没有爆炸性，在任何条件下都不会发生爆炸的矿尘。

2. 矿尘的产生

煤矿井下矿尘的来源主要有以下几条途径：

（1）采掘工作面破碎、装载煤（岩）过程，如电钻、风锤打眼、爆破、采掘机械切割煤（岩）、人工装载和机械装载等。

（2）采空区处理过程，如人工回柱放顶、液压支架移架和放顶煤开采的放顶煤作业工序等。

（3）煤（岩）的运输和转载过程，如煤（岩）的自溜运输、输送机运输、转载、卸载、煤仓口放煤和翻笼翻煤等。

（4）喷浆过程，在喷浆作业时会产生大量的水泥和矿粒粉尘。

3. 矿尘的危害

矿尘对人体健康和矿井安全存在着严重危害，主要表现在以下几方面：

（1）对人体健康的危害。长期吸入大量的矿尘，轻者引起呼吸道炎症，重者导致尘肺病。同时，皮肤沾染矿尘，阻塞毛孔，能引起皮肤病或发炎，矿尘还会刺激眼膜。

煤矿尘肺病按致病粉尘的岩性可分为以下三种，它们的病情和得病年限也不相同。

①矽肺病

长期过量地吸入含结晶型游离二氧化硅的岩尘可引起矽肺病。

矿工在高浓度的岩尘空气中工作，一般平均5～10年就会得矽肺病，有的短至2～3年就会得病。

②煤肺病

长期过量地吸入煤尘所引起的尘肺病叫做煤肺病。

煤肺病比矽肺病稍缓和些，且得病的年限较长，但最终也会使矿工丧失劳动能力。在高浓度的煤尘空气中劳动，一般10～15年可得煤肺病。

③煤矽肺病

长期过量地接触煤尘又接触矽尘的矿工，可得煤矽肺病。

煤矽肺病的病情和得病年限比煤肺病严重得多，兼有煤肺病和矽肺病的特点。

（2）煤尘爆炸。煤尘在一定条件下可以爆炸，煤尘爆炸是煤矿五大灾害之一。对于瓦斯矿井，发生瓦斯爆炸时煤尘也有可能同时参与爆炸，使爆炸破坏程度加剧。

煤尘爆炸给矿井安全和人体生命健康带来的危害主要有以下三种：

①爆炸产生高温、火焰

根据实验室测定，煤尘爆炸火焰的温度为1 600～2 000 ℃。煤尘爆炸时要释放出大量的热量，依靠这些热量可使气体产物的温度高达2 300～2 500 ℃，在一端开口的无限长巷道内爆炸时，煤尘爆炸最大火焰的瞬时燃烧速度可达1 120 m/s。如些高温、火焰会烧伤烧死人员、烧毁矿山设备和资源及引起瓦斯煤尘二次爆炸。

②爆炸形成高压、冲击波

煤尘爆炸使爆源附近气体温度骤然上升，从而使气体的压力突然增大，煤尘爆炸的理论压力为0.736 MPa，但是在有大量积尘巷道时，爆炸压力将随距爆源距离的增加呈跳跃地增大。一般来说，距爆源200 m的平硐巷道口，爆炸压力可达0.5～1.0 MPa。如果在冲击波传播的通道内受阻时，爆炸压力还将上升，冲击波速度高达2 340 m/s。如此高压、冲击波会对人体内脏造成极大损伤，推倒人员造成外伤和内伤，摧垮支架造成巷道塌冒，摧坏矿井通风设施造成紊乱，摧毁机电设备和矿车造成生产中断，吹扬积尘造成煤尘再次爆炸。

③爆炸生成有毒有害气体

煤尘爆炸时生成大量的有毒有害气体，除一氧化碳和二氧化碳外，还存在各种碳氢化合物气体，其中一氧化碳含量可达2%~3%，甚至高达8%。爆炸事故死亡人数有70%~80%是由于一氧化碳中毒造成的。所以，一氧化碳超限是煤尘爆炸造成大量人员伤亡的主要原因。

（3）污染作业环境。矿尘增大，会降低作业场所和巷道的能见度，不仅影响劳动效率，还容易导致误操作、误判断，往往造成作业人员伤亡。

（4）对机械设备的危害。矿尘能加速机械磨损，缩短使用寿命，增加人员对设备的维修工作量。

二、煤尘爆炸性鉴定

并非所有煤层都具有爆炸危险性，即使有爆炸危险的煤尘，其爆炸强弱程度也不一定相同。为了对具有不同爆炸性能的煤尘采取针对性的防治技术措施，必须掌握开采煤层的爆炸性，所以必须对煤尘进行爆炸性鉴定。

1. 煤尘爆炸性鉴定时期

在以下各个时期都必须实行煤尘爆炸性鉴定：

（1）新矿井的地质调查报告中，必须有所有煤层的煤尘爆炸性鉴定资料。

（2）在每年实行矿井瓦斯等级鉴定的同时，必须进行煤尘爆炸性鉴定工作。

（3）生产矿井每延深一个新水平，应进行1次煤尘爆炸试验工作。

2. 提供煤尘爆炸性鉴定煤样

煤尘爆炸性鉴定应由煤矿企业或地质部门提供煤样。煤样采制必须由采样工负责完成，采制方法按"刻槽法"和"孔芯法"。

（1）刻槽法

采用"刻槽法"采制煤样时，首先平整煤层表面、扫清底板浮煤，然后沿着与煤层层理相垂直的方向，由顶板到底板刻划两条平行直线，当煤层厚度在1 m以上时，直线之间的距离为100 mm；煤层厚度在1 m以下时，直线间的距离为150 mm。在两条直线间通过刻出煤槽采制煤样，刻槽深度为50 mm。

（2）孔芯法

在煤层底板上铺一块塑料布或其他防水布，收集采下的煤样，全部装入口袋，在送往鉴定运输中不得漏失。

采用钻孔孔芯采制煤样时，如果孔芯是一个整齐的煤柱，首先用清水将煤柱洗净，然后用劈岩机沿纵轴方向劈开，取下四分之一部分，并去除夹石。如果煤柱中不含夹石，也可在送煤质化验的二分之一煤柱中取出一半；也可在碾碎的煤样中直接缩取煤样。

如果孔芯为不完整的煤柱、碎块较多或全为碎块时，首先用清水洗净煤样，除去泥浆、钢砂及杂质，干燥后取出四分之一部分。

3. 煤尘爆炸性鉴定单位和方法

（1）煤尘爆炸性鉴定单位

煤尘爆炸性鉴定必须由国家授权单位负责进行。鉴定的装置必须用国家批准的专用设备，工作人员必须经过专门培训并取得合格证。所用计量仪表、器具等必须按规定由计量部门检定。

(2) 煤尘爆炸性鉴定方法

鉴定煤尘爆炸主要有以下两种方法：

①在实验室采用大管状煤尘爆炸性鉴定实验仪进行煤尘爆炸性鉴定。

目前，我国煤矿主要采用大管状煤尘爆炸鉴定实验仪，以它试验和鉴定的数据作为煤尘爆炸性的指标。

确定煤尘有无爆炸性以及煤尘爆炸性强弱，主要是依靠操作人员观察燃烧管内煤尘的燃烧或爆炸状态，分以下几种情况：

——加热器上只出现稀少的火焰或根本没有火焰，表明该煤尘无爆炸性危险。

——火焰在燃烧管内加热器两侧连续不断或不连续地向外蔓延，表现该煤尘具有爆炸性，但属于爆炸性微弱的煤尘。

——火焰在燃烧管内向加热器两侧迅速蔓延，表明该煤尘具有爆炸性，而且属于强烈爆炸危险的煤尘。

②根据煤的工业分析计算爆炸指数，对煤尘爆炸性进行鉴定。

由于煤的爆炸指数并不能完全准确的表示煤尘爆炸性能，所以不能作为确定煤尘有无爆炸危险的依据，只能用来粗略判断煤尘有无爆炸性和其爆炸强弱。

爆炸指数与煤尘爆炸性强弱的关系：

煤尘爆炸指数越高，则煤尘爆炸性越强。煤尘爆炸指数与煤尘爆炸强弱的关系如下：

——爆炸指数<10%，煤尘一般不爆炸。

——爆炸指数 10%～15%，煤尘爆炸性较弱。

——爆炸指数 15%～28%，煤尘爆炸性较强。

——爆炸指数>28%，煤尘爆炸性强烈。

煤尘爆炸指数指的是煤的挥发分占可燃物的百分数，其单位为%。

煤尘爆炸指数可按下式计算：

$$V_{爆} = \frac{V_{挥}}{V_{挥}+C} \times 100\%$$

或 $$V_{爆} = \frac{V_{挥}}{100-A-W} \times 100\%$$

式中　$V_{爆}$——煤尘爆炸指数，%；

　　　$V_{挥}$——煤尘挥发分，%；

　　　A——煤尘灰分，%；

　　　W——煤尘水分，%；

　　　C——煤尘固定碳，%。

三、煤尘爆炸条件

1. 煤尘爆炸的实质

煤尘爆炸的实质是空气中氧气与煤尘在高温作用下发生的急剧化学反应过程。

悬浮于空气中的煤尘在高温热源作用下，迅速被干馏或气化散放出可燃性气体。这些可燃性气体燃点较低，与空气混合后，在高温热源作用下燃烧起来，燃烧生成的热能又使煤尘加热而燃烧，生成更多的热能。这些热能传播给附近煤尘并使其重复以上过程。在这些过程连续不断地进行中，氧化化学反应越来越快，温度越来越高，范围越来越大，当达到一定程度时，便由一般燃烧发展成为剧烈的煤尘爆炸。

煤尘爆炸化学反应方程式如下：

（1）煤尘完全燃烧时，$C+O_2 = CO_2 + 8\ 140\ KcaI/kg$。

（2）煤尘不完全燃烧时，$2C+O_2 = 2CO + 2\ 440\ KcaI/kg$。

2. 煤尘爆炸的条件

煤尘爆炸必须同时具备以下 3 个条件才发生，缺少其中任何 1 个条件则不可发生煤尘爆炸。

（1）具有能够爆炸的悬浮煤尘浓度。

能够爆炸的悬浮煤尘浓度包括以下 3 方面内容：

①煤尘本身具有爆炸性。

煤尘本身有的具有爆炸性，而有的不具有爆炸性。当煤尘受热氧化后，产生的可燃性气体很少，不能使煤尘发生爆炸，因而，一般认为煤的挥发分大于 10% 时，基本上属于爆炸性煤尘，煤尘有无爆炸性，只有通过煤尘爆炸性鉴定才能确定。爆炸性煤尘根据其爆炸指数的大小来判定其爆炸程度的强弱。在我国有的煤矿煤尘爆炸指数 12% 仍没有爆炸性，而有的煤矿煤尘爆炸指数 9% 却具有爆炸性。

②煤尘在空气中呈悬浮状态。

只有在空气中呈悬浮状态的煤尘，它的表面积才会成千上万倍的增大，与空气中的氧接触面积随之显著增大，加快了氧化作用，如 $1\ m^3$ 煤块，破碎成直径 1 um 的煤尘时，其表面积增大 1 万倍。

③煤尘的浓度。

煤尘浓度过低，尘粒与尘粒之间的距离较大，煤尘燃烧时产生的热量很快被周围介质所吸收，那么就不会发生爆炸；相反，如果煤尘浓度过大，煤尘在氧化和燃烧过程中放出的热量被煤尘本身所吸收，同样也不会发生爆炸。据理论和实验表明，煤尘浓度达到 45～（1 500～2 000）g/m^3 时才能发生爆炸。爆炸威力最强时煤尘浓度为 300～400 g/m^3。

当井下空气中含有瓦斯时，煤尘爆炸浓度将会降低，如当瓦斯浓度达到 3.5% 时，煤尘浓度降低到 6.1% 就可能发生爆炸。

（2）具有点燃引爆煤尘的高温热源。

点燃引爆煤尘的热源温度因煤尘性质和所处条件不同变化较大。在正常情况下，煤尘点燃引爆热源的温度为 610～1 050 ℃，一般为 700～800 ℃。其引爆高温热源种类与瓦斯爆炸引爆高温热源种类相同，在井下作业地点很容易产生。

（3）具有足够的氧气含量。

煤尘爆炸实质上就是煤尘的剧烈氧化现象。煤尘爆炸时空气中氧气含量必须大于 18%。但是，即使氧气含量小于 18% 时，也不能完全防止瓦斯和煤尘在空气中混合物的爆炸。

空气中氧气含量对煤尘爆炸有很大影响。当氧气含量增加时，点燃煤尘的温度可以降低，反之，氧气含量减小时，点燃煤尘的温度就要提高。同时，煤尘爆炸产生压力随空气中氧气含量增大而增大。

3. 煤尘爆炸感应期

(1) 感应期的概念

煤尘爆炸感应期指的是煤尘从受热分解产生足够数量的可燃性气体和热量到形成爆炸所需的时间。

(2) 影响感应期的因素

煤尘爆炸感应期取决于煤尘中挥发分的高低，挥发分越高，感应期就越短，一般感应期为 40~200 ms。

(3) 感应期对煤矿安全生产的作用

尽管煤尘爆炸感应期非常短暂，但对矿井安全生产却有着非常重要的意义。例如，井下使用安全炸药爆破时，虽然爆炸产生的高温达 2 000℃，但这个高温和爆炸产生的冲击波存在的时间非常短，都不会超过 10 ms，远远小于煤尘爆炸感应期，所以在爆破时不会发生煤尘爆炸。同样，煤尘爆炸感应期原理也应用在井下防爆电气设备的设计中，所以在有煤尘爆炸危险的环境中使用防煤电气设备图示也是安全的。

4. 瓦斯爆炸与煤尘爆炸的关系

瓦斯爆炸与煤尘爆炸有着相同地方，也有着区别的地方。

(1) 瓦斯爆炸与煤尘爆炸相同处

瓦斯爆炸和煤尘爆炸都是井下常发生的爆炸现象，是煤矿五大自然灾害之一。它们的发生有以下相同点：

①从发生的条件来分析，都必须具备足够的氧气含量和一定温度的热源。井下正常地点的氧气含量都能满足需要，高温热源虽然高低温度数值有所不同，但井下常见的火源都能达到它们对温度的要求。所以，从氧气和温度这两个条件来说，它们是一致的，也就是说，在这样的环境条件下，既能引发瓦斯爆炸，也能引发煤尘爆炸。

②从事故造成的后果来分析，瓦斯爆炸和煤尘爆炸都能给井下带来严重灾害，造成矿井毁坏和人员伤亡。

③瓦斯爆炸和煤尘爆炸互相创造有利机会。瓦斯爆炸能扬起巷道中的煤尘，使积尘变为浮尘，浮尘浓度达到爆炸界限，遇到瓦斯爆炸产生的火焰、高温烟流又能引起煤尘爆炸；煤尘爆炸能毁坏矿井通风设施，造成瓦斯积聚，积聚的瓦斯达到爆炸浓度，遇到煤尘爆炸产生的火焰、高温烟流又能引起瓦斯爆炸。

(2) 瓦斯爆炸与煤尘爆炸不同处

瓦斯爆炸和煤尘爆炸往往同时发生，从现象上严格区分它们是非常困难的。在现场区分主要根据以下几方面情况：

①爆炸条件

分析爆炸事故发生之前爆炸地点是否存在可能爆炸的煤尘或瓦斯等条件，即煤尘、瓦斯浓度是否到达爆炸界限，从而进一步推断是煤尘还是瓦斯，或者瓦斯煤尘爆炸。

②爆炸特征

煤尘爆炸不但有连续爆炸的特征，而且还有距爆源越远破坏力越大的特征，而瓦斯爆炸不具备此特征。

——煤尘连续爆炸原因

煤尘发生连续爆炸主要有以下两个原因：

・煤尘爆炸产生的反向冲击造成的。

煤尘爆炸时的正向冲击是在高温作用下爆炸地点的空气急剧向外扩张，而反向冲击是在爆源附近空气受热膨胀，密度减小，火焰过后温度降低，瞬时形成负压区，空气迅速向爆源附近返回。在反向冲击发生时，如果该爆源附近仍然存在煤尘，在热源和氧气的参与下导致第二次煤尘爆炸。

· 煤尘爆炸时落后于压力波的高温火焰造成的。

因为煤尘爆炸时，产生的压力波传播速度很快，能将巷道中、设备上物物料表面的积尘扬起，使空气中煤尘浓度迅速达到爆炸浓度界限，当落后于压力波的高温火焰到达时，就会发生第二次煤尘爆炸。

——煤尘连续爆炸危害

煤尘发生连续爆炸对矿井安全的危害主要表现在以下三个方面：

· 压力增大

煤尘发生连续爆炸时，后一次爆炸是在前一次爆炸的基础上发生的，后一次爆炸前空气初压力往往大于大气压力，爆炸后产生的空气压力与初压叠加，所以，连续爆炸时越在后面的爆炸压力越大。

· 破坏更惨重

煤尘爆炸发生后，巷道、支架已经遭到损坏，但也有个别地点存在着没有倒塌、堵塞情况，后一次爆炸是在前一次爆炸破坏的基础上，将未塌的巷道全部可能塌冒，人员受伤或避难可能因后一次爆炸而出现死亡。

· 事故范围扩大

煤尘连续爆炸使爆炸事故波及的范围扩大，而且，连续爆炸间隙时间没有规律可循。所以，对人员造成伤害和矿井破坏十分严重。

③爆炸威力

煤尘爆炸产生的热量大，爆炸压力大。据有关资料，距爆源 200 m 的巷道出口处爆炸压力可达 0.5～1.0 MPa，如果通路中遇到障碍物、巷道断面突然变化或拐弯，则爆炸压力更大。从一般现象上看，煤尘爆炸比瓦斯爆炸破坏更惨重。

④爆炸"焦巴"

煤尘爆炸时煤尘焦化黏结在支架或巷壁上形成"焦巴"，这是确定是否为煤尘爆炸的重要标志。

——爆炸"焦巴"形成原因

煤尘爆炸时，由于氧气供给不充分，燃烧通常是不完全的。一部分没有完全燃烧的煤尘被烧焦而形成皮渣或粘块附着在支架上，便形成了"焦巴"。

——根据爆炸"焦巴"判断煤尘爆炸有关参数

当煤尘爆炸时传播速度不同时，"焦巴"在支架上附着位置也不相同，根据"焦巴"附着在支架上的位置就可以判断煤尘爆炸爆源方向、传播速度和爆炸强度。

· 当煤尘爆炸强度较弱、传播速度较小时，"焦巴"在支架迎风和背风两侧都存在，但是在爆炸波传来的方向则（即迎风侧）堆积较密实。

· 当煤尘爆炸强度中等、传播速度较大时，"焦巴"附着在支架的迎风侧。

· 当煤尘爆炸传播速度非常大时，"焦巴"附着在支架的背风侧，而迎风侧则留下火烧痕迹。

四、预防煤尘爆炸措施

预防煤尘爆炸措施主要有降尘措施、杜绝引爆火源措施和抑爆、隔爆设施等四方面。

1. 降尘措施

降尘措施指的是在生产过程中减少煤尘产生量和避免煤尘悬浮飞扬。它是预防煤尘爆炸的根本措施。

煤矿井下通常采用的防尘措施有以下几种：

(1) 煤层注水

在采煤前向煤体内打眼注水，用压力水将煤层预先湿润，以减小开采时的产尘量。

①应注水防尘的煤层

《煤矿安全规程》中规定，采煤工作面除下列情况之一外，应采取煤层注水防尘措施：

——注水后影响采煤安全的煤层。

——注水后造成劳动条件恶化的薄煤层。

——原有自然水分或防灭火灌浆后水分大于4％的煤层。

——孔隙率小于4％的煤层。

——易塌孔、难成孔的煤层。

②煤层注水的防尘作用

预先进行煤层注水，能够防止采煤作业过程的产尘量，其原因有以下三点：

——煤体中的裂隙、孔隙、层理中存在着原生煤尘，当水注入后，可先将原生煤尘湿润，使其在开采作业时不能飞扬，从而有效地防止原生煤尘。

——水注入煤体后使煤体内部均匀湿润，采煤时被破碎的煤粒表面都有水分，使煤粒密度变大，失去飞扬能力，从而减少了浮尘发生量。

——注水进入煤体后，使煤体塑性增强、脆性减弱，从而减少了煤尘的产生量。

③长孔注水的技术参数

采煤工作面煤层注水主要有长孔注水和短孔注水两种方式。图3-29为长孔注水方式，

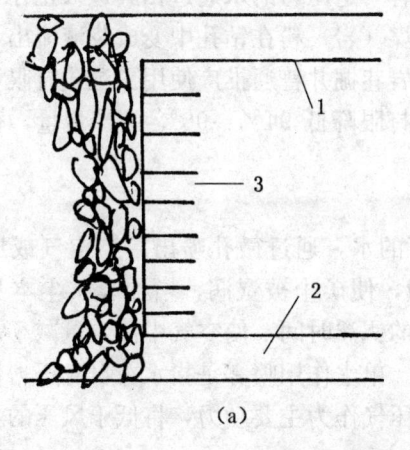

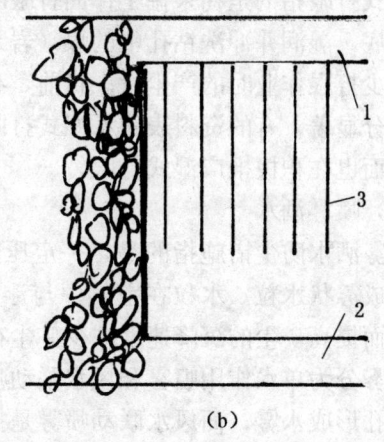

图3-29 采煤工作面煤层注水方式

(a) 短孔；(b) 长孔

1—回风巷；2—运输巷；3—注水孔

应用最广泛。

长孔注水方式指的是在采煤工作面的进风或回风巷，超前于工作面向煤层内打较长的钻孔进行煤层注水的方式。这种方式钻孔长度一般为 30~100 m，即工作面长度 2/3 左右，孔间距一般为 15~20 m；孔径一般为 45 mm（用岩石电钻打孔时）或 53~60 mm（用钻机打孔时）；封孔深度一般为 2.5~10 m；封孔方式分水泥封孔和封孔器封孔；注水压力一般为 2 450 kPa（静压注水时）或 4 900~19 600 kPa（动压注水时）。

④煤层注水降尘效果计算

煤层注水的防尘效果，可由注水前、后降尘率的高低来表现。

$$C=\frac{(G_下-G_上)-(G'_下-G'_上)}{G_下-G_上}$$

式中 C——降尘率，%；

$G_下$——开采未注水煤层时，尘源下风侧风流中的煤尘浓度，mg/m^3；

$G_上$——开采未注水煤层时，尘源上风侧风流中的煤尘浓度，mg/m^3；

$G'_下$——开采注水煤层时，尘源下风测风流中的煤尘浓度，mg/m^3；

$G'_上$——开采注水煤层时，尘源上风测风流中的煤尘浓度，mg/m^3。

⑤煤层注水效果检查

对煤层注水效果的检查有以下两个方法：

——观察法

观察注水孔两侧煤帮或工作面煤壁出现水珠、变潮的位置，在采取由上往下钻孔注水时，还要观察工作面下部运输巷的上煤帮的"出汗"情况，以此判断湿润范围，对煤层注水效果进行检查。

——分析法

随着工作面的推进，在工作面煤壁上采集煤样，分析水分，由注水前、后的水分变化，判断湿润范围和湿润程度，对煤层注水效果进行检查。

(2) 湿式打眼

湿式打眼指的是在采掘工作面打眼时，将具有一定压力的水通过钻具送入正在钻进的钻孔孔底，湿润并冲洗钻孔中的煤（岩）粉，使煤（岩）粉在钻孔中变成浆液流出，从而大大减少打眼作业时的产尘量。目前，我国煤矿岩巷掘井普通推广使用了湿式打眼，降尘效果十分显著，有的资料表明，湿式打眼比干式打眼降低 94%~98% 的产尘量，很多采煤工作面也在积极推广湿式打眼。

(3) 喷雾洒水

喷雾洒水防尘措施指的是，一定压力作用下的水，通过微孔喷出后与空气或压风混合，形成雾状水粒。水粒在空气中与浮尘相碰撞，使矿尘被湿润，增加了矿尘本身的质量，从而提高矿尘的沉降速度减少矿尘在空气中的飘浮时间，使空气中浮尘量减小。

喷雾分为单水作用喷雾和风水联动喷雾两种。单水作用喷雾是指水在自身压力作用下喷出微孔形成水雾；而风水联动喷雾是指喷雾以压气作为主要动力，将低于风压的水吹散成水雾。

(4) 通风除尘

通风除尘措施指的是通过合理通风来稀释和排出作业场所空气中矿尘的一种方法。

①选择合理的风量

在采掘工作面风速不变的条件下,风量的变化实际上就是巷道断面或采掘工作面空间的变化,如果风量增大,若产尘量不变,则空间内矿尘浓度就降低;相反,空间变小,则矿尘浓度就提高。因此,在合理控制风速的前提下,保证足够的巷道断面,减小漏风,确保工作面风量足够,可有效降低巷道矿尘浓度。

②选择合理的风向

合理选择风流方向,对除尘工作有一定影响,既能有效降低矿尘浓度,又能减轻矿尘对人体健康的危害。例如,在采煤工作面中,若风流方向与运煤方向一致,风流与运煤之间的相对速度就会减小,则所吹起的煤尘也会相对减少;同时,转载点和运煤途中扬起的煤尘也不会带到人员集中的工作面中来,这样也会减少工作面的矿尘浓度,工作面作业人员不会呼吸到更多的矿尘。走向长壁采煤工作面若采用下行通风就获得上述效果。所以,从通风除尘角度来说,应该采取下行通风。

③选择合理的风速

井下巷道中的风速过大或过小,都不利于排出矿尘。《煤矿安全规程》中规定:掘进中的岩巷风速应控制在 0.15~4.0 m/s;而采煤工作面、掘进中的煤巷和半煤岩巷中的风速应控制在 0.25~4.0 m/s。据有关资料,最优排尘风速一般在干燥巷道为 1.2~2.0 m/s,在潮湿巷道和采煤工作面采取防尘措施后为 2.0~2.5 m/s。

(5) 净化风流

净化风流除尘措施指的是使井巷中的含尘空气通过一定的设备或设施,将矿尘捕获而使井巷风流矿尘浓度降低的方法。

目前通常使用的是在巷道中或局部通风机设置净化水幕和安装除尘风机。净化水幕应以整个巷道断面布满水雾为原则,并尽可能布置在离产尘点较近地点,以扩大风流净化范围。风筒中设置水幕时,应使水雾喷射方向与内筒中风流方向相反,以提高除尘效果。

(6) 水封爆破

采煤工作面回风巷应在距工作面 50 m 内设置净化风流水幕。掘进工作面的距离工作面 50 m 内应设置一道自动控制风流净化水幕。

水封爆破防尘措施指的是,使用盛满水的专用塑料袋代替或部分代替用粘土做成的炮泥,即水炮泥封堵外破眼口,爆破时水炮泥中的水分被雾化,可供尘粒湿润、团结而减少煤尘产生量。

爆破使用水炮泥封堵炮眼,不仅可以取得与粘土炮泥同样的作用,还能降低爆炸产物的温度和浓度,有效地预防瓦斯和煤尘爆炸。使用水炮泥除尘效果十分明显,除尘率一般为 63%~80%。

(7) 清除积尘

及时定期清除巷道中、支架上和设备、物料表面的积尘。

①定期清除积尘的必要性

在煤矿开采过程中,会产生大量煤尘,即使防尘措施做得再好,也难以将煤尘全部带走,有一定量的煤尘要沉积在巷道四周、支架和设备器材上,形成积尘,这些积尘一旦受到某种外力冲击,如发生爆炸,冲击地压,爆破,人员行走,风量突然加大等就会重新飞扬起来,给煤尘爆破提供了尘源。所以,积尘是煤尘爆炸的重大隐患,必须采取积极措施进行清除。

②清除巷道积尘方法

煤矿井下通常采用以下几种方法对巷道进行清除积尘：

——冲洗巷道

用水把沉积在巷道四周和支架上的煤尘进行冲洗，冲洗时由顶部到底部，前、后两侧把煤尘全部冲洗干净，煤水顺巷道水沟流出，遗留煤尘及时运出。冲洗时要注意不要将水射入电气设备及其开关内。

——清扫巷道

清扫巷道时要用水浸湿扫帚，使用湿扫帚清扫时可以避免煤尘飞扬蔓延，保证作业人员身体健康和减少浮尘浓度，清扫出来的煤尘要及时运出。

——刷白巷道

利用石灰水刷浆或者水泥石灰水对巷道四周进行喷洒刷白，把巷道四周积尘固结起来，使其不能飞扬参与爆炸，同时刷白的巷道容易发现积尘的情况，以便及时采取措施进行清除。

③巷道冲洗的周期

对煤尘沉积强度较大的巷道，可采取用水冲洗的方法。其冲洗周期应根据煤尘的沉积强度及煤尘爆炸下限浓度确定。在一般情况下，巷道煤尘的冲洗周期必须符合以下要求：

——在距离尘源 30 m 范围内，煤尘沉积大的地点，应每班或每日冲洗 1 次。

——距离尘源较远或煤尘沉积强度较小的巷道，可几天或一天冲洗 1 次。

——运输大巷可半月或一个月冲洗 1 次。

——掘进工作面 20 m 范围内的巷道，每班至少冲洗 1 次；20 m 以外的巷道每旬至少应冲洗 1 次，并清除堆积浮煤。

——采煤工作面巷道必须定期清扫和冲洗煤尘，并清除堆积的浮煤，其周期由矿总工程师决定。

——必须及时清除巷道中的浮煤，清扫或冲洗沉积煤尘，每年应至少进行 1 次对主要进风大巷刷浆。

(8) 采空区灌水

采空区灌水防尘措施指的是，当采用下行陷落法分层开采厚煤层时，采取在上一分层的采空区内灌水，水在外加压力状态下，依靠自重缓慢渗入下一分层裂隙、裂缝中对下一分层的煤体进行湿润，以使下一分层在开采时降低产尘量。或者开采下一分层时，超前工作面由回风巷向上一分层采空区打钻孔，水通过钻孔灌入采空区然后渗入煤体。

①采空区灌水的优缺点

采空区灌水对防尘来说，有以下三方面优点：

——采用采空区灌水湿润面积大、湿润时间长、投资少、收效大、降尘效果显著。据有关资料，采空区灌水降尘率可达 70%～90%。

——采空区灌水后，采空区内的碎碴、颗粒经湿润粘结，压实后可形成再生顶板，从而减少了漏顶、掉碴、落尘、片帮甚至冒顶，不仅节省了大量支护材料，还提高了顶板安全性和卫生条件。

——采空区灌水施工方便、操作简单，灌水与采煤不发生时间和地点的矛盾。但是，采空区灌水后,对采空区残留的煤炭可能会增加自燃的危险,还可能造成漏水跑水等现象,应在开采时密切注视。

②采空区灌水的适用条件

采空区灌水预先湿润煤体主要适用于缓倾斜厚煤层倾斜开采或急倾斜厚煤层水平分层开采。在开采近距离煤层群时,在层间没有不透水岩或层夹矸的情况下,也可以在上部煤层的采空区内灌水,对下部煤层进行湿润,同时能取到使下部煤层开采时产尘量下降的效果。

③采空区灌水类别

采空区灌水有以下几种主要类别:

——缓倾斜厚煤层分层开采超前钻孔采空区灌水。

——水平厚煤层分层开采超前钻孔采区灌水。

——缓倾斜厚煤层回采巷水窝灌水。

——采空区埋管灌水。

——采后密闭灌水。

2. 杜绝引爆火源措施

杜绝引爆火源指的是,杜绝和控制一切能引起煤尘爆炸的高温火源。(与"矿井瓦斯防治"有关部分相同)

3. 采取抑爆措施

采取抑爆措施指的是,在井下煤层巷道撒布岩粉,从而抑制煤尘发生爆炸。

(1) 抑爆岩粉的质量标准

岩粉的质量应符合以下规定标准:

①可燃物的含有度不超过 5%。

②游离二氧化硅的含量不超过 10%。

③岩粉的粒度必须全部通过 50 目筛(小于 0.3 mm),其中 70% 以上通过 200 目筛(小于 0.075 mm),一般采用石灰石岩粉。

④不含有毒有害物。

⑤吸湿性差,潮湿巷道应选用抗湿性岩粉。

(2) 撒布岩粉周期

撒布岩粉周期可按下式计算:

$$T = \frac{W}{P}$$

式中 T——岩粉撒布周期,d;

W——煤尘爆炸下限浓度,g/m^3;

P——煤尘的沉降速度,$g/m^3 \cdot d$。

(3) 在巷道中撒布岩粉规定要求

①巷道的所有表面,包括顶、帮、底及背板后暴露处都应用岩粉覆盖。

②巷道内煤尘和岩粉的混合粉尘中不燃物质组分不得低于 60%,如果巷道中含有 0.5% 以上的甲烷,则混合粉尘中不燃物质组分不得低于 90%。

③撒布岩粉巷道长度,不能小于 300 m,如果巷道长度小于 300 m 时,全部巷道都应

撒布岩粉。

(4) 撒布岩粉的检查方法

撒布岩粉的巷道必须定期进行检查。检查时必须符合以下规定要求：

①在距离采掘工作面 300 m 以内的巷道，每月取样 1 次；300 m 以外的巷道每 2 个月取样 1 次。

②每隔 300 m 为一个采样段，每段内设 5 个采样带，带间约 50 m。每个采样带在巷道两帮顶底板周边采样，取样带宽 0.2 m。

③将每个取样带内的全部粉尘分别收集起来，除去大于 1 mm 粒径的粉尘。

④化验室应及时将分析结果报矿总工程师，如果不燃物组分低于规定，则该巷道应重新撒布岩粉。

4. 采取隔煤措施

(1) 采取隔煤措施的目的

由于煤尘爆炸具有连续性爆炸的特点，井下某个地点发生了煤尘爆炸，产生的冲击波和火焰迅速向其他地点扩散，不仅使爆源附近遭受破坏，而且在它扩散区域里也使人员伤亡、矿井毁坏、财产损失；同时，由于冲击波传播速度快于火焰传播速度，冲击波先将积尘扬起，使浮尘浓度达到爆炸界限，随后高温火焰传播到此，引发再次煤尘爆炸，危害就更加严重了。在井下巷道设置隔爆棚的目的，就是当井下一旦发生煤尘爆炸，将它限制在较小的范围内，阻止其继续传播与发展，将爆炸事故的影响减小到最低程度。《煤矿安全规程》中规定，开采有煤尘爆炸危险煤层的矿井，必须有预防和隔绝煤尘爆炸的措施。

(2) 隔爆棚的作用及分类方法

隔爆棚是一种阻断、隔绝爆炸的安全设施。在井下巷道设置隔爆棚是隔绝煤尘爆炸的主要措施。

隔爆棚类型很多，一般可按隔爆棚消焰剂材质、作用及动作原理来分类。

(3) 按隔爆棚消焰剂材质分类

①隔爆岩粉棚

隔爆岩粉棚指的是，架设在巷道顶部的木板上堆放一定量岩粉的一种隔爆设施。当发生爆炸时，冲击波震翻岩粉棚的木板，堆放在木板上的岩粉便散落并弥漫巷道空间，形成浓厚的不燃岩粉带，吸收爆炸火焰中大量的热量，从而抑制爆炸火焰的传播，限制爆炸范围的扩大。如图 3-30 所示。

目前，我国煤矿对隔爆岩粉棚按岩粉棚的作用可分为重型岩粉棚和轻型岩粉棚。按岩粉棚木板结构可分为普通型岩粉棚和全幅型标准岩粉棚。

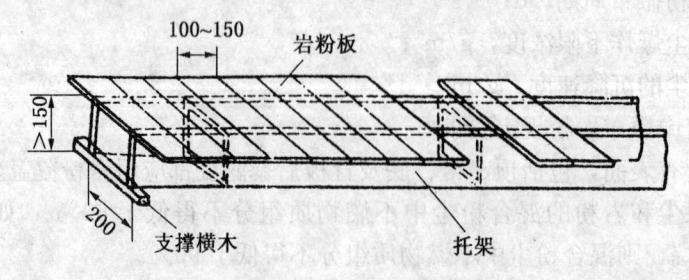

图 3-30 岩粉棚结构

——岩粉总用量

岩粉总用量可以按下式计算：

$$G = gs$$

式中　G——岩粉总用量，kg；
　　　g——单位巷道断面所需岩粉用量，kg/m²。按主要岩粉棚 400 kg/m²，辅助岩粉棚 200 kg/m² 计算；
　　　s——巷道断面积，m²。

——岩粉堆积高度

岩粉堆积高度可按下式计算：

$$H = \frac{B}{2}\tin\alpha$$

式中　H——岩粉堆积高度，m；
　　　B——岩粉板宽度，m；
　　　α——岩粉的自然堆积角，一般取 45°。

——每架岩粉棚岩粉用量

每架岩粉棚岩粉用量可以按下式计算：

$$G_n = \frac{B}{2}Hl\gamma$$

式中　G_n——每架岩粉棚岩粉用量，kg/架；
　　　B——岩粉板宽度，m；
　　　l——岩粉板宽板，m；
　　　γ——岩粉容量，kg/m³。一般取 1 200 kg/m³。

——岩粉棚区内棚架数

岩粉棚区内棚架数可按下式计算：

$$n = \frac{G}{Gn}$$

式中　n——岩粉棚区内棚架数，架；
　　　G——岩粉总用量，kg；
　　　G_n——每架岩粉棚岩粉用量，kg/架。

——岩粉棚区长度

岩粉棚区长度可按下式计算：

$$L = nc$$

式中　L——岩粉棚区长度，m；
　　　n——岩粉棚区内棚架数，架；
　　　c——岩粉棚棚间距，m。

——岩粉棚安装标准

安装岩粉棚必须符合以下标准：

· 堆积岩粉的板与两侧支柱（或两帮）之间的间隙不得小于 50 mm。

· 岩粉板面距顶梁（或顶板）之间距离为 250～300 mm，使堆积岩粉的顶部与顶梁（或顶板）之间的距离不得小于 100 mm。

- 岩粉棚与工作面之间的距离，必须保持在 60~300 m 之间。
- 岩粉棚不得用铁钉或铁丝固定。

——岩粉的检查与处理

隔爆岩粉棚上的岩粉，每月至少进行 1 次检查。当发现隔爆岩粉棚上的岩粉质量和数量出现问题，必须根据情况进行处理：

- 如果岩粉受潮、变硬时，应立即更换。
- 如果岩粉量不足，应立即补充。
- 如果岩粉表面沉积有煤尘、木屑等杂物，应加以清除。

②隔爆水棚

隔爆水棚指的是，吊挂在巷道顶部的灌满水的容器的一种隔爆设施。当发生爆炸时，冲击波震翻灌满水的容器，使水散落并充满巷道空间，形成浓厚的水雾带，吸收爆炸火焰中大量的热量，从而抑制爆炸火焰的传播，限制爆炸范围的扩大。

目前，我国煤矿对隔爆水棚按盛水器具材质可分为水槽棚和水袋棚，如图 3-31 所示。按使用范围水棚可分为主要隔爆棚和辅助隔爆棚；按布置方式水棚可分为集中式水棚和分散式水棚。

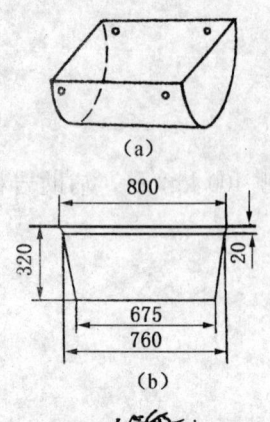

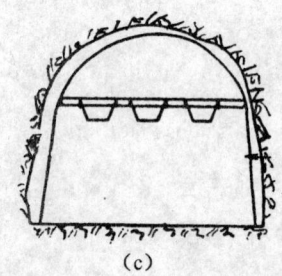

图 3-31 隔爆水棚
(a) 水袋；(b) 80L 水槽

——总用水量

隔爆水棚区的总用水量可以按下式计算：

$$V = gs$$

式中　V——总用水量，L；
　　　g——单位巷道断面所需水量，L/m²。按主要水棚 400 L/m²，辅助水棚 200 L/m² 计算；
　　　s——巷道断面积，m²。

——每架水棚用水量

每架水棚用水量可以按下式计算：

$$V_n = 1\,000 \times S_n \times L = \frac{1}{2}H(B_1+B_2)L \times 1\,000$$

式中　V_n——每架水棚用水量，L；
　　　S_n——水槽（袋）净断面积，m²；
　　　L——水槽（袋）平均净长度，m；
　　　H——水槽（袋）平均盛水高度，m；
　　　B_1——水槽（袋）净上宽，m；
　　　B_2——水槽（袋）净下宽，m。

——隔爆水棚区水棚架数

隔爆水棚区水棚架数可以按下工计算：

$$n = \frac{V}{V_n}$$

式中　n——水棚架数，架；
　　　V——水棚区总用水量，L；
　　　V_n——每架水棚用水量，L。
　　——每架水棚上的水槽（袋）个数

每架水棚上的水槽（袋）个数应符合以下要求：
- 巷道断面<10 m² 时，$nB/L \times 100\% \geqslant 35\%$。
- 巷道断面<12 m² 时，$nB/L \times 100\% \geqslant 60\%$。
- 巷道断面>12 m² 时，$nB/L \times 100\% \geqslant 65\%$。

式中　n——每架水棚上的水槽（袋）个数；
　　　B——水棚迎风断面宽度，m；
　　　L——水棚所在巷道宽度，m。
　　——隔爆水棚在巷道安装位置

确定隔爆水棚在巷道安装位置，应符合以下规定要求：
- 水棚应设置在直线巷道内。
- 水棚设置巷道位置前、后 20 m 范围内巷道断面应一致。
- 水棚设置位置与风门的距离应大于 25 m。
- 水棚设置位置与巷道交叉口、转弯处的距离须保持 50～75 m。
- 第一排集中水棚与工作面的距离必须保持 60～200 m，第一排分数式水棚与工作面的距离必须保持 30～60 m。
- 在应设辅助隔爆棚的巷道，应设多组水棚，每组距离不大于 200 m。

——隔爆水槽（袋）吊挂标准

在巷道中吊挂隔爆水槽（袋）时，必须符合以下标准：
- 水槽（袋）之间的间隙与水槽（袋）同支架或巷道壁之间的间隙之和不大于 1.5 m，特殊情况下不超过 1.8 m，两个水槽（袋）之间的间隙不得大于 1.2 m。
- 水槽（袋）边与巷道、支架、构物架之间的距离不得小于 0.1 m，水槽（袋）底部到顶梁（顶板）的距离不得大于 1.6 m，如果大于 1.6 m，则必须在该水槽（袋）上方增设 1 个水槽（袋）。
- 水棚距离轨道面的高度不小于 1.8 m，水棚应保持同一高度，需要挑顶时，水棚区内的巷道断面应与其前后各 20 m 长的巷道断面一致。
- 当水袋采用易脱钩的安装方法时，挂钩位置要对正，每对挂钩的方向要相向布置（钩尖对钩尖），挂钩为直径 4～8 mm，挂钩角度为 65°±5°，弯钩度为 25 mm。

——隔爆水棚的检查与处理

隔爆水棚每半个月检查 1 次。

要经常保持隔爆水棚水槽（袋）的完好和规定的水质、水量，当发生问题时，必须根据情况进行处理：
- 如果水槽（袋）破损，出现漏水现象，应立即更换水槽（袋）。
- 如果水槽（袋）中的水量不足，应立即补充。
- 如果水槽（袋）水中混有煤（矸）碎块或木屑等杂物，应加以清除。

(4) 按隔爆棚作用分类

①主要隔爆棚

主要隔爆棚应在下列巷道设置：

——矿井两翼与井筒相连通的主要大巷。

——相邻采区之间的集中运输巷和回风巷。

——相邻煤层之间的运输石门和回风石门。

②辅助隔爆棚

辅助隔爆棚应在下列巷道设置：

· 采煤工作面进、回风巷道。

· 采区内的煤和半煤巷掘进巷道。

· 采用独立通风并有煤尘爆炸危险的其他巷道。

(5) 按隔爆棚动作原理分类

①被动式隔爆棚装置

被动式隔爆棚装置本身没有扩散消焰剂动力，其动作完全依赖于爆炸冲击波的冲击作用将棚掀翻或击碎，同时将棚中的消焰剂扩散成雾状来扑灭火焰。

被动式隔爆棚装置是目前煤矿井下广泛使用的隔爆装置。

被动式隔爆棚装置是依赖爆炸冲击波的动力，使隔爆装置动作，所以在安装时必须注意以下两方面的安全事项：

——安装隔爆棚装置时不能牢固不易动作。必须保证在爆炸压力较低的情况下发生动作，并有利于消焰剂的飞散。MT157标准规定隔爆水槽的动作压力不大于 16 kPa，隔爆水袋的动作压力不大于 12 kPa。

——隔爆棚装置的安装位置应在有效隔爆范围内，如果装置距爆源太近，火焰与冲击波同时到达，隔爆棚装置来不及动作；如果装置距爆源太远，则降低了限制灾害扩大范围的意义；同时，由于爆炸冲击波和火焰到达时间间隙太大，可能造成火焰到达时，消焰剂已沉降到巷道底板。故装置距爆源太近或太远，都不能很好地发挥隔爆作用。

②自动式隔爆棚装置

自动式隔爆棚装置本身具有喷洒消焰剂的动力，喷洒机构的动作不受爆炸冲击波强弱的制约，它能将消焰剂强行送到火焰焰面上把爆炸火焰扑灭。

自动式隔爆棚装置由于它所具有的优点，将在未来煤矿隔爆技术上得到迅速推广。

目前，我国煤矿主要有以下三种自动式隔爆装置：

· 实时产气式自动隔爆装置

其隔爆原理是：探测器将爆炸火焰转变成电信号传送到控制器，控制器发出指令，释放大量气体，驱动消焰剂喷出，形成高浓度云雾，熄灭火焰，阻断火焰的继续传播。

· 无电源自动隔爆装置

其隔爆原理是火焰信号触发传感器，传感器将辐射能量转变为电信号，触发电雷管，驱动水形成抑爆水雾带，当爆炸火焰到来将其熄灭，防止爆炸。

· ZGB—Y 型自动隔爆装置

其隔爆原理是：探测器将爆炸信号传送到控制器，控制器发出指令释放高压氮气，引射干粉灭火剂，形成高浓度云雾，将爆炸火焰熄灭，终止火焰的继续传播。

第四节 矿井火灾及其隐患认定和排除

一、矿井火灾概述

1. 矿井火灾概念

矿井火灾指的是，发生在矿井井下各处的火灾，以及发生在井口附近的地面火灾。

井下各处的火灾包括井下巷道、硐室和采掘工作面等处的火灾。因为井口附近的火灾也可能影响矿井井下安全，所以也列为矿井火灾范围。

2. 矿井火灾危害

矿井火灾除了与一般地面火灾危害相同以外，还具有以下特点：

（1）井下发生火灾时，因为矿井空间的限制，井下人员难以躲避，设备难以搬移，煤炭固定不动，因而造成的人员伤亡和国家财产、资源损失较一般地面火灾更为严重。

（2）矿井火灾由于封闭火区，将会冻结煤炭的可采储量、严重影响正常的生产秩序。恢复生产时，启封火区非常困难，而且危险性很大。

（3）矿井发生火灾时，会在井下巷道中生成大量的一氧化碳等有毒有害气体，而且难以冲淡和排出，导致大量井下人员中毒、窒息甚至死亡。

（4）矿井火灾会烧毁矿井通风设施，使矿井通风系统紊乱，造成瓦斯积聚超限，火灾还会烧毁电气设备和电缆，造成提升、排水中断、通风停止，影响矿井安全生产和人员生命安全。

（5）井下火源隐蔽性很强，有的难以接近火源，所以不能及时发现，发现了灭火也非常困难。有的井下火灾可能延续几个月甚至几年。

（6）矿井火灾还可能成为引发瓦斯和煤尘爆炸的火源。用水灭火时，还可能引起水煤气发生爆炸。这些情况使矿井灾害危险性更大，损失更加惨重。

（7）矿井火灾还可能产生局部火风压，造成局部风流逆转，使火焰、高温烟雾出现在原火灾前的一些侧旁风流或新鲜风流中，使灾情扩大，给灭火救灾和现场作业人员自救互救带来很大的困难。

3. 煤层自然发火

（1）煤层自然发火阶段

煤炭自然发火一般要经过以下3个发展阶段：

①低温度氧化阶段（潜伏期）

煤在常温下能吸附空气中的氧，在煤的表面生成一些不稳定的初级氧化物，其氧化放热量很少，煤的温度不会升高，但内部却在发生质的变化。在煤的潜伏期内表现出煤的重量略有增加，化学活性增强，着火温度降低。

②自燃阶段（自燃期）

经过低温氧化阶段，煤被活化，煤的氧化速度加快，氧化放热量增大，煤温逐渐升高，此阶段叫做自然阶段。在煤的自热期内空气中的氧含量减少，一氧化碳和二氧化碳含量增加，当达到临界值温度（60℃～80℃）时，开始出现特殊的火灾气味，如煤油味，焦油味等。

③燃烧阶段（燃烧期）

燃烧阶段是煤从低温氧化发展到自燃的最后阶段。在煤的自燃期内空气中的氧含量显著减少，二氧化碳含量剧增，并产生更多的一氧化碳，在巷道内出现浓烈烟雾，有时还出现明火现象。

（2）煤层自然发火的影响因素

影响煤层自燃因素主要有自然条件和开采技术两方面。其中自然条件因素有：

①煤的化学成分

各种牌号的煤都可能有自燃性，一般认为煤的碳化程度越高、挥发分含量越低，灰分越低，煤的自燃性越强。反之，煤的碳化程度越低、挥发分含量越高，灰分越低，煤的自燃性越强。据有关资料，各种牌号煤的着火温度是：褐煤、长焰煤着火温度＜305℃；长焰煤、气煤着火温度为305℃～345℃；气煤、肥煤、焦煤着火温度为345℃～385℃；贫煤、瘦煤着火温度为380℃～410℃；无烟煤着火温度＞400℃。

②煤岩成分

包含在煤体中的煤岩成分有：丝煤、暗煤、亮煤和镜煤等四种成分。因为丝煤有纤维结构，因而在低温下吸氧能力强，着火温度低；而亮煤和镜煤在温度升高时吸氧能力变得最强烈。所以，煤中含有亮煤、镜煤和丝煤时，煤的自燃性最强；而煤中含有暗煤量多时，煤的自燃性弱。

③煤的物理性质

煤的物理性质对煤的自燃性有以下四种影响：

——煤的破碎性

煤的破碎性对煤的自燃性影响很大，因为煤越破碎，表面积越大，与空气接触面积越大，越容易氧化自燃。脆性大的煤容易破碎，因而对煤的氧化条件有利。

——煤的含水性

煤的含水性对煤的自燃性影响有其特殊性。对同一牌号的煤，水分越高，由于水分蒸发时要吸收热量，则着火温度越高，但是，当其水分被蒸发后，干燥的煤着火温度显著的降低，这是因为浸过水的煤，其表面氧化层被清洗，而且水使煤体松散，使煤更有利于氧化自燃。

——煤的含矸性

煤中含有的矸石影响煤的自燃性。大多数情况下煤中矸石为不发热的，所以煤中含矸越多，煤的自燃性越低；但是，煤中含硫铁矿时，将会对煤的自燃起加速作用，硫铁矿含量越高，煤的自燃性越强。

——煤的温度

煤的温度对煤的氧化放热性、煤体蓄热和热风压有着影响，从而影响煤的自燃性。在温度高时，在一般情况下煤体蓄热条件就好，则煤的自燃性就弱；但是温度高时，煤表面活性结构越多，煤的氧化性越强。

④煤层地质条件

煤层地质条件对煤的自燃性影响表现在以下三方面：

——煤层厚度和倾角

煤层厚度和倾角越大，开采时容易造成大量遗煤，同时造成煤的破碎程度大。另外，采区回采时间往往超过煤层自然发火期,而且不易封闭隔绝采空区。

——地质构造破坏带

在断层、褶曲、破碎带和岩浆侵入等地质结构破坏带,煤层松软易碎、裂隙多、吸氧能力强,煤的自燃性强。

——围岩性质

围岩坚硬,容易压碎煤体,形成裂隙,而且坚硬的顶板冒落难以充填密实采空区,造成采空区漏风,给遗煤连续不断提供氧气,故坚硬顶板时,煤的自燃性强。

4. 煤的自然发火期

形成煤的自然发火主要有煤的自燃倾向性、合适的供氧条件和良好的蓄热环境等3个因素。这些因素的不同决定了煤层自然发火的危险性不同,而煤的自然发火期是评价煤层自然发火危险性的一种综合指标。

(1) 自然发火期的概念

从煤层被开采暴露于空气之日开始,到发生自然发火之日止,所经历的时间叫做煤层自然发火期,单位为月。

矿井有多处自然发火或多个煤层自然发火时,以发火时间最短者认为矿井或煤层的自然发火期。自然发火期短,说明该煤层自然发火危险性大;相反,自然发火期长,说明该煤层自然发火危险性小。

(2) 自然发火期的统计

采掘工作面自然发火期按以下规定进行统计:

①采煤工作面

采煤工作面自然发火期指的是,从工作面开切眼之日起到发生自然发火之日止所经过的月数。

②掘进工作面

掘进工作面自然发火期指的是,从巷道揭露煤层之日起到发生自然发火之日止所经过的月数。

③采空区

采空区自然发火期指的是,从开采工作面火源位置接触空气之日起到发生自然发火之日止所经过的月数。

(3) 延长自然发火期的开采技术措施

煤层自然发火期受到煤的自燃倾向性、破碎程度与堆积状态、供氧情况及周围环境等多种因素的影响。而这些因素中有的可以改变,通过采取以下措施改变影响因素来延长自然发火期。

①减小煤的氧化速度

减小煤的氧化速度主要措施有:在进行采区设计时,合理选择开拓方式和巷道布置,尽量少留煤柱,避免或减少煤体的破裂,减少氧向煤体内部扩散或漏的通道。提高回采率,减少采空区遗煤。采用阻化剂喷洒在碎煤或注入煤体内,充填煤体的孔隙、裂隙。

②降低煤的升温速度

降低煤的升温速度主要措施有:增加遗煤的分散度,从而增加表面积,达到增加散热量的目的。对于处于低温状态下的煤体,加大通风强度,从而加大散热量,达到抑制升温速度的目的。提高煤中水分含量，从而提高水蒸发时吸收的热量，达到降低煤的温度的目的。

5. 煤自燃倾向性鉴定

(1) 煤自燃倾向性鉴定的意义

煤的自燃倾向性是煤在常温下氧化能力的内在属性，是煤炭自燃的条件之一。随着煤的牌号、煤的组成和煤岩成分、结构的不同，煤的自燃倾向性也不同。掌握煤的自燃倾向性不仅是合理选择矿井防治火灾措施的重要依据之一，还是科学设计开拓系统、通风方式和采煤方法的主要资料之一。所以必须对煤的自燃倾向性进行鉴定。

(2) 煤自燃倾向性分级

煤的自燃倾向性是用来区分和衡量不同煤层发火危险程度的一项重要指标，也是对矿井煤层自然发火采取不同的针对性措施进行有效管理的主要依据。

目前，我国煤矿采取以每克干煤在常温（30 ℃）常压（1.0133×10^5 Pa）条件下的吸氧量作为煤的自燃倾向性分级主要指标，将煤的自燃倾向性划分为以下三级：

① 自燃等级 I 级：自燃倾向性为易自燃。常温常压条件下高硫煤、无烟煤的吸氧量 $\geqslant$ 1.00 cm³/g 干煤，褐煤、烟煤类 $\geqslant$ 0.71 cm³/g 干煤，含硫 $>$ 2.00%。

② 自燃等级 II 级：自燃倾向性为自燃。常温常压条件下高硫煤、无烟煤的吸氧量 $\leqslant$ 1.00 cm³/g 干煤，褐煤、烟煤类为 0.41～0.70 cm³/g 干煤，含硫 $\geqslant$ 2.00%。

③ 自燃等级 III 级：自燃倾向性为不易自燃。常温常压条件下，高硫煤、无烟煤的吸氧量 $\geqslant$ 0.80 cm³/g 干煤，褐煤、烟煤类 $\leqslant$ 0.40 cm³/g 干煤，含硫 $<$ 2.00%。

(3) 鉴定煤自燃倾向性的采取煤样

① 在采掘工作面采样时

鉴定煤自燃倾向性在采掘工作面采样时，应遵循以下规定要求：

——首先剥去煤层表面受氧化部分。

——将准备采样煤层附近底板清理干净，并铺上帆布或塑料布。

——然后沿工作面煤层垂直方向划两条直线，线间距为 100～150 m，在两线之间采下厚度为 50 mm 的初采煤样。

——把采下的初采煤样打碎成为 20～30 mm 粒度，混合均匀，依次按锥堆四分法，缩至 1.0～2.0 kg 的原始煤样。

——最后将原始煤样装入铁筒或较厚的塑料袋中，并进行密封包装，寄或送到鉴定单位。

② 由钻孔煤芯采样时

鉴定煤自燃倾向性，在地质勘探钻孔采取煤芯煤样时，应遵循以下规定要求：

——从钻孔中取出的煤芯，应立即将矸石、泥皮和煤芯被研磨烧焦部分清除掉，必要时要用水清洗，但不能泡在水中。

——清理好的煤芯立即装入铁筒或较厚的塑料袋中，并进行密封包装，寄或送到鉴定单位。

——采取煤芯煤样时必须具有代表性。

(4) 送鉴煤样的规定要求

鉴定煤自燃倾向性时，在送鉴煤样应遵循以下规定要求：

①每个煤样必须备有2个标签，1个放在煤样的容器（务必用塑料袋包好以免受潮或弄碎），另1个贴在容器外。

②标签按要求填写，字迹清楚，并包括以下主要内容：

——煤样编号（送样单位样品号）。

——送样单位、邮编及联系人姓名、电话号码。

——煤层名称。

——煤种（按国家分类标准）。

——煤层厚度。

——煤层倾角。

——采掘方法。

——自然发火期（矿井开采过程中的经验统计值）。

——采样地点。

——采样人及采样时期。

③随同煤样要说明煤层生成的地质年代、距地表深度、采样地点暴露于空气的时间、以及是否从断层、褶曲等地质构造带和含有黄铁矿、镜煤和亮煤等存在的地点采取的煤样等。

④采取的煤样应在采样后15 d内寄或送到鉴定单位。

6. 矿井火灾的确定

(1) 矿井火灾事故

凡因矿井火灾（包括外因火灾和内因火灾）而导致以下情形之一的，即确定为火灾事故：

①造成人员伤亡

②造成以下直接损失

——工作面停止生产8 h以上。

——烧毁煤炭、设备或材料折合价值1万元及其以上。

③造成以下间接损失

——封闭1个工作面。

——冻结煤量1万t以上。

——封闭设备、设施和材料折合价值1万元及其以上。

(2) 自然发火

凡井下出现以下情形之一的，即确定为自然发火：

①由于煤炭氧化自燃而出现明火、烟雾和煤油味等现象。

②由于煤炭氧化自燃而导致环境空气、煤炭、围岩及其他介质的温度升高，并超过70 ℃。

③由于煤炭氧化自燃在采空区或风流中出现CO，其浓度已超过自然发火临界指标，并呈上升趋势。

④采空区、高冒顶或巷道中出现已烯（C_2H_4）、乙炔（C_2H_2）。

(3) 自然发火隐患

凡井下出现以下现象之一时，即确定为自然发火隐患：

①采空区或井巷风流中出现一氧化碳，其发生量呈上升趋势，但未达到自然发火临界指标。

②风流中出现CO_2，其发生量呈上升趋势，但尚未达到自然发火临界指标。

③煤炭、围岩、空气及水的温度升高，并超过正常温度，但尚未达到70 ℃。

④风流中氧浓度降低，且呈下降趋势。

二、"自然发火严重，未采取有效措施的"隐患认定

1. "自然发火严重，未采取有效措施的"列为煤矿重大安全生产隐患之一

矿井火灾给矿井安全和井下人员身体健康和生命带来很大威胁。外因火灾是偶然事件，而内因火灾是由于煤本身性能引起自燃发现不及时或处理不当造成的。我国是煤自然发火较严重的国家，据统计，我国煤矿中有自然发火危险的矿井占56.0%，自然发火占矿井总火灾的90%以上。自然发火危险矿井几乎在所有矿区都存在，因自燃破坏的煤炭资源，每年造成的经济损失达数十亿元。仅1999年全国共有87个大中型矿井，因自然发火封闭火区315处，不但造成了严重的煤炭资源浪费，而且威胁着井下作业人员的人身安全。

但是，煤自然发火与外因火灾相比，具有发生、发展缓慢并有规律的演变过程，即可以采取有效措施及时发现它的存在，又可以采取有效措施及时中断它的形成和防止它的扩大，所以，自然发火严重，必须采取有效措施。为了预防矿井火灾，确保矿井安全，《国务院关于预防煤矿生产安全事故的特别规定》中把"自然发火严重，未采取有效措施的"列为煤矿重大安全生产隐患之一，应当立即停止生产、排除隐患。

2. "自然发火严重，未采取有效措施的"隐患认定

根据国家安全生产监督管理总局、国家煤矿安全监察局制定的《煤矿重大安全生产隐患认定办法（试行）》，有下列情形之一的，都认定为"自然发为严重，未采取有效措施"：

（1）开采易自燃和自燃的煤层时，未编制防止自然发火设计或未按设计组织生产的。

（2）高瓦斯矿井采用放顶煤采煤法采取措施后仍不能有效防治煤层自然发火的。

（3）开采易自燃和自燃煤层的矿井，未选定自然发火观测站或者观测点位置并建立监测系统、未建立自然发火预测预报制度，未按规定采取预防性灌浆或者全部充填、注惰性气体等措施的。

（4）有自然发火征兆没有采取相应的安全防范措施并继续生产的。

（5）开采易自燃煤层未设置采区专用回风巷的。

三、"自然发火严重，未采取有效措施"的隐患排除

1. 开采易自燃和自燃煤层时，必须采取有效的防火措施

（1）合理选择矿井通风系统

矿井通风系统主要有中央式通风系统、对角式通风系统及中央、对角混合式通风系统。

①中央式通风系统

中央式通风系统的线路长、阻力大，容易造成井下巷道漏风，导致煤层自燃，所以只适合井田范围不大的小型矿井使用。

②对角式通风系统

对角式通风系统线路短、阻力小，有利于减少井下巷道漏风，防止煤层自燃，而且矿井安全出口较多，安全性较好，适用于大中型矿井；同时，通风系统在一定范围内具有可调性，当一个区域发生火灾时，能够根据救灾的需要，做到局部区域停风、减风或反风，避免事故范围波及全矿井。

(2) 合理选择采区通风系统

在开采易自燃和自燃煤层时，应选择分区式通风系统，尽量减少或消除角联风路。分层多的工作面回采时，要使采区内的通风系统避免出现高、低压区邻接的通风状况，并采取有效措施防止分层之间、工作面之间的采空区漏风。

(3) 合理选择采煤工作面通风系统

后退式采煤工作面采用 U 型和 W 型通风系统时，其进、回风巷都在未采动的实体煤层内，随着采煤前进而逐渐垮塌报废，使采空区侧不存在通风巷道，所以，采空区的漏风仅存在于工作面上。

(4) 合量布置矿井等中大巷位置

开采易自燃和自燃的单一厚煤层或煤层群的矿井，集中运输大巷和回风巷应布置在岩层内或不易自燃的煤层内；如果布置在易自燃和自燃的煤层内，必须砌碹或锚喷，碹后的空隙和冒落处必须用不燃性材料充填密实，或用无腐蚀、无毒性的材料进行处理。

(5) 合理安排开采顺序

开采易自燃和自燃煤层时，应注意上下或前后的开采顺序：

①上下开采顺序

开采易自燃和自燃的煤层群时，在开采程序上应先采上层后采下层；在开采倾斜和急倾斜煤时，应先采上阶段后采下阶段，以避免先采下煤层或下阶段而破坏上煤层或上阶段，致使空气进入上部煤层，造成上部煤层氧化自燃。

②前后开采顺序

采用后退式开采顺序可以做到采煤工作面的进、回风巷布置在未采动的原生煤体中，防止人为地引起采空区漏风，导致采空区氧化自燃；同时，一旦采空区自然发火，封闭范围也容易控制。而采用前进式开采顺序则相反，难以防治采空区自然发火问题。

(6) 合理布置进、回巷位置

当开采易自燃和自燃厚煤层时，倾斜分层上、下分层煤巷一般采用内错式布置方式，以使下分层空气只进入上分层采空区内，而不能进入到上分层下阶段煤层或上阶段煤层中，避免上分层下阶段煤层和上阶段煤柱遇到氧气而发生氧化燃烧。

(7) 合理选择采煤方法

开采易自燃和自燃煤层选择采煤方法应注意以下事项：

①采煤工作面应根据煤层自然发火期确定采煤方法

采煤工作面必须在自然发火期内回采完毕，并在 45 天内对采空区进行永久性封闭。

②尽量采用壁式采煤方法

因为壁式采煤方法回采率高，巷道布置简单，便于使用机械装备与加快回采进度，对防止自然发火有利。

③有条件的可选用水力采煤方法

水力采煤方法效率高，速度快、产尘量少，同时，采完一个采区后能及时封闭隔绝，有利于防止煤炭自燃。

④慎重选择采空区处理方法

全部陷落法处理采空区，容易发生采空区自燃，而采用水砂充填法或矸石充填法处理采空区，自燃危险性就较小。

如果顶板岩性松软，易于冒落且很快充填压实采空区或形成再生顶板，空气难以进入采空区，煤的自燃危险性就较小；相反，如果顶板岩性坚硬，不易冒落或冒落后成大块矸石，在采空区形成较大体积的空间，空气容易进入采空区，煤的自燃危险性就较大。

（8）采取无煤柱开采的防火措施

采用无煤柱开采实质上就是取消了煤体，从根本上消除了煤柱自然发火隐患。

但是，采用无煤柱开采使相邻采区无煤柱隔离，造成采区难以封闭严密，形成向采空区内漏风，引燃采空区遗煤，给封闭火区灭火造成困难。

无煤柱开采主要采取以下防火技术措施：

①沿空巷道挡挂帘布

在矿压稳定的沿空巷道采空区一侧挡挂帘布，防止向采空区漏风。

②采空区周边建造充填带

沿工作面采空区周边建造水砂、粉煤灰或泥浆的充填带，不仅起到护巷作用，还能有效防止向采空区漏风。

③沿空巷道喷涂泡沫塑料

在沿空巷道顶板和沿采空区一侧的壁帮喷涂泡沫塑料，以隔离采空区。

（9）急倾斜煤层石门上留有保护煤柱

因为主石门和采区运输石门是矿井和采区的主要进风巷道，风压较高，风量较大。在急倾斜煤层对主石门和采区运输石门上方进行垮落开采，会破坏巷道的稳定性和完整性，使巷道顶板产生裂隙或发生冒顶，导致巷道向采空区漏风，由于主石门和采区运输石门风流特点，向采空区漏风量将很大，很容易引起采空区遗煤自然发火，同时，采空区火灾所产生的高温烟雾和有毒有害气体又会涌入这些巷道，对下风侧的采区或采掘工作面造成危害。所以，开采易自燃和自燃的急倾斜煤层用垮落法控制顶板时，《煤矿安全规程》中规定：

①在主石门和采区运输石门上方，必须留有煤柱。

②禁止采掘留在主石门上方的煤柱。

③留在采区运输石门上方的煤柱，在采区结束后可回收，但必须采取防止自然发火措施。

（10）不能在火区同一煤层周围进行采掘工作

因为在火区的同一煤层周围进行采掘工作时，由于受采动影响可能破坏防火墙的严密性，还可能使火区周围的煤岩遭到震动破坏而产生裂隙，采掘工作面及相邻巷道就可能向火区发生漏风，给火区提供氧气，不仅不利于火区熄灭，还可能使火区复燃。同时，火区内的有害气体还可能通过这些裂隙涌入采掘工作面而使作业人员中毒、窒息甚至死亡，所以《煤矿安全规程》中规定，在同一煤层同一水平的火区两侧、煤层倾角小于35°的火区下部区段，火区下方邻近煤层进行采掘时，必须留有足够宽（厚）度的煤（岩）柱隔离火区，回采时及回采后能有效隔离火区，不影响火区的灭火工作。

掘进巷道时误透或因冒顶导通火区，同样形成火区漏风的通道，使火区得到充足的条件，加剧火区的火势，严重威胁掘进工作面及周围作用人员的安全。因此，《煤矿安全规程》又规定，掘进巷道时，必须有防止误冒、透火区的安全措施。

(11) 严禁在35°以上火区FP区段进行采掘工作

煤层倾角大于35°时，尽管留有火区隔离煤柱，但这煤柱稳定性很差，极容易垮落。当下部区进行采掘活动时，上部所留的煤柱可能随着采煤工作面顶板的垮落而一起向下塌落，造成下区段采空区与上区段的火区相连通，不利于火区熄灭；同时，火区内未熄灭的火源还可能落入下部采空区引起下部采空区的火灾或者引燃瓦斯、煤尘，造成火灾和爆炸事故。所以，《煤矿安全规程》中规定，煤层倾角在35°以上的火区下部区段严禁进行采掘工作。

(12) 对采空区等地点采取预防性防火措施

因为采空区、突出和冒落孔洞等空隙常保留有浮煤，进入其内的风流很弱，但是长时间有新鲜空气漏进。这些都是煤自然发火的极好条件，极容易出现火灾隐患而发火。同时，这些地点的发火隐患通常很难检测发现。煤矿井下自然发火的事实表明，大多数自然发火都发生在这些地点。《煤矿安全规程》中规定，开采易自燃和自燃煤层时，必须对采空区、突出和冒落孔洞等空隙采取预防性防火措施。

开采易自燃和自燃煤层时，对采空区、突出和冒落孔洞等空隙进行预防性防火，主要有以下技术措施：

①预防性灌浆；

②全部充填；

③喷洒阻化剂；

④注阻化气体和液体；

⑤均压。

(13) 在采区开采设计中，必须预先选定构筑防火门的位置防火门（墙）是在灭火过程中进行风流调节、调度以控制火灾蔓延、发展乃至进行火区封闭时的一种构筑物。防火门的位置必须根据容易发火的部位或地点，在采区设计中预先选定。

2. 高瓦斯矿井采用放顶煤采煤法时，必须采取有效的防治煤层自然发火的措施

(1) 高瓦斯矿井放顶煤开采防火的必要性

采用放顶煤开采厚及特厚煤层时，主要受以下因素影响，容易发生自然发火：

①由于回采率较低，采空区内遗煤较多，为自然发火提供了大量的可燃性碎煤。

②由于放顶煤开采造成工作面顶板活动加剧，顶板冒落带高度增大，采空区往往不能及时冒落严密，为采空区漏风提供了条件。

③放顶煤开采比其他采煤方法推进速度慢，不能使采空区氧化自燃带很快甩入到窒息带；同时，放顶煤开采采空区空间大，区内空气流动较慢，为采空区氧化自燃提供了良好的蓄热环境。

所以，《煤矿安全规程》中规定，采用放顶煤采煤法开采易自燃和自燃的厚及特厚煤层时，必须编制防止采空区自然发火的设计。

(2) 高瓦斯矿井放顶煤开采防火的有关规完

①根据防火要求和现场条件，应选用注入惰性气体、灌注泥浆（包括粉煤灰泥浆）、压注阻化剂、喷浆堵漏及均压等综合防火措施。

②有可靠的防止漏风和有害气体泄漏的措施。

③建立完善的火灾监测系统。

3. 开采易自燃煤层必须设置采区专用回风巷

通风系统不稳定时，容易造成采空区周围漏风量时大时小，漏风量大时采空区内遗留的煤炭充分氧化，但不易聚热；当漏风量小时采空区遗留的煤炭聚热条件良好，这样时大时小的漏风量，极容易供采空区发生自然发火。而设置专用回风巷，通风系统不受运输、行人的影响，采区内主要进、回风巷不设立风门，采掘工作面不致相互干扰，确保采区通风系统稳定，有效地预防采空区自燃的发生。

专用回风巷必须贯穿采区的全部长度和高度、且在进、回风上下山之间设立正反向风门，以保专用回风巷真正发挥作用。

4. 建立自然发火观测站

(1) 建立自然发火观测站的必要性

开采易自燃和自燃的煤层时，由于井下各个地点的生产条件与通风条件不尽相同，煤炭自然发火的几率和危险程度也有较大的差异，如堆积浮煤较严重、漏风量较大是最具有自然发火条件的，因此，这些发火危险地点和部位必须建立固定或临时的自然发火观测站。

(2) 自然发火观测站的有关规定

开采易自燃和自燃的煤层时，在采区开采设计中，必须明确选定自然发火观测站或观测点的位置并建立监测系统、确定煤层自然发火的标志气体，以连续自动监测和随时提供相关地点自然发火有关信息，密切注意自然发火征兆的显现及其变化，及时发出自然发火预报，立即采取措施进行处理。

自然发火观测站和观测点所有检测分析结果必须记录在专用的防火记录簿内，并定期检查、分析和整理，发现煤层自然发火标志气体指标超限或达到临界值等异常变化时，立即发出预警预报，以便及时采取防灭火措施。

5. 采取有效措施及时灭火

发生矿井自然发火征兆，必须采取相应的安全防范措施，禁止继续生产。

(1) 人体感觉煤自燃的方法

人体感觉煤炭自燃的方法有以下几方面：

①视力感觉

煤炭从氧化到自燃初期生成水分，往往使巷道内温度增加，出现雾气或在巷壁挂有平行水珠；浅部开采时，冬季在地面钻孔中或塌陷区内发现冒出水蒸气或冰雪融化的现象；井下两股温度不同的风流汇合处还可能出现雾气。

②气味感觉

煤炭从自热到自燃过程中，氧气产物内有多种碳氢化合物，并产生煤油味、汽油味、松节油味或焦油味等气味。现场经验证明，当人们嗅到焦油味时，煤炭自燃就已经发展到一定程度了。

③温度感觉

煤炭从氧化到自燃过程中要放出热量，因此从该处流出的水和逸散的空气温度要比平常高，煤壁温度也比其他地点煤壁温度高。

④疲劳感觉

煤炭氧化、自热和自燃都会释放出二氧化碳和一氧化碳等气体，这些有害气体会使人感到头痛、闷热、精神不振、不舒服，产生疲劳感觉，特别是群体发生以上感觉时更说明煤炭已经发生自燃。

(2) 井下发现火灾时注意事项

当井下发现火灾时，应注意以下安全事项：

①任何人发现井下火灾时，都应根据火灾性质、灾区通风和瓦斯情况，立即采取一切可能的方法进行直接灭火，以控制火势。

②迅速报告矿调度室。

③矿调度室或现场区队、班组长应根据"矿井灾害预防和处理计划"中的有关规定，将所有可能受火灾威胁地区的人员撤离，并组织人员进行灭火救援。

④当电气设备着火时，应首先切断其电源，在切断电源前，只准使用不导电的灭火器材进行灭火。

⑤在抢救人员和灭火过程中，必须指定专人检查通风瓦斯情况和制订防止爆炸和人员中毒的安全技术措施。

(3) 直接灭火方法

矿井火灾在发生初期，一般火势不大，在火势尚未蔓延扩展之前，燃烧产生的热量也不大，周围介质和空气温度也不高，人员可以接近火源，采取有效措施进行直接灭火，火势容易被控制住，火灾通常容易被扑灭。如果发现火灾后，人员见火逃跑，贻误灭火良机，一旦火势蔓延扩展开来，再灭火就困难了，甚至酿成重大火灾事故，造成的损失和伤害将是惨重的。所以，《煤矿安全规程》中规定：任何人发现井下火灾时，应立即采取一切可能的方法直接灭火，以控制火势。

直接灭火主要有以下几种：

①用砂子、岩粉和水直接灭火

——用砂子和岩粉灭火

采用砂子或岩粉等不燃性物质直接掩盖火源，将燃烧物和空气隔绝，使火熄灭；另外，砂子和岩粉不导电，并能吸收液体物质，因此可用来扑灭油类或电气火灾。它只能用来扑灭初始火灾和人员能到达地点的火灾。在采用砂子或岩粉直接灭火时，注意别将煤、木料等可燃物质混入砂子或岩粉中。

——用水直接灭火

用水直接灭火时由于它具有操作方便、灭火迅速、彻底、经济实用等优点，在井下火灾灭火时被广泛采用。

用水直接灭火时应注意以下安全事项：

·应先从火源外围逐渐向火源中心喷射水流，以免产生大量水蒸气和灼热的煤渣飞溅，伤害灭火人员。

·应有足够水量，防止在高温作用下分解成氢气和产生一氧化碳，形成爆炸性混合气体。

- 应保持正常通风、以使高温烟雾和水蒸气直接导入回风流中。
- 用水扑灭电气设备火灾时，应首先切断电源。
- 因为水比油重，故不宜用水扑灭油类火灾。
- 要经常检查火区附近的瓦斯浓度。
- 灭火人员只准站在进风侧，不准站在回风测，以防高温烟流灼伤人体和人员中毒、窒息。

②采用惰性气体灭火

——采用阻化剂防灭火

采用阻化剂防灭火指的是，将一些无机盐类化合物和氯化钙、氧化镁、氯化钠、三氧化铝以及水玻璃等溶液喷洒在煤块上，或者注入煤体中，阻止和延缓煤炭氧化的作用，防止和降低自然发火的危险性。

选用防灭火阻化剂时，应该是阻化率高、防灭火效果好、来源广泛、价格便宜，同时不得污染井下空气和危害人体健康、以及对机械设备、支架等金属构件腐蚀性小的物质。

——采用凝胶防灭火

凝胶指的是以水为载体，以水玻璃为主剂、以硫酸或碳酸盐类为促凝剂和以灰土（黄土或右灰）为增强剂混合而成的一种不燃性防灭火材料。它具有较好的渗透性、密封性和凝固性。

采用凝胶防灭火指的是，在促凝剂的质用下，凝脱混合液体很快凝结成冻胶物质，充满裂隙、孔隙空洞和冒顶空间，起到防灭火的作用。

采用凝胶防灭火时，应遵守以下规定：
- 选用的凝胶材料不得污染井下空气和危害人体健康。
- 应在设计中明确规定凝胶的配方、促凝时间和压注量等参数。
- 压注的凝胶必须充满全部空间，并喷浆封闭外表面。
- 定期观测压注的凝胶，如发现凝胶老化、干裂，应重新进行压注。

——采用氮气防灭火

采用氮气防灭火指的是，向采空区（或火区）注入惰性气体氮气，阻止采空区煤炭氧化自燃，同时，提高采空区压力成正压状态防止新鲜空气漏入采空区、降低采空区温度，以达到采空区内防灭火的目的。另外向采空区注氮，还可以降低采空区内瓦斯和氧化浓度，防止瓦斯燃烧爆炸事故的发生。

采用氮气防灭火具有很多优点，但是，如果注氮量过小、浓度过低达不到防灭火效果，同时输氮管路或采空区发生氮气泄漏还会造成人员伤亡。所以，必须遵守以下规定：
- 氮气源稳定可靠。
- 注入的氮气浓度不小于97%。
- 至少有1套专用的氮气输送管路系统及其附属安全设施。
- 因地制宜选择注氮方式。
- 合理地选择注氮地点。
- 注氮时要有完善的气体成分，空气温度监测手段，并设专人进行定期观测。

③直接挖除火源

挖除火源指的是，将已经发热或者燃烧的煤炭及其可燃物质采用人工的方法挖出、清除并运到安全地点或井上的直接灭火方法。它是扑灭矿井火灾最彻底的方法。但是，采用挖除火源方法应注意以下安全事项：

——火灾处于初始阶段，涉及范围不大。

——火区及运出途中、排卸点没有瓦斯煤尘爆炸危险。

——火源位于灭火人员可以直接到达的地点。

——装运火源的车辆必须是铁制的。排卸火源地点必须是岩巷且附近无可燃物质，最好运送到井上。

④均压防灭火

采用均压防灭火指的是，通过设置调压装置（设施）或调整通风系统，改变井下巷道中空气压力的分布状态，尽可能减小或消除漏风通道（实施均压区域）两端的风压差，从而达到减小或消除漏风、抑制自然发火乃至灭火的目的。

采用均压防灭火是一种效果显著、技术含量较高的防灭火手段和措施。

优点：经济、实用、效果较好。

缺点：是一项较复杂的技术管理工作，如果控制不当，不仅达不到防灭火的效果，还可能引发火灾，造成严重后果。

⑤封闭火区灭火

封闭火区灭火法指的是，在进风侧和回风侧构筑防火墙（又叫做密闭），隔离火区空气的供给，减小火区氧气浓度，使火区的火因缺氧而熄灭的一种灭火方法。

封闭火区灭火法适合于火势猛、火区范围大，无法进行直接灭火，或者直接灭火无效的火灾。

采用封闭火区灭火法时，由于以下两点原因应尽量把封闭范围缩小：

——火区封闭以后，火区附近封闭的煤炭资源将成为呆滞状态，不能随便进行采掘活动，如果封闭范围过大，将严重地影响矿井正常的采掘接续工作。

——封闭范围过大，漏风几率和漏风量就会增加，不利于火区隔绝窒息灭火；同时，使火区空间变大，爆炸性气体体积也增大，如果发生爆炸，其爆炸威力也加大。

所以《煤矿安全规程》中规定：封闭火区灭火时，应尽量缩小封闭范围。

6. 加强火区管理

由于发生矿井火灾而封闭的巷道、采掘工作面和煤炭资源等区域，叫做火区。

火区封闭后虽然可以认为矿井火灾已被控制住，但对于矿井防灭火工作来说，这仅仅是灭火工作的开始，只要火源还没有彻底消除，它仍是对矿井安全生产的潜在威胁，如果管理不善，形成漏风进入火区，使火区的火源不仅得不到抑制，反而加重火势；如果在火源未消除情况下擅自启封，将造成矿井火灾重复出现，后果不勘设想。所以，必须加强对火区的管理。

（1）井下火区管理要求

《煤矿安全规程》中规定，对井下火区管理必须做到以下几点：

①煤矿企业必须绘制火区位置关系图并永久保存，在图上详细标出所有火区和曾经发火的地点。

②每一处火区都要按形成的先后顺序进行编号，并建立火区管理卡片。

③火区管理卡片应由矿通风部门负责填写，并装订成册、永久保存。火区管理卡片内

容应包括以下图表资料：

——火区基本情况登记表，包括发火当时情况、火灾造成的损失、煤层赋存情况及煤层自燃情况等。

——火区灌注浆、砂和惰气记录表。包括每次灌注的位置、钻孔情况、防火墙编号以及灌注量及日期等。

——防火墙修筑日期、结构、负责人以及防火墙内气体成分（CH_4、O_2、CO_2、CO和N_2）、温度、湿度、内外压差和其他情况观测记录表。

——火区位置示意图。它应以通风系统为基础、标明火区的边界、火源点位置、防火墙类型、位置和编号、火区外围风流方向、漏风路线以及灌浆系统、均压技术设施位置等，并绘制必要的剖面图。

(2) 井下火区熄灭条件

《煤矿安全规程》中规定，火区同时具备以下5个条件时，方可认为火区的火已经熄灭：

①火区内的温度下降到30℃以下，或与火灾发生前该区的日常空气温度相同。

②火区内空气中的氧气浓度降到5%以下。

③火区内空气中不含有乙烯、乙炔，一氧化碳浓度在封闭期间内逐渐下降，并稳定在0.001%以下。

④火区的出水温度低于25℃，或与火灾发生前该区的日常出水温度相同。

⑤上述4项指标持续稳定的时间在1个月以上。

本章主要知识点

1. 矿井通风及其隐患的认定和排除

矿井通风是煤矿生产的一个重要环节，是搞好煤矿"一通三防"工作的重点。通风系统不完善、不可靠都属于煤矿重大隐患。

2. 瓦斯及其隐患的认定和排除

矿井瓦斯事故是煤矿安全生产"第一杀手"。瓦斯超限作业、未实施防突措施和未建立瓦斯抽放系统和监控系统，都属于煤矿重大隐患。

3. 矿尘及其防治

矿尘对人体健康和矿井安全都存在着严重危害。必须采取降尘措施、杜绝引爆火源措施和抑爆隔爆设施，预防煤尘爆炸事故。

4. 矿井火灾及其隐患的认定和排除

煤自燃是矿井火灾的主要形式。自然发火严重，未采取有效措施都属于煤矿重大隐患。

复习思考题

1. 矿井通风的基本任务是什么？
2. 掘进工作面局部通风机停止运转有哪些规定要求？

3. 采掘工作面串联通风有哪些限制条件？
4. 瓦斯爆炸的条件是什么？
5. 光学甲烷检测仪零点漂移的原因和解决办法是什么？
6. 为什么低瓦斯矿井也要装备安全监控系统？
7. 构造什么样的煤矿瓦斯综合治理工作体系？
8. 煤尘爆炸有哪些危害？
9. 如何区分瓦斯爆炸和煤尘爆炸？
10. 隔爆水棚在巷道安装位置有哪些规定要求？
11. 为什么说矿内火灾比地面火灾危害更大？
12. 为什么在高瓦斯矿井放顶煤开采厚煤层时容易发生自然发火？
13. 人体有哪些方法感觉煤自燃？

第四章 矿井水害及其隐患认定和排除

水对于人类非常重要，可以说没有水，人类就不能生存，但是水大了又可以造成多种自然灾害，危及人类的生存。同样，在煤矿生产建设中，如采掘过程中的降尘除尘、灭火及水力采煤都需要水，但是，矿井涌水量过大，又会给矿井带来灾害事故。矿井水灾是煤矿五大自然灾害之一。

第一节 矿井透水的危害和预兆

一、矿井透水的危害

当矿井涌水量或进入矿井巷道的水量大于矿井的排水能力时，就可能发生透水事故。矿井透水的危害主要有以下几方面：

（1）矿井透水时淹没巷道、采区甚至整个矿井，造成采掘工作面或矿井停产，大量国家财产损失，严重威胁着矿工的生命和矿井的安全。

（2）如果矿井透老空积水，聚积在老空区内的瓦斯和硫化氢随之涌出。涌出的瓦斯若达到爆炸浓度，遇火源就会发生瓦斯爆炸；人呼吸了剧毒的硫化氢或喝了含硫化氢的水，就会发生中毒现象，严重时还可能死亡。

（3）为了预防矿井水害，必须留设安全防水煤柱，造成矿井回采率降低，严重地影响了煤炭资源的开采利用。

（4）由于矿井水使矿内空气湿度加大或淹没矿井，使井下机电设备和金属管路锈蚀严重，大大缩短了它们的使用期限。

二、矿井透水预兆

1. 煤壁"挂红"

因为矿井水中含有铁的氧化物，呈暗红色的水锈会渗透到采掘工作面煤壁上。

2. 煤壁"挂汗"

采掘工作面接近积水区时，水由于压力通过微孔裂隙凝聚于煤壁表面上呈水珠状，特别是新鲜切面潮湿明显。

3. 空气变冷

采掘工作面接近积水区时，气温骤然降低，煤壁发凉，人一进去就有阴凉感觉，时间越长就越明显。

4. 出现雾气

当巷道内温度较高，积水渗透到煤壁后蒸发而形成雾气；加上进风风流中增加水分遇冷后也发生雾气。

5. "嘶嘶"水叫

井下高压水向煤（岩）裂隙强烈挤压，两壁摩擦而发出"嘶嘶"水叫声。这种现象说明即将突水。

6. 底板鼓起

这是底板由于受承压水（或积水区）作用的结果。

7. 水色发浑

断层水和冲积层水常出现淤泥、砂，使水浑浊，且多为黄色。

8. 出现臭味

老空积水内含有硫化氢，造成老空水可闻到臭鸡蛋气味。

9. 顶水加大

因为突水前顶板裂隙加大、增密，矿井水渗透到顶板上，使顶板淋水量增加。

10. 片帮冒顶

这是顶板由于受承压含水层（或积水区）作用的结果。

《煤矿安全规程》中规定，发现以上透水预兆时，必须停止作业，采取措施，立即报告矿调度室，发出警报，撤出所有受水害威胁地点的人员。

第二节 矿井透水的水源和通道

矿井透水发生的基本条件是具有丰富的水源和畅通的通道。

一、矿井透水的水源

矿井透水的水源一般可分为地表水和地下水两大类。

1. 地表水

(1) 地面河流、湖泊、沼泽、水库、积水洼地和海洋等，它们往往成为矿井透水的重要水源。

(2) 大气降雨和下雪。它们受季节性变化较大，当雨季到来时，大气降雨量较大；当旱季到来时，大气降雨量较少。大气降雨和下雪是地面河流、湖泊、沼泽、水库、积水洼地和海洋等的重要水源，成为矿井透水的直接或间接水源。

2. 地下水

(1) 含水层水。矿井煤（岩）层中的孔隙水、裂隙水和岩溶水等，都叫做含水层水。

孔隙水：矿井煤（岩）层都具有一定数量和不同形式的空隙，地下水储存在孔隙中，叫孔隙水。

裂隙水：坚硬的岩层由于沉积作用或后期地质构造力作用，可以产生大小不同的裂隙，地下水储存在裂隙中，叫裂隙水。

岩溶水：石灰岩的主要成分是碳酸钙，呈碱性。石灰岩层在压力和温度作用下会发生裂隙，而溶解了二氧化碳的水带有酸性，通过裂隙流入或渗入石灰岩内，将溶解的钙带走后，便形成钟乳石、石笋和石柱等，使石灰岩层中存有许多大小不同的空隙，矿井水储存在石灰岩空隙中，叫岩溶水。

(2) 地质构造水。矿井煤（岩）层在地质作用力作用下，形成断层、陷落柱等，矿井水储存在断层、陷落柱中,叫断层水、陷落柱水。

(3)采掘活动形成的地下水。由于采掘活动形成大面积老空区和一定的钻孔,矿井水储存在采空区、钻孔中,叫采空区积水、钻孔水。

二、矿井透水通道

矿井透水通道一般可分为自然通道和人为通道两大类。

1. 自然通道

自然通道指的是煤矿煤(岩)层受到地质力的作用而形成的透水通道。

(1)断层和裂隙带通道

断层和裂隙带岩石破碎、地层完整性受到破坏,往往成为透水的通道。如图4-1和图4-2所示。

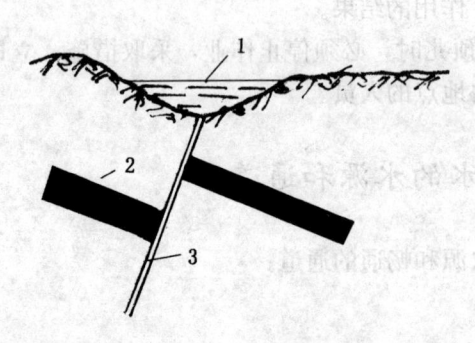

图4-1 导水断层
1—积水流;2—煤层;3—断层面

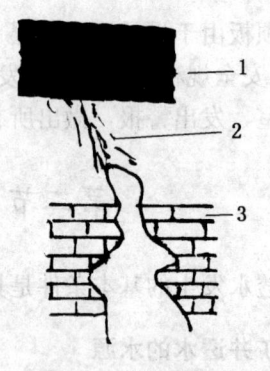

图4-2 导水裂隙带
1—煤层;2—裂隙带;3—含水层

因断层带的岩性和受地质破坏力强度不同而分为隔水断层和导水断层,只有导水断层才会成为透水通道;而隔水断层虽然原生不导水,但经采动后又变为导水断层的,同样可以成为透水通道。

(2)岩溶陷落柱

岩溶陷落柱从煤系地层的基底开始,垂直贯通煤层的底板和数个煤层。由于柱内充填物未能得到充分压实,底部与高压的地下岩溶水相联系,而且柱体的周围由于岩溶陷落柱形成时造成的较密集的次生裂隙带,都可以成为透水的通道。如图4-3所示。

(3)煤层隐伏露头

煤层隐伏露头与上覆第四系松散沉积物地层呈不整合接触,在隔水层局部缺失的"天窗"部位,成为地面水的通道。

(4)隔水层变薄区

由于地质构造力的作用,煤系地层的隔水层变薄,无法抵抗高压地下水的侵蚀而形成透水通道。

2. 人为通道

人为通道指的是煤(岩)层由于人的采掘活动而形成的透水通道。

(1)顶板冒落裂隙带

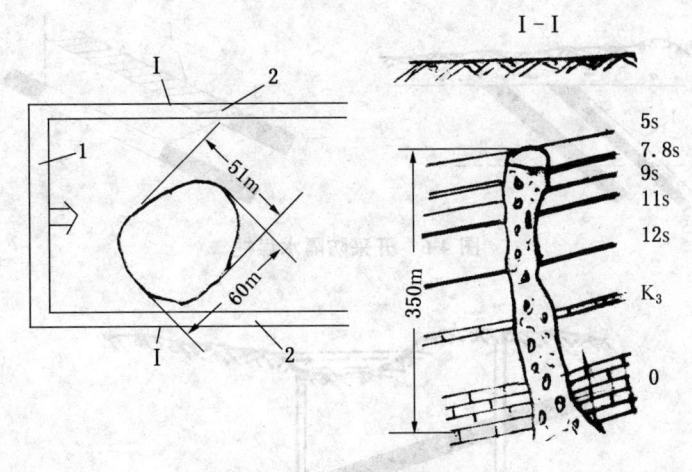

图 4-3 岩溶陷落柱
1—综采工作面；2—运输巷；3—回风巷

采煤工作面采空区垮落后，在其上部依次形成冒落带、裂隙带和弯曲下沉带等三等，其中冒落带和裂隙带是重要的透水通道，如图 4-4 所示。

（2）地面岩溶塌陷带

由于矿井加大对井下岩溶水的抽排，使岩溶水位大幅度下降，柱顶和周围岩体塌落，沟通地面水体或附近地下水体，如图 4-5 所示。

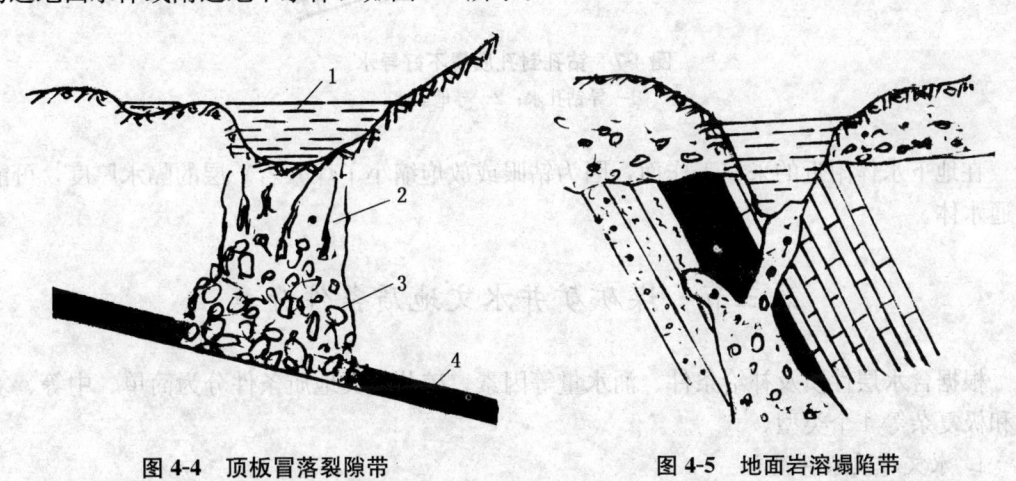

图 4-4 顶板冒落裂隙带
1—河流；2—裂隙带；3—冒落带；4—煤层

图 4-5 地面岩溶塌陷带

（3）开采防水煤柱

在矿井开采过程中破坏了原有的防水煤柱，有的在煤柱内进行回采，有的在煤柱内进行掘进，使防水煤柱失去了防水强度，如图 4-6 所示。

（4）钻孔封孔质量不好

不进行封孔止水或封孔质量不好时，钻孔本身就可能将地表水和钻孔所穿的含土层水相互沟通，如图 4-7 所示。

（5）采掘工作面钻眼或放炮

图 4-6 开采防隔水煤柱

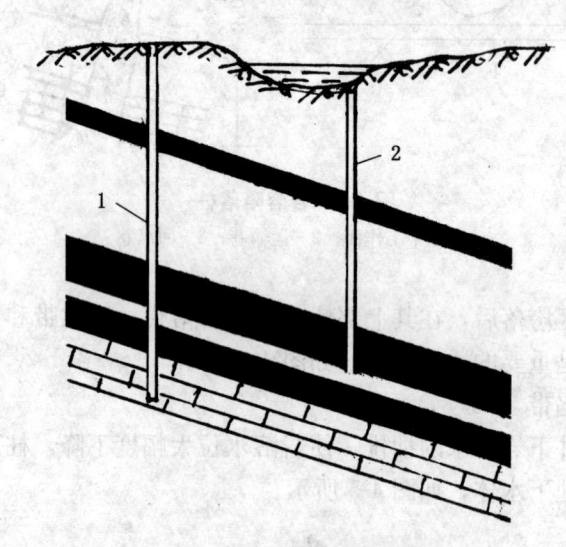

图 4-7 钻孔封孔质量不好导水
1—导钻孔水；2—导地面水

在地下水体附近的采掘工作面，因为钻眼或放炮缩小了煤（岩）层的隔水厚度，可能沟通水体。

第三节 煤矿矿井水文地质条件分类

根据含水层性质及补给条件、涌水量等因素，矿井水文地质条件分为简单、中等、复杂和极复杂等 4 个类型。

1. 水文地质条件简单
(1) 受采掘破坏或影响的孔隙裂隙，溶隙含水层补给条件差，补给水源少或极少。
(2) 单位涌水量 $\leqslant 0.1$ L/min。
(3) 年平均涌水量 $\leqslant 180$ m^3/h；年最大涌水量 $\leqslant 300$ m^3/h。
(4) 采掘工程不受水害影响。
(5) 防治水工作简单。

2. 水文地质条件中等
(1) 受采掘破坏或影响的孔隙裂隙，溶隙含水层补给条件一般，有一定的补给水源。
(2) 单位涌水量 $0.1 \sim \leqslant 1.0$ L/min。
(3) 年平均涌水量 $180 \sim \leqslant 600$ m^3/h。

(4) 采掘工程受水害影响,但不威胁矿井安全。
(5) 防治水工作简单或易于进行。

3. 水文地质条件复杂

(1) 受采掘破坏或影响的主要是灰岩溶隙—溶洞含水层,厚层砂砾石含水层(煤层直接顶底板为含水砂层),其补给条件好,补给水源充沛。
(2) 单位涌水量 $1.0\sim\leqslant5.0$ L/min。
(3) 年平均涌水量 $600\sim\leqslant2\,100$ m^3/h;年最大涌水量 $1\,200\sim\leqslant3\,000$ m^3/h。
(4) 采掘工程、矿井安全受水害威胁。
(5) 防治水工程量较大,难度较高。

4. 水文地质条件极复杂

(1) 受采掘破坏或影响的为岩溶含水层,其补给条件很好,补给水源极其充沛。
(2) 单位涌水量 >5.0 L/min。
(3) 年平均涌水量 $>2\,100$ m^3/h;年最大涌水量 $>3\,000$ m^3/h。
(4) 矿井突水频繁,采掘工程、矿井安全受水害严重威胁。
(5) 防治水工程量大,难度高。

第四节 煤矿水害防治十六字原则

为了防治煤矿水害,确保矿井安全生产和职工生命安全,必须坚持"预测预报、有疑必探、先探后掘、先治后采"的十六字原则。

1. 预测预报

煤矿应定期收集矿井水文地质资料,建立地下水动态观测系统,对水害做出分析判断并实施预测预报。

收集历年大气降水、地面积水区变化和矿井地质及水文地质等资料,采取井上和井下相结合的方式,对各含水层建立长期水位动态观测网,掌握各含水层的动态变化规律,研究各含水层的补给关系。同时,将井上各出水点和地面水体的水质、水温监测纳入矿井水文地质长期观测的内容。做好日常的水文地质观测工作,定期分析观测资料,就可以做到水害预测预报,一旦发生透水就能及时确定水源和通道。

2. 有疑必探

有疑必探是指对可能构成水害威胁的区域,采用钻探、物探、化探和水文地质化验等综合技术手段查明或排除水害。有疑必探是防止井下发生透水灾害事故的重要方法。

在具有下列情形之一时必须探水前进:

(1) 由于水文地质条件复杂和极复杂的矿井,在地面无法查明矿井水文地质构造和充水因素时,必须坚持有掘必探。
(2) 煤矿在受水害威胁的地区,巷道掘进之前,必须采用钻探、物探、化探等方法查清水文地质条件。
(3) 矿井工作面回采前,必须采用物探、钻探、巷探、化探等方法查清工作面内断层、陷落柱和含水层(体)富水性等情况。
(4) 采掘工作面遇到下列情况之一时,必须进行探放水:

①接近水淹或可能积水的井巷、老空或相邻煤矿时。
②接近含水层、导水断层、溶洞和导水陷落柱时。
③打开防隔水煤（岩）柱放水前。
④接近可能与河流、湖泊、水库、蓄水池、水井等相通的断层破碎带时。
⑤接近有可能出水的钻孔时。
⑥接近水文地质条件复杂的区域时。
⑦采掘破坏影响范围内有承压含水层或含水构造、煤层与含水层间的防隔水煤（岩）柱厚度不清可能突水时。
⑧接近有积水的灌浆区时。
⑨接近其他可能突水地区时。

3. 先探后掘

先探后掘是指只有经过探水证明前方没有水患威胁，才能继续向前掘进巷道；否则，必须停止掘进作业，进行治理。先探后掘是采掘工作面防止透水灾害的基本原则。

探水的方法一般有物探和钻探两种，其中钻探是最可靠、应用最普遍的方法。

钻探水前必须编制设计，在设计中具体规定探水钻孔的布置，包括个数、方向、倾角、深度和孔径以及超前掘进工作面距离。还要采取防止瓦斯和其他有害气体危害等安全措施。

钻进时发现异常现象应当停止钻进，如果有突水可能，必须立即撤人。

4. 先治后采

经过探水发现存有水害隐患，必须采取有针对性的治理措施，等水害隐患排除后，才能进行采煤活动。

水害治理主要有以下五项综合治理措施：

（1）防：合理留设各类防水煤柱。
（2）堵：注浆封堵具有突水威胁的含水层。
（3）疏：探放老空水和对承压含水层进行疏水降压。
（4）排：安装使用排水设施。
（5）截：加强地表水的截流治理。

第五节 矿井水害隐患认定和排除

《国务院关于预防煤矿生产安全事故的特别规定》中明确指出，有严重水患，未采取有效措施的，都属于煤矿重大安全生产隐患，应当立即停止生产，排除隐患。

一、"有严重水患，未采取有效措施的"隐患认定

根据国家安全生产监督管理总局、国家煤矿安全监察局制定的《煤矿重大安全生产隐患认定办法（试行）》，"有严重水患，未采取有效措施"是指有下列情形之一的：

（1）未查明矿井水文地质条件和采空区、相邻矿井及废弃老窑积水等情况而组织生产的。

（2）矿井水文地质条件复杂没有配备防治水机构或人员，未按规定设置防治水设施和

配备有关技术装备、仪器的。

（3）在有突水威胁区域进行采掘作业，未按规定进行探放水的。

（4）擅自开采各种隔水煤柱的。

（5）有明显透水征兆未撤出井下作业人员的。

二、"有严重水患，未采取有效措施的"隐患排除

1. 进行水文地质补充调查，查明矿井水文地质条件和采空区、相邻矿井及废弃老窑积水等情况

矿井水文地质情况不明是造成透水的重要原因，必须针对存在的问题进行专项水文地质补充调查工作。水文地质补充调查除传统的方法外，还可采用遥感、全球卫星定位、地理信息系统等新技术、新方法。

水文地质补充调查主要内容如下：

（1）资料收集

①气象资料收集主要包括降水量，特别是历年月平均值和百年之内的最小、最大值。

②以往勘探成果、资料的收集。

（2）地貌地质调查

①调查由于开采或地下水活动诱发的地貌变化。

②调查第四系松散履盖层和基岩露头情况。

③调查地质构造情况和分析其对矿井开采的影响。

（3）地表水体调查

调查收集矿区地表水体情况和分析研究其与地下水的关系。

（4）井泉调查

调查井泉情况和分析有无气体溢出及对地下水的补给情况。

（5）古井老窑调查

调查古井老窑的位置及开采、充水情况，并圈出采空区、估算积水量。

（6）生产矿井调查

调查研究矿区内生产矿井的开采、充水、涌水量变化以及防治水效果等情况。

（7）周边矿井调查

调查周边矿井的位置、充水及与相邻矿井的空间关系，并定期收集完整的采掘工程平面图。

（8）地面岩溶调查

调查地面岩溶发育、分布范围及其对地下水的影响。

2. 配备防治水机构，设置防治水设施

（1）加强领导，配备机构

①煤矿企业要增强做好煤矿水害防治工作的责任制和紧迫感，将水害防治工作列入重要议事日程，明确水害防治工作职责。

②煤矿企业法定代表人要承担起煤矿水害防治工作的第一责任人职责，总工程师（技术负责人）要承担起煤矿水害防治工作的技术责任。

③要加强煤矿防治水工作，配备水文地质技术人员，水文地质条件复杂或水害隐患严

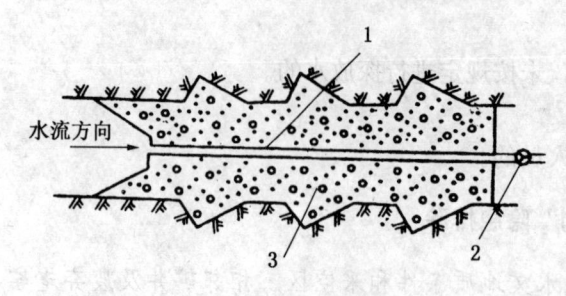

图 4-8 水闸墙示意图
1—导流管；2—闸阀；3—混凝土闸墙

重的煤矿企业，必须设立专门的煤矿防治水机构。存在水患的煤矿企业，要配备齐全的探放水设备和专业队伍。

（2）设置设施，配备装备

①水闸墙。水闸墙指的是用不透水材料构成的用于隔绝有透水危险区域的永久性构筑物，如图 4-8 所示。水闸墙应符合以下规定要求：

——水闸墙构筑地点必须岩石坚固、完整，支护完好。

——水闸墙墙体必须具有足够的强度，能承受透水时水压。

——水闸墙墙基必须与围岩紧密结合，不透水。

②防水闸门。防水闸门指的是构筑于行人运输巷道中，当发生透水时，关闭闸门将水隔绝于闸门之外的永久性构筑物，如图 4-9 所示。水文地质条件复杂、极复杂的矿井，必须在井底车场周围或在矿井有突出危险的采掘区域附近设置防水闸门。防水闸门应符合以下规定要求：

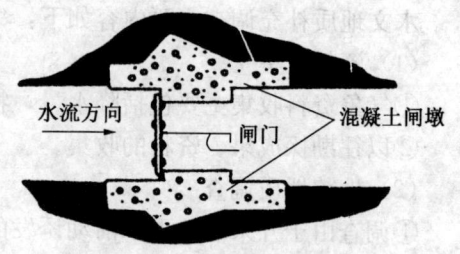

图 4-9 水闸门示意图

——防水闸门构筑地点必须对水害具有控制部位和井下需要特别防水的重要部位，如水泵房，同时不受采掘活动带来的压力影响。

——防水闸门必须采用定型设计。

——防水闸门的施工和质量必须符合设计要求。闸门和闸门硐室不能漏水。闸门硐室前、后两端应分别砌筑不少于 5 m 的混凝土护碹。

——防水闸门在来水一侧 15～25 m 处应加设 1 道挡物箅子门，以便关闭防水闸门。

——防水闸门竣工后，必须按设计要求进行注水耐压试验。

——防水闸门必须灵活可靠，并保证每年进行 2 次关闭试验。

③主排水泵。矿井必须有工作、备用和检修的主排水泵。工作水泵的排水能力应能在 20 h 内排出矿井 24 h 的正常涌水量。备用水泵的排水能力应不少于工作水泵的 70%。工作和备用水泵的总排水能力应能在 20 h 内排出矿井 24 h 的最大涌水量。检修水泵的排水能力应不少于工作水泵的 25%。

水文地质条件复杂和极复杂矿井，可在主排水泵房预留一定数量水泵的安装位置。

矿井主要泵房至少有 2 个出口，一个出口用斜巷通到井筒，另一个出口通过井底车场。

④主排水管。矿井必须有工作和备用的主排水管。工作水管的排水能力应配合工作水泵。工作和备用水管的总排水能力应能配合工作和备用水泵的总排水能力。

⑤主要水仓。矿井主要水仓必须有主仓和副仓，当一个水仓清理时，另一个水仓能正常使用。

——主要水仓容量应符合规定要求。

——水仓进口处应设置箅子。

——水仓应定期清挖,在正常情况下,空仓容量必须经常保持在总容量的50%以上;如果遇有地质条件变化或雨季到来,可能带来矿井涌水量加大时,必须提前将水仓清挖好,以保证水仓具有最大的容水量。

3. 采掘作业按规定进行探放水

(1) 探水线。

在距离积水巷道、采空区或地下水丰富的岩层一定位置划定一条线,作为探放水工作的起点,当采掘作业进行到此线时就必须开始探放水,此线一般叫探水线,如图4-10所示。

探水线应根据积水区的位置、范围、地质和水文地质及其资料的可靠程度,采空区和巷道受矿山压力破坏等因素确定。

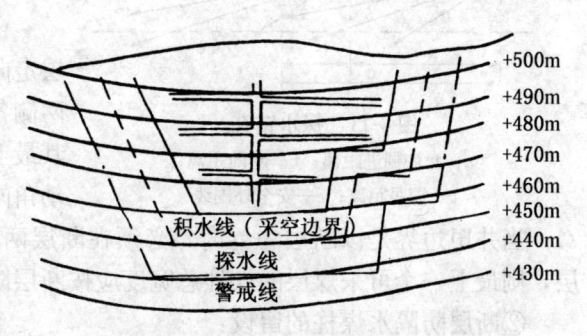

图4-10 积水线、探水线和警戒线示意图

开滦煤矿根据公司具体情况,规定了水文地质条件清楚、水压不超过1 MPa时,探水线到积水区最小距离为:在煤层中不少于30 m;在岩层中不少于20 m;如果不能确定积水区边界范围时,探水线位置应不少于距离推断积水区边界60 m。

(2) 探水钻孔。

探水钻孔的布置和超前距离,应根据水头高低、煤(岩)层厚度和硬度以及安全措施等在探放水设计中具体规定。

探水时循环工序是钻孔—掘进—再钻孔—再掘进。而钻孔的终孔位置必须始终超前掘进工作面一段距离,以确保掘进安全。这个安全距离一般为10~20 m。同时掘进巷道两帮与推断积水区边界也必须保持不少于10~20 m的安全距离。

为了确保不遗漏积水区,必须严格控制钻孔的密度。一般来说在允许掘进终点钻孔间距不大于3 m。

(3) 钻孔时发现水压、水量突然增加,必须停止钻进,但不急拔出钻杆,应立即向矿调度室汇报。

(4) 井下探放水必须使用专用的探放水钻机,严禁使用煤电钻探放水。

(5) 钻孔内水压过大时,应采用反压和有防喷装置的方法钻进,并有防止孔口管和煤(岩)壁突然鼓出的措施。

(6) 预计水压较大的地区,必须先安好孔口管和控制闸阀,并进行耐压试验。特别危险的地区,应有避难场所和畅通的避灾路线。

(7) 探放水时,必须撤出探放水点以下部位受水害威胁区域内的所有人员。

(8) 放水时安全注意事项。钻孔必须打中老空水体。钻孔在放水前要测定孔内水压,在放水过程中除必须计量外,还应测定残存水压,直至把水放净。放出的总水量要与预计的积水范围、积水高度和积水量等进行检查验算。

(9) 探放水时要检查瓦斯等有害气体的涌出情况,有问题应立即进行处理。

4. 留设防隔水煤（岩）柱，且严禁擅自开采

为了防止发生透水灾害和以便在发生突水后能够控制水势，减小灾情，保障矿井安全，必须留设防隔水煤（岩）柱。

（1）防隔水煤（岩）柱应在以下情形之一时留设：

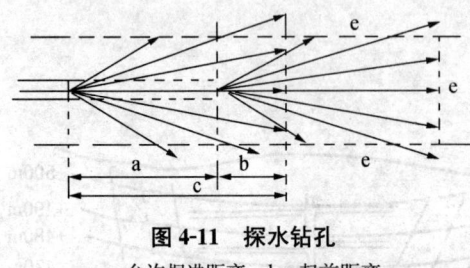

图 4-11 探水钻孔
a—允许掘进距离；b—起前距离；
c—探眼距离；e—安全外围线

①相邻矿井的分界处，必须留设防隔水煤（岩）柱，防止一个矿井发生水害殃及其他相邻矿井。

——当井田边界是人为边界，且垂直于煤层走向时，其最上一个可采煤层从边界向中心线两侧各留20 m；当井田边界平行于煤层走向时，其最上一个可采煤层仍各留20 m，但应按上山移动角向下画各煤层的煤柱线。如图4-11所示。

当井田边界是以断层为界时，必须在断层两侧留设防隔水煤（岩）柱；若为导水断层，则最上一个可采煤层的煤柱总宽度应按断层防隔水煤（岩）柱留设（不能小于40 m）。

②断层防隔水煤柱的留设：

在计算断层防隔水煤柱时，应考虑沿煤层走向及采上盘时其岩柱的强度和采下盘时冒落高度，经综合计算后留设。如图4-12所示。

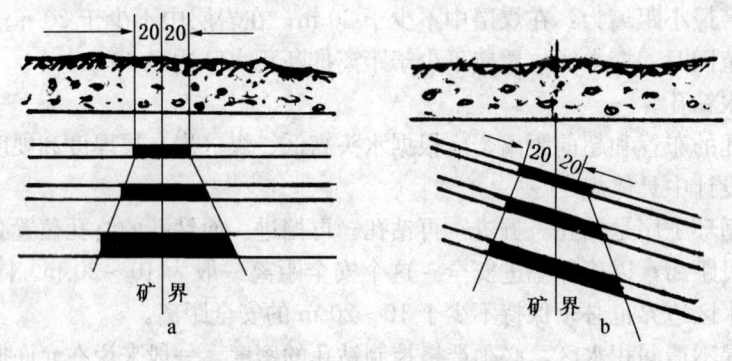

图 4-12 矿井边界煤柱示意图
a—边界垂直于煤层走向；b—边界平行于煤层走向

③井下积水区防隔水煤柱的留设：

——在井下巷道和采空区等积水区，积水不能排放干时，必须留设防隔水煤柱。如图4-13所示。

——对煤层中赋存的导水陷落柱或与强含水层贯通而封孔质量不好的钻孔，其四周必须留设防隔水煤柱（宽度要大于40 m）。如图4-14所示。

④冲积层下留设隔水煤柱：

对于冲积层下采掘作业，为了防止冲积层内的流砂和水进入采掘工作面，造成透黄泥、透水事故，必须留设防隔水煤柱。如图4-15所示。

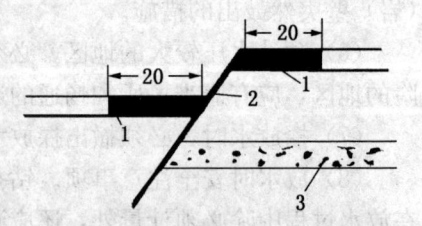

图 4-13 断层防隔水煤柱示意图
1—防隔水煤柱；2—导水断层；3—含水层

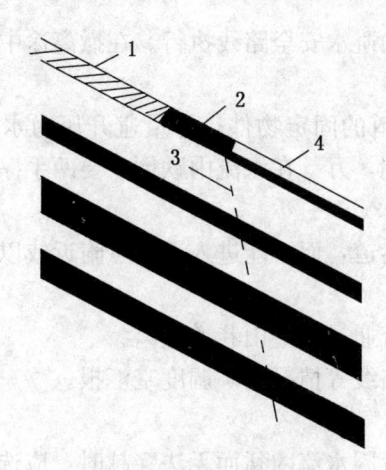

图 4-14 积水区防隔水煤柱
1—积水区；2—防隔水煤柱；
3—防隔水煤柱线；4—采掘工作面

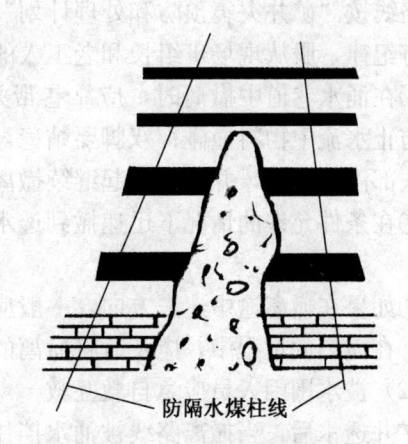

图 4-15 导水陷落柱防隔水煤柱

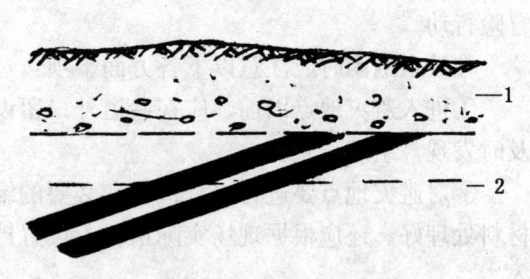

图 4-16 冲积层下防隔水煤柱
1—冲积层含水层；2—防隔水煤柱线

冲积层下防隔水煤柱留设一般根据各地冲积层厚度等资料采用经验公式计算及出。开滦煤矿采用公式计算煤柱一般留 60～100 m 左右。

⑤有突水历史或带水压开采的煤矿，应分水平或分采区留设防隔水煤（岩）柱实行隔离开采。

（2）防隔水煤（岩）柱严禁擅自开采

①各类防隔水煤（岩）柱一经确定，不能随意变动，严禁在各类防隔水煤（岩）柱中进行采掘活动。

②开采水淹区下的废弃防隔水煤（岩）柱时，必须彻底疏放上部积水，严禁顶水开采。

5. 有明显透水征兆时应立即撤出井下作业人员

发现明显透水征兆时，必须采取以下应急措施：

（1）矿井透水时现场作业人员要迅速撤离灾区

①现场作业人员在钻眼时，发现钻孔中意外出水，要立即停止钻进，并且不要将钻杆拔出，及时向矿调度室报告。

②在突水迅猛的情况下，撤离人员应避开水口和水流，迅速躲避到附近硐室内、拐弯巷道或其他安全地点。

③在透水时水流急速来不及躲避的情况下，现场作业人员应抓住棚子或其他固定物件，以防被水流冲倒、卷跑；附近没有棚子或其他固定物件时，现场作业人员应互相手拉手、肩并肩地抵住水流。

④如果矿井透水水源为采空区积水，使灾区有害气体浓度增加时，现场作业人员应立即佩戴自救器。

⑤在透水危及现场作业人员安全时，应迅速撤离灾区，并关闭有关巷道的防水闸门。

撤离路线按"矿井灾害预防和处理计划"中规定的避水安全路线执行。在撤离途中要有组织、有纪律,服从现场班组长和老工人的指挥。

⑥在涌水巷道中撤离时,应靠巷帮并抓牢巷道的固定物件;尽量避开压力水头和水流,防止水流中物料撞碰;双脚要站稳,避免跌倒,万一在水流中跌倒,要两手撑地,尽量使头部浮出水面,并立即爬起继续撤离。

⑦在条件允许的情况下迅速撤到透水点以上巷道,而不能进入透水点附近或以下独头巷道。

⑧如果在撤离途中迷失方向,一般应沿着风流通过的上山巷道撤离。

⑨在撤离的过程中,应及时将撤离的人数、路线等情况向矿调度室汇报。

(2) 被水围困人员应急自救互救

矿井透水后,当撤离路线被涌水挡住去路或者因水流凶猛而无法穿越时,应选择离井筒或主要大巷最近处、地势最高的上山独头巷道暂时避灾;迫不能已时还可以爬上巷道顶部高冒空间,以等待矿上将积水排掉,矿山救护人员前来救援,切忌采取盲目潜水逃生等冒险行动。

在被水围困时应注意以下各方面事项:

①进入避灾地点以前,应在巷道外口留设文字、衣物等明显标记,以便矿救援人员能及时发现,组织营救。

②对避灾地点要进行安全检查和必要的维护,支护不完整、插背不严密的要利用就近材料处理好。还应根据现场实际情况,设置挡帘、挡板或挡墙,防止涌水和有害气体的侵入。

③在避灾地点待救时,应间断地、有规律地敲击铁管、铁轨、铁棚或顶底板等物体,或者使一盏矿灯发出亮光射向外面,便于发现求救信号。

④在避灾地点若无新鲜空气,或有害气体大量涌出,而附近有压风管,应及时打开压风管阀门,放出新鲜空气,供被困人员呼吸;如果附近设置压风自救系统,应及时打开进行呼吸自救。

⑤注意避灾时的身体保暖。若衣服被浸湿应将其拧干;若多人同在一处避灾,可采取互相依偎紧靠的方法互相取暖,或将双脚掩埋在干煤堆中保暖。

⑥注意节省矿灯能量。若多人同在一起避灾,可只使用一盏矿灯照明,熄灭其他矿灯;若仅有1人避灾,矿灯可间断使用,以保证灾区尽量长时间有照明。

⑦断绝食物后,被围困人员少饮或不饮不清洁的地下水,禁止饮食采空区涌水,以免中毒;不能吞食煤块、胶带、电缆皮、衣料、棉絮、纸团等物品,可以少食树皮。

⑧被围困期间,可以在积水边放置一大块煤矸石或其他物件作为标志,随时观察积水水位的升降情况,以便及时了解水情。

⑨被围困人员一定要镇静,相信矿领导和其他工友一定会千方百计地抢救自己,并一定能安全脱险。同时要做好长期被围困的思想准备和物质准备。剩余干粮省着吃,不要狂奔乱跑,避免体力的过度消耗。

⑩当矿救援人员到来时,长期被困人员要控制住自己的情绪,防止过度兴奋、悲伤和慌乱;不可吃过量、过硬食物;要避开矿灯直接照射眼睛;要注意身体保暖。

本章主要知识点

1. 矿井透水预兆

矿井透水预兆有：煤壁"挂红"、煤壁"挂汗"、空气变冷、出现雾气、"嘶嘶"水叫、底板鼓起、水色发浑、出现臭味、顶水加大、片帮冒顶等10种。

2. 矿井透水的水源及通道

矿井透水发生的基本条件是具有丰富的水源和畅通的通道。水源分地表水和地下水；通道分自然通道和人为通道。

3. 煤矿矿井水文地质条件分类

根据煤矿含水层性质及补给条件、涌水量等因素，矿井水文地质条件分为简单、中等、复杂和极复杂等4个类型。

4. 煤矿水害防治十六字原则

煤矿水害防治必须贯彻落实"预测预报、有疑必探、先探后掘、先治后采"十六字原则

5. 矿井水害及其隐患认定和排除

"水火不留情"。矿井水害淹没巷道、采区甚至整个矿井，造成采掘工作面或矿井停产，使大量国家财产遭受损失，严重威胁着矿工的生命安全。有严重水患，未采取有效措施的，都属于煤矿重大隐患。

复习思考题

1. 矿井透水有哪些预兆？
2. 矿井透水有哪几种地下水源？
3. 矿井透水有哪些自然通道和人为通道？
4. 矿井水文地质条件极复杂型有哪些特点？
5. 探水应注意哪些安全事项？
6. 矿井主要有哪几种防治水措施？
7. 放水时有哪些安全注意事项？
8. 防治水十六字方针包括什么内容？

第五章　煤矿机电设备、工艺及其隐患认定和排除

第一节　煤矿机电设备供电分级和要求

煤矿机电设备繁多，不同的用户对供电要求也不相同，这也是由其在安全生产中的重要性来决定的。

一、煤矿用电负荷分级

根据煤矿用户和用电设备重要性的不同将用电负荷分为三级。

1. 一级负荷

凡因供电突然中断，可造成人员伤亡或使重要设备损坏并在较短时间内难以修复，给矿井造成很大经济损失的负荷为一级负荷。如主要通风机、主要提升机、主要排水泵、矿调度室和职工医院等。

2. 二级负荷

凡因供电突然中断，给矿井造成大量减产或造成较大的经济损失的负荷为二级负荷。如采区变电所、空气压缩机和综采设备等。

3. 三级负荷

凡因供电突然中断，对矿井生产没有直接影响的负荷为三级负荷。如矿区工人住宅区、机电修配厂等。

二、矿井供电电压分级

按照规定，矿井供电系统选用的电压等级分为以下各级别：

1. 35 kV——矿井地面变电所变电电压。
2. 10 kV 或 6 kV——井下高压配电电压和高压电动机的额定电压。
3. 3 kV 或 1 140 V——综合机械化采煤工作面电气设备的额定电压。
4. 660 V——井下低压电网的配电电压。
5. 380 V——地面和小型矿井井下低压电网的配电电压。
6. 220 V——地面和井下新鲜风流大巷的照明电压。
7. 127 V——照明、信号、手持式电气设备、电话的最高限额电压。
8. 36 V——井下设备控制回路的电压。
9. 直流 250 V、550 V——直流架线电机车常用额定电压。

三、煤矿机电设备供电要求

1. 安全性

煤矿井下存在水、火、瓦斯、煤尘和顶板自然灾害的严重威胁。井下自然条件恶劣，作业环境复杂，容易造成触电、爆炸、火灾等恶性事故，因此必须采取各种电气防护措施，确保煤矿供电的安全性。

2. 可靠性

煤矿井下一旦突然供电中断，不仅影响正常生产，还可能导致瓦斯煤尘爆炸或淹井事故，而且由于井下供电环境差，发生供电故障的几率较高，处理供电事故又较困难，所以要求煤矿供电必须具有绝对可靠性。

3. 经济性

由于煤矿机电设备耗电量很大，如果设计、选型不合理，可能造成极大的浪费。因此，在保证供电安全、可靠的前提下，要保证供电的最佳经济效益。

第二节 煤矿机电设备防爆技术要求

一、防爆电气设备概念、意义及标志

1. 防爆电气设备概念

对各类电气设备采取一定的安全技术措施后，能保证其在一定的爆炸危险场所使用，而不会引起周围爆炸性混合物爆炸的设备，统称为防爆电气设备。

2. 电气设备防爆的意义

电气设备正常运行或事故状态下可能出现的火花、电弧和热表面都具有一定的热能，可以成为矿井瓦斯和煤尘的点火源，引起矿井爆炸事故。而防爆电气设备就是设法消除点火源同瓦斯、煤尘的接触，限制热源的强度或作用范围。因此，电气设备的防爆对防止瓦斯、煤尘爆炸事故具有十分重要的意义。

3. 防爆电气设备的标志

(1) 防爆电气设备的总标志为"Ex"。

(2) 防爆电气设备分为Ⅰ类和Ⅱ类，其中Ⅰ类为煤矿井下用电气设备。

(3) 防爆电气设备类型分为10种，各有标志字母，如隔爆型电气设备代号为"d"。

防爆标志"ExdⅠ"的含义是：Ex——防爆总标志；d——隔爆型代号；Ⅰ——煤矿用防爆电气设备。

二、防爆电气设备的标志符号及基本要求

按照GB3836—2000的规定，防爆电气设备共分为隔爆型（d）、增安型（e）、本质安全型（A类）、充油型（O）、正压型（p）、充砂型（q）、浇封型（m）、无火花型（n）、气密型（h）和特殊型（S）等10类。

下面是几种主要的防爆电气设备的基本要求：

1. 隔爆型电气设备（d）

它是一种具有隔爆外壳的电气设备。该外壳既能承受其内部爆炸性气体混合物的爆炸压力，又能防止爆炸产物穿出隔爆间隙点燃外壳周围的爆炸性混合物，如变压器、开关等。

2. 增安型电气设备（e）

它是在正常运行状态下，不会产生电弧、火花或不可能点燃爆炸性混合物的高温的电气设备。主要从结构上采取措施提高安全程度，以避免在正常和认可的过载条件下出现上述现象，如电动机、变压器、照明灯具等。

3. 本质安全型电气设备（i）

它是全部电路均为本质安全电路的电气设备。在正常工作和规定的故障状态下产生的火花和热效应均不能点燃爆炸性混合物。

本质安全型电气设备（i）按本质安全电路使用场所和安全程度的不同又可以分为 ia 和 ib 两个级别。ia 等级的设备安全程度高于 ib 等级，煤矿井下使用的设备，一般选择 ib 等级即可。

三、杜绝防爆电气设备的失爆

1. 防爆电气设备的失爆及其危害

防爆电气设备的失爆是指矿用电气设备的隔爆外壳失去了耐爆性和间爆性。

一旦失去了防爆性能，电气设备内部发生爆炸，就会因为外壳的损坏而直接引起壳外的瓦斯煤尘爆炸，或者内部发生爆炸的生成物或残余物通过各部分或局部间隙引燃壳外的瓦斯、煤尘爆炸，这是十分危险的。因此，已经失爆的任何防爆电气设备都必须禁止使用，并不得在井下长期存放。

2. 隔爆型电气设备失爆的原因

（1）防爆接合面间隙超标，表面粗糙度过大。
（2）外壳有裂纹、开焊或严重变形。
（3）隔爆壳内外有锈皮脱落。
（4）联锁装置不符合规定，如不全、变形或失效等。
（5）隔爆室的观察窗透明件松动、破裂或机械强度降低。
（6）隔爆室之间的隔爆结构被破坏。
（7）改变隔爆外壳原设计安装尺寸，导致电气间隙距离不符合规定。
（8）使用非标准的受压隔爆的关键部件。

3. 防爆电气设备下井前检查内容

防爆电气设备在下井前，要进行安全性能检查，这是确保井下防爆电气设备的防爆性能、设备完好和保障安全运行的前提。

防爆电气设备下井前检查内容如下：
（1）设备的型式是否与铭牌标志相符。
（2）是否有设备检查、检验和验收试验记录。
（3）设备的零部件是否齐全、完整。
（4）设备的连锁装置是否齐全有效、功能完善。
（5）设备的电缆引入装置是否有合格的密封圈、垫圈和封堵用的金属垫片。
（6）非携带式和移动式电气设备的金属外壳和铠装电缆的接线盒，是否有外接地螺栓，并标有接地符号"⏚"；电气设备的接线盒内部是否有规定的内接地螺栓，并标有接地符号"⏚"。

(7) 隔爆型电气设备的隔爆接合面宽度、表面光洁度和间隙是否符合规定，圆筒式结构径向间隙是否符合规定。

四、井下电气设备选型的有关规定

《煤矿安全规程》中对井下电气设备的选型进行了明确的规定。

(1) 矿用一般型电气设备。矿用一般型电气设备不是防爆设备，只能用在低瓦斯矿井井底车场、总进风巷和主要进风巷。

(2) 矿用增安型电气设备。矿用增安型电气设备属于防爆型电气设备的一种类型，虽然在温升、绝缘等方面采取了一定的安全措施，在正常运行条件下，不会产生电弧、火花或可能点燃瓦斯煤尘，但设备内部一旦出现事故时，其防爆性能完全丧失。因此，在煤与瓦斯突出矿井和瓦斯喷出区域，瓦斯矿井的总回风巷、主要回风巷、采区回风巷、工作面和工作面进回风巷中不能使用，以防止因防爆性能丧失引爆瓦斯和煤尘。

(3) 矿用防爆型电气设备。除了矿用一般型和矿用增安型电气设备允许使用地点以外，其他地点必须使用矿用防爆型电气设备。

(4) 普通型携带式电气测量仪表，必须在瓦斯浓度1.0%以下的地点使用，并实时监测使用环境的瓦斯浓度。

第三节 电气安全

一、触电及其预防措施

1. 触电及其分类

(1) 触电

触电是指人体因触及带电体或接近高压带电体而成为电流的通路的现象。

由于煤矿井下空气潮湿，空间狭小，照明不足，电气设备经常损坏绝缘，同时大巷运输广泛采用架线式电机车，井下人员触电事故时有发生。

(2) 触电的分类

按照触电时人体的伤害部位，通常将触电分为以下两类。

①电击伤

电击伤是指触电电流对人体内部组织的损伤，所以也叫"内伤"。电流流经人体，影响人的呼吸、心脏及神经系统，导致残废或死亡。电击伤是主要的触电事故，约85%以上的触电死亡事故是由电击伤造成的。

②电灼伤

电灼伤是指触电电流的热效应对人体皮肤和肌肉组织的损伤，所以也叫"外伤"。电灼伤面积如果过大，往往会造成死亡。

2. 决定触电对人体危害的主要因素

触电事故对人体的危害程度由下列主要因素决定：

(1) 通过人体电流的大小和途径

电压越高，电流就越大，危险性也越大。人体电阻有体内电阻和皮肤电阻，皮肤电阻是主要的。而皮肤电阻也会因条件变化而增减，皮肤出汗、粘附粉尘都将使其降低。供电流越高，危险越大。两手或两脚之间构成电流通路，电流流经心脏是最危险的。

（2）触电时间的长短

触电时间越长，危险性越大，即使是安全电流，如果时间过长，也会造成死亡；同样，即使电流较大，若在很短时间内脱离电流，也不会发生危险。

（3）电流的种类和频率

直流电比 50 Hz 交流电危害性小。50～60 Hz 的交流电对人体伤害最严重，而频率低于 25 Hz 和高于 300 Hz 时对人体危害减轻。

3. 常见的人身触电原因

造成煤矿井下常见的人身触电原因主要有以下几方面：

（1）人身触及已经破皮漏电的导线或由于漏电而带电的设备金属外壳而造成本人触电。

（2）停电检修时，由于忘记停电，或检修未完毕而送电造成检修人员触电。

（3）误送电造成触电或违章带电作业造成触电。

（4）在设有带电架空线的巷道中行走，携带的金属物品触及架空线，或者人员上下矿车时，头部和手碰及架空线，造成触电。

（5）高压电缆停电后，由于电缆容量较大，储有大量电能，如果不放电就有人去触摸导体，会造成触电，而且电缆越长越危险。

4. 预防人身触电的主要措施

（1）井下供电系统中，必须设置可靠的保护接地和漏电保护装置。一旦发生人身触电，供电系统自动切断电源，保证人身安全。

（2）井下严禁带电安装、检修或搬移电气设备和电缆。不准带电作业，停电时要悬挂"有人工作，禁止送电"的警示牌，工作结束检查无误后，悬挂警示牌的人员才有权摘掉警示牌送电。

（3）电机车架空线必须按规定的高度悬吊，防止人员携带的工具碰到架空线。在架空线下装、卸材料时必须切断架空线的电源；在大巷架空线下送上下班人员必须使用专门人车，禁止使用矿车代替。

（4）操作井下电气设备的人员必须是经培训合格取得安全资格证书的专职人员，并且佩戴所需要的绝缘用品。

（5）加强对电气设备的维护保养。电缆不得有"羊尾巴"、"鸡爪子"、"明接头"，电气设备安装合理，坚持使用各种保护装置。

（6）采掘电气设备必须采用分相屏蔽的橡套电缆，若其中一相漏电时，通过屏蔽传入大地，使漏电继电器动作，防止人员触电造成伤亡。

（7）对人员经常接触的电气设备，要降低工作电压。如井下照明、信号、电话、手持式电气设备额定电压都不超过 127 V，控制回路电压不超过 36 V。

二、电气火灾及其预防措施

1. 电气火灾的危害

煤矿井下电气火灾不仅影响矿井正常生产、毁坏机电设备，还容易引发瓦斯、煤尘爆炸和矿井火灾等恶性事故，对矿井安全生产和工人生命健康构成严重威胁。

2. 常见的电气火灾原因

造成煤矿井下电气设备火灾主要原因有以下几方面：

（1）用电管理不当，电气设备不完好、过负荷或失爆。

（2）因外力破坏了电缆的绝缘，由电缆"明接头"、"鸡爪子"、"羊尾巴"产生电火花与过热现象。

（3）利用大灯泡或电热丝取暖。

（4）架空线与电机车接电弓摩擦时产生的电弧引燃支架。

3. 预防电气火灾的主要措施

（1）加强煤矿井下电气设备的用电管理

①正确选用井下电气设备。井下电气设备除满足技术性能需求外，还要根据电气设备类别和使用场所选用不同类型电气设备。

②防爆电气设备入井前必须进行检查，未经合格的防爆电气设备检查严禁下井使用；在电气设备使用中发现"失爆"现象，必须立即停止使用、进行更换。

③电气设备不准超额定值运行，必须按有关规定对额定值进行测试、整定。

④井下禁止带电检修和搬迁电气设备。带电搬迁电气设备容易拉脱电缆产生火花，或者设备外壳内带电部件松脱，从而使外壳带电。

（2）坚持井下用电"十不准"制度

①不准带电检修、搬迁电气设备、电线或电缆。

②不准甩掉无压释放装置和过流保护装置。

③不准甩掉漏电继电器、煤电钻综合保护装置和局部通风机风电、瓦斯闭锁装置。

④不准明火操作、明火打点和明火爆破。

⑤不准用铜丝、铝丝、铁丝和木楔代替熔断器中的熔件。

⑥停风的采掘工作面未经检查瓦斯不准送电。

⑦失爆的设备和电器不准使用。

⑧不准在井下拆卸、检修矿灯或更换灯泡。

⑨有故障的供电线路不准强行送电。

⑩电气设备的保护装置失灵不准送电。

（3）加强对电缆的使用管理

①合理选择井下供电电缆的种类。

煤矿井下供电电缆按其材质不同可以分为以下3种：

——铠装电缆。铠装电缆主要用于井下供电干线式供电或向固定式、半固定式设备供电。铠装电缆可以承受较高的外力冲击和拉力。但是铠装电缆质量大，敷设和移动不方便；不易弯曲。

——橡套电缆。矿用橡套电缆主要用于井下采区移动设备供电。橡套电缆具有柔软性好，便于弯曲、运输和敷设等优点，但机械强度较低。

•可延燃橡套电缆。该电缆所用的橡胶为一般橡胶，遇火后可延续燃烧，且在燃烧时分解出助燃气体。

•不延燃橡套电缆。该电缆所用的橡胶掺入了阻燃剂，具有不延燃性。

——塑料电缆。塑料电缆主要用于井下供电干线式供电或向固定式、半固定式设备供电。塑料电缆具有质量轻、护套耐腐蚀、绝缘性能好、敷设的条件不受限制等优点，因此在条件适合时应首先采用。

②井下电缆悬挂注意事项。

矿用高低压电缆既是矿井生产的重要材料之一，又是矿井供电系统中最薄弱的环节，特别是采区、采掘工作面的电缆，敷设条件较差，使用环境恶劣，频繁移动，容易受到碰撞、挤砸，引起电缆漏电、短路事故。因此，《煤矿安全规程》中对敷设电缆进行了明确的规定。

——井下电缆（与手持式或移动式设备连接的电缆除外）必须悬挂，以防止电缆被积水浸淹和外力挤压，使电缆遭到损坏和绝缘降低。悬挂时平巷和斜巷使用吊钩，立井使用夹子或卡箍。

——在水平巷道和斜巷中悬挂的电缆应留有适当的弛度。悬挂的高度应保证矿车掉道时不撞击电缆；悬挂的位置应保证电缆坠落时不落在轨道或输送机上。

——为了确保电缆悬挂稳固，在水平巷道和斜巷中悬挂点间距不得超过 3 m，立井井筒内不得超过 6 m。

——为了减少钻孔内敷设的电缆受力和孔壁压力，沿钻孔敷设的电缆必须绑紧在钢丝绳上，钻孔还必须加装套管。

③井下电缆故障常见部位及预防措施。

井下电缆发生故障（如"放炮"现象）的常见部位主要有以下 4 处，其预防措施如下：

——电缆连接头三叉处。在制作电缆连接头时，必须遵守有关工艺过程，特别注意处理好三叉口的绝缘，严禁潮气进入三叉口，破坏其绝缘强度。

——电缆铠装钢带裂口处。在搬运或敷设过程中，特别注意电缆的弯曲半径不能过小。

——外力损伤处。在电缆吊挂时，应注意选择在顶板完整、支架完好的地点；矿车运行或掉道不能刮碰的地点以及远离炮崩的地点；同时，在采掘机械运行时防止刮碰、挤压电缆；人为镐刨、柱梁砸伤电缆。

——电缆端头处。对库存长期不用的电缆两头进行铅封；在制作电缆头时，必须去掉一段长约 1~2 m 的电缆，以彻底清除水分对电缆的影响。

4. 井下电气保护

(1) 电气保护的作用

由于煤矿井下电气设备运行条件的特殊性，当电气设备绝缘损坏、操作不当以及受外力破坏时，供电系统往往发生故障，造成供电中断。采用井下电气保护装置，可以使井下中性点不接地供电系统出现不正常运行状态时，发出信号，提示电工进行处理，或自动切除供电故障，限制事故范围扩大。

(2) 电气保护装置的基本要求

①选择性

当电气设备发生故障时，电气保护装置能有选择地将距离事故点最近的开关设备断开，从而保证供电系统其他部分仍正常运行。

②快速性

一般要求电气保护装置能快速地将事故段切除,但过负荷保护则有一定的延时。

③灵敏性

灵敏性是指电气保护装置对其保护范围内的故障和不正常运行状态的反应能力。这种反应能力对不同的保护装置和被保护设备有不同的要求。

④动作可靠性

动作可靠性是指在供电线路和电气设备发生故障时,保护装置应能可靠地动作,不会出现拒绝动作,也不会出现误动作。因此,必须进行正确整定和定期校验。

(3) 电气保护的类型

①电流保护——短路保护和过流(过负荷)保护。

②漏电保护——非选择性漏电保护、选择性漏电保护和漏电闭锁。

③接地保护——系统接地保护和局部接地保护。

④电压保护——欠电压保护和过电压保护。

⑤单相断线保护。

⑥风电、瓦斯与电闭锁。

⑦综合保护——电动机综合保护和煤电钻(照明)综合保护。

(4) 井下电气三大保护装置

为保证井下低压供电安全,必须装设漏电、接地和短路等三大保护装置。

①漏电保护装置。

——漏电及其危害。

当三相变压器的中性点不接地时,如果发生火线接地,变压器接地一相中流过的电流就不是短路电流,而是比正常工作电流还小的漏电电流。它不会使保险丝熔断,也不会使电流继电器动作,并且,当发生这种故障时,电动机还照常转动,这种故障叫漏电。

发生漏电故障后,通过接地漏电点流入大地的电流还是比较大的,它产生火花的能量足以使瓦斯、煤尘发生燃烧甚至爆炸;同时,人身触及绝缘损坏漏电的一相火线的带电部分或已经带电的设备金属外壳时,流过人身的电流虽然是不太大的漏电电流,但也有可能使人触电死亡。

——漏电保护装置的作用。

万一发生漏电故障时,必须防止引起爆炸和触电事故,故在井下设置漏电保护装置。这种保护装置在井下采区变电所,与低压馈电开关配合使用。只要一发生漏电故障,它就使馈电开关掉闸停电,不致于引发瓦斯、煤尘爆炸和人身触电死亡。

——对漏电保护装置的规定要求。

《煤矿安全规程》中对漏电保护装置进行了明确的规定:

·井下低压馈电线上,必须装设检漏保护装置或有选择性的漏电保护装置,保证自动切断漏电的馈电线路。

·每天必须对低压检漏装置的运行情况进行1次跳闸试验。

②接地保护装置。

——接地保护装置。

接地保护装置是指在井下变压器中性点不接地供电系统中,用导体把电气设备中所有正常不带电金属外壳、构架与埋在地下的接地极连接起来的装置。

——接地保护装置的作用。

在井下，人们接触电气设备金属外壳的机会很多，而且由于空气比较潮湿，人身电阻一般都处于最小状态，万一漏电保护装置失灵，人身发生触电就非常严重了。所以在此基础上，设置接地保护，为人身安全增设了又一道保障。

在设置接地保护时，人身即使触及带电的电气设备金属外壳，但由于接地导线、接地极和大地三者的总电阻比人身电阻要小几千倍，漏电故障的电流大部分将通过地极流入大地，而通过人身的电流就相当小，对人身不会产生伤害。同时，大大减少因设备漏电时，使其外壳与地接触不良产生的电火花，避免引发瓦斯、煤尘爆炸事故。

——对接地保护装置的规定要求。

《煤矿安全规程》中对接地保护装置进行了明确的规定：

·矿井高压电网，必须采取措施限制单相接地电容电流不超过 20 A。

·地面变电所和井下中央变电所的高压馈电线上，必须装设有选择性的单相接地保护装置；供移动变电站的高压馈电线上，必须装设有选择性的动作于跳闸的单相接地保护装置。

·电压在 36 V 以上和由于绝缘损坏可能带有危险电压电气设备的金属外壳、构架、铠装电缆的钢带（或钢丝）、铅皮或屏蔽护套等必须有保护接地。

·接地网上任一保护接地点的接地电阻值不能超过 2 Ω（手持式电气设备不能超过 1 Ω）。

·橡套电缆的接地芯线，除用作监测接地回路外，不能兼作他用。

③过流保护装置。

——过流及其危害。

在三相供电系统中有两根或三相火线接在一起；在直流系统中两根电源线直接碰接在一起，用电设备就被碰接点"短路"了。短路实质上是电流不流经负荷，而是经过导线直接形成回路的故障。发生短路故障时，从碰接点到电源之间将产生强大的短路电流，其电流比正常工作电流大几十倍，这种现象叫"过流"。

短路事故是煤矿常见的恶性事故之一。其特点是电流很大，能产生 2 500 ℃～4 000 ℃高温的电弧。可在极短时间内烧毁线路或电气设备，甚至引起火灾或引发瓦斯、煤尘爆炸。同时，短路还可以引起电网电压急剧下降，影响电网中其他电气设备的正常工作。

——短路故障的主要预防措施。

·防止线路和电气设备的绝缘破坏，如绝缘老化、绝缘受潮、接线工艺不合格、设备内部的电气缺陷和电缆质量低劣等。

·避免遭受机械损伤，如电机车、输送机的撞击，冒落矸石砸伤、爆破崩坏，电缆使用盘放不当等。

·杜绝误接线、误操作，如相序不同线路的并联，带电进行封装接地线与带封装接地线送电和局部检修送电等。

·井下供电做到无"鸡爪子"、"羊尾巴"和"明接头"。

·严禁带电检修和搬迁电气设备。

——过流保护装置的作用。

过流保护装置的作用是，当电网中某一线路发生过流时，自动切断故障部分电路，防止过流造成的危害。

井下常用的过流保护装置有以下2种：

·过电流断电器。发生短路故障时，过电流断电器的过电流保护装置会产生可靠动作，切断短路电流。

·熔断器。熔断器主要由熔断管和熔断丝（片）组成。发生短路故障时，熔断丝（片）迅速熔化烧断，并产生电弧燃烧熔断管的管壁，由此形成的高压气体吹弧使电弧熄灭，从而切断故障电流，实现对短路故障的保护。

——对过流保护装置的规定要求。

《煤矿安全规程》中对过流保护装置进行了明确规定：

·井下电力网的短路电流不能超过其控制用的断路器在井下使用的开断能力，并应校验电缆的热稳定性。

·非煤矿用高压油断路器用于井下时，其使用的开断电流不应超过额定值的1/2。

·井下高压电动机、动力变压器的高压控制设备、井下由采区变电所、移动变电站或配电点引出的馈电线上及低压电动机的控制设备等都应具有短路保护装置。

·短路保护装置必须用该配电网路的最大三相短路电流校验开关设备的分断能力和动、热稳定性以及电缆的热稳定性，必须正确选择熔断器的熔体。

·短路保护装置必须用最小两相短路电流校验可靠动作系数。同时，必须保证配电网路中最大容量的电气设备或同时工作成组的电气设备能够起动。

第四节 煤矿设备、工艺隐患认定和排除

《国务院关于预防煤矿生产安全事故的特别规定》中明确指出，使用明令禁止使用或者淘汰的设备、工艺的，都属于煤矿重大安全生产隐患，应当立即停止生产，排除隐患。

一、"使用明令禁止使用或者淘汰的设备、工艺的"隐患认定

根据国家安全生产监督管理总局、国家煤矿安全监察局制定的《煤矿重大安全生产隐患认定办法（试行）》，"使用明令禁止使用或者淘汰的设备、工艺"是指有下列情形之一的：

1. 被列入国家应予淘汰的煤矿机电设备和工艺目录的产品或工艺，超过规定期限仍在使用的。

2. 突出矿井在2006年1月6日之前未采取安全措施使用架线式电机车或者在此之后仍继续使用架线式电机车的。

3. 矿井提升人员的绞车、钢丝绳、提升容器、斜井人车等未取得煤矿矿用产品安全标志，未按规定进行定期检验的。

4. 使用非阻燃皮带、非阻燃电缆，采区内电气设备未取得煤矿矿用产品安全标志的。

5. 未按矿井瓦斯等级选用相应的煤矿许用炸药和雷管、未使用专用发爆器的。

6. 采用不能保证2个畅通安全出口采煤工艺开采（三角煤、残留煤柱按规定开采者除外）的。

7. 高瓦斯矿井、煤与瓦斯突出矿井、开采容易自燃和自燃煤层（落煤层除外）矿井采用前进式采煤方法的。

二、煤矿设备、工艺隐患排除

1. 禁止使用被列入国家应予淘汰的煤矿机电设备和工艺目录的产品或工艺

国家安全生产监督管理总局分别于2006年7月20日和2008年3月21日发布了两批"禁止井工煤矿使用的设备及工艺目录"。它们是以下10类42项：

（1）电气设备。电气设备包括采用DW断路器的矿用隔爆型馈电开关、油浸式低压电气设备、QC8等系列电磁起动器、KSJ等系列变压器和油断路器等15项。

（2）提升机。提升机包括KJ1600/1220单筒缠绕式矿井提升机和JKA型、KJ型、XKT型矿井提升机等6项。

（3）运输装备。运输装置包括非防爆运输机车、非防爆柴油机无轨胶轮车、单缸防爆柴油机无轨胶轮车等4项。

（4）电缆。电缆包括非阻燃电缆、铝包电缆、铝芯电缆等3项。

（5）通风装置。通风装置包括非阻燃抗静电风筒和JBT局部通风机等2项。

（6）爆破器材。爆破器材包括黑火药、冻结或半冻结的硝化甘油类炸药和导爆管、普通导爆索、火雷管等2项。

（7）ZYZ、ZY3型液压支架。

（8）安全防护用品。安全防护用品包括单光源矿用安全帽灯、柳条（藤条、竹条）矿用安全帽等2项。

（9）非本质安全电话机（包括普通电话机和矿用隔爆磁石电话机）。

（10）工艺：

工艺包括以下6种：

①高突矿井和开采易自燃、自燃煤层矿井前进式采煤方法。

②回采工作面木支柱支护。

③回采工作面全局摩擦支柱支护。

④巷道式采煤法。

⑤高落式采煤法。

⑥仓储式采煤法。

2. 禁止在突出矿井使用架线式电机车

由于架线式电机车在行驶过程中，电机车的集电弓与架线之间长期摩擦，经常出现较大的电火花。这种电火花既可引起巷道火灾，又是引爆瓦斯、煤尘的火源，必须严加防范。《煤矿安全规程》对架线式电机车的使用进行了严格的限制，明确了哪些条件下可以使用，哪些条件下禁止使用，哪些条件下采取什么措施后允许使用。

（1）低瓦斯矿井进风主要运输巷道内，可使用架线式电机车，但巷道必须使用不燃性材料支护。

（2）高瓦斯矿井进风主要运输大巷内，如果使用架线式电机车，必须遵守下列规定：

①采用碳素滑板或其他能减小火花的集电弓。

②架线式电机车必须装设便携式甲烷检测报警仪。

③有瓦斯涌出的掘进巷道的回风流不能进入有架线的巷道中。

(3) 瓦斯矿井的主要回风巷和采区进、回风巷内,应使用矿用防爆特殊型蓄电池电机车或矿用防爆柴油机车。

(4) 煤(岩)与瓦斯突出矿井和瓦斯喷出区域中。如果在全风压通风的主要风巷内使用机车运输,必须使用矿用防爆特殊型蓄电池电机车或矿用防爆柴油机车。

3. 矿井提升人员的绞车、钢丝绳、提升容器、斜井人车等必须按规定内容进行定期检验。

(1) 主提升机:新安装和大修后进行1次测定,以后每3年进行1次测定。认定合格后方可继续使用。检查验收和测试内容见《煤矿安全规程》第四百三十五条有关规定。

(2) 主要设备的关键零部件,如主提升机的主轴、制动杆件、天轮轴、连接装置等探伤周期按2年1次。

(3) 钢丝绳:新绳到货后,应由检验单位进行验收检验,合格后应妥善保管备用,防止损坏和锈蚀。保管超过1年的钢丝绳悬挂前必须再进行1次检验,合格后方可使用。提升人员的钢丝绳,自悬挂起每隔6个月检验1次,悬挂吊盘的钢丝绳每隔12个月检验1次,提升物料的钢丝绳,自悬挂起12个月检验1次,以后每隔6个月检验1次。

摩擦轮式提升钢丝绳使用期限应不超过2年,平衡钢丝绳的使用期限应不超过4年。提升钢丝绳、罐道绳必须每天检查1次,平衡钢丝绳、吸附器制动绳、架空乘人装置钢丝绳、钢丝绳牵引带式输送机钢丝绳和井筒悬吊钢丝绳必须至少每周检查1次。

(4) 提升容器与钢丝绳的连接装置。

①立井提升容器与提升钢丝绳应采用楔形连接装置。每次更换钢丝绳时,必须对连接装置的主要受力部件进行探伤检验。

②斜巷运输钢丝绳连接装置,在每次换钢丝绳时,必须用2倍于其最大静荷重的拉力进行试验。

③斜巷运输矿车连接装置,必须至少每年进行1次2倍于其最大静荷重的拉力进行试验。

(5) 防坠器。

①新安装或大修后的防坠器,必须进行脱钩试验,合格后方可使用。

②使用中的立井罐笼防坠器,应每6个月进行1次不脱钩试验,每年进行1次脱钩试验。

③使用中的斜井人车防坠器,应每班进行1次手动落闸试验,每月进行1次静止松绳落闸试验,每年进行1次全速脱钩试验。

(6) 提升装置。

提升装置各部位,包括提升容器、连接装置、防坠器、天轮和钢丝绳以及提升绞车各部位及其控制保护闭锁装置等,每天必须由专职人员检查1次,每月还必须组织有关人员检查1次。

(7) 斜巷跑车防护装置、斜井人车,窄轨机车制动距离,齿轮车动动力按规定进行试验。

4. 加强煤矿矿用产品安全标志的管理工作

(1) 实施矿用产品安全标志制度的意义。

《安全生产法》规定，安全设备的设计、制造、安装、使用、检测、维修和报废，应当符合国家标准或行业标准。生产经营单位使用的涉及生命安全、危险性较大的特种设备，必须按照国家有关规定，由专业生产单位生产，并经取得专业资质的检测、检验机构检测、检验合格，取得安全标志后，方可投入使用。

为了认真贯彻执行《安全生产法》等有关法律法规要求，防止可能给煤矿安全带来隐患的产品进入煤矿生产过程，从矿用装备的源头上防止煤矿灾害的发生，保障煤矿工人的生命安全与健康，促进煤矿安全生产，国家煤矿安全监察局强调煤矿矿用产品必须实施安全标志管理制度。

(2) 实施安全标志管理的煤矿矿用产品种类。

根据煤矿安全监察局有关规定，实施安全标志管理的煤矿矿用产品为12种。

①电气设备。电气设备包括高低压电器、变压器及移动变电站、电动机、综合保护装置、潜水电泵和其他防爆产品。

②照明设备。照明设备包括安全帽灯、报警矿灯和防爆灯具等。

③火工产品。火工产品包括煤矿用炸药、煤矿用雷管和发爆器及配套件等。

④通讯、信号装置。通讯、信号装置包括通讯装置和信号装置。

⑤钻孔机具及附件。钻孔机具及附件包括钻、凿机具、钻孔设备和钻孔机具附件。

⑥提升运输设备。提升运输设备包括带式输送机、刮板输送机及附件、矿车及其附件、辅助提升和提升设备。

⑦动力机车。动力机车包括蓄电池电机车及配套电器设备、内燃机车及配套电器设备、架线式电机车及配套电器设备和地下铲运机。

⑧通风、防尘设施。通风、防尘设施包括通风设施及测量仪表、防尘设施及测量仪表。

⑨阻燃及抗静电产品。阻燃及抗静电产品包括阻燃输送带、导风筒及辅料、煤矿用阻燃软电缆、煤矿用电力电缆、煤矿用阻燃通信电缆、隔爆水槽（袋）、阻燃材料、难燃介质、煤矿用控制电缆和非金属制品。

⑩环境、安全、工况仪表和设备。环境、安全、工况仪表和设备包括气体检测仪表、粉尘检测仪表、风速检测仪表、安全监控系统及配套设施、自救器（含呼吸器）、矿用传感器、防灭火装备及配套设备、瓦斯排放装置及配套设备、矿用人员定位安全管理系统及配套设备和矿井水压实时监测系统及配套设备。

⑪支护设备。支护设备包括液压支架、液压支架辅件、液压支架用阀、矿用支柱、顶梁及附件、锚杆（索）和锚喷机具等。

⑫井下动力设备。井下动力设备包括空气压缩机、掘进机及配套设备、采煤机及配套设备、转载机及配套设备、乳化液泵站及配套设备、破碎机及配套设备、装煤（岩）机及配套设备、排水设备和制冷设备等。

(3) 煤矿矿用产品安全标志管理制定有关规定。

①矿用产品安全标志是确认矿用产品符合国家安全标准、行业安全标准，准许生产单位出售和使用单位使用的凭证。禁止伪造、转让、买卖或者非法使用安全标志。

②矿用产品安全标志由安全标志证书和安全标志标识两部分组成。

安全标志证书由国家安全生产监督管理总局监制，加盖矿用产品安全标志办公室印章。

安全标志标识由图案和安全标志编号（由字母和数字）组成。见图5-1。

标准规格的安全标志标识由矿用产品安全标志办公室统一制作、发放。安全标志标识必须施加在产品外体明显的位置

图 5-1　煤矿矿用产品安全标志标识基本图案

上；在产品本体上不能施加安全标志标识的，必须施加在产品最小包装上。

③对执行安全标志管理的产品，生产厂家必须在取得安全标志证书后，才能从事该产品的生产、销售，并依法使用安全标志。煤矿企业严禁采购和使用无安全标志的产品。凡因使用无安全标志产品而造成事故的，要依法追究有关责任者的责任。

④根据矿用产品标准和管理要求，矿用产品安全标志的有效期一般为2～5年。矿用产品安全标志有效期已到期需要延长的，按申请程序申请更换安全标志，在安全标志有效期内因故被暂停使用安全标志的，生产单位应限期整改，经整改复查合格的，可以恢复使用安全标志。因故被撤消安全标志的矿用产品，收回安全标志证书和标识。

5. 合理选用煤矿许用爆破器材

煤矿许用爆破器材主要包括煤矿许用炸药、煤矿许用电雷管、发爆器和导通表等。

煤矿许用爆破器材实行煤矿矿用产品安全标志管理制度。自2002年7月1日起，全国各类煤矿不能购买和使用没有安全标志的煤矿许用爆破器材。煤矿许用爆破器材生产许可证与安全标志有效期定为3年。

（1）煤矿许用炸药

①煤矿许用炸药的技术要求。

根据炸药引爆瓦斯的原理，为了确保炸药爆炸不致引发瓦斯爆炸，煤矿许用炸药必须达到以下技术要求：

——炸药组成成分配比应接近于零氧平衡。

——爆炸反应要完全，有较好的起爆度和传播能力，保证稳定爆炸。

——爆炸后无灼热固体产物，不含有促进瓦斯燃烧爆炸的成分。

——爆炸后排放的有毒有害气体含量不超过国家标准。

——煤矿许用炸药的能量要有一定的限制，使爆炸后的爆热、爆温、爆压和爆速都控制在安全范围内。

②煤矿许用炸药的分级。

一级煤矿许用炸药：用于低瓦斯矿井。

二级煤矿许用炸药：用于高瓦斯矿井。

三级煤矿许用炸药：一般可用于煤（岩）与瓦斯（二氧化碳）突出的矿井。

四级煤矿许用炸药：可用于煤（岩）与瓦斯（二氧化碳）突出的矿井。

五级煤矿许用炸药：可用于煤（岩）与瓦斯（二氧化碳）突出的矿井。

③煤矿许用炸药的合理选用。

《煤矿安全规程》中规定，煤矿许用炸药的选用应遵守下列规定：

——低瓦斯矿井的岩石掘进工作面，必须使用安全等级不低于一级的煤矿许用炸药。

——低瓦斯矿井的煤层采掘工作面、半煤岩掘进工作面必须使用安全等级不低于二级的煤矿许用炸药。

——高瓦斯矿井、低瓦斯矿井的高瓦斯区域，必须使用安全等级不低于三级的煤矿许用炸药。有煤（岩）与瓦斯突出危险的工作面，必须使用安全等级不低于三级的煤矿许用含水炸药。

——严禁使用黑火药和冻结或半冻结的硝化甘油类炸药

——同一工作面不得使用2种不同品种的炸药。

(2) 煤矿许用电雷管

①煤矿许用电雷管的技术要求

根据雷管引爆瓦斯的原理，为了确保雷管爆炸不致引发瓦斯爆炸，煤矿许用电雷管必须达到以下技术要求：

——煤矿许用电雷管不得使用铝壳或铁壳，且不允许使用聚乙烯绝缘爆破线，只能使用聚氯乙烯绝缘爆破线。

——煤矿许用电雷管的副药内要加适当的消焰剂或采用爆温低、火焰短且延续时间小的其他组分。

——煤矿许用电雷管应使用燃烧温度低、生成气体量少、能封闭燃烧的延期药或系用特殊结构形式的雷管。

——煤矿许用电雷管在井下作业能确保爆破作业。它应适用煤矿井下所有爆破作业工作面。

②煤矿许用电雷管的种类

——瞬发电雷管

瞬发电雷管指的是，通入足够的电流能在瞬间立即起爆的电雷管。

——秒延期电雷管

秒延期电雷管指的是，以秒为间隔时间延期爆炸的电雷管。

——毫秒延期电雷管

毫秒延期电雷管指的是，以毫秒（即1/1000秒）为间隔时间延期爆炸的电雷管。

——抗杂散电流雷管

抗杂散电流雷管指的是，能够具有较好的抵抗杂散电流的毫秒电雷管。

③煤矿许用电雷管的合理选用

《煤矿安全规程》中规定，煤矿许用电雷管的选用应遵守下列规定：

——在采掘工作面必须使用煤矿许用瞬发电雷管或煤矿用毫秒延期电雷管。

——使用煤矿许用毫秒延期电雷管时，最后一段的延期时间不得超过130 ms。

——不同厂家生产的或不同品种的电雷管，不得掺混使用。

——不得使用导爆管或普通导爆索，严禁使用火雷管。

(3) 发爆器

发爆器也叫起爆器、放炮器或炮机。它是用来供给电爆网路上的电雷管起爆电能的器具。

①使用发爆器爆破的意义

井下使用动力电缆、照明或明闸直接与爆破母线"搓火"进行的爆破作业，由于在"搓火"时会出现火花，而统称为明火爆破。明火爆破产生火花容易引起瓦斯煤尘爆炸和火灾事故，给矿井安全生产带来极大危害，所以，《煤矿安全规程》中规定，井下爆破必须使用发爆器。

目前，大多数井下爆破使用防爆型电容式发爆器。它的特点是体积小、重量轻、外壳防爆，输出电能的时间自动控制在 6 ms 之内，将足够的电流输送到爆破网路，6 ms 之后自动断电，即使网路炸断，裸露线路相碰，也不会产生火花，能够避免引爆瓦斯煤尘。另外，它防潮性能好，可在相对湿度 98% 的条件下使用。

②使用发爆器注意事项

——下井前应对发爆器全面进行检查。只有氖气灯泡小于规定时间闪亮，才表明发爆器正常。如氖气灯泡在发爆器无电时间大于规定时间闪亮应更换电池，氖气灯泡不亮时应及时更换。

——如果使用时间过长，应检查它能否在 3－6 ms 内输出足够的电能和自动切断电源，停止供电。

——发爆器及其钥匙，必须由爆破工妥善保管，上下井随身携带，班班上井检查。

——不到爆破通电时，不得把钥匙插入发爆器内。爆破后必须立即把钥匙拨出，摘掉母线并扭结成短路。

——严禁将 2 个接线柱联线短路打火检查有无残余电荷和用发爆器检查母线是否导通。否则容易击坏发爆器，还可能引发瓦斯煤尘爆炸。

——妥善保管、爱惜使用发爆器。发爆器不能当坐垫使用；不准敲打或撞击；不要放在淋水、潮湿和顶板不完整地点，不准在井下私自拆开发爆器修理。

(4) 导通表

导通表又叫测炮器。它是一种常用的网路检测仪器，用来专门测量电雷管、放炮母线或电爆网路是否导通。

导通表的使用方法：先用矿灯照射电池，使电池获得能量（最高可产生 0.5 V 电压）。然后将放炮母线的两个端头分别与导通表的两个金属片相接触，使电爆网路联通，若导通表检流计指针转动，表明网路无断开；若指针停止不转，表明网路有断开，这时必须对网路进行检查处理，才能进行爆破作业。由于导通电流只有几十微安，可以确保电雷管导通量的绝对安全。

6. 确保畅通的安全出口

《煤矿安全规程》中规定，每个生产矿井、井下每一个水平到上一个水平、各个采区和采煤工作面，都必须设置 2 个能行人的安全出口。

安全出口应符合以下规定要求：

(1) 数量上至少保证有 2 个安全出口。其作用是：

①构成矿井、水平、采区和采煤工作面通风系统时，必须有进风口和出风口，即 2 个出口。

②两个出口采煤作业人员行走、这样都较方便。

③当井下发生灾害事故时，被围困人员可以选择最有利的出口逃生，救援人员也可以从最方便的出口进入灾区，为撤离灾区逃生和进入灾区救援夺取宝贵的时间。

④如果一个安全出口被封堵，另一个安全出口仍可以正常发挥作用，可以提高安全系数1倍。

（2）2个安全出口间必须保持一定的距离。其作用是：万一有一个安全出口发生瓦斯煤尘爆炸、火灾、冒顶或水灾，因2个安全出口距离太近可能波及另一个安全出口，使2个安全出口都不能行人。所以，《煤矿安全规程》规定，矿井出口间距离不得小于30 m。

（3）安全出口必须能够通达安全地区。《煤矿安全规程》中规定：

①每个生产矿井安全出口必须通达地面。

②井下每一个水平安全出口必须通达上一水平，并与通达地面的安全出口相连接。

③采区安全出口必须与通达地面的安全出口相连接。

④采煤工作面安全出口一个通到回风巷道，另一个通到进风巷道。

（4）安全出口必须保证畅通无阻。

《煤矿安全规程》中规定：

①安全出口应经常清理、维护，保持畅通。

②井巷交岔点必须设置路标，标明所在地点和指出通往安全出口的方向。

③采煤工作面安全出口与巷道连接处20 m范围内必须加强支护。安全出口必须设专人维护，发生支架断梁折柱、巷道底鼓变形时，必须及时更换、清挖。开采三角煤、残留煤柱，属于特殊开采，确有困难保持2个安全出口时，必须制定相应的安全措施，并报企业主要负责人审批。

7. 高瓦斯矿井、煤与瓦斯突出矿井、开采容易自燃和自燃煤层（落煤层除外）矿井禁止采用前进式采煤方法。

《煤矿安全规程》中规定："突出矿井、高瓦斯矿井、低瓦斯矿井高瓦斯区域的采煤工作面，不得采用前进式采煤方法"。又规定"开采容易自燃和自燃的煤层（落煤层除外）时，采煤工作面必须采用后退式开采"。其理由如下：

按照采煤工作面推进方向与其进、回风道在煤层走向相对位置可以分为前进式和后退式两种形式。它们的主要区别是：前进式采煤方法中采煤工作面的进、回风道可以在回采过程中边采边掘，但必须在采空区内永久保留，直至回采结束；而后退式采煤方法中采煤工作面的进、回风道必须提前掘进，但随工作面的推进而垮落，不再保留。如图5-2所

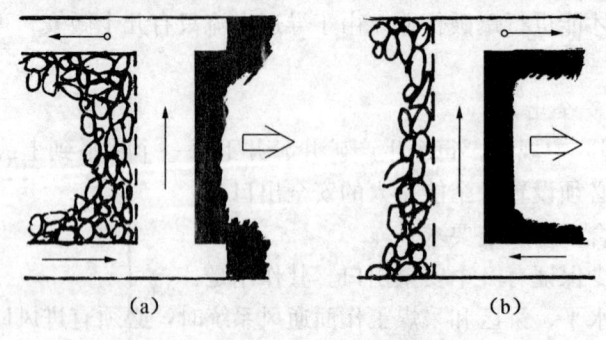

图5-2 前进式和后退式采煤方法

a—前进式；b—后退式

示。

由上图可以看出，前进式采煤方法保留在采空区内的进、回风道漏风严重，不仅造成工作面风量减少、瓦斯大量积聚，还可能使回风道瓦斯超限，突出矿井、高瓦斯矿井和低瓦斯矿井高瓦斯区域的采煤工作面，如果采用前进式采煤方法，给通风管理工作将带来难以克服的困难，极易发生瓦斯爆炸事故。而一旦发生瓦斯事故，灾区的局势又难以控制。

采用前进式采煤方法的采煤工作面采空区内漏入新鲜风流，使采空区内大量遗煤自然发火的威胁性大大增加，一旦采空区内发生火灾，由于进风巷位于采空区一侧难以完全密闭，会使火灾事故蔓延扩大，而后退式采煤方法完全可以克服以上缺点，所以开采容易自燃和自燃煤层时必须采用后退式采煤方法。

同时，前进式采煤方法还会增加巷道维护工程量，给运输工作带来很大困难。

第五节 煤矿供电系统的隐患认定和排除

《国务院关于预防煤矿生产安全事故的特别规定》中明确指出，年产6万吨以上的煤矿没有双回路供电系统的，都属于煤矿重大安全生产隐患，应当立即停止生产，排除隐患。

一、"年产6万吨以上的煤矿没有双回路供电系统的"隐患认定

根据国家安全生产监督管理总局、国家煤矿安全监察局制定的《煤矿重大安全生产隐患认定办法（试行）》，"年产6万吨以上的煤矿没有双回路供电系统"是指有下列情形之一的：

1. 单回路供电的。
2. 有两个回路但现在取自一个区域变电所同一母线端的。

二、目前煤矿双回路供电存在的普遍问题

目前，煤矿双回路供电特别是小煤矿存在着普遍的问题，极少有真正符合《煤矿安全规程》的双回路供电。主要问题有以下几方面：

1. 双回路供电线中一条是煤矿专线，另一条是农村用电混用线路。煤矿正常供电用煤矿专线，当煤矿专线故障或检修停用时，用混用线路，且倒电操作规定不合理。
2. 有的双回路供电变电站10 kV配电系统还是单一母线段，一旦10 kV母线上有的电器元件发生故障需要检修或更换，要求矿井长时间停电。
3. 有的煤矿虽然是双回路供电，但地面变压器只有1台，造成地面主要通风机、主要提升机还是单回路供电。
4. 有的煤矿地面虽然是双回路供电，但下井电缆只有1条，井下单回路供电。甚至有的安装了2条下井电缆，但为了限制井下负荷，下令解开1条，造成井下单回路供电。

三、"年产6万吨以上的煤矿没有双回路供电系统的"隐患排除

1. 矿井应有两回路电源线路

每一矿井应有两个或两个以上电源，也不能少于两回线路。并应符合以下要求：

(1) 两个电源之间相互独立、无联系。

(2) 在发生任何一种故障时，两个或两个以上的电源、线路不能同时遭到损坏。

(3) 在发生任何一种故障且保护动作正常时，至少应有一个电源不中断供电，并能担负矿井全部负荷。

(4) 在发生任何一种故障且主保护失灵，以至所有电源都中断供电时，应有人在值班处（所），经过必要的操作，迅速恢复一个电源的供电，并能担负矿井的全部负荷。

2. 备用电源

年产 6 万吨以下的矿井多为个体私营煤矿，它们往往地处偏僻山区，不具备两回路供电电源线的条件。为了保证矿井在供电电源因故障或其他原因中断供电时，仍能担负起人员上下井的提升运输、矿井通风和排水的安全需要用电，必须设置备用电源，如备用柴油发电所等。

备用电源必须符合以下 3 个条件：

(1) 必须是年产 6 万吨以下的矿井。

(2) 备用电源的容量必须满足矿井人员、通风、排水等保安负荷的运行需求。

(3) 在矿井电源线路停止供电时，通过倒闸操作。必须迅速恢复对一级用电设备的安全负荷的供电。

3. 矿井的两回路电源线路上都不得分接任何负荷

矿井供电线路上分接其他负荷，一方面使干线和电源的故障增加，另一方面当一回路停止供电时，另一回路则不能担负起矿井的全部负荷。从而都影响矿井供电的正常、连续运行。为了保证矿井供电的安全性和可靠性，《煤矿安全规程》中规定，矿井的两回路电源线路上都不得分接任何负荷。

4. 矿井电源应采用分列运行方式或带电备用

为了减小线路的电压损失和能量损失，在正常情况下，矿井电源应采用分列运行方式，即矿井的两回路电源线路同时投入运行，同时，在出现一回路供电中断时，另一回路马上可以担负矿井全部用电负荷。

但是，由于受到条件的限制，有时不得不采用一回路运行、另一回路备用的运行方式。这时，必须采用带电备用方式，当运行线路发生故障时，只需合上线路受电端的开关，就能迅速恢复矿井供电，同时带电备用还能连续监视线路的备用状态，以便于发现问题及时处理，从而保证矿井供电的可靠性和连续性。

5. 严格共杆架设电源线路

矿井架空电源线路共杆架设存在以下问题：

(1) 电杆遭到损坏时，两回路电源线路可能同时被破坏而中断供电。

(2) 两回路电源线路距离很近，当一回路线路破坏后断线，容易搭在另一回路线路上，造成短路故障，使两回路电源线路同时中断供电。

(3) 当一回路线路检修时，不得不将另一回路供电中断，使两回路电源线路同时停电。

为了确保矿井安全供电，《煤矿安全规程》中规定，10 kV 及其以下的矿井架空电源线路不能共杆架设。

6. 矿井电源线路上严禁装设负荷定量器

负荷定量器又叫电力定量器，它是一种超负荷自动报警并断电的自动装置。在矿井电源线路上装设负荷定量器后，当矿井用电的最高负荷超过限定的负荷量时，就会自动供电源停止向矿井供电，煤矿企业是特殊行业，必须保证供电的稳定性、连续性，因此，《煤矿安全规程》中规定，矿井电源线路上严禁装设负荷定量器。

7. 两回路线路应分别引自不同的电源

对于两回路线路应引自何处，目前存在着一定误解：有的认为两回路引自一个区域变电所同一母线段就符合要求。

为了提高矿井供电的可靠性、安全性，使两回路供电线路真正能够互为备用，它们应该分别引自不同的电源。对矿井的两回路电源线路来说，它们应该分别来自两个不同的区域变电所或发电厂；如果实现这一要求确有实际困难，也可以引自同一区域变电所（或发电厂）的不同母线段，但这时必须保证在两段母线因故障而同时停止供电时，能在有人值班的情况下完成必要的操作，迅速恢复其中一段母线的供电。

本章主要知识点

1. 煤矿供电电压等级

煤矿供电电压等级有 35 kV、10 kV（6 kV）、3 kV（1 140 V）、660 V、380 V、220 V、127 V、36 V 和直流 550 V（250 V）等几类。

2. 煤矿机电设备防爆要求

煤矿机电设备防爆能保证不产生引爆瓦斯煤尘的火花，避免爆炸事故的发生。防爆电气设备分隔爆型、增安型、本质安全型等 10 类。

3. 电气安全

电气设备对人体和矿山的危害主要是触电和火灾。

为保证井下低压供电安全，必须装设漏电、接地和短路三大保护装置。

4. 煤矿设备、工艺隐患认定和排除

使用明令禁止使用或者淘汰的设备、工艺都属于煤矿重大隐患。

复习思考题

1. 煤矿供电电压等级如何划分的？
2. 隔爆型、增安型和本质安全型电气设备的基本要求是什么？
3. 煤矿井下为什么禁止使用失爆电气设备？
4. 触电对人体危害程度与哪些因素有关？
5. 如何避免电气火灾事故？
6. 井下电气三大保护的作用分别是什么？
7. 为什么禁止在突出矿井使用架线式电机车？
8. 为什么必须实施煤矿矿用产品安全标志制度？
9. 如何合理选用煤矿许用炸药和雷管？
10. 煤矿双回路供电应符合哪些要求？

第二部分 煤矿班组长管理知识

第六章 煤矿班组和班组长

第一节 班 组

一、班组的概念

班组是根据产品工艺要求，由同工种或不同工种的工人及若干设备、工具、材料等有机地结合在一起的最基础的生产单位和管理单位。

"班组"这个名称是人们的习惯称呼。严格地讲，"班"是指生产班次，也就是人们所说的六点班、两点班和夜班，或甲班、乙班和丙班等。"组"是指生产小组。在实际工作中，一个班次往往又包含着若干个小组，人们把这种最基本的生产组织形式称为班组。

二、班组的特点

班组具有小、单、细、全、实的特点。

（1）班组结构特点——规模小。"小"是班组结构的一个显著特点。一个班组少则几个人，多则十多个人；生产所需的设备少的只有一二台，多的不过十来台；生产的产品有的只有一种，有的甚至只是一种产品的某道工序；采掘工作面的班组作业范围都在一起，前后左右相距不过几米、十几米。

（2）班组生产方式特点——单一。有的是全班组工人只从事同一个工种；有的从事同一道工序或几道工序；有的是几个工种或几道工序的简单组合。例如，采煤工作面的采支组内的十来个工人，都从事采煤、支护作业。

（3）班组生产管理特点——细微。一个煤矿企业把生产任务分解，下达到区队，各项指标的考核对象是区队；然后区队再落实到班组，进而变成个人指标。班组要面向每一个人，任务到人，管理到人，考核到人。因此，班组是直接管人、管物的最基层单位。班组的任务分配要细、管理工作要细、考核要细。所以，班组的生产管理是整个企业生产管理过程中最细的一个层次。

（4）班组职能特点——全面。班组工作既是企业各项工作的出发点，又是企业各项工作的落脚点。矿、区队的各项工作都要落实到班组，贯彻到班组。"麻雀虽小，五脏俱全"，这是对班组工作的形象比喻。任何一种产品，最终都要通过人们的劳动去完成；任何一种规章制度，最终都要通过对人的考核去落实；任何一项思想工作，它的最终效果都要反映在人的行动上。在一个企业中，班组是具体组织人、协调人，是直接与人发生关系的最基层组织。在一定意义上说，班组是企业全部工作的缩影。

（5）班组工作特点——扎实。班组是企业劳动分工中的最小劳动集体，是企业现场管理的主要实施者，又是企业把可能的生产力转化为现实生产力的实践者，特别是煤矿采掘一线的班组，长期坚持在条件恶劣、情况多变的环境中作业，来不得半点虚假，必须具有扎扎实实的工作作风和劳动态度。

三、班组的性质

现代化生产是几百、几千甚至几万人集中在一个企业内共同劳动的大生产。没有科学的分工、紧密的协作和严格的管理就无法进行。为了合理地组织劳动，科学地管理生产，企业就必须在生产第一线建立劳动组织，以便协调人们的共同劳动。班组就是企业根据劳动分工、协作和管理的需要，按照工艺原则或不同产品（劳务或经营活动）而划分的基本作业单位。它由同工种职工或性质相近、配套协作的不同工种职工组成，是企业最基层的生产经营和管理单位。

四、班组的地位

1. 班组是企业挺进市场、获取效益的根基

现代化生产是社会化程度很高的大生产。几百、几千甚至几万人集中在一个企业内共同劳动，并且随着专业化、机械化、自动化程度的提高，对工艺技术水平、组织合理化和管理科学化的要求越来越高。因此，没有科学的分工、紧密的协作和严格的管理，就无法组织生产活动。为了合理地组织劳动，科学地管理生产，企业就要在生产第一线建立劳动组织，以便协调人们的共同劳动，班组便应运而生。所以班组是企业组织结构的基础，同时又是企业生产过程中不可缺少的环节。不管企业规模有多大，生产班组都是不可缺少的。

在市场经济条件下，企业是以赢利为目的的社会组织。班组是企业的最基层组织，企业的所有生产任务和服务工作都要经过层层分解落实到班组，只有班组出色地完成本职工作并同兄弟班组大力协同，企业才能实现优质、高产、低耗，从而达到企业经营的目标，才能挺进市场，在市场经济中永远立于不败之地。

2. 班组是企业强化管理、驾驭竞争的阵地

市场经济最显著的特征就是竞争，企业在市场经济时代最核心的任务就是勇于竞争、驾驭竞争。企业要搞好生产，创造最佳的经济效益，就必须做到人尽其才，物尽其用，使生产力三要素即劳动者、劳动手段和劳动对象，得到合理的组织和科学的结合，而班组正是这样的结合体。劳动者每时每刻在班组中，机器设备和工具由班组管理和使用，原料、材料、能源投向班组，产品由班组生产制造，所以企业的生产管理、技术管理、工艺管理、质量管理、设备管理、安全管理、信息管理以及成本管理、经济核算等都要以班组作为出发点，又要以班组作为落脚点并贯穿在班组工作的全过程。企业的各项专业管理制度都必须在班组中得到落实，提高班组的全面管理能力，可以在很大程度上促进企业的管理水平。

五、班组的作用

班组是企业组织职工进行物质文明建设和精神文明建设的最基层单位。企业的经营发展战略、方针目标和工作任务，最终都要靠班组来落实，企业内部的改革措施也要依靠班组来实现。班组是企业的"细胞"，这个"细胞"是健康的，整个企业就是成功的；如果

这个"细胞"变成了"癌细胞",它就会侵蚀企业健康的机体,等到它扩散以后,整个企业就会逐渐走向衰败。所以,班组建设工作历来是企业的一项重要的基础工作。

班组的作用主要表现在以下八个方面:

1. 班组是企业生产经营活动的基本单位

班组是企业最基本的作业单位,班组又是企业最基层的管理单位,直接体现企业的文化和精神。所以,企业与班组的关系就是大厦和基石的关系。从企业内部的纵向结构看,无论企业采用何种组织结构,无论企业有多少管理层次,无论企业的规模有多大,都离不开班组。一个班组虽然只是一个局部环节,但如果它与企业整体脱节,完不成规定的生产和工作任务,就会破坏企业的均衡生产,造成生产的中断。所以,班组是企业生产和工作过程中不可缺少的环节。目前,我国煤矿大多数采用矿、区队和班组三级管理,矿、区队的各项生产任务,都依靠班组去组织、指挥、控制、协调。班组是煤矿组织结构的基础,是生产经营活动的基本单位。

2. 班组是企业管理的基础

加强企业管理,就是对企业的生产、技术、经营活动进行组织、指挥、控制和调节,使生产力三要素得到最科学的结合,使人力、物力和财力得到最充分的利用,从而做到投入少,产出既多又好。要实现企业管理的最终目的,必须加强班组管理。企业的方针目标和管理制度都要依靠班组来贯彻。企业的各项经济技术指标最终都要依靠班组来完成,各项规章制度、工艺规程和技术标准以及各项专业管理都要依靠班组来落实原始记录,大量数据和信息资料都要依靠班组来提供。所以,班组是企业管理的基础,离开班组,企业管理就成为空中楼阁,抓住了班组管理,就为企业管理打下了基础。

3. 班组是提高职工素质的基本场所

职工能否掌握现代科学技术,能否精通本职业务,能否熟习本岗位的操作技能,决定着企业的成败。班组就是学习业务技术、提高思想政治和文化技术素质的重要场所。

目前,国外一些知名大型企业,如松下、理光、麦当劳、可口可乐等,都不约而同地把培养人才作为企业的使命。培养人才为了什么?培养人才的目的是为了提高职工素质。提高职工素质为了什么?当然是为了创造更多的财富。他们在哪里培养人才?答案很简单:主要在现场,在班组,在生产第一线。班组可以结合生产任务在现场开展日常技术培训,如班组岗位练兵,老工人传帮带,师傅包教保学,推广新技术、新工艺、新产品,在生产一线开展岗位技能竞赛等。班组职工每班都在一起作业,互相比较了解,友情较深,最利于开展有针对性的日常教育工作,还可以配合企业的系统教育培训活动,不断提高职工的思想政治觉悟和文化技术素质。

4. 班组是推动企业技术进步的基本环节

企业的技术进步、科技发展、科技成果的应用,尽管需要各个有关部门的共同配合、协作,但这些具体细微的工作,尤其是小革小改等群众性的技术革新工作,很多都来自班组,都要落实到班组。这就要求班组要不断组织学文化、学技术,坚持岗位练兵,进行岗位培训,充分发挥职工的聪明才智,推动企业的技术进步。

5. 班组是提高职工政治思想觉悟、建设精神文明的基本阵地

职工政治思想觉悟的高低、组织纪律性的强弱、劳动技能的优劣、掌握科学技术的多少,决定着企业的成败、兴衰。只有培养职工高度的政治思想觉悟,才能保证企业各项任

务的完成，企业才能兴旺发达。企业的精神，企业的管理、思想、文化，最终是要通过班组贯彻到每位员工，然后通过员工的劳动成果——产品的多少和优劣而反映出来。

6. 班组是实现企业民主管理的桥梁

企业的民主管理必须通过班组落实到职工身上。班组民主管理，就是职工直接参与管理，是在班组管理中充分发扬民主、集中职工智慧，实行政治民主、生产技术民主、经济民主、生活民主，最大限度调动职工群众的积极性和主动性，是对班组中人、财、物充分有效的管理，是保障职工行使民主权利的一种班组管理方式。班组民主管理是联系企业民主和职工群众的桥梁，搞好班组民主管理，能够促进实现企业民主管理，达到和谐班组、和谐企业的目标。

班组民主管理与矿、区队民主管理相比，有以下显著特点：

(1) 全员性。班组民主管理不是选举少数职工代表参加，而是由班组工人全员参加。

(2) 直接性。班组工人既是生产者，又是管理者，每个职工都有机会直接参与管理，能够比较直接地行使当家作主的权利。

(3) 渗透性。班组民主管理与班组行政管理相互渗透、相互依存、相互制约，班组工人既是管理任务的执行者，又是民主管理的参加者。

(4) 基础性。班组民主管理是企业民主管理的基础。广大职工最直接、最广泛、最经常的民主生活在班组。班组管理离不开民主，班组职工最欢迎民主管理。

7. 班组建设是顺利进行企业改制和转换经营机制的基本前提

经济体制改革的深化，使企业内部各利益群体、各内部关系都发生了重大变化。而各项改革，各种变化最终都要落实在企业内部，只有通过企业最基本单位——班组，才能得以实现。例如：随着劳动用工制度的改革，班组具有了用人选择权。用人的权利一方面为优化班组内部的分工协作，提高劳动生产率奠定了基础；但另一方面，也可能出现任人唯亲、排斥异己、打击报复等不利于改革的现象。所以，要顺利进行企业改制和转换经营机制，避免各种人为不利因素的影响，班组建设是一个基本的前提条件。

8. 班组是激发创意、解决问题的团队

如果班组能够激发创意、解决问题，那它永远是生机勃勃的团队。职工在这个团队每天都保持着新鲜感、成就感，每天都面临着新的挑战，那么他就会快乐工作，不断学习，不断提高。员工的工作能力不断提高，企业的水平、效益自然也会相应提高。

第二节 班 组 长

一、班组长的性质

班组长既是班组活动的参与者，又是班组活动的组织者和管理者。上面千条线，下面一根针。有人将班组长比喻为"兵头将尾"，他们是指挥班组一班人的"将"，又是不脱产的"兵"，集兵将特点于一身。一个优秀的班组长，不仅要有"兵"的实干，又要有"将"的谋略。班组长的素质提高了，就会把整个班组拧成一股绳，重担同挑、荣誉共享。这样，使班组这个"细胞"具有旺盛的生命力，企业就会生机勃勃。

二、班组长的地位

目前，我国煤矿企业从纵向结构上大多数划分为三个管理层次：经营层、管理层和执行层。其中，经营层指董事长、总经理（或矿长、经理），负责企业的战略和重大决策；管理层指各部门经理、主管、部长、科长、车间主任等，负责贯彻执行经营层的决策，组织和督促下级的工作；执行层指工段长、队长、线长、领班、班组长，是企业最基层的管理者。

班组长的特殊地位决定了他要对四个层次的人员扮演不同的角色：

（1）对企业来说，班组长是基层的管理者，直接管理作业人员，是生产任务各项技术经济指标完成的最直接的责任者。

（2）对主管人员来说，班组长是主管人员命令、决定的贯彻者和执行者，同时对自己某些方面的工作起着辅助和补充作用。在现场的管理中，班组长又是主管与作业人员沟通的桥梁。

（3）对其他班组长来说，一个班组长与其他班组长既是工作上的协作配合者，同时又是晋升方面的竞争者。

（4）对班组工人来说，班组长是班组的组织者、管理者和带头者。

班组长在企业、主管领导、同事与工人之间，扮演不同的角色。不同的角色赋予了不同的价值：他是企业价值和利润的创造者，是中层管理人员的左膀右臂，是同事之间的战友和兄弟，是作业人员的"主心骨"。因此，班组长要对三个阶层的人员采取不同的立场：面对班组工人应站在代表经营层的立场上，用领导者的声音说话；面对经营者他应站在反映工人呼声的立场上，用工人的声音说话；面对直接领导他又应站在工人和辅助人员的立场上说话。班组长这种"一角三色"扮演得如何，直接关系到企业生产经营活动的正常进行和经济效益的提高。

三、班组长的作用

在班组建设中，班组长的作用十分重要，一般来说，班组长在班组中要发挥五种作用：

1. 班组长是班组完成各项生产经济技术指标的带头者

（1）企业中的班组长就是战场上的连排长。战场上的连排长要具有冲锋在前、退却在后的牺牲精神；企业中的班组长就应该具备吃苦在前、享受在后的奉献精神。苦活、累活、险活和难活，班组长要干在群众前头，要具有不断完善自我的实干精神，使班组形成实实在在的凝聚力量，带领全班组工人勇挑重担、勇往直前。

（2）班组长要在生产活动过程中带头学习先进的科学技术和操作方法，不但能动手而且肯动脑，不但能实干而且会巧干，不但能照办而且能创新，不但会用体力而且善用脑力，带头进行工艺改进，带头进行技术革新，不断提高劳动生产效率，从而实现班组产品质量最优化和产品数量最大化。

（3）随着企业改革的不断深化，各种利益矛盾及由此产生的思想问题都会在班组中得到反映，班组长要站在改革的前面，做改革的排头兵，带头支持和参与改革，要善于做好班组工人的思想政治工作，帮助工人增强改革意识、风险意识，提高改革的心理承受能力，使工人自觉地支持和拥护改革，投身到改革之中，更好地发挥工人阶级主力军的作用。

（4）企业的生存和发展迫切需要班组长不断地超越自己，从而持续地优化班组集体。班组长的带头作用还表现在对班组现状的不满意上，只有永不满足，才能出现新的竞争，产生新的升华，创造新的目标，达到新的境界。只有这样，才能改进工作，成就事业，获得发展。

2. 班组长是班组生产经营、安全活动的指挥者

班组长像战场上的连排长一样，不仅要能冲锋陷阵，还要指挥全军作战。班组长常年劳动在生产第一线，直接指挥生产。班组生产、经营、安全活动都是在班组长统一安排指挥下进行的。企业分解落实到班组的任务，都要通过班组长的正确指挥才能得以完成。班组长作为企业一线的指挥者，应该把矿、区队的生产作业计划同本班组的实际情况结合起来，发挥一线指挥员的作用，完成和超额完成上级安排的生产计划，全面实现优质、高效、低耗、安全和文明生产。

为了当好班组生产活动的指挥长，班组长首先应切实做好生产活动前的准备工作；同时加强对生产过程的指挥调度，及时解决生产过程中出现的各种问题。针对生产技术关键和薄弱环节，积极组织班组工人开展劳动竞赛、小改小革、岗位练兵等活动，确保完成班组生产作业计划。

3. 班组长是企业基层的组织管理者

在市场经济条件下，企业要组建成为政企分开、产权清晰、权责明确、管理科学的实体。企业中各级管理干部权责归位，班组管理也理所当然地由班组内部力量来承担，班组长因此顺理成章地成为最基层的组织管理者。班组长是班组管理的当家人，企业技术、经济、生产、生活等各项管理最终都要落实到班组长身上，通过班组长的组织管理得以贯彻实施。

班组长在组织管理过程中要注意做好以下几点：

（1）要按照责、权、利相结合的原则，处理好各种利益关系，进一步完善和落实班组经济责任制，做好责任到人，权限到岗，考核严明，奖罚公平。

（2）要扎扎实实地抓好班组管理的各项基础工作，特别是定额管理和原始记录等制度的建立和健全。

（3）要加强班组民主管理。班组加强民主管理，就是要求以班组民主管理会为基本形式，实行全员参与，自主管理，让广大职工真正当家作主，成为企业的主人，从而增强职工的主人翁责任感，激发职工的劳动积极性和创造性。

（4）要学会从班组管理实际出发，应用和推广现代化管理成果，使班组管理科学化、规范化。

4. 班组长是企业中承上启下的联系者

班组长作为企业生产队伍的一员，整天生活、劳动在群众当中，能够及时、准确地听到班组工人的呼声，最了解他们关心什么、喜欢什么、反对什么，这些都是企业管理十分重要的信息。矿、区队领导者利用这些信息可以改进、提高自己的领导水平，促进企业的发展。班组长是提供这些信息的最好角色。同时，班组长又是企业中惟一不脱离生产第一线的管理人员，他需要全面、正确理解上级有关指令，并且将这些指令宣传、贯彻、实施

到班组工人中去。班组长又担当起传达、落实上级指令的角色,所以班组长是企业中承上启下的联系者。

班组长在承上启下联系方面应该注意做好以下几点:

(1) 在市场经济条件下,班组长要接受并实行"下级服从上级、执行依据决策、局部让位整体"的原则。但是这并不意味着作为下级的班组长,就只能被动地受命或消极地顺从,那样就失去了"联系者"的作用,而变为"传声筒"了,应当提倡并切实鼓励班组长主动参与和积极协调。

(2) 不能对上级领导求全责备。这是因为作为决策层的上级领导更多考虑的是"需要",而作为执行层的班组长更多考虑的是"可能"。二者出发点都是善意的,追求的目标也是一致的,根本利益是相同的,班组长应发挥联结和纽带作用,更好地使"需要"和"可能"相吻合。

(3) 有些管理者的工作同生产实践相分离,同职工思想要求不一致,这是专职管理干部的弱点。班组长的工作同生产实践相结合,整天同职工打成一片,这是班组长的强项。以班组长的强项弥补上级的缺陷,这是班组长作为"联系者"的优势所在。

5. 班组长是发生灾害事故现场的"救护队长"

在煤矿井下发生灾害事故时,初始阶段所涉及的范围和造成的危害一般较小,这既是扑灭和控制事故的有利时机,也是决定矿井和人员安全的关键时刻。在多数情况下,矿领导和矿山救护队一时难以到达事故现场,这时,班组长就应该当好"救护队长",积极组织现场工人开展有效的自救、互救活动,使灾害损失减小到最低程度。所以,班组长必须根据本班组的作业环境特点,掌握常见事故的规律和创伤急救知识,牢记各类事故的避灾要点,努力提高自己的自主保安意识和抗御灾害的能力。

在灾害事故发生时,班组长应遵循以下四个方面的行动准则:

(1) 亲自向矿调度室报告灾情。发生灾害事故后,班组长应尽快了解或判断事故的性质、地点和灾害程度,迅速利用最近处的电话向矿调度室汇报,除非事故现场抢救工作实在离不开,否则班组长都必须亲自汇报;确实离不开时,可派负责任的工人代替。

在报告灾情时,一定要实事求是地把事故情况说清楚,不许夸大或缩小,更不准随意编造;确实不清楚的,根据领导指示在保证自身安全的前提下重返灾区进行调查,第二次进行汇报。

在灾情危急时,应迅速向事故可能波及的区域人员发出警报,使其他地点的作业人员知道灾情,尽快采取相应的安全措施。

(2) 组织工人抢险救灾和现场创伤急救。班组长应当根据灾情和现场条件,在保证自身安全的前提下,采取积极有效的方法和措施,及时地进行抢险救灾,将灾害事故消灭在初始阶段或控制在最小范围内。例如:发现火情,立即用灭火器或水浇灭;出现顶板漏矸或冒顶,马上组织工人进行支架维护。否则,一旦事故扩大,处理起来就十分困难。

当发生瓦斯煤尘爆炸或火灾事故时,班组所在的作业地点有毒有害气体浓度增加,可能危及在场工人安全时,必须立即佩戴自救器。

若出现伤员,班组长应及时组织急救。要本着"三先三后"原则(即窒息或心跳骤停的伤员,必须先复苏,后搬运;对出血伤员,必须先止血,后搬运;对骨折伤员,必须先固定,后搬运),对伤员进行创伤急救,并组织搬运至安全地点。

(3) 组织灾区人员安全撤离。当受灾现场不具备事故抢救条件，或可能危及抢险人员的安全时，班组长应根据规定的避灾路线和当时现场的实际情况，尽量选择安全条件最好、距离最短的路线，组织灾区工人迅速撤离危险区域。

一般情况下，矿井透水后人员应往高处撤退；遇火灾、爆炸事故时，人员应逆风流撤退到新鲜空气中。在撤退途中要防止灾害对人身造成伤害，如要避免被冲下来的水头冲倒卷走，或防止一氧化碳中毒。

撤离时，由一名副班组长在前面带路，正班组长位于撤离队伍的最后。要集体行动，相互照顾，不应狂奔乱叫，切不可单独行动。

(4) 安排受灾人员妥善避灾。当灾变现场人员无法撤离时，例如：矿井巷道有冒顶堵塞、火焰巨大或有毒有害气体浓度过高、透水挡住去路，或者由于自救器有效作用时间已过，工人在短时间内无法到达安全地点时，班组长应立即组织灾区人员进入预先构筑的避难硐室、压风自救硐室或其他安全地点暂时躲避，也可以就近利用现场的设施和材料快速建造临时避难硐室，妥善避灾，等待矿山救护队的救援。

在避灾时班组长要注意使全体避灾人员团结一致、互相关心、坚定信心，同时要注意给外面救援人员留有信号。例如：在岔口明显处挂上衣物，写上留言；用矿灯照亮；敲击铁管、顶板或全属支架发出声响。在避难时应尽量俯卧到巷道底部，保持安静，不要盲目乱动，以保持精力，减少氧气消耗和避免吸入更多的有毒有害气体。

在避难时，班组长应利用和创造条件，组织避难人员积极进行自救行动，加固、加严、加密避灾硐室，防止井下涌水和有毒有害气体侵入，同时还应根据现场条件掘进维修逃生通道，为提前安全脱险创造条件。

四、班组长的任职条件

明确班组长应具备的条件，是选拔好班组长的重要基础。根据现代班组建设的新要求，一般而言，班组长应具备以下任职条件：

1. 班组长应具备较高的思想道德素质

班组长的思想道德素质是班组长的最基本素质，主要包括以下内容：

(1) 应具备马克思主义的基本理论常识，了解党和国家的基本路线、方针和政策，努力在班组思想建设中贯彻"三个代表"重要思想，求真务实地开展班组工作。

(2) 应有良好的道德品质，为人处事要诚实正直，用现代社会道德风尚规范约束自己的行为，做遵守社会公德和职业道德的典范，要平等待人、严于律己；要胸怀宽广，团结和自己意见不同的、甚至同反对过自己的工人一道工作。

(3) 要热爱矿山，热爱班组，具有强烈的事业心和责任感，具有良好的协调沟通能力。以搞好班组工作为己任、为己荣，不断努力加强班组建设。既能够吃苦在前、享受在后，又能够从严从细、扎实稳健地开展班组管理工作。

2. 班组长应具备扎实的科学知识和技术水平

知识和技术水平主要包括以下几方面：

(1) 应具备高中或技校以上文化程度。要具有高级工、技师或高级技师的操作技能，本工种工龄在3年以上。

(2) 应具备完成生产任务的专业知识。要熟悉本工种的基础理论知识，掌握本工种的基本操作技能，了解本班组所用设备、工具、仪器仪表的结构、工作原理及使用、维护和保养方法，能够胜任班组各岗位工作（有特殊要求的工种除外），在技术上能指导工人操作，并能及时处理班组生产中出现的技术难题，是班组生产技术的多面手，是班组操作上的能工巧将。同时，还要具备对本企业的新设备、新技术、新工艺、新材料有较快的消化吸收和组织推广试验的能力。

（3）应具备与班组相关的管理知识和能力。如掌握本班组管理需要的计划、生产、技术、质量、设备、工具和经济核算等方面的管理知识，以及了解行为科学、管理心理学及人机工程学等有关管理学科的基础知识。在实际工作中，应有较强的组织和管理能力，能够团结班组工人一道工作；善于调动班组工人的劳动积极性，搞好岗位之间、工种之间的团结协作。

3. 班组长应具备良好的心理素质

班组长的心理素质决定着能否正确运用自己的知识和能力，是最终取得成功的关键因素。煤矿井下条件千变万化、情况复杂，煤矿生产任务紧张而繁重，不利于班组建设的因素时有出现，所以，班组长必须具备良好的心理素质，才能把班组工作搞得更好。

心理素质主要包括以下两方面：

（1）应具有良好的情绪控制能力。班组的生产、生活中经常出现这样那样的矛盾，班组长在与上级、同级和工人沟通时，难免会发生各种不愉快的事件，这时就需要班组长控制自己的情绪，承受外界压力，把握自己的心理平衡，在很多情况下，问题解决的快慢、好坏都体现在班组长自身情绪控制的成败上。控制情绪，并不是简单的抑制，而是重在自我教育、自我疏导、自我评价和自我调节。

（2）应具有较强的心理承受能力。挫折对每个班组长来说都是难以避免的。面对挫折而消极、悲观、忧郁，自然会影响正常的生活、工作，重者会导致心理障碍，影响身心健康。特别是市场经济竞争十分激烈的今天，强竞争、快节奏、多变化给人带来强烈的情绪冲击，矛盾、冲突更普遍、更尖锐。班组长的抗挫折能力不仅影响自己，而且对班组工人都有重要的影响。例如，一个巷道掘进班组，一个月来进尺一直上不去，班组工人挣不到钱，埋怨班组长无能；区队没能完成进尺任务，批评班组长工作无方。在这种外界压力下，班组长如果躺倒不干或焦虑、压抑、抬不起头，就是一种不健康的心理反映。而具有健康心理的班组长应具有承受外界压力的能力，这时，应该倾听班组工人意见，查找自己管理的不足，激励大家充分发挥自己的才能，组织班组把进度搞上去。

4. 班组长应具有牢固的安全意识

由于班组作业环境的特殊性，事故隐患时有存在，伤亡事故和非伤亡事故时有发生，搞好班组安全生产是党和政府安全生产方针的出发点和落脚点。

班组长牢固的安全意识主要表现在以下四方面：

（1）班组长应认真贯彻落实党和政府提出的"安全发展"理念，即各行各业、各个生产经营单位、各个班组的生产发展，以及社会进步和发展，都必须以安全为前提和保障。

（2）安全生产关系到最广大人民群众的切身利益。以人为本首先要以人的生命为本，保障班组生产安全是人最基本的需要。

（3）只有生命安全得到了切实保障，才能调动和激发班组工人的创造活力和生活激情；只有重特大事故得到了遏制，大幅度减少事故造成的创伤，社会才能安定和谐。不能以损害工人生命安全和身体健康为代价来换取班组的生产任务的完成。

（4）在看待和处理安全与生产、效益等关系时，必须要突出安全，把安全放在班组一切生产和社会活动中的第一位置，做到不安全不生产，隐患不排除不生产，安全措施不落实不生产。

5. 班组长应具有健康的体魄

班组长既要完成普通班组工人必须完成的繁重的生产工作任务，而且还要承担复杂的班组管理工作，没有健康的体魄是不行的。

在身体方面要求班组长做到以下两点：

（1）年龄在 35 岁以下，劳动强度大的班组要求班组长年龄在 30 岁以下。

（2）身体健康，精力充沛、年富力强，具有能胜任班组生产和管理工作的良好身体素质和心理素质。

五、班组长的基本职责

班组长在班组中的基本职责主要包括以下三方面的内容：

1. 带头完成生产任务

班组长是负有一定管理责任的劳动者，他是最基层的管理者，也是直接劳动者。所以，班组长应积极劳动，克服困难，以身作责，带头完成班组赋予本身的生产任务。

2. 组织安排班组生产活动

班组是最基本的生产单位，因此，组织安排班组生产活动是班组长最重要的职责。具体任务包括：贯彻执行作业计划，搞好人力、技术、材料、设备、场地等生产准备、平衡和调度工作，严格按照技术标准和工艺标准搞好生产，及时解决产品质量、物资消耗、工具设备的使用、设备的维修保管、安全生产等在生产过程中出现的问题。

作为一个采掘班组长，在组织安排生产任务时，应注意做好以下几方面的工作：

（1）组织本班组生产计划的落实，全面完成产煤和进尺任务。

（2）对本班组的安全生产负第一责任。

（3）保证采掘工作面的规格质量达到标准化要求。

（4）为完成班组生产任务，要积极开展劳动竞赛活动。

3. 搞好班组管理

班组管理涉及方方面面。班组长要想搞好班组管理必须以生产为中心，以基础工作为重点，建立健全以贯彻执行经济责任制为主要内容的各项规章制度，搞好经济核算和原始记录，推广和应用先进的管理方法，促进班组生产和管理活动的规范化和科学化。

班组管理的最大特点就是工人直接参与管理。在这方面班组长应注意正确处理以下五方面的关系：

（1）正确处理班组长与班组工人的关系。正确处理班组长与班组工人的关系是搞好班组管理的关键。企业的班组长既要认真、及时完成自己的生产任务，又要积极组织全班组的生产；既要带头遵纪守法，又要耐心帮教班组的每一位成员，使他们成为企业合格的工人。所以，企业的班组长必须先是生产者，然后才是管理者，绝不能脱离生产劳动岗位，凌驾于班组之上，或者凭借手中的权利，在工作安排中自己照顾自己，在经济分配时自己嘉奖自己。

(2) 正确处理专业管理与群众管理的关系。正确处理专业管理与群众管理的关系是搞好班组管理的保证。班组作为企业最基层的组织，它是企业专业管理（即生产管理、技术管理、财务管理、劳动管理等）与群众管理的结合，班组的专业管理必须为群众管理创造条件；同时，班组的群众管理的最终目的又是为了搞好班组的专业管理。

(3) 正确处理生产活动与思想政治工作的关系。正确处理生产活动与思想政治工作的关系是搞好班组管理的动力。班组的思想政治工作，是党在企业思想政治工作的组成部分和落脚点。加强班组思想政治工作就是为了充分调动工人的积极性，确保企业生产活动的顺利进行，把职工培养成社会主义的"四有"职工，其目的与班组生产活动的目的是一致的。因此，班组的思想政治工作要结合班组的生产活动进行。

(4) 做好上级领导的参谋和助手。做好上级领导的参谋和助手，是由班组长所处的特殊地位所决定的。班组长生活在工人之间，劳动在生产一线，对职工的思想状态最清楚，对现场作业情况最了解，而这些正是上级领导搞好企业管理非常宝贵的信息；同时，上级领导的决策又必须通过班组长的工作，在班组工人中实施、落实。所以，班组长必须做好上级领导的参谋和助手。

(5) 搞好与工会小组长、党团小组长的关系。工会小组是工会组织系统中最基础的组织，工会小组的工作和活动，直接关系到工会组织作用的发挥和各项工作的落实。工会小组长是班组民主管理工作的主持人。工会小组长应组织职工参加民主管理和民主监督；维护职工切身利益；组织职工开展群众性生产经济技术活动。班组党团小组是中国共产党和中国共青团在企业里的最基层的组织，是企业党团组织的细胞，是企业党团工作的重要基础。它们以行政班组为主体，紧紧围绕班组生产（工作）这一中心，通过加强自身建设，发挥自身的组织优势，在推动班组建设中发挥十分重要的作用。

①班组长要定期研究工会小组和党团小组的工作，包括传达贯彻上级对工会小组、党团小组工作的指示，指导他们落实上级组织的工作部署，搞好小组长的选举，加强自身建设，使他们的工作紧紧围绕班组中心工作开展活动，更好地为创建两个文明班组服务。

②班组长要积极支持和帮助工会小组长与党团小组长开展工作，充分发挥他们在各项工作中的重要作用，努力为他们开展工作创造条件，并认真解决他们在工作中出现的问题。

③班组长在工作中要主动与工会小组长、党团小组长沟通，听取他们对班组建设的意见，采纳他们的建议，团结、带领他们一起为加强班组建设共同努力。

六、班组长的权限

班组长的权限是指在实际工作中拥有的管理权力范围。根据1986年12月全国总工会和原国家经委联合发出的《关于加强工业企业班组建设的意见》和1992年11月17日全国总工会和国务院经贸办联合颁发的《关于适应企业经营机制转换，进一步加强工业企业班组建设的意见》的规定，班组长在班组管理中主要有八项权限：

1. 班组指挥管理权

指挥管理权指的是班组长有权指挥和管理本班组的生产经营活动。

班组长的指挥管理权主要体现在：有权安排计划，分解指标；有权布置工作，分配任务；有权调度生产；有权内部协调，发出指令。

班组长要正确行使指挥管理权，就必须遵循生产的客观规律，服从企业的统一指挥，落实区队的生产指令，尊重群众的首创精神，抓好上下工序之间的衔接，把握住产前、产中和产后的三个环节，确保人机最佳结合、生产负荷饱和、节奏均衡紧凑。

2. 劳动组织调配权

劳动组织调配权指的是班组长有权根据生产经营活动的需要调整本班组的劳动组织。

班组长的劳动组织权主要内容包括：有权对班组内部的劳动力进行调配；有权改变劳动组织实现劳动优化组合；有权批准权限范围内的假期，安排顶班倒休；有权执行劳动纪律，维护生产的正常秩序。

班组长要正确行使劳动组织调配权，就必须贯彻执行矿和区队制定的劳动定员定额和劳动纪律的有关规定，在充分挖掘劳动潜力、最大限度地调动职工劳动积极性的基础上，做到精心组织、合理安排。

3. 完善制度权

完善制度权指的是班组长有权根据本矿、本区队的规章制度制定班组工作的实施细则。

班组长有权根据本矿、本区队的规章制度，紧密结合本班组的实际情况，制定本班组工作的实施细则。其主要内容有：贯彻本矿、本区队有关专业管理和民主管理的实施细则；落实经济责任制的实施细则；执行各工种的岗位责任制和安全生产责任制的制度办法；建立完善本班组所需要的各项规章制度，做到管理有章可循，考核有据可依。

班组长制定贯彻企业规章制度实施细则和本班组的制度，实际上是带有补充、完善、具体化的性质。在制定这些制度时力求标准明确，程度清楚，责任落实，做到事事有人管，人人有专责。在制定制度时必须采用群众路线的工作方法，经班组民主会充分讨论通过，制度一经通过，就必须严格贯彻执行，在执行过程中要坚持人人平等的原则。

4. 抵制违章权

抵制违章权指的是班组长有权拒绝违章指挥和制止违章作业、违反劳动纪律。

班组长的抵制违章权主要有以下内容：有权对上级有关不合理的规定提出意见，甚至拒绝；有权对上级的违章指挥加以拒绝；当发现设备运转不正常、工艺文件不齐全以及主要设备和原材料无使用说明书或合格证明，有权暂停设备运转；当班组工人操作上出现失误或违反劳动纪律时，可用行政命令手段进行制止，如操作者仍不听劝阻，班组长有权停止其工作，直至危害消除；班组长自己带头遵章守纪操作，坚持不违章指挥。

班组长要正确行使抵制违章权，就必须认真学习党和政府的安全生产方针、法规、企业规章制度和三大规程，知道什么是遵章，什么是违章；要本着对企业负责、对班组负责、对工人生命安全和身体健康负责的态度，具有不怕丢掉班组长职务、不怕扣罚奖金、不怕上级打击报复、不怕班组织工人有意见的作风。如果因抵制违章而遭到上级的打击报复或工人非议的，可向上级或越级向上反映，依靠组织解决，直至诉诸司法机关进行控告、起诉。

5. 工人奖惩建议权

工人奖惩建议权指的是班组长有权向上级提出对本班组工人的奖惩建议。

班组长的奖惩建议权主要内容包括奖励建议和惩罚建议两个方面。对工人的奖励建议包括物质奖励方面的晋升工资级别、发放奖金奖品，精神鼓励方面的记功、授予先进荣誉称号和通令嘉奖；对工人的惩罚建议包括经济处罚方面的降级和一次性罚款，行政处分方面的警告、记过、撤职、留用察看和开除等。

班组长要正确行使工人奖惩建议权，就必须实事求是、秉公办事，以建议受奖惩工人的功过事实为依据，既不夸大，也不缩小，不自作主张，不脱离群众，不徇私情，要集中反映班组多数工人的意见，如实申报，特别是对违章、违纪、违法等行为应事实清楚、证据确凿，并且允许当事人和其他工人为其申辩陈诉。

6. 奖金分配权

奖金分配权指的是班组长有权按照企业内部经济责任制的规定对本班组的奖金进行分配。

班组长的奖金分配权主要内容有：有权制定本班组的奖金分配方案；有权对班组工人的劳动成果进行定时、定量和定性的考核；有权按规定拉开档次分配班组奖金；有权按规定留存奖金余额，以便以丰补欠或用于班组集体活动和福利事项。

班组长要正确行使奖金分配权，就必须要努力完善班组经济责任制，不断改进考核办法；要做到科学公平，坚持按劳分配，不搞平均主义；要做到奖勤罚懒，赏罚分明，奖罚有理有据，让人心服口服；要做到奖金分配公开透明，把行使奖金分配权的全过程置于班组民主监督之下。

7. 举才深造推荐权

举才深造推荐权指的是班组长有权推荐本班组优秀工人学习、深造、提拔和晋级。

班组长的举才深造推荐权主要内容是：有权根据工人的德、才、绩向企业推举人才，将优秀工人提拔到更合适的岗位；有权推荐本班组的优秀工人学习、深造，以使其进一步提高；有权推荐本班组的优秀工人晋级。

班组长要正确行使举才深造推荐权，就必须要掌握以下三点：一是要为班组工人走岗位成才和自学成才之路积极创造条件；二是要为人才发展提供机遇，从全局出发，积极推荐人才，不能打击报复而使对自己有意见或提出过批评的工人不能脱颖而出，不能为了自己的方便或本班组的局部利益而将人才埋没；三是对推荐对象的评价和建议要实事求是，上要符合有关政策规定，下要符合该人的实际表现。

8. 维护工人合法权益权

维护工人合法权益权指的是班组长有权维护班组工人的合法权益。

班组长的维护工人合法权益权的主要内容有：有权维护工人在劳动合同、劳动保护、安全生产、工资待遇、生活福利、发明创造、劳动休息、民主监督和民主管理等方面的合法权益；对侵犯工人合法权益的上级领导，有权在弄清事实、辨清是非的基础上，依据有关政策法规，向上级领导提出意见和改进建议；对侵犯工人合法权益屡教不改，甚至打击报复者，有权进行检举、控告和起诉。

班组长要正确行使维护工人合法权益权，必须注意以下三个方面：一是要学法懂法，熟知有关法规和企业有关规章制度，以便依法申诉，依法说话，依法维护；二是要有理有据，在弄清事实真相、辨明是非的基础上，向有关领导讲明原委，以理争取支持；三是要坚持原则，敢于斗争，对侵犯工人合法权益，固执不改甚至打击报复的，不管是哪一级领导，不管是什么人，都要旗帜鲜明，扶正祛邪，敢于抗争，甚至依法上诉。

七、不断提高班组长的工作艺术，做好班组中十种人的思想政治工作

工作艺术是指一种富有创造性的工作方法。当班组长具备了科学的管理知识和丰富的管理经验，再加上个人的品质和技能，就会在班组工作中表现出高超的工作艺术，从而取得事半功倍的效果。班组长每天在生产第一线与最直接的劳动者打交道，要带领、团结他们一起完成各项生产经济指标，必须要学会做工人的思想政治工作，把全体工人的生产积极性调动起来，这就需要班组长不断提高工作艺术。下面主要介绍对班组中常出现的十种人的思想政治工作的做法。

1. 受到挫折的人

受到挫折的人易发牢骚、对抗或消沉。班组长应善于观察他的言行举止，摸清他的思想脉博，分析他的心理状态，做到心中有数，在此基础上，开始对症下药。在做思想工作时，必须注意做到尊重受挫工人的自尊心，并把自尊引向正确的方向；要善于发现他的长处，尤其是暂时还被掩盖的长处；对于他的进步要及时给予肯定和鼓励，使他看到更多的希望；对于他身上的缺点、错误，既不能迁就，也不能动肝火，批评时要注意场合，把握分寸；同时还要区别不同对象，一把"钥匙"开一把"锁"。

2. 爱发牢骚的人

工人的牢骚，往往能反映班组里一些值得注意的问题。班组长如果不愿听牢骚话，甚至认为发牢骚是思想落后、不思进取，是搞不好班组工作的。班组长应把它当作参考和借鉴的镜子，以虚心听牢骚话，多在牢骚话的背后找漏洞，更好地改进班组工作。如果牢骚话与事实有出入，也应心平气和地讲道理给予说服教育。所以，心里有牢骚，说出来比不说出来要好，处理好了可以增加工人之间的信任和责任感。

3. "刺头"工人

"刺头"工人指的是在班组中相对后进、不好管理的工人。这种人如果教育不好，可能搞得全班组人心涣散，使其他工人的积极性也受到影响。对"刺头"的教育，首先要寻找"病根"，通过对周围工人的了解和进行家访，弄清"刺头"之所以"刺"的原因；然后通过摆事实让他明白是非，对于他面临的困难班组应尽心尽力地帮助解决，班组解决不了，应该向区队或车间汇报；同时，在岗位上找一名先进的工人同他结对子，带动、指导和帮助他，对他的言行进行监督，好的及时表扬，差的提出批评；特别注意的是要以诚相待，以心换心，切不可方法生硬、语言尖刻、面孔冰冷；教育大家不要用老眼光看他，要既往不咎，在平常的言谈话语中丝毫不能流露出对他的轻视，不能经常揭"老底"，而且在评先进、奖励等方面在肯定进步的时候优先考虑他。

4. 后进工人

班级中难免有先进与后进之分。转化后进工人是班组中较为棘手的课题，搞不好会因局部而影响全局，使整个班组被动。作为班组长切不可因为他是后进者，便一无是处，而应当对其有一个客观公正的评价；在日常工作中要善于发现他的进步，哪怕是一点点小进步，也要及时予以总结表扬。一旦发现他要求上进，表现出强烈的进步欲望，哪怕是一句话，切不可熟视无睹，必须抓住这一转折点，进行正确引导，加速转变。对他过去后进的历史切忌旧事重提，因为他是十分敏感的，偶有触及，会情绪激动，自尊心受到打击，容易"破罐子破摔"，出现反复。

5. 情绪异常的人

在班组中有的工人突然闷闷不乐，好发脾气；有的忧心忡忡，垂头丧气；有的沉思发呆，脸色不佳；有的偷偷哭泣等。这些都是异常情绪的表现。情绪异常的人往往精神消沉，工作效率低，甚至出现酗酒、斗殴、损坏设备财产等。班组长要及时发现工人的情绪变化，特别是生产任务繁重、调资、奖金发放、采掘工作面搬迁、安全不好时更要注意观察。要通过侧面谈话、群众调查、家庭访问等途径，尽快摸清原因。在做思想工作时，要遵循尊重人、关心人、爱护人的原则，既要抓主要矛盾，又要注意方式方法，做到因人而异，讲究方法，要针对不同情况因势利导。在同当事人直接谈话时，应以"听众"的身分出现，有的人可能直接叙说自己的苦恼，有的则不愿透露真情，这时必须耐下心来做细致的开导工作，直到解决问题。在解决问题的关键时刻，有时还需调动企业、家庭等方面的力量给予帮助。

6. "逢扣必闹"的人

有的工人只要挨扣了就找上门来，有喊冤的，有叫苦的，甚至还有骂人的。自从班组有了奖罚权力后，"逢扣必闹"成了不少班组长的一块心病。班组长在扣罚前要召开骨干协商会，并要形成制度，集体决定可以减少许多麻烦；班组账目要公开透明，逐月上墙可以消除大家的疑虑心理；奖金截留要适当，并要经过大家讨论同意，班组截留奖金严格控制在组织劳动竞赛和帮助困难职工上，禁止吃喝玩乐。同时，班组长要做到率先垂范、宽以待人、严以律己，多在思想说服上下功夫。

7. 工作失误的人

任何人都可能在生产工作中有失误的时候，处理不当不仅使当事人产生抵触情绪和逆反心理，还会使班组管理工作走进"死胡同"。班组长既要严肃认真指出其缺点错误，找出改进的方法，并向他讲明失误造成的危害和不良影响，让他接受教训。这样班组的凝聚力才会不断加强，才会增进工人之间的友谊，使工人的失误越来越少。特别是班组长要注意：一不要大发雷霆，横加指责；二不要四处张扬；三不要没完没了地讲。同时，班组长要善于从工人失误中找出自己的责任，改进班组管理工作。

8. 班组学习坐不住的人

"坐不下、坐不住；学不进、难坚持"是班组学习存在的普遍问题。班组长要保证学习时间，不要一到学习时间就采取生产作业加班延点而挤掉学习时间，要形成学习制度；学习内容要丰富多彩，学习方式方法多样，能够引人入胜，由制度强迫学变成兴趣自愿学；与工人的经济利益挂钩，认真记录，严格考核工人参加学习的情况，将其结果同本人发放奖金、晋级和提拔等结合起来。在班组学习以前，班组长或学习主持人要先搞好调查研究，要了解班组工人想些什么？关心什么？学习内容要紧密联系工作、学习、日常生活实际，使人人都乐意参加。

9. 患"红眼病"的人

班组在奖金分配、调资晋级、评先选优等工作中，有的工人难免出现"红眼病"。如不及时防治，则会妨碍生产、影响团结，还容易引出是非。班组长为了预防"红眼病"，首先要做到注重事实，公平竞争，形成量化日常考核制度，将考评的数据绘成图表，使工人之间的差距直观化，班组考核要凭事实说话，凭数据说话；其次是要提倡民主，公开透明，班组长在建立班组规章制度、制定考核办法及奖惩制度时，尽可能让大家参加，充分发挥班组骨干的核心作用，树立良好的班组风气。班组长既要严格管理，又要柔性引导，既要弘扬奉献精神，又要坚持按劳分配原则，万一有闹"红眼病"的人，班组长不能置之不理，而要主动、热情地做思想说服工作。

10. 习惯违章的人

在安全生产上，违章就是"自杀"和"杀人"。班组中常会出现习惯违章的人，他们一次违章、二次违章都侥幸没有发生事故，因而思想上麻痹大意，慢慢地养成了习惯性违章。班组长要旗帜鲜明、态度坚决地反"三违"，不但自己不违章作业、不违章指挥、不违反劳动纪律，而且发现有"三违"现象要立即加以劝阻，及时给予批评教育，并在经济上给予扣罚。在班前、班后会和安全活动中要反复讲解违章的危害性和遵章的重要性，并运用大量违章造成的事故案例来教育大家，使班组中遵章守纪成为工人的自觉行动，促进班组安全状况稳定好转。

第三节 班组和班组长队伍建设

一、班组建设

1. 班组建设的重要性

班组是企业的"细胞"，是最基本的生产单位，是企业物质文明和精神文明的最终实施单位。班组建设是企业各级工作的基础，是提高企业职工队伍素质、强化企业管理、确保各项生产技术经济指标完成的基石，是企业改革、创新、发展的重要保证。

党和国家一贯关心和重视班组建设工作。1986年、1992年召开了两次全国班组工作会议，颁发了《关于加强工业企业班组建设的意见》和《关于适应企业经营机制转换，进一步加强工业企业班组建设的意见》，并在全国范围内组织开展了以班组创先进为主要内容的班组升级竞赛活动和班组长培训，使我国企业的班组建设工作开始进入全面建设发展的新阶段。

2. 班组建设的内容

企业班组建设作为一项全面性的基础性工作，涉及班组管理业务、班组思想政治建设和班组织建设等各个方面的内容。

（1）思想建设方面。思想建设方面主要是指培养职工高尚的职业道德品质，在班组中树立一种互相帮助、互相关心、共同进步的和谐氛围，搞好精神文明建设，培育"四有"职工；提高班组工人改革创新的观念和适应社会主义市场经济的能力；锻炼职工吃苦耐劳、乐于奉献，在艰苦复杂的环境中创造优异成绩的精神。

（2）组织建设方面。组织建设方面主要是指按照市场客观规律组织班组机构，完善班组体制；理顺企业中班组与区队（车间）的关系，与其他班组的配合关系；建立和健全班组中党（团）小组、工会小组，按标准选配合格的班组长、党（团）小组长、工会小组长、安全员、核算员，理顺班组内的运行机制。

（3）业务建设方面。业务建设方面主要是指建立和健全班组规章制度，完善班组内各岗位、工种的责任制；加强基础建设，加强班组管理，开展以生产经营活动为中心的劳动竞赛，开展合理化建议、技术革新、岗位技术练兵等活动，搞好技术业务培训等工作；要关心困难职工疾苦，要做好后进工人的转化教育。

3. 加强班组建设的途径

在发展社会主义市场经济过程中，企业加强班组建设的主要途径如下：

（1）加强组织领导。企业班组建设是企业内部的一项重要的基础建设工作。企业党政领导都要把班组建设工作列入重要议事日程，形成党、政、工、团各司其职、通力合作的局面。企业要成立以行政领导为组长的厂矿和区队（车间）两组班组建设领导机构，职能科室、业务科室要为班组建设创造条件、提供服务、进行指导，各级领导要支持班组长的工作，使其有职、有权，充分发挥班组长在班组建设中的积极作用。

（2）选配好班组长。班组长选配合格与否，是班组建设的首要环节，也是关键所在。要选配思想作风正派、工作能力较高、技术业务水平优良、民主意识较强、群众威信较高的人员为班组长；同时要配备好工会小组长。工会小组长应由班组中思想进步、作风民主、办事公正、善于做思想政治工作、受群众信赖的人员担任。逐步形成以班组长为首的思想先进、业务过硬的骨干队伍。

（3）创建学习型班组。全国创争活动指导协调小组办公室于2005年2月16日颁发了全国"创建学习型组织、争做知识型职工"（以下简称"创争"）活动的有关通知，"创争"活动是创建学习型组织和学习型班组、培育知识型职工三位一体的系统工程，三个要素要综合规划，通盘考虑，相互衔接，相得益彰。通过开展"创争"活动可以培育班组学习力、竞争力和创新力。

（4）抓好升级达标活动。在班组建设中，要认真组织好争创"合格班组、信得过（文明）班组、先进（模范）班组"的升级达标活动，并把班组争先创优升级达标工作和班组"建小家"活动有机地结合起来，促使班组之间形成你追我赶、相互学习、相互帮助、共同提高的竞赛热潮，有利于培养争先创优、团结拼搏的班组精神。

二、班组长队伍建设

1. 班组长的产生方式

目前，行政班组长的产生一般有以下七种方式：

（1）行政任命。行政任命是产生班组长的传统方式，其具体操作办法是：一般由区队长或车间主任提名，经区务会或车间主任会议研究决定，或者由区队长和党支部书记（或车间主任和党支部书记）共同商量决定。这种方式有利于区队长或车间主任按照领导的意图选任班组长，其缺点是往往缺乏必要的群众基础，不少企业已开始改变这一做法。

（2）公开招聘。公开招聘是在班组实行优化劳动组合和实行承包责任制的新形势下，运用竞争机制选拔班组长的一种方式。它既可以在本班组，也可以在外班组招聘班组长。招聘时，矿、区队（或车间）和班组都有领导和工人代表参加评审。经区队（或车间）领导批准聘任的班组长，一般都明确规定任期和签订任期目标责任书（责任状）。这种方式有利于广开才路，选能任贤，有利于领导意图和群众意愿相统一，有利于受聘班组长增强责任感。

（3）测验选举。测验选举的一般操作方法是：在班组民意测验的基础上，经上下结合提出候选人，由全体班组工人实行等额或差额选举后，由区队长或车间主任根据选举得票的数量来正式任命产生。这种方式，发动群众比较充分，群众基础较好，能得到绝大多工人拥护，当选的班组长依靠群众民主管理和接受群众民主监督的自觉性也较高。

（4）群众推荐。群众推荐是指由班组工人互相商量推荐班组长的方式。这种方式能反映大多数工人的意愿，但是往往选出"老好人"来当班组长，而一些平时批评人较多、要求严格的工人都得不到推荐，区队（或车间）领导要冷静面对，妥善决定。

（5）民主选举。民主选举是指班组工人直接投票选举产生班组长的方式。其一般操作方法是：在不提出候选人的基础上，工人自主投票，以得票最多者为当选人；如果得票同为最多者，必须再一次进行投票，直至选出惟一得票最多的当选人为止。这种方法最能代表职工民主管理。

（6）领导与职工代表选举。领导与职工代选举指的是由区队或车间的党政正职和4～5名职工代表通过讨论决定或无记名投票选举产生的方式。这种方法既能体现领导意图，又能反映工人的意图。

（7）工人自荐。工人自荐是指班组工人自己推荐自己当班组长的方式。其一般操作方法是：自荐者首先进行陈述，当着全体班组工人的面讲"为什么要当班组长？当上了班组长以后怎么开展工作？"接着由班组工人向其提问，请其回答，最后由班组工人表态同意与否。若有两人同时自荐一个岗位的班组长，则需要分别进行如上陈述，接着由二人回答问题和互相就搞好班组工作开展辩论，最后由班组工人投票表决。这种选举方式生动活泼，能吸引工人参加，透明度高，同时对班组长也是一种锻炼。

2. 班组长队伍建设

（1）班组长的产生，无论采取何种方式，都要坚持选拔条件，听取并尊重班组工人的意见。

（2）对班组长要规定一定的任职期限，到期改换、改聘和改选。既不搞终身制，又允许连选连任，不限定当选期数；既不断进行调整，增加新鲜血液，又使班组长保持相对稳定。

（3）建立班组长预备人选制度。为保证班组长队伍的稳定和正常接续，要根据实际和预备人员选拔条件，从工人中选拔具有一定素质和能力的优秀人才，进行有针对的培养和使用，使之成为合格的班组长预备人选。班组长改换、改选空岗时优先从预备人选中选拔。班组长预备人员一般按班组长岗位配备1～2名。

（4）建立新上岗班组长"见习"制度。新当选的班组长上岗后，对其实行3个月的"见习"管理，此期间享受同岗班组长待遇，由区队或车间领导对其进行监督、管理和考核。"见习"期满，对符合班组长条件的转为正式班组长；对不符合条件的或班组工人普遍反映较差的，应继续进行预备期考察或取消其预备人员资格。

（5）将井下班组长岗位工作经历纳入管理人员选拔的基本条件，区队和车间的副职优先从表现突出的井下班组长中选拔配备；在日常管理工作中，要把班组长的培训、监督、管理和考核列入区队和车间的副职的预备人员的管理中。

（6）建立和健全班组长的选拔、任免、使用、培养、约束和激励机制，定期开展班组长评优评差活动，表现好的授予优秀班组长或先进班组长等荣誉称号，并给予一定的奖励；若在安全生产、经济效益等方面出现工作失误的班组长，对其进行免职处理。

（7）建立企业统一领导、职能部门齐抓共管、基层单位直接管理的三级纵向组织管理体系，不断完善班组长管理机制。提高班组长准入门槛，把班组长作为最基层的管理干部纳入考核，由矿组织人事部统一管理。各职能部门的分工如下：

组织人事部门：负责班组长和预备人员选拔、培训、备案等方面的政策、制度的制定和协调落实；负责建立班组长信息数据库，包括班组长和预备人员的综合信息、现状及余缺、评先奖惩等情况；负责对班组长和预备人员的培训需求情况进行调研和摸底，组织进行专业技能、安全生产、管理知识等内容的培训；负责对区队和车间班组长培养和管理相关工作的开展落实情况进行检查、督导和考核。

生产技术部门：负责对班组长和预备人员进行生产技术知识培训、考核；负责对班组长和预备人员的生产事故进行分析处理。

安全监督管理部门：负责班组长和预备人员安全资格培训和安全专项培训的计划、组织和实施；负责对班组长和预备人员的安全生产管理工作进行检查和督导；负责对班组长和预备人员安全方面的"三违"现象和责任事故的分析处理。

工会：负责制定完善班组长和预备人员考核评先的有关政策、制度，并组织落实；负责对班组长和预备人员使用、培养、管理及其日常工作情况进行跟踪调查；组织班组长和预备人员开展岗位练兵和劳动竞赛。

劳动定额部门：负责对班组长岗位进行定岗定编和人员配置指导，定期对其岗位设置及配备人员情况进行检查、督导和协调平衡。

3. 提高班组长素质的方法

班组建设是企业的一项重要基础工作，而提高班组长的素质则是关键。从目前我国煤矿采掘班组长现状来看，班组长缺乏管理艺术，不注意工作方法，知识和技能水平较低，只会带头干活，不会调动他人的生产积极性；态度粗暴野蛮，不善于做思想政治工作；只求完成产量、进尺任务，不管经济效益指标；只习惯陈旧的操作习惯，不愿学习新技术、新工艺……，这样远远不能适应企业改革创新的要求，所以，各级领导都必须下大力气提高班组长的素质。

（1）加强对班组长的培训。企业必须经常不断地采取上岗培训、专业培训、短期轮训和业务函授、脱产深造等多种形式对班组长进行培训，以提高班组长的政治思想素质、专业技术素质、管理素质和文化知识素质。班组长必须在企业组织的岗前培训和复训中成绩合格，并取得企业颁发的"班组长合格证书"后，持证上岗。

企业在拟定发展规划时，应拟定班组长素质提高的计划，确定目标、突出重点，把培训同考核、使用、评比、晋级、奖励结合起来，以全面提高班组长素质。

（2）创造班组长健康成长的环境。在思想观念上鼓励工人争当班组长，提倡人才竞争，不拘一格选拔班组长，这有利于一批事业心强、富有改革创新精神、热爱并熟悉班组管理和素质较高的人才脱颖而出；在工作上要积极引导和鼓励班组长大胆工作，不断总结班组建设的新情况，解决班组建设出现的新问题，创造班组建设新面貌。

同时，在生活上要关心班组长，认真解决他们的后顾之忧；在具体管理工作中，给班组长一定的"自主权"和"独立权"，帮助班组长树立威信，从而进一步激发班组长主人翁精神和工作责任感。

（3）定期对班组长进行民主评议。民主评议是强化班组长责任意识、提高综合素质的重要措施。在组织民主评议时要做到七有，即有专项安排、有述职报告、有评议小票、有评审表格、有整改意见、有工作总结、有结果公开。通过民主评议，测评出优秀、称职、基本称职和不称职四个类型的班组长，矿相关部门和区队长（或车间主任）对基本称职的班组长要及时进行单独谈话，并帮助其制定切实可行的改进措施，对不称职的班组长要进行撤换，使班组长的责任意识得以提高，工作作风得以改进。

（4）组织班组长横向交流经验。为了使班组长视野更加开阔，活动范围更加广泛，组织班组长横向交流经验是探索新形势提高班组长素质的新路子。横向交流经验的方法，可以开展井下现场经验交流会、班组长经验交流会、班组长工作座谈会、班组长管理研讨会、班组长劳动技能大赛和管理知识抢答赛，还可以在班组与班组之间结为友好班组、开展班组长联谊活动。

（5）班组长必须不断改进工作方法、提高工作艺术，适应新时期改革创新形势的需要。班组长要实行四个转型，即由实干型向巧干型的转变，由带头劳动型向精细组织型转变，由生产管理型向效益管理型转变，由经验型向科学型转变。班组长应该做到四个"同时"，即从严治组的同时要严于律己，技术业务精道的同时要思想作风优良，奖惩严明的同时要亲情相融，敢于当家的同时要发扬民主。

（6）当一名学习型班组长。班组长要通过不同的学习途径来不断地完善、提高自己的综合素质，以适应现代化煤矿建设的需要。班组长要有学习的观念和认真、积极、刻苦的学习精神，把学习看作是一种工作方式和生活方式，要掌握现代学习工具，坚持终身学习理念，追求不断创新。在创新学习型班组长活动中除了接受脱产培训、深造以外，主要有以下几方面的学习途径：

①向书本学习。班组长要刻苦读书，努力学习。由于班组长事务繁杂，时间紧迫，这就要求班组长处理好工作与学习的矛盾，善于抓时间、挤时间来读书学习。

②向内行学习。班组长要向有经验的同事和班组工人学习。这就要求班组长具有永不满足、虚心好学的态度和不耻下问、以人为师的精神。

③向先进学习。班组长不要把自己封闭起来，也不要抱着老经验、老法子、老路子不放，而应开阔视野，走出自己的"小天地"，认真学习先进班组的新观念、新知识、新经验，使自己不断进步。

④向实践学习。班组工作实践是班组长提高素质的大课堂。班组长在实践中要把学到的知识应用到班组的日常工作中去，随着形势的变化而变化，适应改革的深化，适应新技术的发展，不断更新自己的知识，创新工作方法，提高班组管理水平。

第四节　班组建设和班组长管理典型经验

一、开滦集团公司唐山矿业公司的 RMDC 企业班组现场管理与操作模式

"RMDC"就是"精细管理，双向控制"的意思。RMDC 企业管理模式的核心内容是各岗位的绩效评价与行为养成。该模式创新了一套绩效评价与行为养成的方式方法，它以建立健全内部责任制为手段，以量化细化管理目标为标志，以企业决策和内部管理关系科学化为基础，发挥各级管理主体的能动性，做到事前预测、事中控制、事后核算分析，实现全员、全过程、全要素的管理与控制。在双向控制中，充分利用了企业职工参与民主管理氛围浓厚的优势条件，达到了管理的闭合。

岗位考核标准是 RMDC 企业管理模式的核心,其他环节都是围绕着如何落实这一标准而展开的,进而通过落实标准,达到提高管理水平、增加经济效益的目的。在这方面应该注意做好岗位考核标准的制定、确认和执行三个环节的工作。

1. 岗位考核标准的制定

制定岗位考核标准是该模式的关键环节,它关系到企业管理模式的成败。

(1) 制定岗位考核标准的指导原则。

①全面覆盖的原则。一方面,在班组的所有岗位中,无论是操作岗位、看护岗位还是管理岗位都必须制定;另一方面,无论是主要工作内容,还是一般工作内容,都必须纳入。这样可为后续的考核全面闭合与管理全面闭合创造条件。

②从实际出发的原则。制定班组岗位考核标准,必须从岗位的实际情况出发,既不能求大,也不能一味地追求先进,更不能图形式。

③可操作原则。制定的岗位标准一般采用量化的方法,能执行,可落实,否则就没有意义。

④先进的原则。制定的岗位标准既不能低于现有工作水平,又不能太高,要适当提高工作要求,使工人通过努力能达到标准要求。

⑤适时附件配套的原则。班组中不同的岗位,甚至同一岗位的不同时间,工作条件、工作内容及工作要求都有可能发生变化,在制定标准时,可能有些内容无法具体到直接可操作的程度。对于这些特殊的内容,要采取适时制定附件配套的办法解决,最基本的要求是工作开始时要有具体可直接操作的标准,不允许任何人任何时候都没有标准的工作。

⑥以人为本的原则。制定岗位考核标准要坚持以人为本的原则,重在体现对工人行为的引导,激发工人的劳动积极性,而不是重在罚、卡、扣上。

(2) 岗位考核标准的内容。岗位考核标准的内容包括岗位工作数量、工作质量、岗位成本和 6S 行为规范四个方面。

①岗位工作数量。指的是该岗位的基本工作任务,即该岗位工人究竟干什么,能量化的尽量量化,文字描述要简单,使工人一目了然。

②岗位工作质量。指的是针对岗位工作数量中的内容,明确干到什么程度,达到什么质量要求,对工作质量的文字描述尽可能具体详细,可能的话要量化,便于考核工作的进行。

③岗位成本。指的是工人在工作过程中使用并可自身控制的材料、设备和工具等资源。

④6S 行为规范。6S 管理起源于日本,主要包括六项内容,这六项内容开头外文字母均为"S",所以简称为"6S"。

整理:包括清除废弃物,必要的工具物品整理归位,按标准放置;材料码放整齐,明确标示;按照规定的时间跨度完成整理。

清洁:包括保持岗位的场地整洁;个人着装整洁,环境卫生按标准保持。

准时:包括准时参加各种会议、到达工作岗位、开工和准时完成各项工序作业和生产任务。

节俭:包括保质保量,精打细算;讲究效益,量入为出。

素养:包括言行文明;技能(业务)熟练;遵守岗位纪律和道德规范;听从指挥和团

结协作。

安全：包括不违章指挥，不违章操作；不发生人身事故；不发生其他责任事故。

实施6S管理要着眼于每个人、每一班、每一件事、每一处，以6S行为规范为尺度，规范管理，规范操作，逐渐养成自觉的行为习惯。因此，其核心是培育工人素养，引导工人行为，提升现场管理水平。

(3) 制定岗位考核标准的程序。

①梳理工作岗位，确定岗位标准数量。这是制定岗位考核标准最基本的前提条件。每个工种必须至少制定一个岗位考核标准，不允许存在没有岗位考核标准的工种，更不允许两个或两个以上工种制定一个岗位考核标准；当一个工种内不同的岗位工作条件、工作的具体内容差别较大时，要针对岗位分别制定考核标准；当一个工种内的不同岗位虽有不同，但不同点较少时，只有不同的项目分别注明不同岗位的标准即可，不必专门制定独立的岗位考核标准。

②理顺岗位工作流程。岗位考核标准的数量确定后，要理顺该岗位的工作流程，也就是弄清楚该岗位工作一共分为几个工艺流程和步骤，其顺序如何，哪一步在先，哪一步在后，第一步干什么，下一步干什么，最后一步干什么。

③确定参与制定岗位标准的人员。参与制定岗位标准的人员要按照三个层次，体现三种不同的职能，即第一层由现场班组工人、现场班组长和区队专业技术人员共同研讨起草岗位考核标准的初稿；第二层由区队专门召开会议对初稿进行审查、修订；第三层由矿组织专业人员共同负责最终审核确认。这样有利于制定出科学、合理、先进的岗位考核标准。

(4) 制定岗位考核标准的注意事项。

①细化。制定的岗位考核标准要尽可能细化。标准越细、越具体，越具有可操作性，进而操作效率也就越高，扯皮推诿现象就越少；反之，看似标准内容不多，数量不大，但就是难以落实。

②量化。制定的岗位考核标准要尽可能量化。量化要把握两个方面：一是度量单位。若度量单位不合理，再量化也不可操作。如对煤矿井下巷道积水的标准规定，若用积水面积和积水量为度量单位，操作起来十分困难；若用积水巷道的长度为度量单位，既基本上满足标准的要求，又便于操作。二是绝对量。绝对量太大或太小，虽然都可操作，但太大，工人根本达不到；若太小，工人很容易达到，不但岗位成本上升，而且对工人也起不到激励作用。

③现场化。岗位考核标准中有些内容无法量化，可进行现场定性直观描述或者现场指认的方法。如一些工具的码放位置、方式等规定采取现场化的方法使管理者和操作者达到心里和口头共识即可。

表6-1即为某煤矿综三区出口支护工岗位考核标准。

2. 岗位考核标准的确认

岗位考核标准制定以后，要从程序和内容上让所有岗位工人认可。

(1) 岗位考核标准的宣传。通过各种会议等形式向全体工人讲清制定岗位考核标准的目的、意义和掌握的原则，使大家能自觉地学习并贯彻执行岗位考核标准化。

表 6-1　　　　　某煤矿综三区出口支护工岗位考核标准

项目及赋分	岗位职责标准内容	扣分标准
工作数量 （10分）	1. 按每班 2 刀的工程进度完成本班的出口工作 2. 按进度将机头、机尾上方的"π"型梁前窜到位 3. 完成本班掏窝工作 4. 锚杆、锚索松解到末排柱前	第一项不合格本大项不得分，其他项不合格，各扣 5 分，扣完为止
工作质量 （20分）	1. 控顶最大不超过支架尾梁端后 1.2 m，最小不超过支架尾梁端前 0.6 m。班末时末排支护与支架尾梁对齐 2. 长钢梁间距不大于 0.2 m，交错 0.6～0.8 m，距支架不大于 0.5 m，超过 0.5 m 时加打木板，木板下保持一梁三柱 3. 长钢梁、1.2 m 梁保持与底板平行，不接顶处有木料接顶，接顶点间距不大于 0.5 m。柱顶要用料垫实 4. 单体柱初撑力不小于 90 kN，垂直顶底板，采用 12 号铅丝，单丝双扣，拴在顶梁上 5. 单体柱成排成行，偏差不超过 100 mm。锚网支护巷道两帮和中间至少保持三排台板。两侧距帮不超过 0.6 m，中间一排在转载机内侧，距转载机 0.1～0.5 m。单体柱距不大于 1.2 m 6. 单体柱卸载阀放液口均朝向老塘侧、方向、角度一致 7. 人行道宽度不小于 0.7 m，从煤壁至老塘范围断面高度不低于 1.8 m 8. 采面输送机下机头与平巷转载机最小高差 0.3～0.5 m。老塘输送机下机头与平巷转载机最小高差 0.1～0.3 m，机尾落在底板上，并保持每刀 0.5 m 的移动量	一项不合格扣 5 分，三项不合格本大项不得分
成本（10分）	1. 出口每 2 刀探一块木板，顶板完整时大板规格为 3.0 m×0.15 m×0.05 m；冒落矸石高度大于 500 mm 时大板规格为 3.0 m×0.17 m×0.15 m 或 2.4 m×0.14 m×0.12 m 2. 镐每 6 个月换一把 3. 锹每 6 个月换一把 4. 套管每年换一套	一项不合格扣 5 分，扣完为止

续表 6-1

项目及赋分		岗位职责标准内容	扣分标准
6S 行为规范（10分）	整理	1. 作业人员必须穿工作服，敞开的钮扣不超过2个 2. 出口电缆、水管用皮条吊挂，吊挂点间距不超过3 m，电缆不落地，并保持自然垂度 3. 暂时不用的器材运到超前20 m以外，单体柱、大板码放不超过3层，每层间垫好木拉条。木料码放高度不超过0.8 m，解下的锚杆、锚索及配件放在专用的箱子里。所有物品靠边码放整齐、并留有0.7 m宽的人行道 4. 本班使用的物品可在出口范围内靠边单层码放，但要留出0.7 m宽的人行道 5. 锹、镐要立放在巷帮，注液枪、放液扳手要挂在单体手把上。供液管路用铅丝吊挂在单体柱上，吊挂点间距不超过3 m，不落地，并保持自然垂度 6. 工作范围内不得有张开未联好的网（帮网和顶网）否则要用铅丝联结，间距不大于0.3 m	整理、清洁、准时、节俭作为一大项，共10分。一项不合格扣2分，三项不合格本大项不得分
	清洁	1. 出口底板无厚度为5 cm以上的煤矸碎块，无长度为0.1 m的乱料 2. 工作范围内不得有超过2 mm厚的煤尘堆积，否则要进行喷雾洒水灭尘	
	准时	1. 不影响采煤机割煤、移架、推溜工作 2. 按规定的时间参加班前会，会后20 min内必须上岗开工	
	节俭	1. 老塘侧长度超过0.5 m的木料，采煤机割出的锚杆，松解下来的螺母、托盘、索具等均要回收。数量由班组长根据现场情况确定 2. 注液枪及管路密封件、枪体损坏造成乳化液泄漏时，要立即更换 3. 合理使用工具、不得人为损坏 4. 劳动过程中不得砸、撞、挤、压铁管、电缆、胶管	
素养（30分）		1. 具备一定的操作技能（班组评定，分三个等级） 2. 持证上岗 3. 听从班组长指挥、不与班组长发生纠纷、打架 4. 现场解决不了的问题，在5 min内向区队班组长汇报 5. 任何情况下不许打闹、讲脏话	第一项按评定的等级赋分，其他项不合格，各扣5分，扣完为止

续表6-1

项目及赋分	岗位职责标准内容	扣分标准
安全（20分）	1. 机头掏窝、回柱、串梁（包括上梁、落梁）、跨输送机运件、搬运器材过机头时必须停机操作 2. 腮角空顶面积大于 0.5 m² 时，要及时探板支护。发现老塘侧顶网破损流矸、煤时，要用木料插好 3. 上角、下角放顶线位置悬挂便携式瓦斯报警仪，距上顶不超过 0.3 m，距非煤壁侧帮不超过 0.2 m 4. 下井前 6 h 内严禁喝酒，下井时严禁携带烟草和点火物品 5. 不得横躺竖卧，有人进入出口区域内能在 1 min 内知晓 6. 严禁使用折损、漏液、缺爪、自降单体柱 7. 放液时必须使用专用的放液扳手 8. 严禁穿化纤衣服，胶靴、安全帽、自救器、矿灯等齐全完好，系好矿用腰带 9. 液管接头处使用"U"型销，不得使用单销、铁丝销 10. 使用绞车掏窝、回柱时，按矿用小绞车有关规定执行	一项不合格扣 5 分，二项不合格本大项不得分

（2）岗位考核标准的学习。通过各种培训班、标准知识竞赛、讨论会等形式向岗位工人讲清该岗位的考核标准。还可以印成小册子将岗位考核标准发放到该岗位工人手里，以便工人自学。学习结束后，要用考试或现场演示等方法进行严格测试，并将测试结果存档备查。

（3）岗位考核标准的确认。在宣传、学习的基础上，以区队为单位召开全体工人岗位考核标准确认签字仪式，这是一个必不可少的环节，一方面是体现这一工作的严肃性和规范性，另一方面防止在考核中因对标准有异议而产生纠纷。

3. 岗位考核标准的执行

岗位考核标准的执行是现场管理与操作科学化的核心内容，其他工作都是为其服务的。

（1）班前讲评。班前讲评是一班开始工作的第一个环节，也是一个十分重要的环节。班前讲评由当班的班组长主持，一般有如下要求：

①宣布开会，标志着班前讲评正式开始。

②总结前一班情况。主要包括前一班任务完成情况，对涌现出的好人好事给予表扬，较差的给予通报警示；岗位标准考核结果；在生产工作中存在的问题及改进措施。

③布置当班任务。主要包括当班工作量；特殊作业的安全质量要求；传达区队长或车间主任的有关指示和上级有关政策、精神；征求班组工人的意见。

在班前讲评中要注意时间不宜过长，一般在 10~15 min 左右；内容要有针对性，既不能空洞无物、长篇大论，又不能流于形式、过于简单；还必须以事实说话，有理有据，对事不对人，充分尊重工人。

（2）现场巡查。现场巡查，又叫走动式管理。它既是监督落实岗位考核标准的最重要措施，也是实施考核的基础。

①走动式管理标准。走动式管理标准主要规定管理人员走动式管理的范围、职责、频次、时间、发现问题的处理原则等，使管理人员做到规范地进行现场巡查，达到自我约束与工人监督双管齐下。

走动式管理标准由其上一级组织制定并考核监督落实。表6-2为某公司综三区生产班长走动式管理标准。

②走动式管理的基本程序。班组长要按照走动式管理标准中规定的范围进行巡查，不得遗漏任何部位和内容。对发现的问题要指导工人当场处理；如果问题较严重，要盯着现场帮助工人处理或交办有关人员处理，事后还要视情况交由专管部门分析有关人员的责任。将发现的问题记录在现场巡查专用记录本上，对照岗位考核标准进行考核，并由被检查工人签字。

表6-2　　　　　　某煤矿综三区生产班长走动式管理标准

项目及赋分	走动式管理职责内容	扣分标准
走动时间 （10分）	1. 下井前30 min到值班室，接受当班工作任务、重点工作，了解生产状况及存在的问题 2. 下井到工作区域巡查时间不少于8 h 3. 下井时间：6：00，22：00	一项不合格扣5分，扣完为止
走动区域 （10分）	1. 泵站 2. T2192边眼 3. 风道 4. 上出口 5. 工作面 6. 下出口 7. 溜子道 8. T2173	少巡查一个部位扣2分，扣完为止
走动次数 （10分）	1. 开工和班末必须按走动区域所规定的相同或相反的路线对工作面全系统巡查。开工和班末的两次巡查可按区域分工负责制的分工合作完成，开工巡查必须在30 min内完成 2. 班中复查工作面及距工作面100 m上、下平巷范围内的有人工作的地点。到班长每人不少于2次，同时按区域分工负责制的要求巡查不少于1次 3. 发现问题不少于3个，盯关键部位或解决重点问题不少于2个	一项不合格扣5分，扣完为止

续表 6-2

项目及赋分	走动式管理职责内容	扣分标准
巡查内容 （30 分）	1. 检查工人岗位标准落实情况 2. 机电设备是否正常运转 3. 检查防尘水幕、监测探头、转载点喷雾装置等通防设施是否齐全完好 4. 供水、供液管路是否完好 5. 工作面是否正常，生产组织是否合理、生产工序是否规范 6. 出口支扩是否符合标准 7. 物料是否合理使用，回收是否符合要求 8. 工作面支架、网是否符合规定 9. 工作面输送机与转载机搭接是否正常 10. 各种牌板、记录填写是否符合措施要求	一项不合格扣 3 分，扣完为止
走动控制 （20 分）	1. 走动过程中要详细填写巡查记录，写明时间、巡查地点、发现问题及时解决，并有当段组长或工人签字 2. 对发现问题的部位，要填写 A 卡副卡，写明日期、部位、发生的问题，并有责任人签字，作为工人日清日结减分的依据，并由班组长负责解决问题、措施的落实，能当班解决的必须当班解决，不能当班解决的要向区值班人员汇报，布置其他班次解决 3. 上井后，将巡查记录交值班人员，并由当班盯岗人员对每名班长打分签字	一项不合格扣 10 分，扣完为止
管理效果 （20 分）	1. 当班不出轻、重伤及责任事故 2. 完成当班工作指标 3. 不给下一班留困难	一项不合格扣 10 分，扣完为止

（3）考核。

①考核的载体。考核的载体有如下四个：

账：工人劳动绩效统计台账，它主要用于记录工人绩效评价结果和排序情况。台账要设专（兼）职人员管理，责任落实到每个人。

本：管理人员现场巡查记录本。它包括巡查人员的姓名、职责、巡查日期、次数、发现问题、解决问题情况记录和上级领导签阅、考核分等项目。

栏：工人劳动绩效考核公开栏。它用于公布当班及月累计工人劳动绩效考核结果，包括得分及按得分排序情况。公开栏要设置在本区队或车间附近，便于工人观看，其内容设专门人员负责更换。

网：企业内部局部网。将在公开栏上公布的内容，同时在网上公布，利用现代网络技术，加大透明力度，便于领导和有关部门监督、信息共享和工人查询。

②考核的实施。主要包括如下四项内容：

对工人的考核。该考核由现场班组长进行。在现场通过走动式管理和班末验收实施，当班班后汇总、交由登统人员记录在工人劳动绩效考核统计台账上。

对班组长的考核。该考核分为两部分：一部分由当班的盯岗管理人员进行，班末经班组长签字后，交登统人员记录在管理人员走动式管理考核统计台账上；另一部分为工人对班组长周期评议的结果。两部分的权重依据本单位的实际确定，一般第一部分的权重应大于第二部分的权重。

点班循环评价。煤矿井下采掘作业是现代化连续作业，需要上一班为下一班创造条件，不留或少留困难和隐患，实现班与班之间的协调配合。为此，设立了点班循环评价体系，即下一班评价上一班工作，将评价结果作为对上一班考核的一部分。一般操作程序是：下一班的班组长到现场后，与上一班的班组长一起，根据各岗位考核标准和工作协调配合的规定，对上一班进行评价，并将上一班组长签字后的评价结果交由登统人员记录在点班循环评价考核台账上。上一班根据下一班的评价结果，对号找出存在问题的责任人，并按岗位考核标准对其进行考核，一并纳入当班的考核结果之中。在评价时当场解决的问题不能扣分，但必须保证下一班的正常开工；当场不能解决的问题，交由下一班解决，考核分加在下一班。

周期评议。周期评议是指本班组工人定期对班组长进行评议。这种评议的目的就是实现双向控制与考核，周期一般为每月一次。参加人员为班组长和6~8名班组工人。主持人一般为工会主席或工会小组长。会议的议程一般为：首先进行管理恳谈会，由工人代表就班组长的管理状况发表意见，并与班组长就班组管理进行交流，然后工人代表根据班组长的周期评议标准打分，在统计过程中去掉最高分和最低分，然后取剩余分数的算术平均数即可。

表6-3为某煤矿综三区班长周期评议标准。

③考核结果的使用。在班组现场管理和操作模式中，考核结果主要使用在以下几方面：

表6-3　　　　　　　　　某煤矿综三区班长周期评议标准

项目及赋分	职责标准内容	扣分标准
巡查情况 （20分）	1. 提前上岗，按区域负责制要求，在进入工作区域30 min内，合作完成开工巡查工作 2. 班中复查不少于2次 3. 发现问题制定措施并在现场解决 4. 巡查过程中按时间、地点、发现问题、解决措施、当段组长或工人签字的要求认真填写巡查记录	一项不合格扣5分，扣完为止
工作作风 （15分）	1. 与工人同上同下 2. 班中巡查不少于7小时 3. 不打骂、体罚工人，不野蛮指挥 4. 廉洁自律、秉公办事，不徇私情打分 5. 靠前指挥、盯现场、抓关键	一项不合格扣3分，扣完为止

续表 6-3

项目及赋分	职责标准内容	扣分标准
应变能力 （15分）	临时紧急性工作调整安排合理、人力调整到位，能够有效地应对	凡发生一次遇生产变化、机电事故影响、灾变等不能有效应对的不得分
指挥能力 （15分）	1. 在工人中有较高威信，能够做到令行则通，令禁则止 2. 熟悉本班及各岗位考核标准、生产工艺流程，不盲目指挥 3. 生产工作安排合理，工力及工时利用充分，保证当班完成各项生产经营任务	一项不合格扣5分，扣完为止
思想工作 （15分）	1. 关心爱护职工，不歧视工人，尤其是农协工 2. 能够及时化解矛盾，搞好职工团结，本班无纠纷 3. 把握职工思想脉搏、维护队伍稳定，本班工人无越级上访和集体上访，无刑事治安等案件	一项不合格扣5分，扣完为止
6S行为规范 （20分）	1. 整理。认真填写生产汇报台账和工人日清日结台账 2. 清洁。每班达到质量标准化要求 3. 准时。准时召开班前会，准时开工生产 4. 节俭。全班当月各项材料消耗不超标 5. 素养。熟悉本班及各岗位考核标准、生产工艺流程，具有较强的生产指挥能力和应变能力、能够胜任本职工作 6. 安全。本人无"三违"，本班无"三违"，无轻重伤事故、无重大责任事故，无重大隐患事故	一项不合格扣5分，扣完为止

第一方面，与班组长和班组工人依据岗位考核标准，月收入按下列公式进行计标分配：
当班考核满分＝基础分＋工作数量分＋工作质量分＋成本分＋6S分
当班收入分＝当班考核得分×岗位分配系数
当月总收入分＝各班收入分的和
本工种（岗位）月总收入分＝本工种（岗位）全体月总收入的和
本工种（岗位）月分值＝本工种（岗位）月浮动工资总额÷本工种（岗位）月总收入分
个人月浮动工资＝本工种（岗位）月分值×个人月总收入分
个人月总收入＝个人月浮动工资＋固定工资＋年金工资＋各种津补贴

第二方面，与各类评先挂钩。RMDC 考核结果是员工工作表现与业绩的重要体现。因此，在企业中它可以作为各类评先的重要依据。在此基础上，再参照各类先进的思想政治等其他要求，如劳动模范、先进生产者、先进标兵、优秀思想政治工作者和优秀共青团员等。

第三方面，与参加培训优先权挂钩。在知识经济时代，培训进修越来越重要，且越来越受到广大员工的重视。以 RMDC 考核结果为依据，对业绩突出的工人给予参加培训的优先权。

第四方面，与党员模范作用评价挂钩。党员在任何时候、任何地点都应是一面旗帜。利用 RMDC 考核结果评价党员的模范作用发挥情况是重要的内容。

二、河北金能集团金牛股份公司东庞矿加强 QSE 班组建设的实践

"QSE"就是"质量、安全、环境"的缩写。近年来，东庞矿不断加强基层班组建设，将区队班组纳入矿井组织机构，将班组长作为基层管理者纳入干部管理序列，提高了班组长的待遇，同时也加重了班组长的责任，改变了以往组织管理到区队、视班组长为"兵头将尾"松散式的管理模式，同时创造性地将质量、安全、环境三个体系导入班组建设，建立起具有东庞特色的 QSE 班组建设管理模式。

1. 靠体系促管理，突出一个"严"字

（1）体系管理要素延伸到班组。把合格班组作为产品制造来建设，制定 QSE 班组标准，形成了以质量为主，安全、环境辅助补充的"三位一体"式管理模式。在班组建设中，通过质量管理体系、管理职责、资源管理、产品实现、应急预案等程序文件来控制，对班组的安全生产、任务完成、质量标准化、机具使用、节支降耗、文明创建、应急预案及响应控制程序形成一套全方位的管理网络，保证了班组建设的健康发展。

（2）组织管理程序拓展到班组。班组是企业的细胞，班组长就是细胞核，是班组的"主心骨"，搞好班组长队伍建设，就好比抓住了矿井"双基"建设的"牛鼻子"，就是抓住了关键，赢得了主动。把班组长作为最基层的管理者正式纳入干部考核管理，建立班组长人事档案。班组长的聘任证书由矿长（或经理）签发，同时要严格班组长的选拔、任免、使用、培养、约束和激励的程序和机制。

（3）安全生产责任网络覆盖到班组企业。将全年的各项安全生产经营目标层层分解，形成以班组保区队、以区队保全矿的指标责任网络。把班组生产中作业计划、人员安排、安全质量、施工进度、资源节约、应急预案等一系列因素都纳入体系管理程序，实现班组管理无漏洞，确保班组责任目标顺利实现，进而保证全矿安全生产经营指标的顺利实现。

（4）文明创建活动深入到班组。文明班组是文明区队、文明矿井的基础。要建立健全文明班组建设评优标准及实施程序，主要包括"文明班组"、"三五班组"的创建，同时把"党员先锋岗"、"青年文明岗"、"星级文明职工"等职工文明创建活动作为文明班组创建的考核内容。通过"文明班组"活动的开展来保证"文明矿井"的建设。

（5）安全监督检查加密到班组。班组长要与矿领导、各职能部门、区队长、安检员一起，保证日常的安全检查和监督，形成纵向安全管理体系；同时，在班组中要坚持"党班工团、齐抓共管"的管理方针，由工会在每个班组设立群监员岗位（网员），由团委在每个班组设立青年安全岗员，发挥网员、岗员的安全哨兵作用，实现对班组现场安全施工的动态监测，形成横向安全监督检查体系，实现班组安全工作的无"空白"管理，为矿井安全生产奠定基础。

2. 以文化铸灵魂，突出一个"新"字

（1）将企业文化渗透到班组。通过会议、广播、牌板、报刊、电视、网络等不同渠道开展形势任务宣传活动和企业文化建设成果的宣传报道，班组作为一个单元认真学习，并将宣传标语、牌板悬挂到生活区、矿区、区队和井下施工现场，使企业文化真正渗透到班组。在增强职工对企业依赖感和自豪感的同时，将"求实创新争一流"的企业精神灌输给每一位职工，增强广大职工的求实精神、创新意识和永争一流的信念，提高基层班组的战斗力。

（2）将安全理念灌输到班组。根据党和国家的安全生产方针，东庞矿确立了"以人为

本、质量至上"的安全理念,即质量就是安全,质量就是效益,质量就是生命。突出质量是基础、安全是关键、生命最无价。通过对安全理念的大力宣传、灌输,逐步将质量至上的观念深入到了班组工人中,形成了人人讲质量、时时求质量、事事谋质量的新局面,使班组管理具有了高度统一的目标,同时也促进了矿井的质量标准化建设,夯实了矿井的安全基础。

(3) 将安全氛围熏陶到班组。东庞矿通过建立矿区园地、区队园地、家庭园地和工作园地,让安全寄语和安全警示的宣传覆盖到矿区、拓展到区队、深入到班组、延伸到现场,并在各单位办公区域设立表扬台、批评台、建议答复台、警钟台。通过弘扬正气,标榜先进、鞭策后进、警示职工,从井口安全文化长廊、井底安全文化候车走廊的安全寄语到各施工地点的安全标语,营造出浓厚的安全文化氛围,时时处处警示着职工牢记安全、遵章守纪,上标准岗、干标准活,使职工始终处在安全文化的熏陶之中。

(4) 将亲情教育融入到班组。为增强职工安全意识,东庞矿在全矿各区队班组开展安全亲情教育活动,以舆论引导人,以道理说服人,以真情感化人。在每个区队园地以及职工宿舍里,建立职工的全家福照片牌板,既有亲人的安全寄语也有亲人的真情嘱托。在井底等候室、井下人车场、运输大巷以及施工地点同样也有温馨提示和安全警示,提醒广大职工安全责任重如泰山;同时矿有关部门定期开展各种文艺慰问活动,使广大职下能在奉献力量的同时感到企业带来的温暖,增强了职工的主人翁意识。

3. 强基固本,突出一个"实"字

(1) 实行现场全员质量定量评估制度管理,提高战斗力。现场全员安全质量评估(班评估)制度要求下一班班组长负责组织本班组所有岗位工按照标准要求,对上一班所有岗位工就安全、质量、工作量、文明生产等进行评估验收,并填写评估单。发现问题按规定进行扣分处理,下一班处理完毕后所扣分数加入该班组对应的岗位。班评估实行"班与班、岗与岗、手拉手、你不来我不走"的现场交接程序。单独操作评到岗,工序定标准,岗位定分数,实行"五化",即分工专业化、工序标准化、操作程序化、质量精细化、考核数量化。班评估制度的实施,可杜绝班组与班组、工人与工人之间可能发生的扯皮现象,有效地提高班组的战斗力。

(2) 执行"工作程序链"管理制度,增加凝聚力。为保证班组施工作业程序化管理,实行"工作程序链"管理制度,并纳入QSE班组建设管理体系中的班组现场作业控制程序。要求严格执行规定的工作链,包括班前会、班前宣誓、集体入井、现场交接班、班前巡视、班中汇报、下一个班现场交接、班后会、班后汇报、集体升井等。"工作程序链"管理制度的严格执行使职工时时刻刻都在受控范围内,在增强班组凝聚力的同时减少了"三违、隐患、事故"的发生,在保证安全的同时也可为"三无班组"评比竞赛奠定良好的基础。

(3) 实行安全互保联保制度,增强亲和力。每班记工前,每两名职工结成一对,并制定当班第一安全责任人,实行"一保一"安全联保。填写联保记录单,对于零散工种和独岗作业员,必须明确安全责任人,互保双方如有一人出现操作性"三违"和工作事故,联保双方都要予以处罚。该制度的实施,可提高职工与职工之间的互保责任意识,既可保证安全生产,又可增强班组工人之间的亲和力。

(4) 创建学习型班组,提高执行力。建立一套与矿井发展相适应的教育和培训体系,并纳入职工培训管理程序。首先由教育中心每半年轮流组织基层单位的班组长进行规章制度、管理能力、业务素质等内容的专题培训,有效提高班组长的综合素质;其次各单位结合现场实际情况，坚持"三日一题，七日一考"制度，对工人进行安全规程、操作规程、作业规程的安全技术措施、生产工艺流程等应知应会知识的培训。考试成绩与月度工资奖金挂钩，培训内容占工人工资结构的10%，引导工人不断学习；同时，在区队班组中广泛开展工人创新提效活动，鼓励工人采用新技术、新工艺、新材料、新设备，调动广大工人自觉学习、自主创新、岗位成才的积极性，同时也可大大提高班组的执行力。

（5）开展星级文明职工竞赛活动，提高竞争力。在班组建设的实践中要始终坚持以人为本的指导思想，开展星级文明职工竞赛活动。星级文明职工考核内容包括五项：工作任务星、安全生产星、思想道德星、遵纪守法星、团结互助星。各区队（车间）根据职工日常工作情况，在考核合格的项目上挂一颗红星，对基层单位每季度评出的十名星级文明职工进行奖励，对评出的五名非文明职工进行帮教。该项活动可大大调动班组工人的劳动积极性，同时还可形成职工与职工之间、班组与班组之间的竞争，促进班组的快速发展。

4. 加强QSE班组建设，实现班组"五大提升"

（1）班组管理模式由制度型向文化型提升。把企业文化渗透到班组，把安全理念灌输给每一名工人，鼓舞人的情感、平衡人的心理、维系人的忠诚、激发人的智慧、调动人的积极性、挖掘人的内在潜力，提升广大职工的综合素质。

（2）班组管理标准由安全生产型向本质安全型提升。通过QSE班组建设管理体系的有效动作，班组管理标准考核更加全面，考核内容拓展到安全、任务、质量、环境、隐患，机具使用以及应急预案等方面，保证检查无死角、考核无漏洞，实现班组管理目标由安全生产型向本质安全型提升。

（3）班组管理方法由零散型向系统型提升。QSE班组建设管理体系的有效运行使区队班组的执行与落实更加规范、系统，实现了班组管理制度严格、标准统一、执行有力、考核严细，大大提高班组建设的管理水平。

（4）职工安全管理由过程控制型向"事先"预防型提升。建立QSE班组建设管理体系，形成"工作程序链"模式，对职工的控制拓展到工作任务、安全生产、思想道德等各个方面，培养职工的团队精神和综合素质，真正提升班组的综合战斗力。

（5）职工安全态度由被动约束型向主动自发型提升。通过开展多种形式的安全教育、技术培训和体系达标活动，有效调动广大职工学习生产工艺和业务技能的积极性，激发广大职工排除隐患、营造安全环境的主动性，使各班组工人在提高业务水平的同时明确自己的岗位职责，实现工人由"要我安全"向"我要安全、我知安全、我会安全"转变。

三、山东省肥城矿业集团白庄煤矿坚持文化引领、深化班组建设的主要做法

白庄煤矿多年来始终把班组建设作为深化"双基"的重要内容，积极探索新途径、新方法，坚持文化引领，以文化力提升班组执行力，创建本质安全型班组，夯实了矿井安全管理的根基。

1. 提高认识，着眼创新，探索班组建设新模式

白庄煤矿推行了以转变班组长工作职能为重点的管理体制改革，将班组长纳入干部管理序列，一律实行聘用制，经济收入实行安全、质量、任务工资切块制，制定了《班组管理条例》，明确了班组长的设置、职能、权力、责任、奖惩等，较好地实现了班组长由生产型向安全质量型的转变。在此基础上，他们用优秀的文化理念，先进的现代管理思想和

管理理论，为新形势下的班组建设注入新的活力，增添新的动力，实现安全管理由"事"和"物"为中心转向以人为中心，由传统管理向文化管理的转变，确立了以安全文化打造本质安全型班组的工作思路，把班组安全文化纳入企业文化建设的整体规划之中，实施了"5352"班组创建模式，即培育 5 个文化：精神文化、质量文化、制度文化、行为文化、环境文化；实施了 3 个零工程：管理零盲区、质量零缺陷、行为零违章；打造了 5 个可靠性：人的安全可靠性、装备的安全可靠性、技术的安全可靠性、作业环境的安全可靠性和本质安全系统的安全可靠性；实现 2 个目标：建设本质安全型班组、塑造本质安全型员工，从而推动班组建设向纵深发展。

2. 导入理念，规范行为，创建本质安全型班组

白庄煤矿把理念导入，规范行为作为班组建设的重中之重来抓。先后提炼培植了安全理念体系，用安全愿景驱动安全行为的外化，在全矿"平安矿井、幸福人生"总愿景的引领下，各区队班组确立了具有个性特点的安全目标愿景和理念，如"今天安全零事故，我的岗位无三违"、"严规程、严标准、严流程、严细节"、"上标准岗、干标准活"、"岗位标准化、操作规范化"和"人人都是安监员，处处都是安全岗"等愿景理念。并将这些理念与亲情教育相结合，把父母的心愿、妻子的嘱托、儿女的期盼、个人的勉励和职工"全家福"照片制作成精美的牌板，悬挂在会议室醒目处，营造浓厚的班组安全氛围。在此基础上，他们推出了"六预（预知、预想、预报、预警、预防、预备）"、手指口述、安全确认、防灾避灾等 12 种安全行为规范，以班组为单位进行了强化训练行为养成。

白庄煤矿还实施了准军事化管理，以班组为单位进行脱产军训，制定了扬三声（歌声、掌声、口号声）、正三相（坐相、站相、走相）和做三快（集合快、上岗快、完成任务快）行为规范。推行了班前安全礼仪，完善了"一点名、二总结、三讲评、四评说、五分工、六宣誓、七上岗"区队班前礼仪程序。

班组长和班组员工实行全员脱产集中培训，凡培训考试不合格的一律不准上岗。在培训时做到每人一个学习笔记本，实行班前一日一题，一周一重点，一旬一案例，一月一考试，促进班组长的安全技能和管理水平的提高，以及员工安全知识的丰富和增长。

3. 完善机制，精确管理，筑牢班组安全生产屏障

白庄煤矿建立、健全了三个长效机制：一是竞聘上岗机制。班组长一律公开竞聘，严把条件、程序、考试和聘用四个关口，切实把优秀人材选拔到班组长岗位上来，然后由矿统一行文聘用，颁发证书。二是职能落实机制。明确规定班组长是现场安全生产第一责任人。班组长的主要职责是四抓：抓安全、抓质量、抓分配、抓现场交接班；四不走：安全质量达不到标准不走、存在不安全隐患不走、文明整洁不合格不走、交接不好不走；并且享有四项权利：指挥管理权、劳动组织权、停止作业权和分配考核权。三是激励约束机制。在政治上，入党、提拔、转干优先向安全生产成绩突出的班组长倾斜，对工作不称职、考核不合格的班组长坚决予以调整、免职；物质上，实行班组长岗位津巾，工资享受职工平均工资的 1.5 倍；精神上，坚持每年评先选优，对"十佳班组长"和"五好班组"敲锣打鼓、披红戴花，上光荣榜、上电视、上广播、上矿报。

在此基础上，白庄煤矿又把管理的重心下移到了班组，做到了现场安全管理四个精确化：一是管理精确化，建立了班组长安全生产责任制和以"6S"（整理、清洁、准时、标准化、素养、安全）、"4E"（每一人、每一事、每一天、每一处）为主体的人本闭合管理

制度，推动了现场管理干部走动式管理，实行了三卡（A、B、C）、二栏（公开栏、考核栏）和一簿（现场写实簿）管理，增强了现场安全管理的实效性；二是检查精确化，实现了差异管理法、程序化管理法、闭合管理法，从现场施工、检查问题到整改处置、考核总评、信息反馈、复查落实等，所有环节都做到了逐项落实，提高了班组现场安全检查的质量和效果；三是隐患排查精确化，细化量化矿、区队、班组对薄弱时间、薄弱地点、薄弱人物排查的规定要求，对所有排查的隐患实行编号管理，做到时间、措施、标准、责任人"四落实"；四是考核精确化，完善了安全、质量、任务、"6S"考核"三三三一"的工资分配模式，将员工收入与班组安全状况、工程质量、产量进尺、文明生产挂钩考核，以此作为优秀、合格、试用"三工"评选、动态转换的重要依据。

4. 文化引领、深化改革，促进班组建设提升到新高度

白庄煤矿通过近年来坚持文化引领、深化改革，使班组建设实现了四个转变，即班组管理目标由"零事故"向"零三违"转变；员工安全责任由他律向自律转变；员工安全素质由思想认知向行为体现转变；员工安全态度由"要我安全"向"我要安全"转变，有力地推动煤矿企业持续协调发展。班组长队伍面貌也发生了根本变化，近两年来，有67名班组长加入党组织，32名班组长被提拔到副科级岗位，同时，还涌现全国劳动模范和全国煤炭系统优秀班组长为代表的一大批先进典型。

本章主要知识点

1. 班组

班组具有规模小、生产方式单一、管理细微、职能全面和工作扎实等特点。班组是企业的"细胞"，是企业组织职工进行物质文明建设和精神文明建设的最基层单位。

2. 班组长

班组长既是班组活动的参与者，又是班组活动的组织者和管理者。

3. 班组建设和班组长管理

班组建设涉及到班组管理业务、班组思想政治建设和班组组织建设等内容。

企业要建立健全班组长的选拔、任免、使用、培养、约束和激励机制。

复习思考题

1. 班组有哪些特点？
2. 班组在企业中有什么地位？
3. 班组有什么作用？
4. 班组长对企业四个层次的人员应扮演什么角色？
5. 班组长有什么作用？
6. 班组长应具备什么任职条件？
7. 班组长的基本职责是什么？
8. 班组长有哪些权限？
9. 如何加强班组建设？（根据本班组实际）
10. 如何提高班组长素质？（结合本人实际）

第七章　煤矿班组准军事化管理

"世界上最严密的组织是军队，最有战斗力的人是军人"。推行煤矿班组准军事化管理，使企业班组具有军队的奉献精神、团体精神、执行精神和学习精神，促进班组的思想上革命化、行动上军事化、管理上科学化。

第一节　准军事化管理概述

一、推行班组准军事化管理的必要性

1. 煤矿班组从业人员的特点

煤矿班组从业人员有作业环境特点和自身特点。

（1）作业环境特点

煤矿班组从业人员的作业环境具有以下特殊性、艰苦性和危险性：

①光线不足、噪声大。井下不仅没有自然采光，在采掘作业场所也没有固定的照明设施，班组作业人员仅靠头顶一盏矿灯照明；各种设备运转和车辆运输声响大，加上爆破、采空区顶板冒落等，往往形成噪声超标。

②狭窄不平、变化大。井下作业场所空间范围均较小，稍不留意就可能碰头，有的还需爬上坡。而且这些条件在采掘活动中经常发生变化，同时作业场所还需经常不断地移动。

③阴凉潮湿、风速大。井下湿度较大，若遇淋水地带，更显阴凉。由于要排除和冲淡有害气体和粉尘还需加强通风。

④设备繁多、体积大。井下采用的采掘机械设备品种繁多，并且要符合抗冲击和防（隔）爆要求，大多数设备体积大而且笨重。

⑤事故频繁、损失大。煤矿井下由于水、火、瓦斯、煤尘、顶板等自然灾害影响，造成事故多发，而且事故发生后难以消除，人员难以逃生，给国家财产和人员生命健康带来巨大损失。

⑥尘毒严重、危害大。煤矿井下人员呼吸的空气中含有有害有毒气体和矿尘，对人体健康造成很大的危害。

（2）自身特点

目前，我国正处在社会主义市场经济、改革开放时期，大批农民工涌入城市、工厂和矿山，形成了富有中国特色的"农民工"。煤矿从业人员中约80%是农民工，特别是一些中小煤矿采掘班组的人员几乎全是农民工，农民工已成为煤矿的主要力量。

农民工既有难能可贵的本色一面，例如：憨厚老实、吃苦耐劳、积极肯干、听从安排，但也有许多不足，造成煤矿从业人员整体素质下降。这些不足主要表现在以下几方

面：

①文化素质不高。煤矿班组人员大多数文化素质不高，有的小煤矿从业人员文盲、半文盲比例还较高。他们不懂得煤矿灾害形成的原因和预防措施，没有掌握安全操作技能，缺乏健康的安全心理意识。

②敬业精神不强。他们下井务工主要目的就是挣钱，思想道德水平很低、理想观念很差、爱岗敬业精神不足，特别是一些小煤矿从业人员干一天活就是为了挣一天钱。

③班组队伍不稳。煤矿班组队伍极不稳定，说来就来，说走就走，一些小煤矿从业人员哪个煤矿挣钱多就往哪个煤矿跑，造成人员流动大。

④劳动纪律不严。农民工多年来在农村生活和劳动，有的养成了思想松懈、自由散漫、我行我素的不良习气，不遵守劳动纪律和规章制度。这些现象尽管为数不多且程度不一，但都与现代化矿井格格不入，而且在短时间内还不易纠正过来。

⑤生活环境不好。农民工一边在井下劳动，一边还要照顾农村老家，农忙时还要请假参加农业生产，以至形成煤矿的"麦收假"特殊现象；农村在教育、医疗、住房和养老等方面社会保障较差，而且在农村的居住环境也不好。使农民工负担过重。

2. 推行班组准军事化管理的必要性

(1) 有利于促进班组和班组长队伍建设

军事化管理是当今世界上最先进的管理方法。中国人民解放军是政治坚定、纪律严明、作用顽强、军事过硬、有令必行、有禁必止、攻无不克、战无不胜的"钢铁长城"。在军队内部有一套保证政令畅通、一切行动听指挥的刚性管理思想、管理理论、管理制度和办法，有一个保证永不变色、忠于党、忠于人民的长效教育体系。近年来，世界上乃至我国一些先进工业企业纷纷引入军事化管理或准军事化管理，从而促进了企业管理水平、企业核心竞争力的快速提高和企业全面发展。为了促进煤矿班组和班组长队伍建设，在煤矿班组中推行准军事化管理是完全可行的，也是十分必要的。

(2) 有利于培养班组绝对服从力和坚定执行力

推行准军事化管理的核心就是规范从业人员行为举止，培养员工"有令必行、有禁必止""一切行动听指挥"的绝对服从力和坚定执行力，不断提高服从和执行的意识、能力和质量，做到个体意识服从群体意识，并坚决保证执行。强调下级服从上级、强调步调一致、强调布置工作的执行力，强调组织统一的功能。

(3) 有利于培育优良团队、打造一流班组员工队伍。

推行准军事化管理，用解放军的思想、纪律、管理和作风来武装煤矿班组从业人员的心智模式和思维方式，大力推行解放军纪律严明、反应迅速、令行禁止的优良作风，具有行动军事化、工作标准化、作风严谨化、管理精细化的高素质员工队伍，全面提升企业管理水平和企业形象，"打造军营式企业，塑造军人式员工"，彻底解决目前存在的管理粗放、作风拖沓、行为随意、服从力低和执行力不强等问题。

(4) 有利于提升班组安全管理水平

安全生产是煤矿企业永恒的主题，也是煤矿班组的第一要务。推行准军事化管理，真正使班组从业人员一举一动有规，一招一式有序，工作标准更加科学，工作作风更加严谨，岗位行为更加规范，执行制度更加到位，从而解决"安全管理严不起来，安全制度落实不下去"、"有令不行、有禁不止"、"标准不一、行为随意"等突出的安全隐患和行为，彻底扭转班组从业人员马虎、凑合、侥幸思想意识和习惯行为，全面提升班组安全生产水平。

3. 学习中国人民解放军的四种精神

在班组准军事化管理中要向中国人民解放军学习以下四种精神：

(1) 奉献精神

中国人民解放军核心价值观最突出的就是奉献。他们在深山、海洋边防上摸爬滚打、吃苦耐劳，为的是保家卫国。当人民群众利益、国家财产遭到损失时，他们挺身而出，不顾个人安危、舍小家顾大家，被誉为"人民子弟兵"。

煤矿班组学习解放军的奉献精神就要做到：树立热爱煤矿、忠于职守的敬业意识。煤炭行业苦、脏、累、险的特点和煤炭工业在国民经济中重要地位，决定了煤矿职工要爱党、爱国、爱煤矿、爱班组、爱岗位，要认真履行岗位职责，以主人翁态度搞好本职工作。当个人利益与国家利益、集体利益发生矛盾时，要自觉地放弃个人利益。

(2) 团体精神

中国人民解放军的显著特点是具有团体精神，发挥团体作用是决定战争胜利的关键。一个军人水平再高，一枪只能打死一个敌人，而只有依靠班、排、连……集体的智慧和力量才能赢得战争。

煤矿班组学习解放军的团体精神就要做到：正确处理好个人与个人、工序与工序、班组与班组之间的关系，把困难留给自己，把方便让给别人。人与人、班组与班组之间要相互尊重、互相学习、取长补短，以达到共同提高的目的。

(3) 执行精神

中国人民解放军有着铁的纪律，令行禁止，一切行动听指挥，具有极强的服从力、执行力。

煤矿班组学习解放军的执行精神就要做到：树立遵章守纪、安全生产的法纪观念和安全意识。班组从业人员要自觉地、严格地遵守劳动纪律、规章制度和班组有关规定，要执行煤矿三大规程，要敢于向违章违纪现象作斗争。要听从班组长的指挥和安排，确保班组生产活动正常进行。

(4) 学习精神

中国人民解放军是一支学习型的部队，特别是面临现代战争，他们孜孜不倦地学文化、学技术、学操作，以打赢未来的高科技战争。

煤矿班组学习解放军的学习精神就要做到：树立学习科学、钻研技术和永攀高峰的意识。班组从业人员要立足本职岗位，努力学习文化知识，刻苦钻研业务技术，掌握岗位操作技能和防治煤矿灾害的本领。特别是要在生产劳动过程中多学、多练、多动脑大，不断攀登新的技术高峰。

第二节　准军事化管理内容

煤矿班组准军事化管理的主要内容包括以下"六化"：

一、员工军衔化

实行员工军衔化就是供鉴、学习中国人民解放军有关军衔制度，结合煤矿企业实际情况，按职务、级别分衔级进行管理。

1. 衔级设置

准军事化管理军衔制分为3类设置：

（1）正式衔级（在干部中设置）

第一级：正处级

第二级：副处级

第三级：副总级

第四节：正科级

第五级：副科级

第六级：一般干部级

（2）辅助衔级（在从业人员中设置）

第一级：班组长级

第二级：一般员工级

（3）特别衔级（在安全工种中设置）

如安监工、瓦检工、防火工、防爆检查工、通风工等。

2. 军衔制管理要求

（1）上级具有指挥下级的权利，下级履行服从上级的义务。班组员工在岗位作业时必须做到认军衔、听指挥。

（2）特别衔级人员发现危及人身安全隐患时，其他衔级人员必须听从特别衔级人员的指挥。

（3）各衔级人员在现场均享有劝阻、制止、纠正"三违"现象的权利，同时必须遵章守纪、带头履行服从上级指挥的义务。

（4）在执行衔级所赋予的指挥权时，必须佩戴军衔牌。

二、礼仪文明化

1. 员工在工作时间要身穿矿工服，并要做到衣帽穿戴整齐、干净、利索。

2. 提供文明用语："您好！""对不起！""再见！"不讲粗话、脏话、不骂人、不打架，不随地吐痰、不随地扔垃圾。上班前严禁喝酒。

3. 在班中领导叫到自己时，应立即答"到"；回答领导问话时，应当自行立定、态度严肃；接受领导指挥时，应回答"是"。

4. 到领导办公室请示工作时，应当轻敲房门或先喊"报告"，得到允许后方可进入，进入三步后立正向领导敬礼。

5. 在室内有领导进入时，应全体起立，并由职务最高的在场人员敬礼并报告："王总，您好，我们正在……请您指示！"

6. 班组集体作业遇到领导时，应由班组长行举手礼，其他班组成员行注目礼。听到领导命令、指示后，要立即回答："是""明白""坚决完成""一定改正""马上补好"等。

三、会场制度化

1. 按会议通知要求参加会议，不得代替，不得缺席，如遇特殊情况必须事先请示。
2. 参加会议的人员应提前 5～10 分钟到达会场并签名。进入会议后按规定座位就座，不准打闹、大声喧哗，咳嗽要用手捂住嘴，以免发出较大声响。
3. 参加会议的人员应携带笔记本。入场时左手拿笔记本、文件夹等，右手不得插入口袋，手臂自动下垂轻微摆动。
4. 会议期间不准接打电话，手机应设置静音、振动或关机。
5. 会议召开前组织唱企业歌曲要声音洪亮、整齐。
6. 会议期间，坐姿要端正，目视前方领导，认真记录，不准东张西望，不准前趴后仰，不准手扶腮帮，双手自然停放在两膝上。
7. 会议进行时严禁迟到早退，特殊情况要举手请示或直接到主持人前小声说明，得到允许后方可进场或退场。
8. 领导讲话完毕，要热烈鼓掌。当听到领导讲话失误时不能鼓倒掌或大声起哄。
9. 会议结束退场时，要全体起立，待领导退场后，再由前到后依次排成一路纵队退场。

四、班前会规范化

区队班组每天都要召开班前会，班前会时间不少 30 分钟，由单位当天值班区队领导主持，班组成员必须准时参加。

1. 班前签到并进行个人精神状态确认，约 3 分钟

班前会开始后，区当天值班领导左手拿着员工花名册来到会议室，面对员工站立，按顺序逐人点名签到、确认。被点到的员工要起立、立正喊"到"，并报告本人当班精神状态，无问题时回答"状态良好！"，签到人确认后，员工落座，并保持良好坐姿。

2. 安全知识教育，约 5 分钟。

每周进行 1～2 次，其形式是事故案例教育、"三违"人员现身说法或安全知识抽测。

（1）事故案例教育必须使用多媒体，案例可以是本单位，也可以是其他单位的，尽量结合本单位的实际情况。

（2）"三违"人员现身说法。内容包括自己"三违"的经过、后果、受到的处罚及对工友告诫等。现身说法的人员可以是主持人点名，也可以是主动上来的。

（3）安全知识抽测。主持人随机抽取 5 名员工，分别提出有关安全基本知识的不同问题，依次回答，如果员工回答正确，主持人回答："回答正确，请坐！"如果回答不正确，主持人应另找人回答，或亲自讲解。

3. 安全讲评并进行危险预知，约 20 分钟。

（1）当天值班领导首先传达上级部门、本单位和区队安全会议精神，对当天安全生产情况进行小结分析，提出需要特别注意的安全注意事项。

（2）当班区队长首先总结上一班和本班安全生产情况，表扬好的人和事，批评违章现象，并公布当班考核结果。然后对本班安全生产工作进行布置，提出解决问题的方法和安全措施。

4. 诵读安全理念和安全宣誓，约 2 分钟。

（1）诵读安全理念

全体员工起立、立正，目视前方安全理念牌板，由当天区队值班领导领读。

值班领导：安全目标

全体员工：平安、健康、零伤亡。

值班领导：安全价值观

全体员工：安全第一、生产第二，生命只有一次，遵章守规是保护神。

值班领导：安全防范理念

全体员工：纠正每一个细小差错。

值班领导：安全协作理念

全体员工：确保他人安全是我的责任。

值班领导：安全操作理念

全体员工：先确认、后操作。

（2）安全宣誓

在诵读安全理念之后，点班区队长与全体员工一起立正，举起右手（握拳）面向安全誓词牌板。

当班区队长：我宣誓

全体员工声音洪亮、整齐：在工作中我坚决做到：

安全第一、生产第二；对自己安全负责，对工友安全负责，对我的家庭负责，规范操作，决不违章。

5. 散会

安全宣誓结束，区队值班领导宣布"散会"，由领队人员打旗先走在前面，然后从靠近会议室门口的员工开始，依次紧跟走出会议室，并自然成队，秩序井然。最后，当班区队长、值班领导等依次走出会议室。

6. 上下井列队

准军事化管理要求班组员工集体下井、集体换班、集体上井，同时要求集体上下井行走队列化。

（1）单人队列的动作训练内容

单人队列的动作训练包括立正、稍息，停止间向右、向左、向后转，行进及行进间的齐步、正步、跑步、便步、踏步和移步，行进间的立定、脱帽、戴帽、坐下、蹲下、起立等。

（2）分队和方队的队列动作训练内容

①分队和方队的队形：横队由每一排 10~15 人的横队依次向后排列组成；纵队由每一排 10~15 人的纵队依次向右并列组成。

②方队指挥员（组长）的列队位置：横队时在第一列基准兵（员工）右侧；纵队时在队列中央前面。

③集合、解散：集合是使单人、班组按单位（方队）队伍聚集起来的一种队列动作；解散是使队列中的单人、班组、方队各自离开原队列位置的一种队列动作。集合、解散必须动作迅速、有条不乱，不准大声说话，不准打闹戏逗。

④看齐、报数：看齐分为向后（左）和向中看齐；报数时横队从右至左、纵队由前向后依次以短促洪亮的声音转头报数。

⑤行进、停止间的动作。

⑥敬礼：敬礼有举手礼和注目礼。分为单人敬礼、方队敬礼（停止间、行进间敬礼）。

（3）班组员工下井、换班和上井行走队列

①班组上下井、换班要推行军事化行走队列，做到2人成伍，3~7人成一列纵队，8人以上成2列纵队，一律靠道路（巷道）右侧行走。

②领队人手持旗帜行走在队列的最前面，班组长行走在队列的最后面。

③在行走过程中要做到：姿态端正、精神振奋、动作准确、着装整齐、口令清楚、答声洪亮、保持肃静。

五、手指口述确认化

班组员工在操作全过程中，要推行手指口述操作确认法，确保操作标准、安全。

1. 手指口述操作确认法的概念

手指口述操作确认法指的是，现场作业人员在作业和操作过程中，运用心想、眼看、手指、口述等一系列行为活动，对操作中的每一道关键工序、每一处关键部位、每一个关键环节进行确认，使作业人员的注意力高度集中，避免操作失误，从而减少事故实现正常生产和安全生产的一种操作方法。

2. 手指口述操作确认法的基本动作

手指口述操作确认法的基本动作是，确认者上身保持直立姿态，眼睛紧紧注视着需要确认的对象，右手食指指向需要确认的部位，刺激大脑思考，及时作为正确与否的判断，心里想着操作步骤、要领，右手用力挥动手臂由上而下，把最关键的话大声说出来，最后喊"OK"结束该确认动作。

3. 手指口述操作确认法的作用

煤矿井下作业过程中的事故，除了设备、环境等因素以外，大量的事故是由于从业人员在作业过程中的操作失误造成的。在推行准军事化管理中，强制开展手指口述操作确认法可以确保按操作规程作业实现正常连续不断的生产。

（1）集中作业和操作者的注意力，避免因注意力下降、精神不集中而出现马虎、凑合、松懈、侥幸行为和产生错觉、判断失误现象。

（2）增强作业和操作者的定力和稳定性，强制自己排除各种干扰。

（3）快速启动作业，使作业和操作者迅速进入作业和操作状态，并稳定注意力。

（4）强化对作业和操作程序的记忆再现，增强作业和操作的系统性、条理性和完整性。

（5）实现记忆的清晰化，提高作业和操作的精确度，达到作业、操作关键点的明确准确，减少误差偏差。

（6）严密审慎地分析当前的作业和操作状况，及时准确地做出思考判断，进行正确的选择。

（7）解决作业和操作者对自身行为的自信和放心的问题。

（8）有利于对关键性作业、操作或问题、失误多发处的提醒。

4. 手指口述操作确认法的实施程序

生产作业过程中手指口述包括班前、班中和班末三个程序。

（1）班前手指口述

班前手指口述指的是，在正式作业、操作前对全部准备工作，例如现场作业环境、机械设备状态和作业、操作人员精神状态、穿戴劳保用品等情况进行一次系统的检查核实。它是对操作要点、要领记忆再现的一次确认。通过意念刺激使作业、操作者集中注意力开始作业和操作，是搞好生产作业操作全过程的基础。

（2）班中手指口述

班中手指口述指的是，对作业过程中每一个关键性操作开始前的手指口述。作业过程中某一个关键性操作都涉及自身和他人的安全、作业的工程规格质量和设备维修质量以及操作的可靠性，要求作业和操作者的注意力要适应具体条件的变化，时刻保持高度警惕性，及时发出正常作业、操作的指令和行动。班中手指口述确保作业、操作的每一个步骤安全、准确、可靠，是搞好生产作业操作全过程的中心。

（3）班末手指口述

当班的作业、操作过程全部结束后，在离开现场前，要对现场作业环境、使用的机械、设备、器材、设施、工具及工程规格、设备维修质量进行一次安全确认，它既是对当班作业操作要点、要领记忆再现的一次确认，又为下一班的作业、操作打下坚实的基础。

六、材料场地"6S"化

井下采掘工作面材料场地是班组生产作业所需要的设备、材料、器材、备件、工具等储存、支领和小修地点，这是每天班组员工必到的地点。推行准军事化管理，必须对材料场地按"6S"基本行为规范进行管理。

"6S"基本行为规范包括以下六方面内容：

1. 整顿

整顿指的是要区分要与不要的材料，生产作业现场不需要的材料坚决清除，装车回收上井，使材料场地没有无用的材料。通过整理可以有效的提高场地的利用率，避免支领使用不合格、不适用的材料，消除材料管理、使用的混乱，同时还可以使场地畅通。

2. 整理

整理指的是把必要的材料定位放置，使用时随时能找到，减少寻找时间。在材料场地分门别类码放不同材料，并且标明材料品种、规格、现存数量。例如：

（1）金属拱形支架物料码放标准：

①名称：金属拱形支架

②规格：10.4 m^2

③用途：巷道支护

④码放标准：限高5层，每层梁不超过7根、腿不超过9根；弧形向外；用小板垫隔层；支架外缘距最近轨道不少于500 mm。

⑤存放数量：梁×根，腿×根。

⑥负责人：×××

（2）半圆木物料码放标准

①名称：半圆木
②规格：长度1.2～1.5 m，直径120 mm
③用途：支架插背
④码放标准：限高1.2 m，每垛长度不超过3.0 m；每垛两头呈直角
⑤存放数量：×××根
⑥负责人：×××

（3）炮泥池设置标准
①名称：炮泥池
②规格：长×宽×高＝2.2×1.5×0.7（m）
③用途：储装粘土炮泥
④设置标准：粘土的高度不能超过炮泥池上沿；炮泥池周围无散落粘土及杂物；炮泥池里无煤、纸屑、树皮等易燃杂物；周围砌墙稳固
⑤存放数量：××× kg
⑥负责人：×××

3. 清扫

清扫指的是对材料场地及其材料每班进行清洁扫除、消灭积水、矿尘和杂物，保持材料场地整洁、干净。

4. 节俭

节俭指的是使用材料要注意节约、精打细算，在保证安全的前提下，能用小的，不用大的；能用少的，不用多的；能用旧的，不用新的；而且做到回收复用、修旧利废，采用最少的材料支出，实现最大的经济效益。

5. 安全

安全指的是材料场地没有不安全隐患，做到照明充足，码放稳固、装卸合理、行人方便、防火设备齐全。而且对生产作业所需要的材料保质保量，机电设备完好、不失爆。并有一定的富余存量材料，以备不测之用。

6. 素养

素养指的是材料场地内装卸、发放和支领材料人员言行文明、礼仪谦让、业务技能熟练，遵守岗位纪律和道德规范，听从指挥和团结协作。

第三节 推行准军事化管理应注意的问题

煤矿企业毕竟不是军队，班组从业人员也不是军人。在推行煤矿班组准军事化管理中，必须认真处理好以下几个问题。

1. 要深入领会准军事化管理的精神实质

煤矿班组推行准军事化管理，就是结合煤矿班组的实际情况，借鉴、学习解放军所特有的管理方法，促进班组建设。其目的主要是提高班组从业人员的整体素质和班组管理水平。

2. 要力戒形式主义

准军事化管理不仅是列队、敬礼、齐步走或喊喊口号，更重要的是向生产实践过程中

延伸，落实到班组、现场和岗位，实现精细管理、安全作业、规范操作，注意成果转化，避免形式主义。

3. 要加强人文关怀

推行准军事化管理，要注意坚持以人为本、积极构建和谐班组。要把人民军队"团结、紧张、严肃、活泼"的军旅文化融入到矿山企业文化中，既要抓严格管理，又要抓人文关怀，企业班组形成尊重人、关心人、激励人、发展人的浓厚氛围。

4. 班组长要不断提高自身的修养素质和业务能力

准军事化管理强调提高执行意识、执行能力和执行质量，要求班组长正确理解上级指示精神，善于把上级指示精神贯彻到下级中，并创造性的开展本班组工作；准军事化管理还强调提高服从意识、服从能力和服从质量，要求班组长制订出切实可行、科学合理的制度、办法，确保畅通无阻的得到贯彻实施，因此班组长要不断提高自身的修养素质和业务能力，避免出现仅有服从力和执行力，而没有战斗力的尴尬局面。

本章主要知识点

1. 推行煤矿班组准军事化管理的必要性

推行煤矿班组准军事化管理有利于促进班组和班组长队伍建设，有利于培养班组绝对服从力和坚定执行力，有利于培育优良团结、打造一流班组员工队伍，有利于提升班组安全管理水平。

2. 学习中国人民解放军四种精神

煤矿班组员工要学习中国人民解放军的奉献精神、团体精神、执行精神和学习精神。

3. 煤矿班组准军事化管理内容

煤矿班组准军事化管理包括员工军衔化、礼仪文明化、会场制度化、班前会规范化、上下井列队化、手指口述操作确认化和材料场地"6S"化等六化。

复习思考题

1. 为什么要推行煤矿班组准军事化管理？
2. 如何学习中国人民解放军的奉献精神？
3. 如何学习中国人民解放军的执行精神？
4. 叙述准军事化管理军衔制管理方法？
5. 如何做到礼仪文明化？
6. 会场内应注意哪些事项？
7. 如何在班前会进行安全知识教育？
8. 手指口述操作确认法有什么作用？
9. 描述手指口述基本动作过程？
10. 简述采掘工作面材料场"6S"管理内容？

第八章 煤矿班组质量管理

煤矿班组质量管理指的是采掘工作面煤炭质量管理、工程规格质量管理和机电设备维修保养质量管理。

搞好班组质量管理的主要目的是为了采掘工作面能够正常地安全生产,并保证获得最大经济效益。所以,它是煤炭企业不断开拓市场、赢得竞争优势的重要基础工作。

第一节 全面质量管理

全面质量管理简称 TQC,是 20 世纪 50 年代末在美国兴起并在各经济发达国家尤其在日本得到广泛应用的一种质量管理方法。煤炭企业的全面质量管理,就是企业的全体职工和有关部门同心协力,综合运用现代科学和管理技术,把专业技术、经济管理、数据统计和思想教育结合起来,控制影响产品质量和工程质量的全过程和各因素,用最经济的手段,生产和提供用户满意产品的一系列管理活动。

一、全面质量管理的基本观点

1. 为用户服务的观点

用户包括两方面的含义:一是产成品的消费者;二是下一道工序。在市场经济面前,衡量产品质量不仅要以"国家标准"、"行业标准"为依据,更应该以"市场和用户经常感到满意"为准,这样企业才能生存和发展,才能达到预期的经营目标。

在企业内部,每个生产环节、每道工序、每个生产服务部门和职能部门,都要为自己服务和工作的对象提供合乎产品质量、工程质量和工业质量要求的物质和服务条件。如掘进班组要为采煤班组提供合乎标准的采煤工作面;机电维修保养班组就要为采掘生产班组提供完好的机电设备;六点班不能给二点班带来困难,而应该为二点班完成生产作业任务创造良好的条件等。

2. 以预防为主的观点

传统的质量管理以检查为主要手段,通过产品质量检查,剔除不合格产品,这实际上是"事后把关"。但全面质量管理认为产品质量和工程质量的好坏"是生产出来的,故必须在生产过程中保证质量"。当检查出不合格品时,就必然造成返工、报废或降价出售的浪费和损失;若在采掘工作面,工程质量不合格还可能造成事故。因此,应在全生产过程中建立一整套完善的质量保证体系,实现以预防为主。

3. 用数据说话的观点

产品质量好坏的评定标准要以产品质量的各种数据为依据,产品做到物美价廉,适销对路。采掘工作面的质量必须对有关质量标准化标准的数据进行测定。只有这样,才能做到标准统一、用数据说话,促进提高质量。

二、全面质量管理的基本要求

1. 全面。全面质量管理的对象既包括产品质量，也包括工程质量和工作质量，以及一切影响质量的因素。

2. 全过程。全面质量管理的全过程管理就是把质量管理的范围从传统的只抓生产过程的质量管理扩展延伸到设计、生产、销售的全过程，形成从市场调查、产品规划、开采设计、生产加工一直到产品的储存销售、售后服务的全过程管理。

3. 全员。产品质量和工程质量是煤炭企业素质的综合反映，涉及到企业的各个部门、每一名职工。质量管理，人人有责。全面质量管理要求从领导到职工都要学习、运用质量管理的理论和方法，提高本职工作质量，从不同的岗位和角度对产品质量和工程质量负责。

4. 全方位。影响质量的因素是错综复杂的，既有物的因素，又有人的因素；既有生产技术因素，又有企业管理因素；既有自然因素，又有社会因素。因此，全面质量管理所采取的手段和方法应当是全方位的，综合运用各种科学技术、管理手段、思想教育和数理统计等，才能提高质量。

三、全面质量管理工作方法

1. PDCA 循环工作法

在全面质量管理工作中，已形成一套很有效的 PDCA 循环工作法，即按照计划（P）、执行（D）、检查（C）和处理（A）四个阶段八个步骤的顺序不断循环的工作方法，如图 8-1 所示。

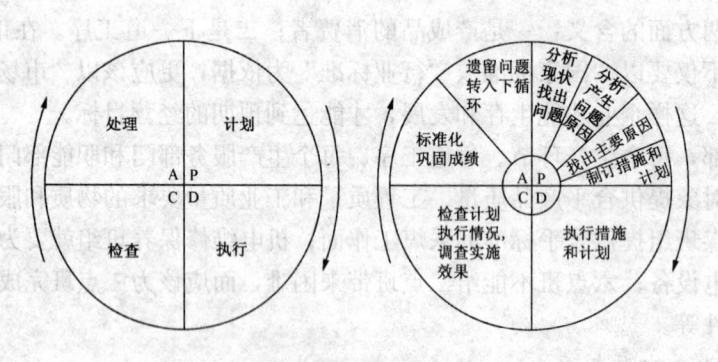

图 8-1 PDCA 管理循环的四个阶段八个步骤

（1）计划（P）阶段，即制定质量目标计划的阶段。这个阶段又可分为四个步骤：
①分析现状，找出存在的质量问题。
②分析产生质量问题的各种原因和因素。
③从各种原因中找出影响质量问题的主要原因。
④制定提高质量的技术组织措施方案和实施计划目标。

（2）执行（D）阶段，在这一阶段根据制定的计划目标和技术组织措施，落实执行部门和负责人，组织实施和执行计划。

(3) 检查（C）阶段，在这一阶段检查措施和计划的执行情况，找出存在的问题。

(4) 处理（A）阶段，在这一阶段根据检查结果进行处理。这个阶段又可分为两个步骤：

①总结经验教训，把成功的经验总结下来，纳入有关标准、制度或规定，巩固成绩，接受教训，防止问题再度出现。

②将本次循环中遗留的问题提出来，以便转入下一个管理循环，作为下一阶段的计划目标，加以解决。

2. 质量管理的PDCA循环运转特点

(1) 环套环。PDCA循环大环套小环，小环保大环，一环扣一环，推动大循环。例如：煤矿作为一个大循环，各区队、车间就都有自己的管理循环；若以区队、车间为大循环，班组则成为它的小循环。上一级管理循环的计划目标是下一级管理循环制定计划目标的依据，下一级管理循环的执行又是上一级管理循环执行的组成部分和具体保证。通过班组小循环的不断转动，推动区队或车间乃至整个煤矿大循环的不断运转，实现煤矿预定的质量目标。

(2) 登高楼。PDCA循环周而复始的进行，每转动一圈，就解决一批质量问题，意味着前进与上升，使产品质量和工作质量上升到一个新的高度。

PDCA循环运转特点如图8-2所示。

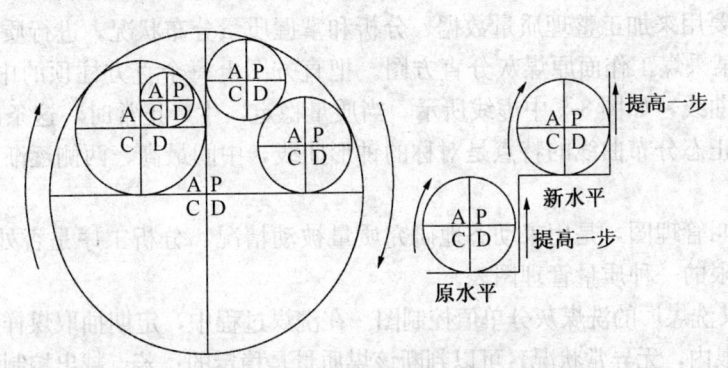

图8-2 PDCA管理循环的转动特点

四、全面质量管理常用的统计方法

1. 排列图

排列图主要用来说明在影响质量问题的诸多因素中，哪些是主要因素，哪些是次要因素，以及各种因素在何等程度上影响着质量，图8-3为某开拓工作面工程质量的排列图。

在图8-3中，影响某一开拓工程质量的问题，按其影响的大小依次为成形、喷浆、锚杆、水沟及其他。各矩形图的高度表示各影响因素的影响程度。曲线表示诸影响效果的累计百分数。通常把各个影响因素按其在图中的位置分为三类：累计百分数在0～80%范围内的因素为主要因素；累计在80%～90%的为次因素；累计在90%～100%的为一般因素。由此可以看出，该开拓工程影响质量问题主要是成形和喷浆，它们累计影响范围为86.1%。

2. 因果图

因果图主要用来表示影响产品质量因素的因果关系。因为它的形状如鱼刺或树枝，又称鱼刺图或树枝图。

图 8-4 为某巷道断面不合规格的因果图。从图中可以分析出，其不合规格的主要原因是设备、操作者、检测仪器、材料和施工方法等五大项，再围绕大项又可分析影响该大项的中、小项原因，形象直观、层次清晰。

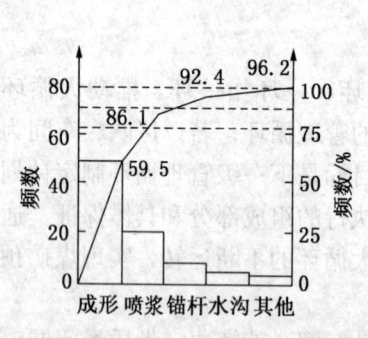

图 8-3 某开拓工作面工程质量的排列图

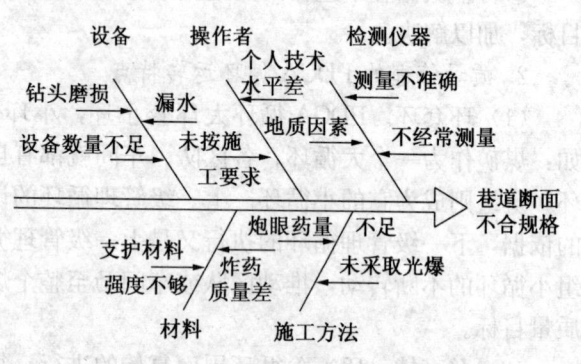

图 8-4 某巷道断面不合规格的因果图

3. 直方图

直方图主要用来加工整理质量数据、分析和掌握质量分布状况，进行质量控制。

图 8-5 为某采煤工作面原煤灰分直方图。把直方图上每个直方柱顶的中心点连起来，即可得到一条曲线，如图 8-5 中虚线所示。当质量稳定，生产正常时，这条曲线应接近正态分布曲线。正态分布曲线的特点是对称的钟形曲线，中间最高，两侧逐渐下降。

4. 控制图

控制图又叫管理图，是用来动态地研究质量被动情况、分析工序是否处于稳定状态，并带有控制界限的一种质量管理图表。

图 8-6 为某洗煤厂的洗煤灰分单值控制图。在洗煤过程中，定期抽取煤样。如果点全部落在控制上下限内，无异常状况，可以判断该煤质量是稳定的；若点越出控制线，或点排列不正常，说明该煤质量处于非稳定状态，需查明原因，采取调整措施，保证洗煤质量。

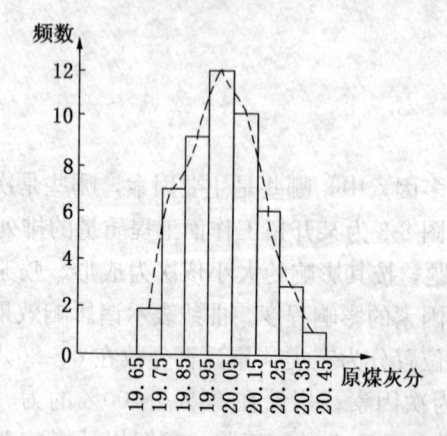

图 8-5 某采煤工作面原煤灰分直方图

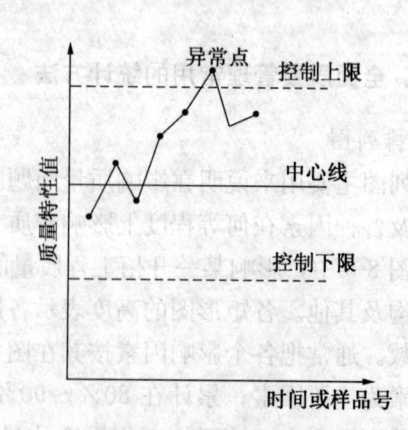

图 8-6 洗煤灰分单值控制图

5. 相关图

相关图又叫散点图，可以借助相关图找到变量间的相互关系和相关程度，从而实现通过一个相关因素来控制另一个因素的管理目标。例如：洗煤厂入洗原煤灰分与精煤产率之间的关系，煤的灰分和比重之间的关系等并不存在确定性关系，一般都可以通过相关图来帮助分析问题，如图 8-7 所示。

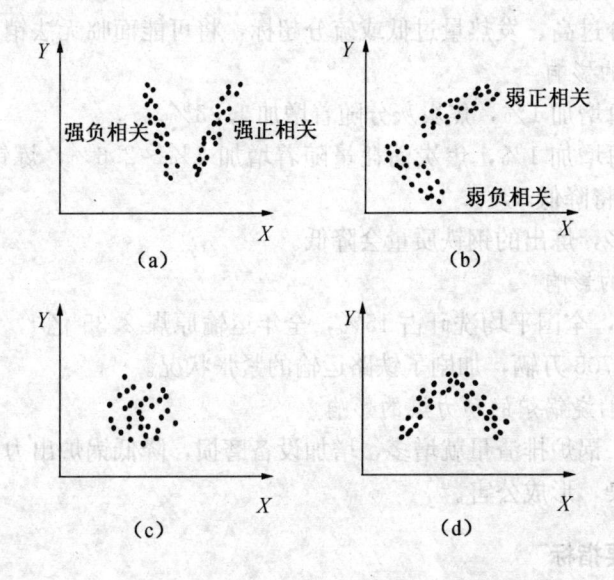

(a) 强相关；(b) 弱相关；(c) 不相关；(d) 曲线相关

图 8-7 相关图

6. 统计调查分析表

统计调查分析表是经过数据收集整理用来粗略分析质量状况的一种方法。该方法简便、灵活多样。常用的统计调查分析表有：产品质量分布状态调查表、不合格原因调查表、缺陷位置调查表、质量检验调查表、不合格项目调查表等等。

例如：某矿年产煤 120 万 t，原煤灰分 31.1%。按不同煤层进行煤质分析：5 槽煤灰分 17.4%，产量 14 万 t；7 槽煤灰分 22.9%，产量 22 万 t；9 槽煤灰分 35.5%，产量 84 万 t。由此可见，影响全矿灰分偏高的主要煤层是 9 槽煤。再对 9 槽煤按机采和炮采进行分析：机采灰分 36.8%，产量 58 万 t；炮采灰分 32.4%，产量 26 万 t。综合统计调查，9 槽煤灰分高的主要原因是机采灰分高且产量大。

第二节 煤质管理

采煤工作面的产品就是煤，煤炭的质量指标是考核煤炭产品使用价值的重要参数。因此，必须认真做好煤质管理工作，增加煤炭品种，满足市场需求，取得良好的经济效益。

一、加强煤质管理的重要性

煤质的好坏对企业和用煤的各工业部门有着重大影响。

1. 对企业经营成果的影响

我国煤炭价格是以质量计算的，优质高价、劣质低价。特别是在当前市场经济激烈竞争的形势下，煤质的好坏已成为煤矿企业生死存亡的关键指标。例如：目前主要以煤的灰分计价，煤的灰分每增加1%，价格即降低3%；反之，灰分降低1%，价格上升3%。年产100万t的煤矿，如能采取措施把灰分下降1%，每年即可增加收入百万元以上。更为严重的是，如果灰分过高、发热量过低或硫分超标，将可能面临无法销售的困难境地。

2. 对冶金工业的影响

(1) 焦煤灰分每增加1%，焦炭灰分随着增加1.33%。

(2) 焦炭灰分每增加1%，焦炭消耗量随着增加2%～2.6%，炼铁用的石灰石增加4%，高炉利用系数将降低3%。

(3) 煤中含硫多，炼出的钢铁质量会降低。

3. 对铁道部门的影响

以1979年为例，全国平均洗矸占15%，全年运输原煤2.35亿t，等于多运输矸石3525万t，占用车皮705万辆，加剧了铁路运输的紧张状况。

4. 对工厂、船舶烧锅炉的动力煤的影响

煤的灰分增大，锅炉排渣量就增多，增加设备磨损，降低锅炉出力。另外，煤中含硫高时，造成环境污染，形成公害。

二、煤质的主要指标

1. 灰分（A）

煤中所有的可燃物质在一定温度下全部燃烧后剩下来的残渣叫做煤的灰分。它包括内在灰分和外在灰分，内在灰分指的是在煤的生成过程中混入的沙土，无法用人工去除；而外在灰分指的是在煤的开采过程中混入的顶底板岩石和煤层中的夹矸，只要采取措施，可以全部或部分去除，所以是煤质管理的重点。

煤的灰分及其含量用占煤样总重量的百分率来表示。煤的灰分可分为：低灰分煤，灰分不大于15%；中灰分煤，灰分在15%～25%之间；高灰分煤，灰分在25%～40%之间；劣质煤，灰分在40%～60%之间。

2. 含矸率

含矸率是指煤中大于50 mm的矸石含量占煤样总重量的百分率，它是外在灰分。含矸率指标并不具有严格的科学意义，只能作为一批煤炭质量获得的一个初步印象。

3. 水分（M）

水在煤炭中所占的比例为煤的水分。水是煤中的无用成分，水分越高，每吨煤中的有机物质就越少，经济价值也越低。煤的水分包括内在水分和外在水分，内在水分指的是吸附或凝聚在煤粒内部毛细孔中的水；而外在水分指的是附着于煤粒表面上的水。

煤的水分可分为：高水分煤，水分不小于15%；中水分煤，水分在5%～15%之间；低水分煤，水分不大于5%。

4. 硫分（S）

硫在煤炭中所占的比例为煤的硫分。煤中硫分包括有机硫和无机硫。

我国煤炭中含硫量变化范围大，一般分为四类：低硫煤，硫分小于1.5%；中硫煤，硫分在1.5%～2.5%之间；高硫煤，硫分在2.5%～4%之间；富硫煤，硫分大于4%。

5. 挥发分（V）

挥发分指的是煤在与空气隔绝的高温条件下所排出的液体和气体等挥发性物质占试验煤量的百分比。

挥发分是代表煤化程度的主要指标之一，也是我国煤分类的主要指标。煤的挥发分可以反映煤化程度、结焦性、粘结性、发热量以及焦油产率等许多重要特征。

6. 固定碳（C）

煤中除去水分、灰分和挥发分的残留物即为固定碳，其含量随着煤的变质程度增高而增高。褐煤的固定碳含量不大于60%；烟煤的固定碳含量为60%～90%；无烟煤的固定碳含量大于90%。

7. 发热量

煤的发热量是指单位质量的煤完全燃烧时所放出的热量。发热量的单位以卡/克或千卡（也称大卡）/公斤表示。作为动力煤，发热量是煤炭质量的首要指标，发热量越大，说明动力煤的煤质越好。目前国内外越来越多地采用发热量作为煤炭计价的依据。

8. 块煤限下率

块煤限下率指的是一定粒度级的块煤中，所含粒度小于该级粒度下限的小块煤或粒末煤所占百分比。这是由于筛分不完全或贮、装、运过程中块煤碎裂而造成的。块煤限下率的计算公式为：

$$块煤限下率 = \frac{筛下物重量}{筛上物重量 + 筛下物重量} \times 100\%$$

三、煤质指标的制定与考核

煤炭质量包括毛煤质量和原煤质量。

煤的质量指标主要为灰分和含矸率，下面重点介绍这两项指标的制定方法和考核办法。

1. 采掘工作面毛煤的灰分和含矸率指标的制定方法

所谓毛煤，就是指采掘工作面生产出来的未经拣选矸石的煤炭。

(1) 采掘工作面毛煤的灰分指标的制定方法。其公式为：

毛煤灰分＝煤层可采煤样灰分＋顶底板岩石及夹矸影响灰分

因为煤层的可采煤样灰分是自然生成的，它不能由人工改变，现场班组作业要想降低毛煤灰分只能从降低顶底板岩石和夹矸的影响灰分采取措施，即去掉或减少煤炭的外在灰分。

(2) 采掘工作面毛煤的含矸率指标的制定方法。其公式为：

毛煤含矸率＝煤层理论含矸率×含矸率系数

其中：

理论含矸率＝[（夹石层厚度×夹石层比重）之和] ÷ [（夹石层厚度×夹石层比重）之和＋（煤分层厚度×煤分层比重）之和] ×100%

$$含矸率系数 = \frac{生产煤样含矸率}{煤层理论含矸率}$$

2. 原煤的灰分和含矸率指标的制定方法

所谓原煤，就是指毛煤经过拣除大于 50 mm 的矸石后的煤炭。

(1) 原煤的灰分指标的制定方法。其公式为：

$$原煤灰分 = \frac{毛煤灰分 - 毛煤含矸率 \times 选矸效率 \times 矸石灰分}{1 - 毛煤含矸率 \times 选矸效率} \times 100\%$$

其中：选矸效率是指选出的矸石量占含矸总量的百分比，其大小与选矸方法有关，如人工选时选矸效率大于 90%；机械选时选矸效率大于 95%；重介选时选矸效率为 100%。

(2) 原煤的含矸率指标的制定方法。其公式为：

$$原煤含矸率 = 毛煤含矸率（1 - 选矸效率）\times 100\%$$

3. 煤质指标的考核办法

煤质指标是考核企业完成国家计划任务的主要指标，凡完不成质量指标的单位，不能算全面完成国家计划。

(1) 采掘工作面毛煤灰分超过计划指标时，超过部分显然是由于外来矸石混入过多所造成。所以不应将这部分矸石计入毛煤产量，而应按实际灰分与计算指标的差数折算出矸石量，从产量中扣除。其计算公式如下：

毛煤超灰应扣产量 =（毛煤实际灰分 - 毛煤计划灰分）÷（矸石灰分 - 毛煤计划灰分）× 扣产前的毛煤产量

(2) 矿井的原煤灰分指标，每天都应计算出一个包括各等级煤的加权平均灰分，原煤含矸率则可定期抽查。各矿的原煤产量要实行超分扣产办法，其计算公式如下：

原煤超灰应扣产量 =（原煤实际灰分 - 原煤计划灰分）÷（矸石灰分 - 原煤计划灰分）× 扣产前原煤产量

(3) 对于水采、水运及水砂充填工作面生产的毛煤，为避免以水充煤，要将外来混入的水量扣除，具体办法是按煤层可采煤样的全水分（内在水分与外在水分之和）或同样条件下旱采时毛煤水分为基础，制定计量水分指标，并按下式计算出应扣除的产量：

毛煤超水应扣产量 = [1 -（100 - 煤产量实测全水分）÷（100 - 应计量水分）] × 扣产前毛煤产量

四、采掘工作面提高毛煤质量的措施

采掘工作面是提高毛煤质量的主要战场，采掘班组是提高毛煤质量的主力部队，班组长是提高毛煤质量的带头人和组织者。

1. 掘进工作面提高毛煤质量的措施

(1) 钻眼爆破掘进时，尽量不崩碎顶、底板岩层；炮眼布置、装药量、放炮顺序、掘进工艺和工序安排等，都要考虑为人工拣矸、增加块煤率、煤岩分装分运创造条件。一般要求炮眼的眼口距离顶底板和周边线 0.4~0.6 m，顶眼的眼底可距周边线 0.15~0.20 m，底眼和边眼的眼底可以打到周边线上。

(2) 在含夹石层的煤层中掘进时，炮眼与夹石层平行布置，炮眼与夹石层的距离以不破碎夹石，便于拣矸、煤岩分装分运为准。

(3) 巷道掘进中如遇到断层、褶曲或破碎带，或伪顶较易冒落时，可根据顶板破碎情况，应顺巷道顶部支架前探梁；放炮时选择适当眼距，减少装药量，减小一次放炮眼数；

如果顶板破碎严重，应加铺金属网或塑料网背顶材料，并紧跟支柱架棚，超前维护好顶板。

（4）落煤层掘进需要挑顶或打底，可采用台阶式掘进，煤层超前于岩层掘进，做到煤岩分掘、分装、分运。

（5）半煤岩掘进时，应尽量使煤层在巷道断面中所占的面积最大；尽量不挑顶，使巷道稳定；当掘进的煤层厚度大于 0.5 m 时，应实行煤岩分别爆破、分装分运。

（6）对有条件在巷道两侧或底部开凿贮矸硐的煤矿，可每隔一段距离，凿一个贮矸硐，把矸石存入硐内，做到在井下就地处理矸石。

（7）使用掘进机掘进时，要防止和减少割顶和割底工作量。

（8）要搞好掘进巷道工程规格质量，做到超前支护。支架的类型、棚距要符合实际情况，要及时支架并背好顶板和两帮，防止顶部漏矸、片帮和冒顶，以控制矸石的掺入。

2. 采煤工作面提高毛煤质量的措施

（1）含有夹石层时，如果开采厚及特厚煤层，应尽量利用较厚的夹石层做分层开采的界限，既做到在开采工艺上经济合理，又提高了煤炭质量；如果开采煤层中夹石厚度在 0.3m 以上时，要实行煤岩分采分运。

（2）爆破落煤时，应根据煤层的厚度、倾角、煤层硬度和夹石层的位置、硬度，合理地选择炮眼的布置形式、炮眼深度、眼距、装药量、放炮顺序和每次放炮数量，尽量保证在煤层崩落时，顶底板岩石和夹矸不至破碎和混入煤中。

①炮眼要做到三不打，即不打在顶板上、不打在底板上、不打在夹石层里，避免将矸石崩得过碎，不便于拣矸。

②炮眼与煤壁夹角，一般为 $50°\sim65°$，煤质硬度大的角度可偏小，煤质较软时角度可偏大。

③为避免破坏顶板，当顶板不稳定时，顶眼一般打成水平眼，炮眼距顶板一般为 $0.3\sim0.5$ m；当顶板稳定时，顶眼可取 $5°\sim10°$ 的仰角，眼底距顶板 $0.1\sim0.3$ m。

④顶板比较破碎时，应适当缩小炮眼距离，增加炮眼数目，减少装药量，每次放炮数量要少些或采取留煤垛间隔放炮的方式。

⑤注意避免放炮崩倒支柱造成冒顶，还应使崩出来的煤保持合适块度，增加块煤率。

（3）机械采煤时，不但提高粉煤率，而且由于工作面煤和夹石很难分采分运，煤的灰分和含矸率都会上升，而且机械化产煤量大。因此，提高机械采煤的煤质，是个很重要的问题。

①根据煤层厚度，合理选择采煤机割煤滚筒的直径，使其截割直径比开采高度小 $0.10\sim0.15$ m，避免割顶、割底现象。

②采煤机司机在操作过程中，要注意并采取有效措施防止割顶、割底现象，如调节采煤机牵引速度、调节采煤机悬臂高度或将工作面刮板输送机一侧垫高。

③采煤机停止割煤时，要及时关闭防尘用水通路，以减少混入煤中的水。

④当采煤工作面出现断层、褶曲或局部煤层掉落，可组成专门小组提前处理，既为采煤机和液压支架的前移创造条件，又可实现矸石单采单运。

（4）在工作面运输平巷的一侧开凿贮矸硐，便于将输送机运出的矸石拣出，填入贮矸硐中；在工作面应发动工人拣矸，将矸石扔进采空区内。在回柱放顶时，在采空区侧一排支柱上吊挂挡矸帘，阻止采空区矸石窜入工作面。

（5）加强采煤工作面顶板管理。

①合理选择液压支架的架型。对于破碎易冒落顶板，宜选用掩护式或支撑掩护式液压支架。因为它们顶板覆盖系数大，可达0.9左右，护顶效果较好，顶板严重破碎时，还应在支架上方加铺塑料网或金属网。

②在综采工作面的工序安排上，要使采煤机割煤、移溜和移架三道工序紧密衔接，即采用割煤后先移支架再移溜，或者顶板破碎、片帮严重还应采用超前移架的方式，即在割煤之前先将液压支架的前探梁伸出，支护顶板，并将护帮板支上，逼好煤帮，然后再割煤、移溜、移架，以免顶板因暴露面积大、暴露时间长而发生冒顶。

③对于随采随落的易碎顶板或伪顶，应采取超前支护的方法，或采取交错式铰接顶梁和"π"型长钢梁对梁方式，棚顶加插背板、荆笆或金属网。

④工作面过老巷时既要防止冒顶，又要采取措施将老巷里的矸石就地处理。当老巷是沿走向时，在工作面采至距老巷8~12 m处，即在老巷里提前打好10~15 m支架，以防采透冒顶，采透后要组织专人超前工作面2 m把老巷里的矸石全部填入采空区里；当老巷是沿倾向时，在工作采至距老巷8~12 m处，即在老巷里全部打好临时支架，采透后要将老巷里的矸石全部填入采空区里。

⑤在处理工作面冒顶后，要防止矸石继续混入煤中或发生二次冒顶。冒顶的处理方法很多，应该根据实际情况来确定。当冒落矸石很碎，像流水似的没完没了，这样继续下去可能将工作面顶板冒空，引发大的冒顶事故，同时使大量矸石涌入采面，增加煤中灰分，在这种情况下应立即将冒顶部位封堵，加强支护，控制局部漏顶的面积进一步扩大。在现场有时往漏顶室洞中塞进一捆木板或一只荆条筐，就可以制止其蔓延。在处理这种冒顶时，可采用撞楔法。撞楔是一头制成尖状的小圆木或钢轨。在冒顶的地方先用撞楔向冒落碎矸深处打入，在撞楔的保护下，清理冒落的煤矸，重新架设支架。以此循环，直至全部处理好为止。

第三节　煤矿安全质量标准化

一、深入开展煤矿安全质量标准化工作

1. 深入开展煤矿安全质量标准化工作的重要意义

安全质量标准化工作是煤矿企业的基础工程、生命工程和效益工程。

（1）煤矿安全质量标准化，是构建煤矿安全生产长效机制的重要措施，是我国煤炭行业借鉴国内外先进的安全质量管理理念、方法和技术，经过多年实践探索，逐步发展完善形成的一套完整的安全质量管理体系和方法。

（2）要求煤矿各生产系统和环节达到安全质量标准，始终处于安全生产的良好状态，突出了安全生产的重要地位，强调了安全生产工作的规范化和标准化。

（3）开展安全质量标准化工作，是强化煤矿安全基础管理的重要手段，是实现煤炭工业安全发展、可持续发展的需要。

（4）煤矿安全质量标准化工作关系到煤矿工人安全、健康。无数历史经验教育表明，

什么时候煤矿安全质量标准化工作搞得好，什么时候矿井就出现一片安全、和谐的局面。

（5）煤矿企业班组成员是开展安全质量标准化的基本力量，也是实现安全质量标准化的既得利益者。事实说明，哪个矿井安全质量标准化开展得好，哪能个矿井就生产正常、经营效益良性发展，员工从中得到最大的经济实惠。

2. 煤矿安全质量标准化目标

（1）大中型矿井

到 2010 年全国大型煤矿安全质量标准化达标率要达到 95％以上，中型煤矿达到 85％以上。

大中型煤矿要在抓好安全质量标准化工作的基础上，积极推行以风险预控为核心的安全管理体系，夯实煤矿安全基础。

（2）小型煤矿

到 2010 年全国小型煤矿安全质量标准化达标率要达到 50％以上。

小型煤矿要把安全质量标准化作为实现管理强矿的一项重要基础工作来抓，坚决淘汰国家明令禁止使用的设备、材料、工艺和落后的支护方式，推行壁式开采、机械化开采和井巷锚喷支护等先进适用技术。

3. 煤矿安全质量标准化考核标准

（1）必备条件

被核准的安全质量标准化煤矿，必须具备以下条件：

①实现安全目标。

矿井百万吨死亡率：

一级：1.0 以下

二级：1.3 以下

三级：1.5 以下

凡年产量为 100 万 t 以下的煤矿，要评为一级矿井，年度死亡人数不得超过 1 人，其死亡率可往前连续 3 年累计计算。

凡年度内发生过一次 3 人及以上死亡事故的煤矿，取消当年评比资格。

②采掘关系正常。

③资源利用：回采率达到规定要求。

④矿井必须有标准的足够风量；必须按《煤矿安全规程》规定，建立安全监控、瓦斯抽放和防灭火系统。

⑤制定并执行安全质量标准化检查评比及奖惩制度。

（2）评级计分

安全质量标准化煤矿参加评级的专业为 6 个，即采煤、掘进、机电、运输、通风和地测防治水，各专业计分以 100 分为满分。

安全质量标准化煤矿的评级记分以 100 分为满分，各专业的考核得分先乘以各自的系数，再计入矿井总分。

采煤专业系数为 0.15；

掘进专业系数为 0.15；

机电专业系数为 0.15；

运输专业系数为 0.15；

通风专业系数为 0.30；

地测防治水专业系数为 0.10。

(3) 考核标准

安全质量标准化煤矿分为三个等级，考核标准如下：

一级：安全质量标准化平均得分为 90 分及以上，且通风专业达到一级，采煤、掘进、机电、运输、地测防治水五个专业中，达到一级的专业不低于 3 个，其他专业不低于二级。

二级：安全质量标准化平均得分为 80 分及以上，且通风专业达到二级，采煤、掘进、机电、运输、地测防治水五个专业中，达到二级的专业不低于 3 个，其他专业不低于三级。

三级：安全质量标准化平均得分为 70 分及以上，且采煤、掘进、机电、运输、通风和地测防治水六个专业中，没有不达标的专业。

二、采掘工作面安全质量标准化

采掘工作面是矿井生产一线，由于采掘工作面作业条件复杂、灾害事故频发、劳动工序紧凑，决定着采掘工作面必须加强安全质量标准化管理，通过提高工程规格质量和设备维修、保养质量，来保证采掘生产活动的正常进行和实现安全生产。

1. 采煤安全质量标准化标准及考核评级办法

(1) 采煤工作面安全工程质量标准及计分办法

①采煤十大项，满分 100 分。包括：质量管理工作、顶板管理、工作面支护、安全出口与端头支架、回柱放顶、煤壁机道、两巷与文明生产、假顶和煤炭回收、机电设备和安全管理。各大项又包括若干小项，各小项分别赋分，各小项得分相加为本大项的满分。缺项的按检查项目平均分计取。

②采煤工作面安全工程质量分为三个等级：

——优良品：十大项中前五项最低得分不低于本项总分的 90%，后五项最低得分不低于本项总分的 80%。

——合格品：十大项中前五项最低得分在本项总分的 70%~90%，后五项最低得分不低于本项总分的 60%。

——不合格品：十大项中前五项最低得分在本项总分的 70%分以下，后五项最低得分在本项总分的 60%分以下。

(2) 采煤安全质量标准化矿井考核标准

①必备条件

采煤安全质量标准化矿井考核标准：

——采煤工作面回收率达到规定要求。

——在考核期内，采煤工作面无一次 3 人及 3 人以上直接责任的死亡事故。

——检查资料齐全，有每月检查记录，资料保持原始性、真实性，不得有虚假。

②考核标准

采煤安全质量标准化矿井分为三个等级，考核标准如下：

——一级：采煤工作面安全工程质量得分在 90 分及以上，优良品率为 100%，工作面内无死亡事故。

——二级：采煤工作面安全工程质量得分在 80 分及以上，优良品率为 80%。

——三级：采煤工作面安全工程质量得分在 70% 及以上，优良品率为 50% 以上，无不合格品。

③矿井采煤安全质量标准化得分计算办法：

——月度矿井采煤安全质量标准化得分等于月度内各采煤工作面得分之和除以采煤工作面个数。

——年度矿井采煤安全质量标准化得分等于年度内各月采煤安全质量标准化得分之和除以 12。

——采煤工作面每死亡 1 人，矿井采煤安全质量标准化降一级扣 5 分，得分不得超过下一级的最高分，故降级后得分计入矿井安全质量标准化总分。

(3) 采煤工作面安全工程质量具体标准

①质量管理工作：

——坚持支护质量和顶板动态监测（包括综采）并有健全的分析和处理责任制，有记录资料。

——坚持开展对工作面工程质量、顶板管理规程兑现及安全隐患整改情况的班评估工作。

——开展工作面地质预报工作，每月至少有一次预报，并有材料向有关部门报告。

——有合格的作业规程和管理制度，并由矿总工程师组织每月至少进行一次复查。

——所有支护器材有基础台账，对规格型号、供货渠道、数量及合格证等均有记录。

②顶板管理：

——工作面控顶范围内，顶、底板移近量按采高不大于 100 mm/m。

——工作面顶板不出现台阶下沉，综采工作面支架前梁接顶严实。

——机道梁端至煤壁顶板冒落高度不大于 200 mm，综采不大于 300 mm。

——不准随意留煤顶开采，必须留煤顶或托夹矸开采时，必须有专项批准的措施。

③工作面支护。分单体支柱支护和液压支架支护。

——单体支柱支护：

• 新设支柱初撑力：单体液压支柱 $\phi 80$ mm 的初撑力不小于 60 kN，$\phi 100$ mm 的初撑力不小于 90 kN，金属摩擦支柱必须使用 5 t 液压升柱器。

• 支柱全部编号管理，牌号清晰，不缺梁、少柱。

• 工作面支柱要打成直线，其偏差不大于 ±100 mm（局部变化地区可加柱），柱距偏差不大于 ±100 mm，排距偏差不大于 ±100 mm。

• 底板松软时，支柱要穿柱鞋钻底小于 100 mm。

——综采液压支架：

• 初撑力不低于规定值的 80%（立柱和平衡千斤顶有表显示）。

• 支架要排成一条直线，其偏差不大于 ±50 mm；中心距按作业规程要求，偏差不大于 ±100 mm。

• 支架顶梁与顶板平行支设，其最大仰俯角小于 7°。

● 相邻支架间不能有明显错茬（不超过顶梁侧护板高的 2/3），支架不挤、不咬，架间空隙小于 200 mm。

④安全出口与端头支架：

——工作面上下机头处理坚持正确使用好 4 对 8 根长钢梁或双楔调角定位顶梁（不少于 6 架）支护，支柱初撑力：ϕ80 mm 的初撑力不小于 60 kN；ϕ100 mm 的初撑力不小于 90 kN。

综采工作面要使用端头支架或其他有效支护形式，要在作业规程中说明。

——工作面上、下出口的两巷，超前支护必须用金属支柱和铰接梁（或长钢梁），距煤壁 10 m 范围内的打双排柱，10~20 m 范围的打单排柱。

——上、下平巷自工作面煤壁超前 20 m 范围内支架完整无缺，高度不小于 1.6 m，综采时高度不小于 1.8 m，有 0.7 m 宽人行道。

——超前支柱初撑力不小于 50 kN。

⑤回柱放顶：

——控顶距符合作业规程要求，回风、运输平巷与工作面放顶线放齐（机头处可根据作业规程放宽 1 排）。

——用全部陷落法管理顶板的工作面，采空区冒落高度普遍不小于 1.5 倍采高，局部悬顶和冒落高度不充分［小于（2×5）m^2］，用丛柱加强支护，超过的要进行强制放顶。特殊情况下不能强制放顶时，要有强支可靠措施和矿压观测资料及监测手段。

——切顶线支柱数量齐全，无空载和失效支柱，挡矸有效。特殊支护（戗柱、戗棚）符合作业规程要求，放顶时按组配足水平楔（每组不少于 3 个）。

——无空载支柱。

⑥煤壁机道：

——煤壁平直，与顶底板垂直。伞檐：长度大于 1 m 时，其最大突出部分，薄煤层时伞檐最大突出部分不大于 150 mm，中厚以上煤层时伞檐最大突出部分不大于 200 mm；长度小于 1 m 时，其最大突出部分，薄煤层时伞檐最大突出部分不大于 200 mm，中厚以上煤层时伞檐最大突出部分不大于 250 mm。

——炮采工作面及时挂梁，破碎顶板要掏窝挂梁，悬臂梁到位，端头距不大于 300 mm；机采工作面挂梁不得落后机组 10 m（停机要及时跟上），梁端要接顶，不得在无柱悬臂梁上再挂悬臂梁（综采要及时移架，端面距最大值不大于 340 mm，前梁接顶严密）。

——靠煤壁点柱按作业规程要求架设及时、齐全。

——机道内顶梁水平楔数量齐全（每梁一个），用小链与梁联挂。有冲击地压工作面选用防飞水平楔。

⑦两巷与文明生产：

——巷道净高不小于 1.8 m。

——支柱完整，无断梁折柱，拱形支架、卡缆、螺栓、垫板齐全。无空帮空顶、剎杆摆放整齐、牢固，架间撑木（或拉杆）齐全，锚、网支护完整有效。

——文明生产：巷道无积水（长 5 m、深 0.2 m），无浮碴、杂物，材料、设备码放整齐并有标志牌。

——管线吊挂整齐，行人侧宽度不小于 0.7 m。
⑧假顶和煤炭回收。包括假顶工作面、一次采全高和底分层工作面。
——上、中分层假顶工作面：
• 分层开采工作面铺设人工假顶符合作业规程要求，及时灌浆洒水。
• 分层工作面必须把分层煤厚和铺网情况及假顶上冒落大块岩石（大于 2.0 m³）记载在（1∶500）图上。
• 按作业规程规定分层采高不大于±100 mm。
• 不任意丢顶煤和留煤柱。
——一次采全高和底分层工作面：
• 回收率达到要求。
• 不丢顶、底煤（必须丢时要有专项批准的措施）。
• 浮煤净（单一煤层和分层底层工作面在 2 m²）内浮煤平均厚度不大于 30 mm。
• 不任意留煤柱。
⑨机电设备：
——乳化液泵站和液压系统完好，不漏液，压力不小于 18 MPa（综采时压力不小于 30 MPa）；乳化液浓度不低于 2‰～3‰（综采时乳化液浓度为 3‰～5‰），使用乳化液自动配比器有现场检查手段。
——工作面输送机头与平巷输送机搭接合理，底链不拉回头煤。
平巷刮板输送机挡煤板和刮板、螺栓齐全完整。机采工作面输送机铲煤板齐全。平巷带式输送机机架、托滚齐全完好，胶带不跑偏。
——电缆悬挂、管子铺设符合规定，开关要上架，煤电站电缆要盘好，闲置设备和材料要放在安全出口 20 m 以外的安全地点，电气设备上方有淋水，要有防水设施。
——采煤机完好，不漏油，不缺齿。
⑩安全管理：
——工作面和平巷输送机机头、机尾有压（戗）柱，小绞车有牢固压（戗）柱或地锚，行人通过的平巷输送机（转载机）机尾处要加盖板，行人跨越输送机的地点有过桥。
——支柱（支架）高度与采高相符，不得超高使用。
——在用支柱完好、不漏液、不自动卸载、无外观缺损，达不到此要求的支柱应不超过 3 根。
综采支架不漏液、不窜液、不卸载。
——支柱迎山有力，不出现连续 3 根以上支柱迎山角或退山角过大。
综采支架要垂直顶底板，歪斜小于±5°。
采高大、倾角大于 15°的工作面支柱，必须有防倒措施。
工作面倾角大于 15°时，支架设防倒防滑装置，有链牵引采煤机和刮板输送机设防滑装置。
——使用铰接顶梁工作面铰接率大于 90%。
2. 掘进安全质量标准化及考核评级办法
(1) 掘进工作面安全工程质量标准及计分办法
掘进工作面安全工程质量标准化总分 100 分，其中工程质量满分为 60 分，文明生产满分为40分。每个掘进工作面的得分＝工程质量得分＋文明生产得分。

①工程质量标准及评分办法。

工程质量标准包括保证项目、基本项目和允许偏差项目的质量标准，分为两个等级：

——合格：

・保证项目必须符合相应质量检验评定标准的规定。

・基本项目中每个检验项目的检查点均应符合合格规定；检查点中有75%及其以上的测点符合相应质量检验评定标准的合格规定，其余测点须不影响安全使用，这个检查点为合格。

・允许偏差项目中每个检验项目的测点总数有70%及其以上实测值在相应质量检验评定标准的允许偏差范围内，其余的须不影响安全使用。

——优良：

・保证项目必须符合相应质量检验评定标准的规定。

・基本项目中每个检验项目的检查点均应符合合格规定；检查点中有50%及其以上的测点符合相应质量检验评定标准的优良规定，这个检查点为优良。50%及其以上检查点优良，该检验项目即为优良。优良项目数应占检验项目总数的50%及其以上。

・允许偏差项目中每个检验项目的测点总数均有90%及其以上实测值在相应质量检验评定标准的允许偏差范围内，其余的须不影响安全使用。

②文明生产标准及评分办法。

文明生产标准共十项，其中包括：作业规程编制、作业地点综合防尘措施、临时轨道及运输设备、局部通风、巷道卫生、施工图板、掘进安全设施、机电设备管理、顶板管理和爆破管理。

(2) 掘进安全质量标准化矿井考核标准

①掘进安全质量标准化矿井必须具备以下条件：

——保证矿井采掘关系正常，三个煤量可采期符合规定。

——按期完成上级下达的重点工程计划。

②掘进安全质量标准化矿井分为三个等级。考核标准如下：

——一级：总分为90分及以上，优良品率60%及以上，没有不合格工程。

——二级：总分为80分及以上，优良品率50%及以上，没有不合格工程。

——三级：总分为70分及以上，优良品率40%及以上，没有不合格工程。

③掘进安全质量标准化矿井评分办法：

——班组应把其操作的每道工序、每一作业循环作为一个检查点，按标准要求，自行认真检查，并做好施工检查记录。

——在班组自检的基础上，由施工负责人（区队长）组织有关人员检验评定，质量检查员核定。

——每月末由矿对所有掘进队当月掘进巷道的工程质量，进行一次检查验收评定等级，达到优良品得60分，合格品得50分，不合格不计分。

——文明生产标准共10项，每项4分，各项按小项检查标准分别考核评分，达不到标准要求的，该小项不得分。

——安全方面：掘进队所负责的区域内，因掘进责任事故每死亡1人，掘进安全质量标准化降一级扣 5 分,得分不得超过下一次的最高分;死亡 3 人取消评级资格。

——矿井掘进安全质量标准化得分计算方法:

$$月度矿井掘进安全质量标准化得分 = \frac{当月检查掘进工作面得分之和}{当月检查掘进工作面个数}$$

$$年度矿井掘进安全质量标准化得分 = \frac{质量标准化得分之和}{12（个月）}$$

(3) 掘进工作面安全工程质量具体标准

可缩性支架掘进工作面工程质量具体标准:

①保证项目:

——可缩性支架及其附件的材质和加工必须符合设计和有关标准规定。

——可缩性支架的装配附件齐全、无锈蚀现象,螺纹部分有防锈油脂。

——背板和充填材料的材质、规格必须符合设计要求和有关规定。

②基本项目:

——可缩性支架支护巷道的净宽、净高规格应符合表 8-1 的规定。

——水平巷道支架的前倾、后仰。

合格:偏差±1°（1 m 垂线≤17 mm）;

优良:偏差±0.5°（1 m 垂线≤9 mm）。

——倾斜巷道支架的迎山角。

合格:偏差±1°,不得退山;

优良:偏差±0.5°,不得退山。

表 8-1　　　　　可缩性支架支护巷道的净宽、净高规格偏差　　　　　单位:mm

项次	项目		合格	优良
1	净宽	中线至任一帮距离 主要巷道	0~+100	0~+80
		中线至任一帮距离 一般巷道	−30~+100	0~+80
		无中线测全宽 一般巷道	−50~+100	−20~+100
2	净高	腰张至顶梁底面、底板距离 主要巷道	−30~+100	0~+100
		腰张至顶梁底面、底板距离 一般巷道	−30~+100	−20~+100
		无腰线测全高 一般巷道	−30~+100	−20~+100

——撑（拉）杆和垫板的安设。

合格:撑（拉）杆和垫板的位置、数量,在一个检查点中不符合设计要求的不应超过 2 处;

优良:撑（拉）杆和垫板的位置、数量全部符合设计要求。

——背板安设。

合格:80% 以上的背板背紧背牢,背板排列位置和数量基本符合设计要求;

优良:全部背板背紧背牢,背板排列位置和数量均符合设计要求。

——支架柱窝深度或底梁铺设。

合格：柱窝挖到实低，底梁铺设在实底上，其深度不小于设计 30 mm；
优良：柱窝挖到实底，底梁铺设在实底上，其深度符合设计要求。
③允许偏差项目：
可缩性 U 型钢支架架设的允许偏差应符合表 8-2 的规定。

表 8-2　　　　　　可缩性 U 型钢支架架设的允许偏差　　　　　　单位：mm

项次	1	2	3	4	5	6
项目	搭接长度	卡缆螺栓扭矩	支架间距	支架梁扭矩（极限）	卡缆间距	底梁深度
主要巷道	−30	≤5%	±50	≤80	±20	−20
一般巷道	−40	≤10%	±100	≤100	±30	−30

(4) 掘进文明生产具体标准
①作业规程编制：
——内容符合《煤矿安全规程》及国家、公司有关规定。
——施工及地质条件变化时有补充措施。
——内容齐全，外观整洁，图文清晰，保存完好。
——审批、贯彻手续完备，有贯彻、考核和签名记录。
②作业地点综合防尘措施：
——采取湿式钻眼，干式钻眼时有降尘措施。
——采取冲洗巷帮、装煤岩洒水降尘措施，喷浆使用潮料和除尘机。
——放炮使用水炮泥、喷雾降尘，巷道内有风流净化装置。
——作业人员佩戴个体防护用品。
③临时轨道及运输设备：
——临时轨道轨距不大于 10 mm 且不小于 5 mm；轨道接头间隙不大于 10 mm；内错差、高低差不大于 5 mm；水平误差不大于 10 mm。
——轨枕间距不大于 1 m，连接件齐全且紧固有效。
——无杂拌道，轨枕无浮离、空吊板现象。
——刮板输送式、带式输送机机头和机尾牢固，铺设平、稳、直，运行可靠。
④局部通风：
——通风系统符合《煤矿安全规程》规定。
——风筒吊挂整齐，逢环必挂，不漏风。
——工作面风筒不落地，风筒口距工作面距离符合作业规程规定。
⑤巷道卫生：
——巷道内无杂物、无淤泥、无积水（淤泥、积水长度不大于 5 m），深度不超过 0.1 m。
——浮煤（矸）不超过轨枕上平面，水沟通畅。
——材料、工具码放整齐，挂牌管理。
——管线吊挂整齐，符合《煤矿安全规程》规定。

⑥施工图板：

——作业场所有规范的、符合现场实际的施工断面图、炮眼布置三视图、爆破说明书和避灾路线图。

——图板图文清晰、正确，保护完好。

——图板悬挂的位置合理，便于作业人员观看。

——现场作业人员熟知三图一表。

⑦掘进安全设施：

——上、下山掘进安全设施（包括一坡三挡、声光信号等）齐全有效，安全间距和躲避硐室设置等符合《煤矿安全规程》规定。

——有突出危险的煤（岩）巷掘进工作面设置压风自救装置。

——高瓦斯矿井及有煤尘爆炸危险的煤巷掘进工作面应按《煤矿安全规程》规定设置隔（抑）爆设施。

——采用锚杆支护的煤巷必须对顶板离层进行监测，测点布置符合作业规程规定，并有记录牌板显示。

⑧机电设备管理：

——巷道内无失爆电器设备。

——机电设备定期检查维护，达到完好标准，各种保护齐全。

——设备安装位置合理，卫生清洁，挂牌管理，开关上架。

——机电维护工、带式输送机、刮板输送机、绞车司机等持证上岗。

⑨顶板管理：

——掘进工作面控顶距符合作业规程规定。

——严禁空顶作业。临时支护形式必须在作业规程中明确规定。

——架棚支护巷道必须使用拉杆或撑木，炮掘工作面距迎头 10 m 内必须采取加固措施。

——掘进巷道内无空帮、空顶现象，失修巷道能及时处理。

⑩爆破管理：

——放炮员持证上岗，放炮作业符合《煤矿安全规程》规定。

——引药制作、火工品存放符合《煤矿安全规程》规定。

——放炮撤人距离和警戒设置符合《煤矿安全规程》要求。

——坚持"一炮三检"和"三人连锁放炮"制度。

三、机电安全质量标准化

由于煤矿井下机电设备的运转环境具有空间狭小、空气污浊、经常移动、照明不良和条件不好的特点，为了加强机电管理工作，确保机电设备完好、防爆和安全运行，必须强化机电安全质量标准化管理，保证矿井正常生产和安全生产。

1. 机电安全质量标准化矿井考核标准

（1）必备条件

机电安全质量标准化矿井必须具备以下条件：

①无重大机电直接责任事故。

②矿井双回路供电。

③检查考核期间未发生两台（处）电器设备失爆。

（2）考核标准

机遇安全质量标准化矿井分为三个等级，考核标准如下：

①一级：矿井考核评分在90分及以上，设备综合完好率90%以上，待修率5%及以下，事故率1%及以下。

②二级：矿井考核评分在80及以上。

③三级：矿井考核评分在70分及以上。

矿井发生机电直接责任事故，每死亡1人，矿井机电安全质量标准化降一级扣5分，得分不得超过下一级的最高分；死亡3人取消评级资格。

2. 机电安全质量标准化具体标准

（1）设备与指标

①机电设备必须有产品合格证、煤矿矿用产品安全标志、防爆设备还必须有防爆合格证。

②全矿机电设备综合完好率90%。

③大型在用固定设备台台完好。

④防爆电器设备及小型电器防爆率100%。

⑤小型电器合格率95%。

⑥电缆吊挂合格率95%。

⑦矿灯完好率95%，井下在用矿灯无红火、灭灯。

⑧设备待修率5%。

⑨机电事故率1%。

⑩设备更新改造有计划并按计划执行。

⑪有公司（局）下达的设备大修计划，并能完成90%及以上。

（2）机电安全

安全保护装置齐全、可靠，合格率100%。

①主提升系统

主井（斜井）提升系统装设：欠压保护，过电流保护，过卷保护，过速保护，限速保护，闸间隙保护，松绳保护，信号与控制回路闭锁，单绳罐笼提升有防坠装置，通信信号完善、符合要求，深度指示器失效保护，满仓保护装置、减速功能保护，防止过卷、过速、限速、减速功能保护设置为相互独立的双线型式，斜井及负力提升的系统配齐电气制动，斜井提升制动减速度达不到要求时装设二级制动装置，提人绞车高低压双回路，立井井口设施联锁，立井提升系统防撞梁和托罐装置，立井提升系统的过卷高度和过放距离符合规定，主井箕斗实行定量装载，上下井口安装工业电视监视器。

主提升钢丝绳牵引带式输送机装设：欠压保护，过电流保护，脱槽保护，过速保护，输送带局部过载保护，钢丝绳张紧车到达终点和张紧重锤落地保护，在输送机全长任何地点可由搭乘人员或其他人员操作的紧急停车装置，下人地点声光信号和自动停车装，罐煤口防止人员坠入设施。

主提升钢丝绳芯带式输送机装设：欠压保护，过电流保护，堆煤保护，防滑保护，防跑偏装置，温度保护，烟雾保护，自动洒水装置，输送带张紧力下降保护，防撕裂保护，上运时装设防逆转装置和制动装置，下运时装设制动装置，断带保护装置。

②矿井主通风系统

矿井主通风系统有：可靠的双电源，反风设施，防爆门，电机有过流保护和无压释放装置，轴承有超温指示和警报信号，有专用电话。

③压风系统

压风系统有超温保护，断水断油保护（或信号），电机过流保护，安全阀、释压阀动作可靠。

④主排水系统

主排水系统有：密闭门，配水闸门齐全、灵活，可靠的引水装置，短路保护，电机保护齐全，安全通道畅通，欠压保护。

⑤供热系统（2t/h及以上蒸发量的工业锅炉系统）

蒸汽锅炉装设：双色水位计或两个独立的水位表，并有高低水位报警装置，安全阀、排污阀动作可靠。

热水锅炉装设：温度计、安全阀、超温保护，自动补水装置，动作可靠，系统中有减压阀，超压报警和联锁保护。

⑥地面供电系统

地面供电系统有：主要设备专用双回路，直供电机或带有电容器的开关有欠压保护，过电流保护，开关柜"五防"功能，反送电的开关柜加锁并有明显标志，变电所应有可靠的跳闸电源，高压配电板上装设选择性的接地保护，单相接地电容电流符合要求，主运行方式符合规定，电气工作票、操作票符合要求，有专用电话。

⑦井下供电系统

——有合格的供电系统设计及保护整定校验。

——高压隔爆开关安装：欠压释放保护，短路保护，过负荷保护，选择性接地保护装置，真实高压隔爆开关安装过电压保护。

——矿用一般型高压开关安装：欠压保护，短路保护。

——低压电机装设短路、过负荷、单相断线、漏电闭锁保护及远程控制装置。

——40 kW及以上电机使用真空电磁起动器控制，并使用电动机综合保护。

——127 V供电系统（包括信号照明、爆电钻等）使用综合保护。

——局部通风机和掘进工作面中的电气设备，必须装有风电闭锁装置。

——煤巷掘进工作面必须装设风电闭锁装置、瓦斯电闭锁装置。

——四小线和动力电缆使用阻燃电缆。

——低压供电系统必须装设检漏保护或有选择性的漏电保护装置。

——接地保护符合《煤矿井下保护接地装置的安装检查、测定工作细则》的要求。

⑧采掘运设备

——采掘设备

采煤机上有急停刮板输送机的闭锁装置、综采工作面有通讯和照明，倾角15°及以上工作面必须有防滑装置。

刨煤机工作面至少每隔30 m装设能随时停止刨头和刮板输送机的装置或向刨煤机司

机发送信号的装置，有刨头位置指示器，工作面倾角12°以上时，刮板输送机必须装设防滑、锚固装置。

扒装机有卡轨器、制动闸、保护栏杆、照明灯。

掘进机蜂鸣器、照明、急停开关完整、齐全。

——运输设备

刮板输送机液力耦合器使用水（或耐燃液）介质，使用合格的易熔塞和防爆片。

带式输送机使用阻燃胶带，有防滑、堆煤、防跑偏、温度、烟雾保护，有自动洒水装置，输送机机头有防护栏、机尾有护罩，行人需跨越处设过桥，输送机机头机尾固定牢靠。

——液压系统

液压系统零部件齐全，管路、阀组不串、漏液，泵站压力符合要求。

(3) 机电管理，文明生产

①有机电主管部门和专业化管理小组

——有机电主管部门并发挥主管业务领导作用。

——有适合综合管理的业务流程图。

——加强专业化管理：电气管理，电缆管理，小型电器管理，防爆检查，设备管理，配件管理，油脂管理（包括乳化液管理），胶带管理。

②开展设备的综合管理

——参与主要设备的全面规划。

——合理选型。

——及时安装。

——正确使用。

——精心维护。

——科学检修。

——高耗能、低效率大型固定设备应适时更新改造。

——按规定报废。

③机电的基础工作

——职工按计划培训、持证上岗

有机电职工2年轮训规划，有机电年度技术培训计划并按计划培训考核，各类司机和维修电工必须经过技术培训、考试合格、持证上岗，对各类司机和维修电工应每年考核1次，在证件上登记成绩并盖章。

——健全规章制度

机电规章制度有：电气试验制度，操作规程（装订成册），岗位责任制（装订成册），设备运行、维修、保养制度，设备定期检修制度，机电干部上岗查岗制度，设备管理制度，安全活动制度，事故分析追查制度，设备包机制度，防爆设备入井安装、验收制度，电缆管理制度，小型电器管量制度，油脂管理制度，配件管理制度，阻燃胶带管理制度，杂散电流管理制度。

——设备技术档案及管理

健全技术档案，实行专人管理，主变压器、主通风机、主提升机、主压风机、主排水泵、锅炉等大型主要设备，做到一台一挡，内容齐全。

设备档案包括：设备使用说明书，调试安装验收单，试验记录，设备历次事故记录，设备历次性能测试和关键部件探伤记录，分析报告处理事及改进意见，设备大修及技术改造记录，设备履历簿和技术特征卡片，安装图纸，配件图册。

各类图纸完整齐全，按《煤矿安全规程》要求，矿井必须有矿井主提升、通风、排水、压风、供热、供水、通讯、井上下供电系统和井下电气设备布置图。

健全设备、电缆、小型电器的账、卡、图牌板管理。

——开展微机管理工作

——技术基础

必须按有关规定对设备进行技术测定和检验试验：

- 主提升技术测试。
- 主排水泵技术测定。
- 主通风机技术测定。
- 压风机技术测定。
- 锅炉检验。
- 主要设备的关键零部件（主绞车的主轴、制动杆件、天轴轴、连接装置，主通风机的主轴、风叶）探伤周期按规程规定，如无规定则按每2年探伤1次。
- 定期远方漏电试验、接地电阻测试、井下开关保护插件试验。

——文明生产

- 矿上必须有机电设备库、棚，按设备性能妥善存放，摆放整齐，标志清楚。
- 井下移动电气设备全上架，五小件（电铃、按钮、打点器、三通、四通）上板、有标志牌，防爆电器设备和五小件贴入井合格证。
- 机电硐室、机道和电缆沟内外清洁卫生，窗明几净，无杂物，无积水，无油垢，电缆排列整齐，无锈蚀。防火器材、电工操作绝缘用品齐全合格。
- 无违章指挥，无违章作业，无违反劳动纪律。

四、运输安全质量标准化

煤矿运输是煤炭生产的重要组成部分。由于煤矿井下运输具有运输线路分散、运输环节复杂、运输对象繁多、运输条件恶劣等特点，搞好运输安全质量标准化，可以更好地完成矿井的运输任务，确保矿井正常生产和安全生产。

1. 运输安全质量标准化矿井考核标准

（1）必备条件

运输安全质量标准化矿井必须具备以下条件：

①矿井运输无重大责任事故。

②有便于操作的运输质量检查验收组织、检查制度及奖惩制度。

（2）考核标准

运输安全质量标准化矿井分为3个等级，考核标准如下：

一级：矿井考核评分在90分及以上。

二级：矿井考核评分在80分及以上。

三级：矿井考核评分在70分及以上。

矿井发生运输责任事故，每死亡1人，矿井运输安全质量标准化降1级，扣除5分后再计入矿井总分，得分不得超过下一级的最高分；死亡3人取消评级资格。

2. 运输安全质量标准化具体标准

(1) 工程和设备质量

①运输巷道断面必须符合《煤矿安全规程》及有关设计规定要求。

②运输线路质量

——主要运输线路（主要斜巷绞车道，井底车场，主要运输大巷和主要运输石门，地面运煤、运矸干线和集中装载站车场的轨道）达到优良品。

——行驶人车的斜巷轨道必须达到优良品。

——其他轨道质量达到合格品，不得有杂拌道（异型轨道长度小于50 m为杂拌道）。

——轨道回流线必须符合《煤矿安全规程》要求，在采区车场不回流轨道上装设不少于一个列车长度的二级绝缘。

——10 t及以上机车轨型不低于30 kg/m，10 t以下机车轨型不低于22 kg/m，采区运送液压支架的线路轨型不低于22 kg/m。

③道岔质量

——主要运输线路的道岔质量达到合格。

——其他轨道的道岔合格率50%及以上。

——道岔轨型不低于线路轨型，消灭非标准道岔。

④架线质量

架线电机车牵引网络合格率100%，按规定设置分区开关。

⑤轨道运输设备质量

——运输设备综合完好率90%。

——机车完好率90%。

——斜井人车、平巷人车和架空乘人装置台台完好。

——矿车完好率80%。

——在用的防爆电气设备和防爆小型电器不失爆。

——小绞车完好率90%。

(2) 运输装备及行车保护

①机械运送人员

——井下主要行人平巷超过1.5 km，主要斜巷垂深超过50 m时，必须采用机械运送人员。

——所有平巷上、下人的车场应装设架线自动停送电开关，并悬挂明显的停车位置指示牌，标明列车时刻表。

②机车行车保护

机车行车保护装置有：

——司控道岔。

——红尾灯。

——逆变电源。

——蓄电池机车应有容量指示器及漏电监测保护，防爆特殊型电机车必须装备瓦斯超限报警及断电保护装置。

③信号系统

——同一水平同时行驶3台以上机车时，使用带有电气闭锁的信号装置，行驶机车台数大于5台时，使用"信、集、闭"系统。

——弯道、井底车场和其他人员密集的地点（包括顶车作业区）使用预报警信号装置（同时发出声、光），关键部位的道岔使用道岔位置指示器。

④机车通讯

⑤斜巷提升安全保护

——斜巷挡车装置符合《煤矿安全规程》规定，操作灵敏、可靠。

——斜巷上、下车场及中间通道口必须使用声光行车报警装置，并有"正在行车，不准进入"的醒目标志。

——1.2m及以上绞车的变坡点以上略大于1列车长度处挡车装置应与绞车实现联动。

——双钩提升应有错码信号。

——斜巷人车使用专用信号装置。

⑥有关运输设备

——使用矿车整修设备。

——使用矿车清车设备。

——有井下机车检修硐室，并有相关检修设备。

——使用轨道维护机具和复轨装置。

(3) 运输管理

①运输设备，设施实行包机制

——机车、矿车、人车等运输设备设施实现管、用、修一体化，机车、人车实行包机制（包括机车行车保护及通讯装置）。

——轨道、牵引网路等实行分段包片。

②斜巷跑车防护装置、斜井人车、窄轨机车制运距离、窄轨车辆连接器静拉力、齿轮车制动力按规定进行试验，并有完整的测试记录和试验报告。

③各工种操作规程齐全、完整。

④各项管理制度、岗位责任制齐全、完整。

⑤建立促全"小绞车、小电车和上、下山"管理制度。

⑥运输技术资料齐全、完整，符合规范。

——矿井运输系统图必须用计算机出图，内容包括：巷道参数、设备和设施参数、轨型参数，并每季补充一次。

——运输设备、设施的图纸及技术档案。

——有完整的设备运行、检修及事故记录。

——各项工程施工技术措施齐全、完整。

——有关运输技术资料供用计算机管理。

——有实际的行车记录及图表。

——每月的机车效率、矿车周转率、全员效率和吨公里成本统计计算准确,报表齐全,并有分析处理意见。
——按计划组织机车年审工作,并符合有关规定。
——运输安全管理
• 有运输安全监察员,并发挥作用。
• 有安全活动记录和事故追查分析报道。
• 消灭重伤及运输重大事故。
——技术培训及技术考核
• 有年度培训计划,并按计划完成,业务培训面不低于80%,其中当年脱产培训面不低于5%。
• 特种作业人员必须每年培训考核1次,成绩记入合格证内,做到持证上岗。

(4) 文明生产
①井底车场、运输大巷和石门、主要斜巷、采区上下山、乘区主要运输巷及车场经常保持清洁,无淤泥、积水,无杂物。
运输调度室、井下方运输机电硐室、地面办公室、机车库、车间等要整齐、清洁。
②水沟畅通,盖板齐全、稳固、平整。
③电缆、管道、照明符合《煤矿安全规程》及有关规定的要求。

(5) 无轨胶轮车运输
①主要运输线路路面必须用混凝土辅设,水沟必须用盖板封严,质量达优良品。
②其他线路(轻型)路面必须符合设计要求,质量达合格品。
③运人时必须采用人车车厢,车厢必须有顶盖、闭锁或紧固装置。
④无轨胶轮车必须装设瓦斯自动报警仪和防爆灭火装置。
⑤行驶5台及以上无轨胶轮车的运输系统,必须装备机车定位跟踪系统。

五、通风安全质量标准化

矿井通风管理是矿井安全管理的关键。搞好通风安全质量标准化是防止瓦斯爆煤尘爆炸(燃烧)、自然发火、爆破事故和搞好安全监控的重要基础工作。

1. 通风安全质量标准化矿井考核标准

(1) 必备条件
通风安全质量标准化矿井必须具备以下条件:
①通风系统合理、可靠。
②矿井必须采用机械式通风,安装2套同等能力的主要通风机装置和反风设施;有独立、完善的通风系统;矿井通风能力符合生产要求,无超通风能力生产现象。每个生产矿井必须至少有2个能行人的通达地面的安全出口。
③矿井必须每年进行一次瓦斯等级和二氧化碳涌出量鉴定工作。
④矿井必须装备矿井监控系统,且系统运行正常。

(2) 考核标准
通风安全质量标准化矿井分为3个等级,考核标准如下:
①根据检查结果,各大项均达90分及以上为一级矿井,达80分及以上为二级矿井,

达70分及以上为三级矿井。

②检查大项中，检查大项的最低得分为矿井的定级分。

③年度等级的确定：以四个季度的定级分平均得分定级。

④各检查大项中缺分项的，不查不计；检查分项中缺小项的，以该检查分项的其他小项得分的百分比折算计算；扣分原则，本项分数扣完为止。

⑤在同一等级中，以11个检查大项得分的平均分多少排列名次。凡进行瓦斯抽放、实施防治煤（岩）与瓦斯（二氧化碳）突出措施的矿井，每有一项，在上述平均分中加2分后再排名次。

⑥在检查周期内，每发生"一通三防"事故死亡1人，通风安全质量标准化降一级扣5分，得分不得超过下一级的最高分；死亡3人取消评级资格。

2. 通风安全质量标准化具体标准

(1) 通风系统

①矿井必须有完整的独立通风系统。改变通风系统时（包括一翼、一个水平或一个采区）必须履行报批手续；掘进巷道贯通时，必须按《煤矿安全规程》规定，制定安全措施。

②实行分区通风，通风系统中没有不符合《煤矿安全规程》规定的串联通风、扩散通风、采空区通风（排瓦斯巷道不在此限）和采煤工作面利用局部通风机通风（非长壁采煤法，残采回收煤柱，地质构造复杂块段和水系经公司（局）或县级以上煤炭主管部门批准的不在此限）。

③矿井、采区通风能力满足生产需求。采掘工作面和硐室的供风量符合《煤矿安全规程》规定。

④有瓦斯、煤与瓦斯突出或易燃煤层的采区至少设有二条专用回风巷。

⑤矿井内各地点风速符合《煤矿安全规程》规定。

⑥矿井有效风量率不低于85%。

⑦回风巷失修率不高于7%，严重失修率不高于3%，主要进回风巷道实际断面不小于设计断面2/3。

⑧矿井主要通风机的反风设施按《煤矿安全规程》规定定期检查，每年进行1次反风演习，反风效果符合《煤矿安全规程》要求。

⑨矿井主要通风机装置外部漏风率每年至少要测定1次，外部漏风率在无提升设备时不得超过5%，有提升设备时不得超过15%。

(2) 局部通风

①局部通风机的安装、位置、最低风速符合《煤矿安全规程》第128条规定，不发生循环风。

两台局部通风机同时向一个掘进工作面供风，必须同时与工作面电源联锁，当任何一台发生故障停止运转时，必须立即切断工作面电源。

②低瓦斯矿井掘进工作面局部通风机供电采用选择性漏电保护或采掘供电分开。

瓦斯喷出区域和高、突矿井掘进工作面局部通风机供电采用"三专两闭锁"或选择性漏电保护，并每天有专人检查。

③局部通风机安排专人进行管理，并实行挂牌管理，不得出现无计划停风，有计划停

风的必须有专项通风安全措施。

④局部通风机的设备齐全，吸风口有风罩和整流器，高压部位（包括电缆接线盒）有衬垫（不漏风）；通风机必须吊挂或垫高，离地面高度大于 0.3 m；5.5 kW 以上的局部通风机装有消音器（低噪声局部通风机和除尘风机除外）。

⑤风筒末端到工作面的距离和出风口的风量符合作业规程规定，并保证工作面和回风流瓦斯不超限，巷道中风速符合规定。

⑥风筒接头严密（手距接头处 0.1 m 处感到不漏风），无破口（末端 20 m 除外）。无反接头，软质风筒接头要反压边，硬度风筒接头要加垫，上紧螺钉。

⑦风筒吊挂平直，逢环必挂，铁风筒每节至少挂 2 点。

⑧风筒拐弯处设弯头或缓慢拐弯，不准拐死弯，异径风筒接头用过渡节，先大后小，不准花接。

（3）瓦斯管理

①采掘工作面和其他工作地点做到无瓦斯超限作业，无瓦斯积聚（瓦斯浓度在 2% 或以上，体积达到 0.5 m³）。

②每班检查次数符合《煤矿安全规程》的有关规定；瓦斯检查员在井下指定地点交接班，并有记录可查；无空班漏检，无虚报瓦斯。检查地点的设置应符合《煤矿安全规程》第 149 条的规定，每月编制瓦斯检查点设置计划，由矿总工程师审查、签字。

③临时停风的地点，要立即断电撤人，设置栅栏，提示警标。长期停风区必须在 24 小时内封闭完毕。

④排放瓦斯有经批准的专门措施，并严格执行。

⑤瓦斯检查做到井下牌板、检查记录手册、瓦斯台账三对品，通风、瓦斯日报（其内容反映当日瓦斯情况、隐患情况、重大问题领导处理意见，"一通三防"重点等）每日必须上报矿长、总工程师审阅。

⑥矿井通风瓦斯管理机构和人员的配备符合《煤矿安全规程》和公司（局）的有关规程。

（4）井下爆破管理

①井下煤矿材料库符合《煤矿安全规程》规定。

②矿井建立爆破材料领退制度、电雷管编号制度和爆炸材料丢失处理办法。

③爆破作业必须执行"一炮三检制"和"三人联锁"放炮制度。

④爆破作业必须编制爆破作业说明书，其内容符合《爆矿安全规程》要求，爆破工必须依照说明书进行爆破作业。

⑤高瓦斯、突出矿井采掘工作面放炮必须执行停电制度。

⑥实行爆破作业的采掘工作面，必须采用湿式打眼（由于地质条件所限不能湿式打眼的，要制订专门措施）和放炮使用水炮泥，放炮前后要洒水和冲洗巷帮（特殊情况下不洒水要经公司（局）批准），掘进工作面实行放炮喷雾。

⑦矿井配有足够的爆破专业人员。

⑧特殊情况下爆破作业，必须严格执行经矿技术负责人批准的专项措施。

（5）通风安全监控

①矿井应按《煤矿安全规程》规定装备安全监控设备，包括矿井安全监控系统、瓦斯

断电仪、风电瓦斯闭锁装置，备用量不少于20％。

②监控设备传感器的种类、数量、安设位置、信号电缆和电源电缆的敷设等都应符合规定。

③监控设备的报警点、断电点、断电范围、复电点、信号遥传等都应符合规定。

④下井人员按《煤矿安全规程》规定佩戴便携式瓦斯检测仪器。

⑤安全监测监控设备每月至少调校1次。每7天必须使用校准气样和空气样调校瓦斯传感器、便携式瓦斯检测仪器1次。每7天必须对甲烷超限断电功能进行测试1次。

⑥监控中心站应24小时连续正常工作，设备性能符合规定，有断电状态和馈电状态监测、报警、显示、存储和打印报表功能。中心站主机应不少于2台，其中1台备用。按时打印报表。

⑦监测监控设备性能完好，能正常工作。

⑧矿井应建立通风安全监控机构，配齐管理人员、工程技术人员和监测工。安全监测工经培训合格方能上岗。

⑨矿井应有监控中心室、设备维修室、库房、携带式仪器发放室等工作场所，并应做到整洁有序。

⑩有设备仪表台账、故障登记表、检修记录、巡检记录、中心站运行日志、监控布置图及监控日（月、季）报表，瓦斯数据应保留1年以上。

（6）防治煤（岩）与瓦斯（二氧化碳）突出

①开采解放层，瓦斯抽放。

②在突出煤层进行采掘作业的工作面，按《煤矿安全规程》进行预测预报。

③根据预测预报结果和《煤矿安全规程》要求，采掘工作面按批准的防治突出措施进行作业。

④对采取防治突出措施后的采掘工作面必进行效果检验。

⑤在突出煤层作业的采掘工作面，必须按《煤矿安全规程》要求有经批准的防护措施。

⑥开采突出煤层的矿井，应由工程技术人员和有实践经验的人员组成专门的防突机构，有专门的防突施工队伍，人员配备和管理符合规定。

⑦井巷揭穿突出煤层，必须采取经县级以上行业管理部门批准的安全技术措施，并探测突出煤层的有关参数。

（7）瓦斯抽放

①按《煤矿安全规程》第145条规定建立地面永久抽放瓦斯系统或井下临时抽放瓦斯系统。

②抽放系统定期测定瓦斯流量、负压、浓度与参数，泵站每小时测定1次，干支管与抽放钻场至少每周检查1次，并对抽放钻孔有关参数进行及时调节。

③凡进行瓦斯抽放的矿井，有专门的队伍；人员配备必须满足抽放瓦斯（打钻、观测等）的需求。

④定期检查抽放系统，抽放管路无破损、无泄漏、无积水，抽放管路要吊高或垫高，离地高度不小于0.3 m。抽放检测仪表齐全，定期校正。

⑤抽放钻场（钻孔）有观测记录牌板，各种记录、台账齐全。

⑥瓦斯抽放工程（包括钻场、钻孔、管路、瓦斯巷等），按设计和计划施工。

⑦抽放瓦斯及抽放瓦斯设施，符合《煤矿安全规程》第146、148条规定。

⑧设置井下临时抽放瓦斯泵站遵守《煤矿安全规程》第147条规定。

⑨瓦斯抽放矿井，按时完成抽放量计划，每一地面抽放站的年度瓦斯抽放量不小于100 m^3。预抽煤层，矿井抽放率不小于20%；邻近层抽放，矿井抽放率不小于35%；采用混合抽放方式，矿井抽放率不小于25%。

（8）防治自然发火

①容易自燃煤层的矿井，按《煤矿安全规程》要求建立防灭火系统。有自燃倾向煤层的矿井无发火史，不建立防灭火系统必须经省（区、市）煤炭行业管理部门批准。

②凡开采自燃煤层的矿井，必须有矿井防治自然发火措施，采掘工作面作业规程必须有防治自然发火的专门措施，并严格执行。

③凡开采自燃煤层，均要开展火灾的预测预报工作，每周至少观测预报1次。观测地点：采区防火墙、采煤工作面上隅角及回风巷、其他可能发热地点；观测内容：气体成分、密封内外压差、气温、水温等。

④消除采空区密闭及其他地点超过35 ℃的高温点（因地温、水温影响的高温点除外）及CO超限（火区密闭内除外）。

⑤采煤工作面回采结束后，必须在45天内撤出一切设备、材料，并进行永久性封闭。

⑥每一处火区都必须建立符合《煤矿安全规程》的火区管理卡片，绘制火区位置关系图。火区的管理应按公司（局）批准的措施执行，并遵守《煤矿安全规程》的有关规定。启封火区要有计划和经批准的措施。

⑦无CO超限作业和自燃事故。

⑧井下每个生产水平必须设立消防材料库，并备有足够的消防器材（器材品种、数量各公司（局）自定。

（9）通风设施

①永久设施（包括风门、密闭、风窗）

——墙体用不燃性材料建筑，厚度不小于0.5 m，严密不漏风（手触无感觉，耳听无声音）。

——墙体平整（1 m内凸凹不大于10 mm，料石勾缝除外），无裂隙（雷管脚线不能插入）、重缝和空缝。

——墙体周边掏槽（岩巷、锚喷、砌碹巷道除外），要见硬顶、硬帮，要与煤岩接实，四周要有不少于0.1 m的裙边。

——设施周围5 m内巷道支护良好，无杂物、积水、淤泥。

• 密闭内有水的设反水池或反水管，自然发火煤层的采空区密闭要设观测孔、措施孔，孔口封堵严密。密闭前无瓦斯积聚，要设栅栏、警标、说明牌板和检查箱（入、排风之间的挡风墙除外）。

风门一组至少2道，能自动关闭，要装有闭锁装置。门框要包边沿口，有垫衬，四周接触严密，门扇平整不漏风，调节风窗的调节位置设在门墙上方，并能调节。

②临时设施：（包括临时风门、临时密闭）

——临时设施设在顶、帮良好处，见硬底、硬帮与煤岩体接实。

——设施周围 5 m 内支护良好，无片帮、冒顶，无杂物、积水、淤泥。
——设施四周接触严密，木板设施要鱼鳞搭接，表面要用灰、泥满抹或勾缝。
——临时密闭不漏风，密闭前要设栅栏、警标和检查牌。
——临时风门能自动关闭，通车风门及斜巷运输的风门有报警讯号，否则要有闭锁装置。门框包边沿口，有衬垫，四周接触严密，门扇平整不漏风，与门框接触严密。
③永久风桥
——用不燃性材料建筑。
——桥面平整不漏风（手触感觉不到漏风为准）。
——风桥前后各 5 m 范围内巷道支护良好，无杂物、积水、淤泥。
——风桥通风断面不小于原巷道断面的 4/5，成流线型，坡度小于 30°。
——风桥两端接口严密，四周见实帮、实底，要填实。
——风桥上下不准设风门。

(10) 综合防尘

①矿井主要运输通道，采区回风道，胶带斜井，胶带运输平巷，上、下山，采煤工作面上、下平巷，掘进巷道，溜煤眼翻车机，输送机转载点等处均要设置防尘管路，胶带斜井和胶带运输平巷管路每隔 50 m 设 1 个三通阀门，其他管路每隔 100 m 设 1 个三通阀门。

②井下所有运煤载点必须有完善的喷雾装置；采煤工作面进回风巷、主要进风大巷及进风斜井和掘进工作面都必须安装净化水幕，（采煤工作面距上下出口不超过 30 m，掘进工作面距迎头不超过 50 m），水幕应封闭全断面，灵敏可靠，雾化好，使用正常。

③采掘工作面的采掘机有内外喷雾装置（原无内喷雾的除外），雾化程度好，能覆盖滚筒并坚持正常使用。综采工作面设移架自动同步喷雾，放顶煤工作面设放顶煤自动同步喷雾。

④厚煤层及中厚煤层必须逢采必注，不注不采（分层开采的厚煤层第一分层必须注水，其他分层实行防火灌浆或灌水的可以不注水），特殊情况经县级以上主管部门或公司（局）批准可以不注水，薄煤层也要实行注水。

⑤定期冲刷巷道积尘，主要大巷每年至少刷白 1 次，主要进、回风巷至少每月冲刷 1 次积尘，采区内巷道冲刷积尘周期由各矿总工程师决定。有定期冲刷巷道的制度，并要有记录可查。井下巷道不得有厚度超过 2 mm 连续长度超过 5 m 的煤尘堆积（用于捏成团，经振动不飞扬不在此限）。

⑥隔煤设施安装的地点、数量、水量、安装的质量符合有关规定。

⑦防尘制度健全，配有足够的防尘专业人员（符合公司（局）的有关规定），各种记录、图纸、台账齐全，记录准确。

⑧按规定进行矿井粉尘的分析、化验、测定工作。每一矿井必须测定全尘和呼吸性粉尘，并有符合国家关于粉尘测定的全尘和呼吸性粉尘测定仪。

⑨测尘合格率达 70% 以上。

(11) 管理制度

①矿井有专门的"一能三防"管理队伍，其机构设置符合公司（局）和《煤矿安全规程》规定。

②要建立和健全各级领导及各业务部门的"一通三防"管理工作责任制，并严格落

实。

③矿井每月至少进行1次通风隐患排查，召开1次通风例会，并有通风工作计划和总结。

④矿井每年编制通风，防治瓦斯，防治粉尘，防灭火安全措施计划。严格执行例会制度。

⑤有"五图、五板、五记录、四台账"，并与现场实际相符。

——五图：通风系统图、防尘系统图、防灭火系统图、安全监控系统图和瓦斯抽放系统图。

——五板：局部通风管理牌板，通风设施管理牌板，防尘设施管理牌板，通风仪表仪器管理牌板和安全监测管理牌板。

——五记录：调度值班记录，通风区（科）值班记录，通风设施检查记录，防灭火检查记录，测风记录。

——四台账：瓦斯调度台账，防火密闭管理台账，煤层注水台账，瓦斯抽放台账。

⑥矿井各种图纸报表准确，数据齐全，上报及时。

⑦通风区、队要有一套符合公司（局）规定的完整的管理制度，各工种有岗位责任制和技术操作规程，并严格执行。

⑧通风安全仪器仪表要有保管、维修、保养制度，定期校正，定期进行计量检定，保证完好。

⑨瓦检员、放炮员、监测工、调度员、测风员、抽放泵司机等都要制定计划定期培训，每次培训都要考核，有记录可查，并做到持证上岗。

六、地测防治水安全质量标准化

矿井地测防治水安全质量标准化是搞好矿井基础管理的重要内容之一。为了搞好地质测量工作，确保矿井正常生产，搞好矿井防治水工作，预防矿井水害和搞好地面防治工作，预防暴雨洪水引发煤矿事故灾难，必须开展地测防治水安全质量标准化工作。

1. 地测防治水安全质量标准化矿井考核标准

（1）必备条件

地测防治水安全质量标准化矿井必须具备以下条件：

①有足够的经过正规学习或培训的专业人员和正常工作的装备，有水害威胁的矿井必须有2台以上完好的探水钻。

②地测部门有严格的规章制度。

③在考核期内未发生重大工程责任事故（如影响1个采区以上的透水事故、重大井巷工程事故及透巷伤亡事故等）。

（2）考核标准

地测防治水安全质量标准化矿井分为三个等级，考核标准如下：

一级：总分在90分及以上。

二级：总分在80分及以上。

三级：总分在70分级以上。

因地测水害责任事故造成死亡1人，矿井地测防治水安全质量标准化降一级扣5分，得分不得超过下一级的最高分；死亡 3 人取消评级资格。

2. 地测防治水安全质量标准化具体标准

（1）掘进给向

①中腰线标定及时、准确、无责任工程事故

——巷道开工单应提前 3 天发送地测科。

——重要巷道的开门应有标定工作设计图。

——巷道开门时须对作为起算数据的上一级导线（点）进行检测。

②3 000 m 以上贯通测量应有设计、审批、总结，贯通测量精度符合规程规定或工程要求。

③坚持巷道开门、贯通、停头、复工、停采及工程进度等通知单制度。

④贯通通知单应提前（岩巷 20～30 m，煤巷 30～40 m）发送施工单位、矿分管领导及技术、安全、通风等单位。

（2）基本矿图

①煤矿必须具备以下基本矿图：

——井田区域地形图，比例 1：2 000 或 1：5 000。

——工业广场平面图，比例 1：500 或 1：1 000。

——采掘工程平面图，比例 1：1 000 或 1：2 000。

——井上下对照图，比例 1：2 000 或 1：5 000。

——主要保安煤柱图，比例 1：1 000 或 1：2 000。

——井筒断面图，比例 1：200 或 1：500。

——井底车场平面图，比例 1：200 或 1：500。

——主要巷道平面图，比例 1：1 000 或 1：2 000。

②基本矿图必须在经过裱糊并存放 1 年以上原图纸或厚度 0.1 mm 以上经过处理的聚酯薄膜上绘制。

③内容、精度符合《煤矿测量规程》的要求。

④图上符号、线条、注记等，符合现行《煤矿地质测量图例》规定的要求。

⑤图面清洁，线条均匀，色泽准确适度，按图例要求的字体注记；图面表达和注记无矛盾。

⑥每 3～6 个月填绘 1 次。

（3）开采沉陷治理

①各类防水（沙）、建（构）筑物保护煤柱设计合理，未出现差错。

②各种"三下"工程，如建（构）筑物保护、维修、复垦、迁村购地、塌陷区治理等未出现差错，效果明显。

（4）地质报告

①煤矿在不同的生产阶段，必须具备精查或最终地质勘探报告、建井地质报造、补充勘探地质报告、开拓延深地质报造和矿井地质条件分类报告。

②矿井地质报告必须通过验收，报告须结论明确，有针对性，能指导生产。

（5）地质说明书

①煤矿各项采掘工程在设计施工前，地测部门须按规定的时间分别提交采区地质说明

书、回采工作面地质说明书和掘进工作面地质说明书（简称"三书"）。

②必须有按《煤矿地质测量工作暂行规定》要求，由设计部门提交的并经总工程师签字批准的"委托书"。

③"三书"必须做到文字、原始资料、图纸等数字相符，内容达到要求。

(6) 地质预报

①地质预报应做到月有月报，年有年报，必要时应做临时性预报，并且必须有文字和图纸。

②预报的内容应包括地点、范围、对生产的影响、应采取的措施等。

③预报的结果应保证煤矿正常安全生产，无因预报错误造成工程事故。

④地质预报应以年为单位装订成册，妥善保存。

(7) 水情水害预报

①生产矿井必须建立水文观测系统，并按规定时间坚持观测，对受水害威胁的工作面也要定期探测。

②水情水害预报应包括周分析、月预报、季预报、年预报。年、季、月底总结，并按年装订成册。

③水害预报，图表相符，内容齐全，描述准确，定性，定量，措施有针对性，签字齐全。

④若当月生产计划更改，存在水害隐患，要提前5～6天发水害通知单。

⑤预报结果应保证煤矿正常生产，不会出现因预报错误而造成透水事故的现象。

(8) 防治水工程

①技术要求

——防治水工程有方案设计、施工设计，并按规定程序审批，工作结束后有总结报告。

——坚持"有疑必探"凡不清楚或有怀疑的地段，都必须安排探放水，并有防探水钻孔设计及技术措施。

——防探水钻孔必须有单孔设计，设计必须符合《煤矿防治水工作条例》的要求。

——对旧巷积水区、相邻报废积水小煤矿、断层、陷落柱、富水带等范围、补给途径等清楚，并有专门资料。

——矿井每月进行1次防治水隐患排查，并有书面排查分析记录，由局（华团、公司）组织每季度进行1次防治水安全检查，并有书面整改意见。

②工程质量

——威胁大矿安全的废弃小窑及钻孔等，均经过堵塞注浆、封堵处理，达到防水要求。

——矿井各类防隔水煤柱的留设，符合《煤矿防治水工作条例》及《矿井水文地质规程》的要求。

——水情、水害监测系统齐全、设备状态完好。

——各类防探水钻孔的质量，达到《矿井水文地质规程》第六章第二节及《煤矿防治水工作条例》第三节的要求。

(9) 关闭报废煤窑调查

对井田范围内关闭废弃的小煤窑进行调查、分析，记录在案。对其分布、开采范围、对生产矿的危害等情况清楚，并能与相邻煤矿建立适当的资料交换关系。

本章主要知识点

1. 全面质量管理

全面质量管理的基本要求是全面、全过程、全员、全方位的加强质量管理。

2. 煤质管理

采掘工作面是提高毛煤质量的主要战场，采掘班组是提高毛煤质量的主力部队，班组长应是提高毛煤质量的带头人和组织者。

3. 煤矿安全质量标准化

安全质量标准化工作是煤矿企业的基础工程、生命工程和效率工程。

安全质量标准化矿井参加评级的专业有采煤、掘进、机电、运输、通风和地测防治水等六个。

复习思考题

1. 简述 PDCA 循环工作法的四个阶段内容？
2. 结合本班组的安全实际画一张因果图？
3. 煤质的主要指标是什么？
4. 简述采煤工作面提高毛煤质的措施？
5. 为什么要深入开展煤矿安全质量标准化工作？
6. 被核准的安全质量标准化煤矿有哪些必备条件？
7. 采煤工作面安全工程质量标准包括哪前五项和后五项？
8. 掘进工作面安全工程质量标准包括哪两大项？满分分别是多少？
9. 机电安全质量标准化矿井必须具备哪些条件？
10. 通风安全全质量标准化具体标准包括哪些检查大项？

第九章 煤矿班组市场化精细管理

第一节 市场化精细管理概述

一、市场化精细管理概念

市场化精细管理的实质就是市场化运作，精细化管理。

1. 市场化运作

班组市场化精细管理的前提是把市场机制引入班组。通过市场机制把班组内部各单元、各工序、各环节之间的关系由行政隶属关系转变为市场主体之间的经济往来关系，利用价值规律和经济杠杆，借助市场的自我调控功能，使班组的资源配置合理优化，达到提高经济效益、提升企业竞争力的目的。

2. 精细化管理

班组市场化精细管理的核心就是把精细管理驱动到位。精细管理中的"精"就是精确，"细"就是细化。将班组工作量、安全质量、工作效率、成本效益等指标以量化的指标形式形成结算价格，对班组生产活动中的时间、空间、质量等方面进行规范，使每一个环节、每一道工序、每一位员工、每一件事情都处于受控管理之中。

二、班组市场化精细管理的意义

1. 市场机制引入班组，使班组内部的各道工序、每位员工都用市场用户的关系加以链接，运用"买卖机制"，形成"市场效益"，使班组与班组之间、班组内部人与人之间、班组生产过程中上下道工序之间所提供的产品或服务，转化为能用内部价格所衡量和能被下道工序所认可的商品，实行有偿结算，这样就可以激发员工的积极性和创造性，有利于构建公平、公正、公开的内部市场环境。

2. 煤矿班组推行精细化管理模式，即从岗位工种做起，从员工的工作行为抓起，细化工作标准、考核标准和管理考核制度，规范员工的操作标准和操作行为，全面提升班组长和班组员工的素质。

3. 市场化精细管理以生产任务、经济效益或成本费用控制为主要内容，做到事前有预算、事中有控制、事后有核算及分析，将企业的成本管理融入生产的全过程，包括每一个单位、每一个班组、每一道工序、每一位员工，从而从机制上彻底解决煤矿企业成本管理薄弱、经营效益差、职责不清、"严格不起来，落实不下去"等管理粗放、落后的问题，改变了煤矿企业的外部形象。

4. 通过市场化精细管理的"安全市场"运作，更好地将安全管理与经济效益密切挂起钩来。将班组安全管理的各项安全指标细化、量化，同时将可能造成事故的诸多因素形成具有一定价值的"服务价格"，据此进行内部安全隐患服务效益的市场运作体系，遏制了煤矿企业安全生产中的不安全隐患和事故苗头，提高了安全管理水平。

第二节 劳动生产率和定额定员管理

一、劳动生产率

劳动生产率指的是工人在劳动过程中所生产合格产品的数量和所消耗的劳动时间的比率。

劳动生产率的提高，意味着生产产品所消耗劳动时间的减少，或者说是使用同样劳动时间可以生产更多的产品。所以，劳动生产率指标的高低，是反映班组技术水平和管理水平的重要标志。

1. 劳动生产率指标

在班组中劳动生产率指标主要有以下几种：

(1) 采煤工作面班全员效率。

$$采煤工作面班全员效率 = \frac{采煤工作面班产量}{采煤工作面班出勤人数} \quad (t/工)$$

(2) 采煤工作面班直接工效率。

$$采煤工作面班直接工效率 = \frac{采煤工作面班产量}{采煤工作面班直接工人数} \quad (t/工)$$

(3) 采支工效率。

$$采支工效率 = \frac{采煤工作面支柱（米）数}{采支工人数} \quad (柱（米）/工)$$

(4) 移架工效率。

$$移架工效率 = \frac{综合工作面支架（米）数}{移架工人数} \quad (架（米）/工)$$

(5) 掘进工效率。

$$掘进工效率 = \frac{掘进进尺架（米）数}{掘进工人数} \quad (架（米）/工)$$

以上指标各有优缺点，班全员效率反映当班的产量和出勤人数，有利于提高班产量、减少班出勤人数，提升整个班的劳动生产率；直接工效率可以看出非直接工的使用潜力所在；采支工效率、移架工效率和掘进工效率比较直观，常被现场班组长采用。

2. 计算劳动生产率时应注意的问题

(1) 凡在规定范围内从事生产活动的各类工人，工作满一个生产班的都应计算效率。

(2) 计算劳动生产率时产量和人员的范围要一致。

3. 提高劳动生产率的主要途径

提高劳动生产率不仅能增加企业经济效益，还能增加职工收入，所以，必须千方百计的提高劳动生产率。对班组来说，提高劳动生产率的主要有以下途径：

(1) 增加产量。在原有生产条件不变和人员不减少的情况下，增加产量是班组提高劳动生产率的最主要途径。所以，班组长必须采取各种措施增加采煤工作面产量和加快掘进工作面进尺。

（2）精简人员。班组人员数量应根据生产技术条件和工作任务，按定员标准严格定员管理，并根据生产条件的变化调剂余缺，尽量使班组人员精悍，既能保证完成采掘生产任务，又能有额可超，充实直接生产人员，精简辅助人员，杜绝人员松散现象，发挥班组内每一名工人的作用，调动其积极性，提高劳动生产率。

（3）执行先进合理的劳动定额。劳动定额是衡量劳动者劳动消耗量的标准尺度。它不仅使定员有科学的依据，衡量劳动量有科学合理的尺度，而且使每个工人对自己的工作有一个明确的目标，并积极努力去完成和超额完成劳动定额，以便创造新的更高的劳动生产率。班组长要采取措施，为工人超额完成任务创造条件，并设立严格的计量验收制度。

（4）严格遵守劳动纪律，提高工时利用率。劳动纪律是制约工人的一种手段，对遵章守纪的工人给予表扬奖励，对违反劳动纪律的工人给予批评扣罚，这样有利于生产的顺利进行。严格劳动纪律也是最大限度地利用工时的需要，只有减少旷工、迟到、早退现象，出满勤、干满点，才能提高出勤率和工时利用率，为增加产量和进尺提供时间保证，从而提高劳动生产率。

（5）加强班组工人培训，推广采用先进技术。班组应重视工人的文化素质和技术素质的提高，开展适合班组实际的、灵活有效的职工教育和培训工作，经常开展群众性的技术革新和提合理化建议活动，改进操作方法和工艺，推广采用新技术和先进的作业方法，总结班组内技术水平高、劳动效率高的工人的先进经验，及时普及推广，从而带动整个班组提高劳动生产率。

（6）开展社会主义劳动竞赛活动。社会主义劳动竞赛是激励职工超额完成生产任务，提高劳动效率的有效方法。班组要根据实际情况，经常组织劳动竞赛活动，还可以采取把生产任务分解、把超额完成生产任务的数量划分成不同的阶段（标准），对竞赛达标、优胜的人员给予表扬奖励，鼓励工人多超产、多超尺。

（7）加强政治思想工作。班组长要教育职工爱国家、爱矿山、爱岗位，要关心工人生活，帮助其解决实际困难，严肃认真执行事假、病假、工伤等有关制度，在本职权范围内合理安排探亲时间，把具体工作同思想政治工作结合起来，充分增强工人的主人翁责任感，提高工人的生产积极性和创造性，提高劳动生产率。

二、劳动定额

劳动定额指的是在一定的生产技术和组织条件下，为劳动者生产一定产品或完成某项工作所规定的必要劳动消耗量的标准。例如，产量定额就是用煤炭产量表示的定额，即在采煤工作面正常组织条件下，充分利用机器设备和采用先进的工作方法，在单位时间内应该完成的煤炭产量。产量定额的单位是t/工（m/工）。

1. 劳动定额的制定方法

劳动定额的制定方法主要有以下四种：

（1）经验估计法。经验估计法是由定额员、技术员和老工人根据生产实际经验，参照有关生产技术资料，结合所使用的设备、工具和其他生产条件，通过估算的方法来确定劳动定额的方法。

经验估计法的优点是方法简便、易于掌握、工作量少、制定速度快，但其缺点是由于受估算人员水平限制，准确性不高。在煤矿井下，一般适用于临时性和突击性生产任务的劳动定额的制定。为克服其缺点，应加强调查研究，广泛征求群众意见，并根据生产技术组织条件，参考有关定额标准，以提高其准确性。

（2）统计分析法。统计分析法是对以往生产同类产品的工时消耗、原始记录和统计资料进行整理和分析，并考虑当前生产条件的变化来确定劳动定额的方法。

统计分析法的优点是简单易行、工作量小、制定时间短，而且以大量统计资料为基础，有一定的说服力。其缺点是由于过去统计资料有的可能不准确或不真实，从而影响定额的准确性。

（3）类推比较法。类推比较法是以生产同类型产品或工序的定额为依据，经过对比分析，推算出另一种产品或工序的劳动定额的方法。

采用类推比较法，要求在同类产品或工序中选出若干具有代表性的典型产品或工序并制定定额，推算出另一种产品或工序的劳动定额。决定定额的准确性取决于"代表性"，只要典型选择的合适，用它来确定的定额基本上是准确的。例如：已知某一巷道回收金属支柱工作，定额是2架/工，现有一巷道与其生产技术组织条件基本相同，就可以采用类推比较法制定该巷道的回收金属支架劳动定额也是2架/工，若每班使用3个工人，每班共回收6架，超过6架为超定额。

（4）测时查定法。测时查定法是由定额员、技术员、老工人在生产现场对工序进行测定，将测定结果加以分析研究而制定劳动定额。

采用测时查定法要求对被定额工种进行全过程的跟踪写实，时间不少于三个班次。这种方法程序复杂、工作量大、专业性强、制定定额时间长，但具有科学性，接近实际情况。所以，一般适用于生产技术组织条件比较正常、稳定的采掘工作面或者没有定额资料可参考时。

2. 劳动定额的实施

劳动定额的制定仅是劳动定额工作的开始，要充分发挥劳动定额的作用，必须实施劳动定额，使定额的先进性变为现实。班组长在劳动定额的实施中应注意以下事项：

（1）为工人完成劳动定额创造条件。班组长应切实落实一切必要的组织技术措施，做好产煤和进尺的准备工作，及时供应所需的机电设备、材料和工具，减少工人的额外作业时间，保证工人工时充分，为工人完成和超额完成生产任务创造有利条件。

（2）改善劳动组织、合理安排劳力。班组应实行完岗、完人、完机管理。尽量组织兼并代作业。安排劳力时，新老工人和操作技能不同的工人要协调搭配，既要有明确分工，又要相互协作，鼓励工人相互学习技术，工作中相互创造有利条件。

（3）建立健全劳动定额管理制度。主要有：

①交接班制度。班与班之间要建立现场交接班制度，交接清楚，不留隐患。

②质量和数量验收制度。严格按质量标准验收工作量，质量不合格坚决返工；同时，防止虚报工作量和积攒工作量。

③检查制度。班组长要经常检查劳动定额完成情况，对劳动定额实施过程中出现的问题及时分析、协调解决。

④原始记录制度。劳动定额完成的原始记录要由班组长逐日填写，以作为核算计件工资、分析劳动定额和修改劳动定额的重要依据。

三、定员管理

1. 定员及其基本要求

企业的定员工作,就是根据企业已定的产品和生产规模以及工艺技术水平,本着精简机构、节约用人、增加生产和提高效率的精神,确定企业各类人员的数量,确定企业内部各单位、各岗位应配备多少人和配备什么样条件的人。所以,定员的中心任务就是在保证生产需要的前提下,合理而节约地使用劳动力。

采掘工作面定员水平既要先进合理,更要注意发挥每个工人的积极性和创造性,正确处理各工种人员之间的比例,尤其要正确确定直接生产人员和非直接生产人员的比例、基本工人和辅助工人的比例。在保证完成生产需要的前提下,力求提高直接生产人员和基本工人的比例,以便提高煤炭产量和掘进进尺,提高劳动生产率。

2. 采掘工作面定员的编制

(1) 确定工种。首先分析该工作面的循环方式和工艺流程,合理选择劳动组织形式,确定工种的个数。由于完成一个循环一般有十几道工序,所以工种也有十几个。这些工种基本上可以分为四大类:

①变动工种。变动工种即随工作面长短、煤层厚度、地质条件及该工序工作量增减而变化的工种。如采支工、移架工、钻眼工、放炮工、工作面输送机司机、推移输送机工、运料工等。

②半固定工种。半固定工种即随工作面条件变化而增减,但这种增减表现为随工作面设备的增减而增减。例如:回柱放顶工,基本上是以回柱绞车台数作为定员的基础;推移输送机工以工作面输送机台数作为定员的基础。

③固定工种。固定工种即不随工作面地质条件变化而增减的工种。如工作面运输平巷和运输上山的输送机司机、机电维护工、放煤工等。

④其他工种。一般指巷道维修工、下运器材设备工等。

(2) 按劳动定额定员。劳动定额要先进合理,偏低不利于调动工人的积极性、不利于生产水平的提高和发展;偏高容易挫伤工人的劳动热情。另外,劳动定额既要保持相对稳定,又要注意根据生产条件变化而及时修改。

工作面变动工种只要能够计算工作量,又有定额标准,一般可按下式计算出勤定员人数。

$$出勤定员人数 = \frac{计划工作量}{劳动定额 \times 计划完成定额系数}$$

(3) 对于其他类型工种的定员。对于半固定工种实现小组定员。小组个数决定于设备的使用台数。例如:回柱放顶小组定员4人,全长工作面共安置3台回柱绞车,所以工作面回柱放顶工定员为12人。

对于固定工种则按岗位定员。例如:设备看管工种和操作工种可以按设备开动台数定出人员数量,一般为一台设备定员1人。还有,工作地点、工作内容相对独立且工作量不便计算的工种,按照岗位的个数和重要程度进行定员,如机电维护工、放煤工等。

对于其他工种则应根据具体条件进行定员。

工作面劳动定员公式为:

$$C_{人}=1.37\left[\sum\frac{L-L'}{p}+\sum n\cdot z+\sum A+\sum B\right]$$

式中 $C_{人}$——工作面劳动定员在册总人数；

1.37——考虑轮休、伤、病假因素的出勤系数；

L——工作面长度，m；

L'——变动工种与该工序完成任务情况无关的工作面长度，m；

p——变动工种中该工序完成的工作面长度，m；

n——半固定工种中该工序的小组数，组；

z——半固定工种中该工序每小组的人数，人/组；

A——固定工序中该工序的人数；

B——其他工种中该工序的人数。

(4) 劳动定员的贯彻执行。班组长在贯彻执行劳动定员时应注意以下几个问题：

①以正规循环为基础，严格按定员定额组织生产。

②不断培养青年工人，充实和保证主要工种的力量。不要因为节省1~2名主要工种人员，而打乱了正规循环正常进行。

③从实际出发，充分发挥每个工人的特长，合理安排劳动力。

④各类工种人员要相对稳定，适时变化。

⑤妥善解决人员余缺，可采取轮流培训、增加生产班次、班组之间互相调剂等办法解决。

第三节 工资和奖励

工资与奖励体现社会主义企业职工的物质利益。物质利益原则是社会主义企业管理的一项基本原则。在社会主义条件下，要正视个人物质利益的存在，使个人的物质利益与其劳动成果挂钩，以调动其劳动积极性，为社会创造更多的财富。

一、工资基本形式

合理的工资形式应符合各尽所能、按劳分配、多劳多得的原则，最有效地通过物质鼓励，促进职工关心自己的劳动成果，充分利用工时，提高劳动生产率，适应生产发展，提高企业在市场竞争中生存和发展的能力。

工资基本形式有计时工资和计件工资两大类：

1. 计时工资

计时工资指的是劳动者的工资是按照其实际劳动时间核算的。计时工资一般分为：

(1) 月工资制：根据规定的月工资标准核算工资。

(2) 日工资制：根据工人的日工资标准和实际劳动天数核算工资。

(3) 小时工资制：根据工人的小时工资标准和实际工作小时数核算工资。

在煤矿中工人工资的核算主要采用日工资制。

2. 计件工资

计件工资指的是劳动者的工资是按照其生产一定质量的产品数量核算的。在煤矿中常用的计件工资一般分为：

（1）直接计件。直接计件时工资的多少与完成定额的程度成正比。不论完成定额实际的水平如何，都按同一固定单价核算工资。例如：采煤工作面，固定单价是 10 元/t，生产多少吨煤炭，乘以固定单价即为直接计件工资，这时不论完成多少吨，都是 10 元/t 不变的。这种计件方法简单易行，便于操作管理，所以常使用在采煤工作面计件中。

（2）累计计件。累计计件实质上是直接计件、超额加价。工人完成任务定额的部分按一般的计件单价核算，如 10 元/t；超过定额的部分则按更高的、累进的计件单价核算，如超过定额 50% 时按 1.4 元/t 计算，超过定额 30% 时按 1.2 元/t 计算等。超额部分越高，单价可以越大。这种计件形式对工人物质鼓励作用效果明显，它适用于劳动强度大、劳动条件差，增产特别困难又迫切需要增产的采掘工作面。

（3）间接计件工资。间接计件指的是按照计件工资的百分比来核算。这种形式主要适用于为生产一线服务，而他的工作好坏又和生产一线主要工种的产量、质量有直接联系且影响的辅助工人。其工资的多少取决于所服务对象定额完成的情况。例如：采煤工作面运输平巷输送机司机，他是为采面采支工服务的，其工资可以按采支工的 30%～40% 核算。

（4）承包工程工资。承包工程工资指的是承包工程的班组按合同规定的质量、工期、材料消耗、安全完成承包任务，给以一定量的工资。

以上四种工资形式各有优缺点，要根据实际情况加以确定。目前，煤矿采掘工人计件工资大多采用"以煤计资（以尺计资）、圆班计件、班组计量、个人计分"的按分分配的计件工资形式。

二、奖励

奖励是工资等级制度的一种必要辅助形式，是贯彻按劳分配的补充。实行奖励制度可以起到奖优促劣、奖勤促懒的积极作用，也可起到引导职工的努力方向、克服企业的生产薄弱环节的作用。

1. 奖励的种类

奖励可分为物质奖励和精神奖励两大类：

（1）物质奖励。物质奖励是一种物质利益，也是一种政治荣誉。获奖者通常可以得到一定奖金和奖品。

①单项奖。单项奖是为了解决某一单项问题而设置的，如安全无事故奖、质量标准化奖、降低材料消耗奖、抢救处理事故奖等。单项奖有利于突破薄弱环节、重点突出、见效快，缺点是容易产生片面思想，忽视整体效益。

②综合奖。综合奖是为了促进完成综合指标而设置的，它包括对生产的全面要求，如采掘工作面安全、产量、质量、消耗、灰分等各项指标。其优点是奖励条件全面，推动与鼓励全体职工全面完成生产任务；缺点是若得奖条件不当，容易产生主次不分、功过不明、平均主义等问题。

2. 制定奖励原则

（1）应贯彻按劳分配原则，反对平均主义。不能把奖励没有差别变成提高工资的手段和方法，否则起不到奖励的作用。

（2）应坚持实事求是原则。对不同工作任务，根据不同生产条件和要求，采取不同的奖励办法，奖励条件是奖励的中心，要结合实际情况加以确定，同时要根据生产条件的变化而改变。

（3）应体现合理差别原则。在奖金指标的分配上，既要克服平均主义，又要注意差别的合理性。采掘工作面直接工奖金标准应高于非直接工，主要工种应高于辅助工种，条件困难时高于条件不困难时。

（4）应符合公开、公平原则。奖励方案要经职工讨论，奖金分配要及时公布，工人应获得的奖金、奖品要及时发放，不准随便扣发，提高奖励透明度，真正做到公开、公平，增强职工对班组的信任感。

3. 班组长如何搞好奖金分配

（1）留有余地。为了应对自然条件的突然变化，对奖金留有一定余地是必要的，会对班组工作起到较好效果。但必须注意不能过大，而且要经过职工讨论通过。

（2）以身作则。班组长在分配奖金时不能一味增加自己的奖金，而应该以身作则，获得合理的奖金；否则贡献小而奖金多，会削弱工人的积极性。

（3）秉公办事。对曾对自己提出过批评意见，或分配工作时顶撞过自己的人，不能采取打击报复，有意降低其奖金标准，班组长对他们要一视同仁，要靠贡献论奖励。

（4）奖励形式多样化。目前，有的职工对奖金不感兴趣，事实证明奖金也不是惟一的奖励办法，应根据实际情况，了解工人心理要求，灵活的使用奖金。例如：组织劳动表现好、贡献大的工人外出旅游或休养；对荣誉感强的工人把奖状送到家，贴对联、送喜报，披红戴花；对后进转为先进的工人多在班前会、墙报上表扬等，会比发放奖金更有效。

第四节 物资管理

物资是物质资料的简称。班组需用的物资以生产资料为主，包括金属材料、机电产品、支护材料、建筑材料、化工材料、燃料、油脂等。

一、班组加强物资管理的重要性

1. 加强物资管理可以保证采掘工作面的正常生产

采掘工作面生产过程的复杂化，决定所需要的物资品种繁多，有的需要量还很大。如果缺少了某一种，或某一件发生故障，都将影响采掘工作面的正常生产。例如：掘进工作面运料用的绞车钢丝绳损坏了，必须有一条备用的钢丝绳，否则就需要用人拉肩扛的方法运料，影响掘进进尺。

2. 加强物资管理有利于提高班组的经济效益

班组的生产管理必须要以提高经济效益为核心，而提高经济效益与加强物资管理有直接的联系。例如：管理好采煤机，使采煤机在割煤时不发生故障，能充分发挥采煤机效能，快割煤、多出煤，创造更大的经济效益。加强易损件管理，防止备件、材料、用品的浪费和丢失，就能降低生产直接成本。

3. 加强物资管理关系到班组工人的安全健康

机电设备的事故，不仅影响生产，还会造成工人的伤亡。电气设备失爆可能引发瓦斯、煤尘爆炸，对整个矿井构成严重威胁；液力联轴节的易熔合金塞看起来很小，如果用木楔代替就可能引起火灾事故等。

4. 加强物资管理可以提高班组工人的收入

加强物资管理，保证采掘设备的正常运转，采掘工作面才有可能完成和超额完成生产任务，降低材料的消耗，提高工作面经济效益，从而增加班组工人的收入；否则，机电事故频发、备品备件供应不上，不仅影响工人的收入，而且还会严重挫伤工人的生产积极性。

二、加强全过程的物资跟踪管理

从班组使用的物资来说，主要有坑木、支架、卡缆、顶梁、单体支柱、轨道、工具等。这些物资容易发生使用不当或丢失等现象，必须对它们实行全过程管理，即自支领、下运、存放、分发、使用至废旧物资回收上井的整个过程中，物资到哪个环节，就管理到哪个环节，这就是物资的跟踪管理。

1. 支领

一些材料，特别是大宗材料，在领料过程中如不严格把关，极易发生缺斤短两现象或以次充好现象。为此，无论支领哪一项材料，支领人员都必须亲自过目、验数、称重、量尺和检查质量，并做到心中有数。

2. 下运

材料在下运过程中，特别是生产环节复杂的矿井，由于下运环节多，容易因途中发生窜车、窜罐现象造成丢失和损坏。当下运材料量比较大时，应设专人随车押运，若数量比较小，必须在料车上标有明显的地点和使用单位。

3. 存放

材料运到井下料场，看料人员必须亲自参加卸车和验收工作，并做好记录和签好验收单。物资存放地点应选择在无淋水、顶板完整、支架完好处。卸车时要随卸随码，一些易损材料在卸车和码放时要避免相互碰撞、轧碾。先期余料可以安排先使用，以免在井下存放时间过长发生腐烂变质。一些有特殊要求的物资，如易燃、易爆物品，要按有关规定存放。

4. 分发

材料分发时要合理控制一次发放数量，做到随用随发，用多少发多少，用不完的班后送回料场，由料场统一存放。

5. 使用

物资使用管理要与生产技术管理、安全管理紧密结合起来，总的要求是：合理使用，不丢失、不损坏、不浪费。做到该使用的必须使用，不该使用的坚决不使用，在保证安全质量前提下能少使用的不多使用。

6. 回收复用

煤矿井下物资回收复用潜力非常大，所以必须加强物资的回收复用工作，以减少材料的消耗和减轻井下运输任务。井下发现废旧物资要及时回收，哪个岗位范围的废旧物资由哪个岗位范围的工人负责。在回收的物资中，如在使用中仍然能保证安全的，必须进行复用；不能继续使用的废旧物资要分类装车上井处理。为保证回收复用工作的持续开展，班组应制定相应的补贴办法和奖励政策。

三、加强机电设备管理

煤矿机电设备是保证煤矿生产的重要手段。加强班组机电设备管理的重要内容就是：正确使用、精心维护和科学检修机电设备。

1. 正确地使用机电设备

（1）保证设备有良好的工作环境和运行条件。煤矿井下作业地点环境差，运行条件恶劣，而且需要经常移动。班组长要在生产过程中为机电设备的正常运行创造一个良好环境和条件。例如：将绞车安装在顶板淋水大的地方就会使电机进水，不能使用；采煤工作面刮板输送机下机头必须与运输平巷机尾搭接保持一定高度差，否则，底板容易带进煤矸，塞住输送机，使输送机不能正常运转，甚至发生断链、烧电机等故障。

（2）班组长要统筹安排配备合格的机电设备维护操作人员。目前，随着采煤科学技术的不断进步，机电设备也越来越先进，所以非常需要技术素质高、责任心强的机电维护操作人员。班组长必须统筹安排，保证机电检修操作人员达到应有的技术水平和操作技能，并且根据设备的种类、数量的要求配足人数。决不能在工作面其他工种人力不足的情况下还抽调他们去干与本职无关的工作或去兼职其他工种。同时，要保证他们的物质待遇与主要工种相同。

2. 精心地维护设备

（1）机电设备的检查。采掘工作面的机电设备每班开工前都要进行班查，每天安排一定时间进行日查，主要检查内容有：容易松动的连接部位是否牢固；容易发热的部位是否温度正常；容易冒油漏液部位油（液）量是否充足；各仪表指示是否正常；运转部位有无异常震动和声响；安全装置是否灵敏可靠；电气设备是否完好、失爆。

（2）机电设备检查维护周期。煤矿井下机电设备检查维护工作需要经常重复地进行，这就是它的周期性特点。由于设备的结构性能、工作环境、运行条件不同，规定了不同的检查维护周期。例如：采煤、掘进运输等设备的检查维修时间每天不应少于 $4\sim6\ h$，还规定交接班要有 15 min 的互相交接检查时间；实行四班六小时作业的矿井，要确保每天有一个整班的时间来进行检查维护。

3. 科学地修理设备

班组修理工作大致有下列要求：

（1）不可放松对机电设备的检查维护工作，这是搞好设备修理的先决条件。

（2）严格执行各种检修和安全技术规程。

（3）进行修理工作时，要按设备结构顺序卸装。

（4）修理结束后，要严格进行检查验收，质量不合格时应推倒重来，不能降低标准。

第五节 班组市场化精细管理运作

一、班组市场化精细管理的基本内容

将煤矿企业内部的各班组用市场用户的关系加以链接，使各班组、上道工序所提供的产品或服务，转化为用内部价格所衡量的价值和为下道工序所认可的商品，实行有偿来往

结算，同时将每名员工的岗位责任和工作任务具体化、价格化，将员工每班的劳动成果由物化形态转变成价值形态，并通过班组的自主经营和员工的努力工作，来创造最好的经济效益、实现最佳的资源配置，以达到激励员工、控制成本、提高经济效益的目的。

二、班组市场化精细管理的特点

1. 管理行为精确化。

煤矿班组作业条件存在很多不确定性。要求管理者针对现场生产条件的变化而采取对策，克服了管理者不了解具体情况而盲目指挥或现场情况掌握不准而随意考核的弊端，提高了现场管理精确度。

2. 现场操作规范化

班组每一名员工、每一项工作、每一道工序都有各自的精细标准，而且各个班组都能按标准去管理，每名员工都能按标准去操作。同时，这种现场的精细操作和管理都是主动的、自觉的，从而进一步规范了现场操作。

3. 工作质量标准化

市场精细管理追求工作质量，工作质量的低劣等于经营成本的浪费和经济收入的减少。班组的每一名员工、每一项工作、每一个环节、每一道工序、每一个地点都制定详细的工作质量标准，包括工作量、质量标准、成本消耗定额、操作行为等，只有工作质量达到规定的标准，班组和班组成员才能获得相应的收入。

4. 隐患治理商品化

一是提供发现隐患服务商品化。区队班组长在检查、监督、指导中发现安全隐患后，按内部安全隐患价格收取责任班组或责任员工的安全服务费用；二是提供治理隐患服务商品化。将下道工序对上道工序、接班班组对交班班组的"单纯考核"变为"有偿服务"，体现"为谁治理隐患向谁要钱、谁治理隐患谁得钱"。

5. 内部存贷股票化

由于煤矿区队对内部班组、班组对内部员工实行日清日结，往往出现班组的核算工资总额与全体员工日清日结工资总额不一致，采取虚拟股票调控的方法，可以较好的解决这一问题。将员工的个人收入视为对班组的个人投资，还可以将员工个人利益与班组利益挂钩，人人都成为班组成本的管理者和控制者。

三、班组市场化精细管理的运作

采掘作业班组市场化精细管理的主要运作步骤如下：

1. 理顺关系，梳理整合

通过现场调查、座谈讨论和分析研究将采掘区队的业务流程按照工作性质和工作关系进行理顺关系和梳理整合，明确生产体系、服务体系和直属体系三大体系，然后又构建出采掘生产和单项工程两大主导工序，主导工序与其他工序形成了服务与被服务的关系，按照此关系将工序分解优化，形成采掘区队市场化精细管理的基本业务流程，如图9-1所示。

2. 确定流程、分解工序

按照采掘生产活动的实际情况，确定并优化业务流程，在此基础上对生产环节、生产工序进行分解，如图9-2和图9-3所示。

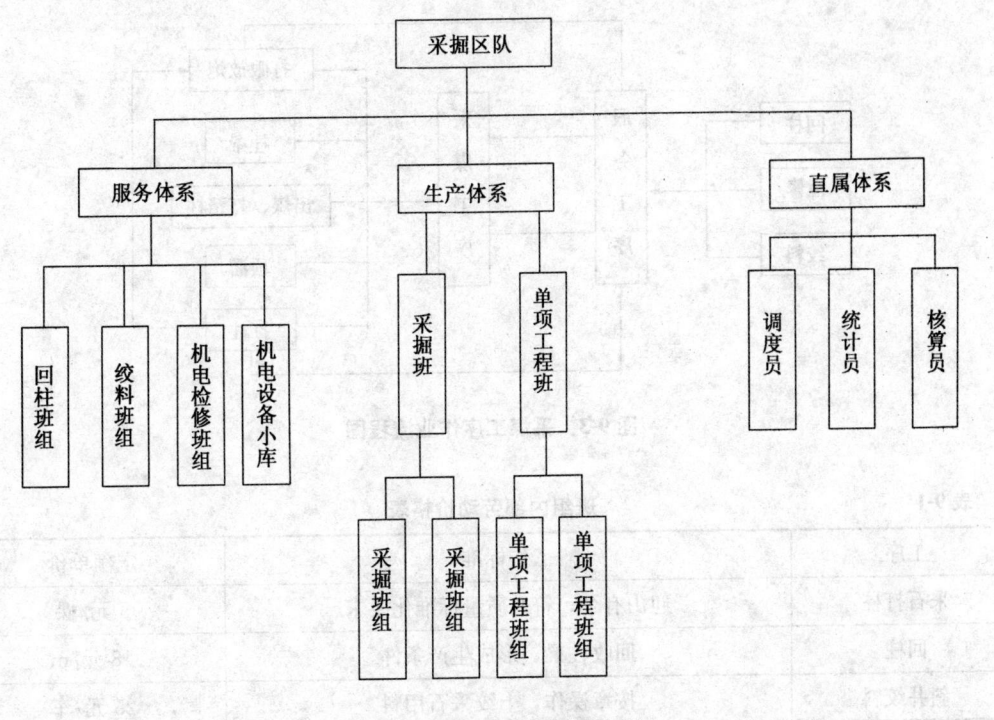

图 9-1 采掘区队组织架构图

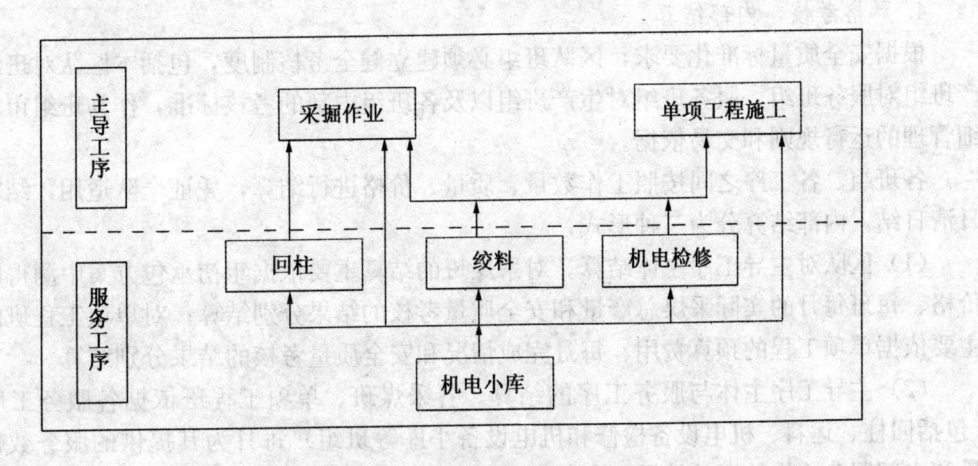

图 9-2 采掘工序流程图

3. 制定标准，统一价格

根据工序的工作数量和质量要求，制定该工序的标准，在达到标准的基础上，统一内部价格体系，包括本区队对班组的结算价格、班组间的结算价格、班组内部的结算价格。其中本区队对班组及班组间的结算价格由区队统一制定，如劳务结算价格、标准材料的折算价格等。班组内部的价格由各班组自己制定，但必须通过班组核心会议讨论通过后方可执行，见表 9-1。

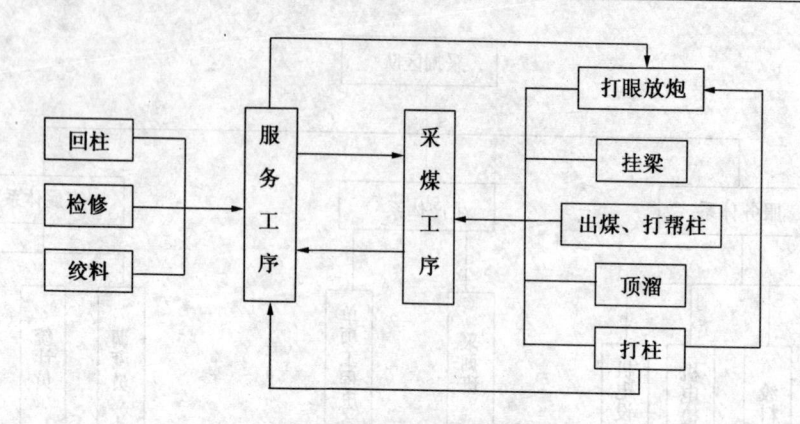

图 9-3 采煤工序作业流程图

表 9-1　　　　　　　　　　班组内部劳动价格表

工序	工作标准	定额单价
采石打柱	迎山有劲，符合质量标准化要求	5 元/棵
回柱	回收柱梁、形成生产条件	18 元/m
斜井绞料	按章操作，上绞采石用料	25 元/车

4. 严格考核，内部结算

根据安全质量标准化要求，区队班组必须建立健全考核制度，包括本区队对班组、生产班组对服务班组、服务班组对生产班组以及各班组内部的考核标准，作为班组市场化精细管理的运行规则和交易依据。

各班组、各工序之间按照工作数量、质量、价格进行结算，凭证全队适用，结算凭证日清日结。内部结算分为三种形式：

（1）区队对主导工序主体结算。对采煤班的结算主要依据年初承包方案中测得的产煤价格、每班每月的实际采煤总产量和安全质量考核的结果分别结算；对单项工程班的结算主要依据单项工程的预算费用、每月完成情况和安全质量考核的结果分别结算。

（2）主导工序主体与服务工序的结算。各采煤班、单项工程班依据各服务工序班组（包括回柱、运料、机电设备检修和机电设备小库等班组）每月为其提供的服务数量、质量和内部服务价格的考核结果，由各主导工序班组与提供服务班组进行结算。

（3）主导工序主体间、服务工序主体间的结算。在主导工序和服务工序内部的各班组间，各班组相互提供服务和劳务时，由接受服务的班组依据接受服务数量、质量和内部服务价格的考核结果，与提供服务的班组分别结算。

本章主要知识点

1. 市场化精细管理的实质

市场化精细管理的实质，就是市场化运作，精细化管理。

2. 劳动生产率

劳动生产率指标的高低，是反映班组技术水平和管理水平的重要标志。

3. 工资和奖励

工资基本形式有计时工资和计件工资两大类。计件工资指的是劳动者的工资是按照其生产一定质量的产品数量核算的。煤矿班组主要采用计件工资形式。

奖励是工资等级制度的一种必要辅助形式，是贯彻按劳分配的补充。

4. 物资管理

必须加强全过程的物资跟踪管理，以保证采掘工作面正常生产和提高班组经济效益。

5. 班组市场化精细管理的运作

煤矿采掘作业班组市场化精细管理的主要运作步骤是：理顺关系、梳理整合，确定流程、分解工序、制定标准、统一价格，严格考核、内部结算。

复习思考题

1. 市场化精细管理的实质是什么？
2. 为什么要对煤矿班组引入市场化精细管理机制？
3. 如何计算采煤工作面班直接工效率？
4. 班组如何提高劳动生产率？
5. 班组长贯彻执行劳动定员时应注意什么问题？
6. 计件工资有哪几种形式？
7. 班组如何搞好奖金分配？
8. 如何加强全过程的物资跟踪管理？
9. 班组市场化精细化管理有哪些特点？
10. 简述采掘作业班组市场化精细管理的主要运作步骤？

第十章 煤矿班组安全管理

"无危则安，无缺则全"，矿井的安全生产指的是不致于对人的身体造成伤害、精神造成威胁和财产造成损坏的状态。

安全生产管理就是人们为了实现安全生产而开展的一系列工作。

第一节 安全管理的重要性

一、煤矿安全管理的必要性

1. *煤矿自然条件特殊性所决定*

煤矿行业作为高危行业之一，安全生产始终是生产领域中的头等大事。党中央和国务院对煤矿的安全生产工作历来十分重视。近年来，国家又采取了多项重大举措，致使煤矿事故有了明显下降。安全生产状况总体趋于好转。但是，由于煤矿地质条件复杂多变，经常受到瓦斯、煤尘、水、火和顶板等灾害的威胁，同时还会发生机械电气、运输提升和爆破等其他事故。加之技术装备水平比较落后、职工队伍素质不高、安全管理薄弱，煤矿企业仍然是发生事故次数和伤亡人数最多的工矿企业。为了迅速扭转煤矿安全生产的被动局面，我们必须加强安全生产管理工作。

2. *贯彻落实煤矿安全方针所必需*

煤矿安全方针是党和国家对安全工作提出的总的要求、方向和原则。安全生产的各项制度、措施，都必须体现、符合这个方针的要求，所有煤矿企事业单位都必须认真贯彻落实。

2005年，党和政府提出了安全生产要贯彻"安全第一、预防为主、综合治理"的方针，它作为在新时期提出的安全生产方针被写入了党的文件中。新时期的安全生产方针相对于以往提出的"安全第一、预防为主"又增加了"综合治理"四个字，是对原安全生产方针的充实、丰富和发展，使其更具有时代感和针对性，既继承了以往的精华，又对以往的提法进行了发展；既适应了当前安全生产新形势的迫切要求，又为未来安全生产工作开拓了广阔的空间，对于指导新时期的安全生产有着十分深远和重大的意义。

"综合治理"有着非常丰富的内涵。在安全生产上坚持"管理、装备、培训"三并重的原则，就是"综合治理"一种有效的手段和方法。特别是当前煤矿安全生产管理弱化的情况下，加强安全生产管理，能够更好地贯彻落实煤矿安全方针，促进煤矿安全形势进一步稳定好转。

3. *煤矿安全历史经验所证明*

煤矿的开采史，就是一部安全生产的管理史。哪里有生产活动，哪里就有安全管理。安全管理随着生产的产生而产生，随着生产的发展、提高而发展、提高。

第十章 煤矿班组安全管理

在《天工开物》中有这样的记载：煤炭刚露出时，有毒有害气体涌出熏人。将粗大的竹子掏空中节，一端削尖，插到煤炭中，这时有毒有害气体便从空竹中排出……在上面支设木板，以防止顶板塌落伤人。一旦煤炭采出来以后，便用泥土充填其空间。这说明早在明朝就已掌握和使用了井下通风、排放瓦斯、支护顶板和充填采空区等安全生产管理方法了。

新中国成立以来的安全生产经验和教训证明：哪里安全管理搞得好，什么时期安全管理搞得好，就会出现事故少、生产发展的局面；反之，就会出现事故频发，生产停止不前的现象。在"大跃进"年代，不讲科学、不讲安全、破坏性的开采，使伤亡人数大幅度上升，而且造成了后几年煤炭产量大幅度下降。"文化大革命"时期，只讲生产，不讲安全，不讲质量，百万吨死亡率上升到最高水平。这些都应该引以为戒。

二、班组安全管理的重要性

班组是安全管理有效控制事故的基本环节，也是实现企业安全生产的基础，所以，搞好班组安全管理对促进整个企业安全生产起着举足轻重的作用。

1. 事故多发生在班组

事故大多是指在生产过程中发生的意外损失和灾祸。严格地说，没有生产活动，就不会发生事故。而班组是组织生产活动的最基本单位，班组工人是从事生产活动的最直接人群，绝大多数事故都是发生在班组，据有关资料统计，80%以上事故的直接原因都是由于在班组生产过程中违章指挥、违章作业和违反劳动纪律而造成的。所以，有效地控制事故的关键是抓管理，而最基本的环节便是狠抓班组安全管理。

2. 安全管理工作必须着重于生产第一线

事故发生的直接因素主要是"物"的不安全状态和"人"的不安全行为两方面，而这两方面都是在班组得以体现的。安全管理的各项工作，包括规章制度、作业规程、安全措施、操作规程和监督检查等，都必须在班组中得到落实，把煤矿安全生产方针和企业安全工作部署变成每个班组、每名工人的自觉行动，使安全生产的标准、制度、措施落实到工艺流程第一线"物"和"人"的不安全因素上，才能有效地避免各种灾害事故。

3. 近年来班组安全管理比较薄弱

近年来，对班组安全管理重要性的认识比较肤浅，因而有的企业在班组安全管理实际工作中仍比较薄弱。当前的企业安全生产会议没少开，文件没少发，安全检查没少搞，但伤亡事故仍屡屡发生，究其原因主要就是没有形成有效的安全保证体系，很多规定、制度、措施只是写在"本上"、贴在"墙上"、挂在"嘴上"，没有真正落实到班组中去，形成了"安全与生产对立"、"安全与生产两层皮"或者是"安全说起来重要，干起来次要，生产紧了不要"的局面，使事故难以控制。当然，搞好安全生产涉及到方方面面的工作，但从我国煤矿目前的情况来看，只要真正重视和强化班组安全管理，是完全可以将伤亡事故大幅度降下来的。

三、班组安全管理的标准

根据原煤炭工业部对煤矿企事业单位提出的贯彻执行煤矿安全方针的十项考核标准和要求，班组贯彻执行煤矿安全方针的标准如下：

1. 班组管理的全部内容和全过程都要把安全工作放在首位,任何决定、办法和措施,都必须有利于安全生产。

2. 把坚持煤矿安全方针的情况作为选拔、任用、考核班组长的重要内容,不重视安全生产、违章指挥、冒险蛮干的班组长不能选拔、任用。

3. 有健全的安全生产责任制,从班组长到每个工人层层落实,做到人人管安全,并以履行好坏定奖惩。

4. 严肃认真、一丝不苟地执行煤矿三大规程、安全法律法规、企业安全规章制度和劳动纪律。

5. 人、财、物优先保证安全生产的需要。对本班组所管辖的范围内按照规定配齐安全工种和安全人员、装备,用好和管好安全设施、设备、器材及工具等,完成本班组所承担的安全技术措施工程。

6. 对安全工作实行风险抵押承包,安全技术措施工程列入班组月作业计划内容,完不成安全工作计划就不能算完成承包计划,并要追究班组的经济责任。

7. 班组长、党团员及工会劳动保护检查员齐抓安全,将思想政治工作贯彻到班组安全生产的全过程。班组内、班组与班组之间做到互相关心、互相帮助。

8. 班组长要支持安全监察工作,对安全监察人员提出的意见书、三定表必须签阅并组织落实整改。正确处理不安全因素与生产作业之间出现的矛盾,坚持不安全不生产、先安全后生产的原则。

9. 搞好班组的业务保安、自主保安及相互保安,广泛深入地进行安全教育。发生灾害事故时,班组应积极开展自救、互救活动。

10. 深入开展质量标准化活动,坚持文明生产,使班组面貌改观,安全状况明显好转,工人现场作业有安全感。

第二节 班组安全生产规章制度

一、班组安全责任制

安全生产,人人有责。班组内从班组长、班组安全员、工会小组劳动保护检查员到每一名工人,都要在各自的分工范围内,为实现安全生产尽职尽责,就必须建立健全班组安全责任制。

1. 班组长安全责任制

(1) 带头执行有关安全生产的各项规定,模范遵守安全操作规程,对本班组员工在生产中的安全和健康负责。

(2) 根据生产任务、作业环境及工人思想状况,每班班前会要讲清安全生产中存在的不安全隐患,布置安全注意事项,并安排处理不安全因素的人力及物力。班后要向区队长汇报本班组的安全情况,并以文字形式填入班组安全生产情况汇报本。

(3) 组织班组工人学习煤矿三大规程及有关安全规定,并检查其执行情况,教育工人在任何情况下都不违章作业,自觉抵制违章指挥。在作业现场发现工人违章作业,应及时进行帮助教育,立即制止违章行为。

(4) 对新调入的工人和转岗工人进行班组级安全教育培训，并在熟悉工作环境之前指定专人负责其劳动安全，组织他们签订"师徒合同"。

(5) 经常检查生产过程中的不安全因素，发现问题及时解决。对不能根本解决的问题，要采取临时控制措施，并及时上报给区队长。

(6) 认真执行现场交接班制度。做到交接内容明确，手续齐全。遇有不安全因素，在未排除之前或责任未分清之前不交接。

(7) 发生伤亡事故，要保护现场，立即向矿调度室汇报，并组织班组工人积极开展自救互救活动。事故发生后，要认真组织班组工人进行分析，找出事故原因和明确责任者，吸取教训，提出防范措施。

(8) 班前会要大力表扬安全工作中的好人好事，并给予经济上的奖励；相反，对安全工作表现较差的工人要提出批评，并酌情给予经济上的处罚。对严重违章违纪造成事故的工人要提出严肃的处理意见，报区队长审批处理。

2. 班组安全员安全责任制

班组要设不脱产的安全员。班组安全员在主管安全的副区队长领导下协助班组长做好本班组的安全工作。

(1) 认真贯彻执行煤矿三大规程和区队、班组的安全工作要求，在区队专职安全员的业务指导下开展安全工作。

(2) 对新调入的工人和转岗工人进行班组级的安全生产知识培训，并协助班组长开展经常性的安全教育和竞赛活动。

(3) 督促班组工人遵守安全操作规程和各种安全规定、措施和制度，督促教育班组工人正确佩戴和使用个人劳动防护用品。

(4) 经常进行安全检查，发现不安全隐患及时处理，对出现违章作业的现象立即制止，同时要教育班组工人自觉抵制违章指挥。暂时解决不了的不安全因素要及时向班组长汇报。

(5) 对本班组发生的伤亡事故，要配合班组长进行事故调查分析，查清原因，找出责任者，吸取事故教训，并协助班组长制定、实施今后避免事故发生的措施。

3. 工会小组劳动保护检查员安全责任制

为了发挥群众的安全监督作用，根据有关规定，在工会小组内要设劳动保护检查员。工会小组劳动保护检查员在工会小组长领导下工作。

(1) 职责

①协助班组长经常对本班组工人，特别是新工人和转岗工人进行安全教育培训；组织本班组工人学习党和国家的劳动保护政策、法令和企业的安全卫生规章制度及安全技术、工业卫生与健康知识，交流经验，提高安全技术素质。

②经常检查各种安全设施、装置、仪器、仪表的使用状况，督促教育班组工人爱护、保管并坚持使用，保证其经常处于良好状态并能正常运转。如发现问题及时向班组长汇报，并督促解决。

③教育本班组工人认真执行煤矿三大规程和企业各项规章制度，不违章冒险作业，自觉抵制违章指挥，严格执行劳动纪律。

④协助班组长和有关部门检查有毒有害、易燃易爆等危险品的运输、保管和使用情

况，若存在不安全隐患，督促班组长组织力量加以解决，以保证安全生产。

⑤发生伤亡事故时，要立即向班组长报告，并积极参加抢险救灾工作，协助班组长开展应急自救互救活动。

⑥对伤亡事故要协助班组长搞好"四不放过"，即事故原因没查清、责任者没处理、教训没接受及防范措施没落实时不放过。

⑦督促班组长按规定及时领取和发放个人劳动防护用品，并督促、教育、指导班组工人正确佩戴和使用。如发现劳动防护用品在采购、发放、保管等方面存在质量问题，应及时向班组长反映，并督促改正。

（2）权利

①有权制止任何人违章指挥、违章作业，并将情况及时向领导和有关部门报告。

②发现生产设备、作业环境存在明显重大事故隐患，随时可能危及工人生命安全或会造成国家财产损失的紧急情况时，有权停止作业，并组织工人立即撤离危险岗位，及时向上级领导报告。

③因进行正常的劳动保护监督检查活动而受到打击报复时，有权越级上告，要求严肃处理。

4. 班组员工安全责任制

班组员工对本岗位的安全生产工作负责。

（1）认真学习、贯彻煤矿三大规程、安全生产基本知识、本岗位操作技能、企业安全规章制度及班组有关规定、要求。

（2）严格执行企业劳动纪律的有关规定，不违章冒险作业，制止任何人违章作业，拒绝任何人违章指挥。

（3）爱护并坚持正确佩戴和使用个人劳动防护用品。

（4）爱护、保管、维修和使用安全设施、生产工具和设备。

（5）积极参加班组各种安全生产活动，提出有关安全生产合理化建议。

（6）搞好本岗位的质量标准和文明生产。

（7）发生灾害事故时积极参与抢险救灾活动，并协助班组长开展应急自救互救工作。

二、班组安全检查制

安全生产检查是班组安全管理工作的重要内容，是消除隐患、防止事故发生、改善劳动条件的重要手段。

班组安全检查就是由班组长组织有关人员对本班组安全生产状况进行检查的一种方法。通过班组安全检查可以向本班组工人宣传党的安全生产方针、政策，讲解安全生产知识，及时发现各种不安全隐患，并加以整改；同时，监督各项安全规章制度和操作规程、劳动纪律的贯彻落实情况，有效地制止违章指挥和违章作业，确保班组的安全生产。

1. 安全检查类型

（1）按时间分

①每班三检制。即在每班的班前、班中和班末进行安全检查。班前检查就是在开工之前对生产作业环境进行危险确认，消除作业环境中的事故隐患；班中检查主要是制止违章作业、纠正不规范的操作和整改不符合质量标准的工程；班末检查主要是清理作业现场，

不给下一班留下事故隐患。

②季节性安全检查。根据季节变化，按照事故发生的规律对容易发生事故的地点、项目、操作等进行重点检查。例如：冬季防冻保暖、防火、防煤气中毒；夏季防暑降温、防汛、防雷电等；天气炎热工人睡不好觉（特别是上夜班工人白天休息不好），容易因精神不集中出现误操作，或在作业场所打盹睡觉，因此，夏天应组织这方面的检查。

③节假日安全检查。由于节假日前后，特别是重大节日，如元旦、春节、劳动节、国庆节等，容易分散精神，影响休息，造成安全事故频频发生。所以，应定期在节假日前后开展安全检查。

(2) 按人员分

①自检。自己检查自己的安全情况。例如：采掘工作面的班组工人"敲帮问顶"就是对本作业范围的顶板和煤（岩）帮进行安全检查。

②互检。班组工人之间互相检查安全情况。例如：在冒顶区架设木垛必须设专人观察，负责检查冒顶区内顶板和四周安全情况，确保架设木垛的工人的操作安全；支设支柱后，相邻的工人互相检查是否成行成排、迎山有劲等。

③专检。从班组工人中抽调专门人员进行安全检查。在采掘工作面当班生产任务完成以后轮流值日，对本班组的安全质量情况进行检查，以便在交接班之前将不安全隐患处理好。

④老工人监护检查。凡两人以上同时作业要实行老工人监护检查，即由在场的老工人（或经验最丰富的工人）负责监督检查，其余工人要听从其指挥，同时，还要对本班本岗位安全质量工作负责。

2. 安全检查内容

班组安全检查的内容主要有人、物和环境三方面。其中，人的不安全行为是班组安全检查的重点。这是因为，在安全管理范畴的三个方面，"人"是最重要的，不解决"人"的不安全行为，后两方面搞得再好，安全也是没有把握实现的；其次，班组工人从开工作业到完工换班，始终在一起，很容易发现不安全行为，这是其他形式的检查所代替不了的。

(1) 人的不安全行为

人的不安全行为应包括人的不安全状态和不安全操作。

①不安全状态人。例如：

——下井前喝酒的迷糊人。

——体力消耗过大、睡眠不足的疲劳人。

——家中发生大事的情绪波动人。

——探亲前后思想不稳定的人。

——思想极度紧张的新工人。

②不安全操作人。所谓不安全操作人就是指违章指挥、违章作业和违反劳动纪律的人。例如：

——采掘工作面作业不坚持"敲帮问顶"的。

——开动采煤机之前，不通知周围作业人员的。

——推移采煤工作面刮板输送机时弯曲段长度不足 15 m 的。

——维修巷道多头同时作业的。

——对不合格的锚杆不及时补打的。

——局部通风机停止运行不撤人的。
——进入无风区内休息的。
——瓦斯超限作业的。
——不听警戒人员劝阻闯入放炮警戒区内的。
——不按规定处理瞎炮、残炮的。
——未经允许擅自送电的。
——斜巷绞车把钩工不检查防跑销装置和连接装置的。
——顶车不挂链的。
——采掘工作面顶空不处理继续作业的。
——不按规定正确佩戴和使用劳动防护用品的。
——发现设备及安全防护装置缺损，不处理好继续作业；或自作主张，擅自将安全防护装置拆除并弃之不用的。
——酒后上岗或在岗喝酒，在岗看小说、杂志的。
——在井下戏嬉、打闹或斗殴的。
——在井下拆卸矿灯的。
——在井下休息时坐自救器、脱靴子、关矿灯、摘安全帽或打盹睡觉的。

(2) 物的不安全因素

所谓物的不安全因素指的是设备、设施、装置、工具及仪器、仪表等存在的不安全因素。例如：

①防护、保险、信号等装置缺少或有缺陷。

——无防护罩、无安全保险装置、无报警装置、无安全标志、无护栏或护栏损坏，电器未接地、绝缘不良、未安装挡车器或阻车器。

——防护罩未在适当位置，防护装置调整不当，防爆设备失爆、电器装置带电部分裸露，放炮截人距离不够。

②设备、设施、工具、附件有缺陷，设计不当，结构不符合安全要求，制动装置有缺陷，安全间距不够，机械强度和绝缘强度不够。

③设备维修、调整不当，设备失修、保养不当，设备失灵。

④设备带"病"或超负荷运转。

⑤个人劳动防护用品缺少或有缺陷：无个人劳动防护用品或不全；所用个人劳动防护用品不符合安全要求，如呼吸器官护具失效、绝缘靴不绝缘、安全带不安全等。

(3) 环境的不安全隐患

环境的不安全隐患指的是作业场所环境不良造成的不安全隐患。例如：

①输送机行人侧安全距离不足0.7 m。

②上下平巷支护不符合规程措施规定。

③采区材料场双道两侧堆放材料设备杂乱无章、卫生脏乱差。

④巷道支护不合格。

⑤掘进工作面通风不良或无通风、风流短路、局部通风机风筒安设不到位等，造成瓦斯超限仍继续作业。

⑥停风、停电的采掘工作面继续作业。

⑦突出区域压风自救装置漏风。
⑧井下轨道道岔状态不好。
⑨斜巷运输未安装声光信号及"一坡三挡"。
⑩作业场所因矿尘严重超限,造成视线不清,照明度不足。
⑪作业场所狭窄,堆放物品杂乱、不安全。
⑫作业场所噪声太大,听不见车辆运行声音和顶板掉矸声。

3. 安全检查结果的处理
(1) 立即整改

对班组安全检查结果的处理,最突出的就是立即整改,发现班组存在不安全隐患,不能等到上井后再填写三定表限期解决,而应当在作业现场就予以纠正。发现有违章指挥的立即抵制,如有的班组长违章指挥工人进入盲巷捡取木料,就不能听其指挥;发现有违章作业的马上纠正,如有的工人在空顶下作业,就必须教育他先支护好顶板再作业;发现设备有缺陷,必须处理好再运行;发现作业场所物料堆放杂乱,必须先码放好再作业,等等。

(2) 整理上报

对现场处理难度较大,且危及工人生命安全的检查结果应该进行整理,上报到区队,请求区队派人帮助解决。例如:巷道高度大范围不够标准,这时仅靠班组的力量难以解决,就必须整理上报到区队组织力量处理。

(3) 建立制度

①安全奖惩制度。对于认真执行操作规程,自觉抵制"三违"现象,排除事故隐患,解决安全技术难题的,在班组普遍实行经济核算的基础上给予表扬或增发奖金,表现突出的还可向区队申报给予适当安全奖励;对于不执行操作规程、违章指挥、作业和违反劳动纪律的,发现事故隐患在检查后不立即整改的,要采取批评教育或罚款,因不听检查人员劝阻造成事故的,可向区队要求给予行政处罚。

②"三违"档案制度。通过班组安全检查的结果,建立工人"三违"档案。"三违"档案中包括"三违"发生的时间、地点、原因及后果,专人专档。通过建立"三违"档案能够为排查班组内薄弱环节、排查事故隐患、排查安全没把握的人提供依据,以便实施有针对性的跟踪教育和跟踪监督。

三、班组安全教育培训制度

煤矿的安全生产要坚持"管理、装备、培训"三并重的原则。在班组开展经常性的安全教育培训活动,可以使班组工人提高安全生产意识、增长安全生产技术知识、增强安全生产操作技能,从而促进班组安全长期、稳定、健康的发展。

1. 岗前三级安全教育培训

煤矿新上岗的从业人员安全培训时间不得少于72学时,每年接受再培训的时间不得少于20学时。对新从业人员应进行三级安全教育培训,其教育培训的主要内容如下:

(1) 厂(矿)级岗前安全培训内容
①本单位安全生产情况及安全生产基本知识。
②本单位安全生产规章制度和劳动纪律。
③从业人员安全生产权利和义务。

④事故应急救援、事故应急预案演练及防范措施。
⑤有关事故案例。
(2) 车间（工段、区队）级岗前安全培训内容
①本车间（工段、区队）安全生产状况和规章制度。
②作业场所和工作岗位存在的危险因素、防范措施及事故应急救援措施。
③所从事工种的安全职责、操作技能和强制性标准。
④预防事故和职业危害的措施及应注意的安全事项。
⑤有关事故案例。
(3) 班组级岗前安全培训内容
①本岗位工作环境及危险内容。
②生产设备、工具及安全装置的使用方法。
③个人劳动防护用品正确佩戴使用方法。
④本岗位安全操作规程及岗位之间工作衔接配合的安全与职业卫生事项。
⑤自救互救、急救方法及作业场所的安全撤退路线。
⑥有关事故案例。
(4) 从业人员在本单位内调整工作岗位或离岗一年以上重新上岗时，应当重新接受车间（工段、区队）和班组级的安全培训。

现场作业实施新工艺、新技术或者使用新设备、新材料时，应当对有关从业人员重新进行有针对性的安全培训。

2. 特种作业人员的教育培训

特种作业是指在生产劳动过程中容易发生伤亡事故，对操作者本人，尤其对他人及周围设施的安全有重大危害的作业。直接从事特种作业的人员称为特种作业人员。特种作业人员的安全技术素质及行为对安全状况是至关重要的，许多重大、特大事故就是因为这些作业人员的违章造成的。例如：由于井下爆破工的违章放炮引起瓦斯爆炸、煤尘爆炸、透水事故、冒顶事故屡屡发生；由于主提升机操作工的违章经常造成蹲罐、过卷等事故……所以，对特种作业人员的教育培训有更严格的要求。

(1) 特种作业人员必须按照国家有关法律、法规的规定接受专门的安全培训，经考核合格取得《特种作业操作资格证书》后，方可上岗作业。

(2)《特种作业操作资格证书》每2年复审1次，连续从事本工种10年以上的，经用人单位进行知识更新教育后，复审时间延长至每4年1次。

(3) 特种作业人员的培训和再培训必须由具有三级及以上的煤矿安全技术培训中心资格的培训机构组织。

(4) 特种作业人员安全技术考核包括安全技术理论考试和实际操作技能考核两部分。以实际操作技能考核为主，安全技术理论考试应推行试题库、微机测试的办法。

(5) 特种作业人员的培训实行全国统一培训大纲、统一证件的制度。《特种作业操作资格证书》由国家统一印制，全国通用。

(6) 特种作业人员必须具备以下基本条件：
①年满18周岁。
②身体健康，无妨碍从事相应工种作业的疾病和生理缺陷。

③初中（含初中）以上文化程度，具备相应工种作业的安全生产技术知识和实际操作技能。

④符合相应工种作业特点需要的其他条件。

（7）煤矿井下主要特种作业人员：

①矿山井下电钳工。

②井下爆破工。

③主通风机操作工。

④瓦斯抽放工。

⑤通风安全监测工。

⑥测风测尘工。

⑦矿井主排水泵工。

⑧安全检查工。

⑨瓦斯检验工。

⑩电气设备防爆检查工。

⑪主提升机操作工。

⑫绞车操作工。

⑬固定带式输送机操作工。

⑭信号工。

⑮把钩工。

⑯采煤机司机。

⑰掘进机司机。

⑱耙岩机司机。

⑲凿岩机司机。

⑳矿山救护工。

㉑爆破器材的操作工、押运工、储存保管工。

3．班组安全教育的内容

班组安全教育的目的主要是提高班组工人的安全意识和安全素质。安全素质又包括技术知识和操作技能。所以，班组安全教育的内容应围绕以下三方面确定。

（1）安全意识教育

对班组工人必须进行安全意识教育主要是为了提高安全第一的思想和自我保护的观点，实现由"要我安全"向"我要安全"的转化。

①煤矿安全方针的教育。对班组工人进行煤矿安全方针的教育，是班组安全教育的根本。班组工人必须认识到煤矿安全方针是企业经营管理的一项基本原则，是社会主义建设事业的客观要求，这一方针是不允许随意违背的，违背了就要受到惩罚。在实际行动中，要摆正安全与产煤、进尺的关系，克服"对立论"，只有保证了安全，产量、进尺才能越来越高；否则，不要谈生产，连工人的人身安全都难以保证。试想一个经常发生事故的班组，怎么能完成产量、进尺及效益任务。

②安全法律法规的教育。对班组工人进行安全法律法规的教育，是班组安全教育的保证。通过安全法律法规教育，增强工人的法制观念，使工人了解到安全法律法规的内容，

既包括党和国家的安全生产方针政策、制度规定、法规和法令，也包括企业有关安全生产的制度和规定。这些都是用血的沉痛教训换来的。使大家认识到违章就是违法，提高班组工人对知法、守法、执法和护法重要性和违法危害性的认识，牢固树立安全就是法的观念，自觉地遵章守纪，抵制违章指挥和违章作业。

③主人翁责任感的教育。对班组工人进行主人翁责任感教育，是班组安全教育的核心。工人是企业的主人，同样也应该成为安全生产的主人。但是，有的工人主人翁意识淡薄，他们把安全看作是领导的事，与己无关，只是把自己列为被管的对象，甚至出现逆反心理。所以，班组要把主人翁责任感教育放在首位，教育工人充分认识自己在安全生产中的地位和作用，增强搞好安全生产的自觉性和责任感，改正安全与己无关的错误思想，把自己摆在安全生产的主人翁位置上，做到想主人事、干主人活、尽主人责，自觉遵章守纪，严格执行操作规程，认真搞好个人安全，同时积极为班组安全做出贡献。

（2）安全知识教育

对班组工人进行安全知识教育，主要是为了提高班组工人的安全素质，其中包括：认识灾害事故的发生原因和规律，掌握预防和处理灾害事故的措施，了解灾变应急自救互救方法，实现"我要安全"向"我知安全"的提升。

安全知识教育是班组安全管理的基础。它主要包括以下三方面内容：

①煤矿生产技术基础知识教育。煤矿生产技术基础知识是煤矿工人在生产过程中长期积累起来的知识。安全知识是生产技术基础知识的组成部分，要掌握安全知识，首先要掌握生产技术基础知识。其主要内容应包括：矿井地质、开拓方式、采煤方法和采煤工艺、井巷掘进以及采掘设备、设施、工具的性能和知识等。

②基本安全生产技术知识教育。基本安全生产技术知识是企业班组所有工人都必须具备的知识。其主要内容应包括：矿井通风，瓦斯、煤尘、水、火和顶板等自然灾害的预防和处理，灾害事故发生时现场自救互救及创伤急救等。

③岗位安全知识教育。岗位安全知识是班组中本岗位工人必须了解的非常重要的知识。其主要内容应包括：本班组、本岗位安全生产概况、作业性质及职责范围；本工种的生产工艺技术和安全卫生技术知识；作业范围内易发生事故地点和部位以及安全防护知识；个人劳动防护用品的使用及保管；所使用的设备、设施和工具容易发生的危险及安全注意事项；有关电气设备（动力和照明）的基本安全知识；生产过程中对有毒有害物质的安全防护基本知识等。

（3）操作技能教育

安全生产操作技能是指工人在生产过程中完成作业任务的技巧和能力。它包括作业技能，熟练掌握作业安全装置、设施的技能，以及在应急情况下进行妥善处理的技能。知识教育，只解决了"应知"的问题，而技能教育则着重解决"应会"的问题，操作技能教育对班组安全更具有实际意义，应成为安全教育的侧重点，以实现"我会安全、我能安全"的升华。其主要内容应包括：操作规程、质量标准化标准以及所使用的生产设备、工具、安全装置的结构、工作原理和操作注意事项等。

四、班组安全教育的形式

班组安全教育培训的形式有普通教育培训形式，如脱产培训、上课、考试等。此外，还应采取适合班组特点的其他形式，使大家喜闻乐见，才能深入人心，收到较好效果。

1. 班前班后会教育

班前班后会教育是一种比较实用且很普及的安全教育形式。

（1）班前会教育。班前会教育主要是针对当天工作任务和上一班交班情况，向班组工人讲清本班作业特点、操作要求、事故易发地点和部位、上一班的安全情况及预防事故的措施和要求。使工人对作业范围安全状态知情，保持清醒头脑，做到心中有数；同时，检查工人是否有明显不安全状态（如喝酒、睡眠不足、情绪严重不稳等）和佩戴个人劳动防护用品等情况，对做得不好的工人要进行说服教育，并劝其改正，对于存在严重不安全状态的工人劝阻其不要下井。

（2）班后会教育。班后会教育主要是对当天本班组安全生产情况进行总结，讲清本班组中出现的"三违"现象，并提出解决的措施和应注意的问题。同时，对班组中安全生产情况提出表扬或批评，必要时拿出奖罚意见。

2. 安全活动日教育

安全活动日教育就是班组每周规定一天对班组工人进行的有目的、有内容的安全教育形式。在安全活动日教育中，要结合班组的安全情况和生产实际，有针对性地组织学习上级有关安全生产指令、要求、安全技术措施、安全规章制度，讨论制定下一周的安全计划；对安全生产涌现的先进个人要及时给予表扬，对"三违"人员要提出批评意见，同时要总结本周班组安全生产经验和教训；要征求班组工人对安全生产的合理化建议，并研究制定实施方案。

3. 事故分析会教育

运用本班组发生的事故，召开事故分析会，进行案例教育，是一种非常有说服力、最能触动工人思想的安全教育形式。通过案例分析，不仅可以使工人看到由于事故给人民生命和国家财产造成的损失，给家庭和亲人造成的不幸和痛苦，还可以从事故中吸取教训，总结经验，提高工人对安全生产方针、政策、法规的认识，增强工人遵法、守法、执法的自觉性和自我保护意识、保安意识，从而做到自觉地实现安全生产和文明生产。

4. 竞赛教育

竞赛教育就是指通过竞赛这个平台，对班组工人进行安全教育。近年来涌现的各种安全竞赛深受工人欢迎，通过寓教于乐的活动，提高工人学习安全知识和技能的热情。竞赛教育形式多样，内容涉及到安全知识竞赛、安全操作技能竞赛等。安全知识竞赛就是将有关煤矿安全方针、安全法律法规、煤矿安全有关知识等编成试题，通过抽签或抢答竞赛的方式，对工人进行教育；安全操作技能竞赛就是人为模拟制造安全事故并进行处理事故的表演赛，看谁解决得迅速和准确，这种看得见、摸得着的技能竞赛，对工人进行理论与实践相结合的再教育具有非常有效的作用。

5. 现场岗位教育

在作业现场进行岗位教育，既讲理论，又教操作，使工人很快掌握了岗位所必须的理论知识和安全操作技能，这种方法收效甚大。例如：综采工作面的铺顶网，现场教育如何搭接、如何扭扣、如何预防煤壁片帮等。现场岗位教育完毕后，要进行考试，考试中口头回答有关理论问题并进行实际操作。现场岗位教育的方法，一般采用老工人带领新工人或师徒教学的方式，当采用某项新工艺、新装备、新技术时，技术人员也可以采取现场岗位教育形式进行。

第三节 煤矿班组"三违"管理

一、"三违"的概念

"三违"指的是煤矿企业职工在生产建设中所发生或出现的违章指挥、违章作业和违反劳动纪律的行为和现象。

1. 违章指挥

违章指挥指的是各级管理者和指挥者对下级职工发出违反安全生产规章制度以及煤矿三大规程的指令的行为。

违章指挥是管理者和指挥者的一种特定行为。班组长在班组生产活动中具有一定的指挥发号施令的权力，如果单纯追求生产进度、数量，置安全于脑后，凭老经验办事，忽视指挥的科学性原则，就可能发生违章指挥行为。

违章指挥是"三违"中危害最大的一种。管理者和指挥者的违章指挥行为往往会引导、促使职工的违章作业行为，而且使之具有连续性、外延性。

2. 违章作业

违章作业指的是作业人员违反安全生产规章制度以及煤矿三大规程的规定，冒险蛮干进行作业和操作的行为。

违章作业是人为制造事故的行为，是造成煤矿各类灾害事故的主要原因之一。

违章作业是"三违"中数量最多的一种。违章作业主要发生在直接从事作业和操作人员身上。由于班组长既是煤矿企业班组的组织者，又是班组活动的参与者，还是生产活动的作业者和操作者，所以也可能出现违章作业行为。班组长的违章作业不仅是班组长个人问题，它会带动和影响部分其他职工效仿班组长的违章作业行为。因此，在制止违章作业方面班组长起着非常重要的作用，不仅要劝阻和制止班组成员的违章作业，更要在作业和操作中成为遵守规章制度和三大作业规程的模范。

3. 违反劳动纪律

违反劳动纪律指的是煤矿企业从业人员违反企业制定的劳动纪律的现象和行为。

劳动纪律是指人们在共同的劳动中必须遵守的规则和秩序，是对不规范行为的约束。例如：禁止无故迟到、早退，不得擅自脱离工作岗位，在工作时间内不做与生产、工作无关的事情，不得嬉戏打闹、打架斗殴，严禁下井前喝酒等。

劳动纪律是保持正常生产秩序，完成生产任务的需要，也是保障矿工安全的需要，为了保证煤矿安全生产的顺利实施，必须同违反劳动纪律的现象和行为作斗争。

二、加强煤矿班组"三违"管理的重要性

1. 学习先进安全管理经验的需要

美国杜邦公司多年的研究表明：每30 000起"三违"行为，孕育着3 000起被忽视的不安全隐患；每3 000起被忽视的不安全隐患，孕育着300起可记录在案不安全隐患；每300起可记录在案的不安全隐患，孕育着30起严重的不安全隐患；每30起严重的不安全

隐患，孕育着1起重大安全事故，如图10-1所示。煤矿事故频发，既有物的因素，更有人的因素。在杜邦公司看来，事故的发生，4%源于人所不及的不安全状况，96%则源于人的不安全行为。因此，加强煤矿班组"三违"管理，分析"三违"现象的产生原因，探求消除"三违"现象的对策与措施，减少和杜绝人的不安全行为，是遏制煤矿各类事故发生、实现安全生产的重要途径。

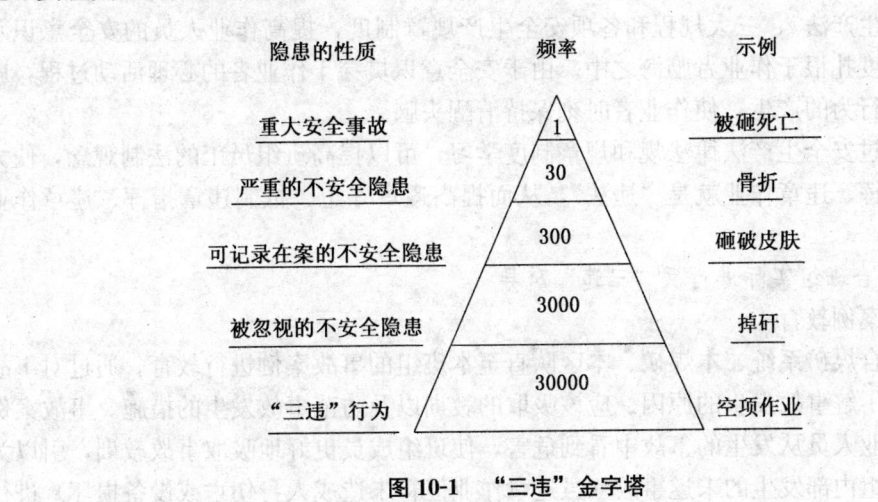

隐患的性质	频率	示例
重大安全事故	1	被砸死亡
严重的不安全隐患	30	骨折
可记录在案的不安全隐患	300	砸破皮肤
被忽视的不安全隐患	3000	掉矸
"三违"行为	30000	空项作业

图10-1 "三违"金字塔

2. 吸取惨重事故教训的需要

煤矿企业由于"三违"而造成的重大伤亡事故，全国每年有上千起，伤亡近万人。安全事故与"三违"有着直接联系，据有关资料统计，我国煤矿90%以上事故都是由于"三违"造成的。例如：2005年2月14日辽宁省阜矿集团公司孙家湾煤矿海州立井因工人违章带电检修，引发瓦斯爆炸死亡214人；2000年9月27日贵州省永城矿务局木冲沟煤矿因工人违章在井下拆卸矿灯，引发瓦斯煤尘爆炸死亡162人……

3. 严格执行安全法律法规的需要

我国安全法律法规对"三违"人员的处理有明确规定。2006年6月29日公布实施的《中华人民共和国刑法修正案（六）》加重了对"三违"造成的生产安全事故犯罪的刑事处罚力度，明确规定，在生产、作业中违反安全管理的规定，因而发生重大伤亡事故或者造成其他严重后果的，处三年以下有期徒刑或者拘役；情节特别恶劣的，处三年以上七年以下有期徒刑。同时，还明确规定，强令他人违章冒险作业，因而发生重大伤亡事故或者造成其他严重后果的，处五年以下有期徒刑或者拘役；情节特别恶劣的，处五年以上有期徒刑。加强"三违"管理可以避免或减少生产安全事故犯罪。

4. 培养一支高素质煤矿企业职工队伍的需要

煤矿企业从业人员综合素质较低、安全意识较弱、法制观念较淡，"三违"现象时有发生，屡禁不绝，严重地威胁了矿井的正常生产和从业人员的生命安全，有的甚至造成了惨重灾难，其影响极坏，危害极大。为了培养一支高素质煤矿企业职工队伍，必须从基础抓起，从行为规范养成开始，杜绝"三违"。

三、班组长如何加强对"三违"的管理

1. 深入学习宣传安全法律法规和规章制度

通过组织班组成员深入学习安全法律法规和规章制度，使每一名成员了解安全生产方针的内容，并结合班组的实际，讨论、理解安全生产方针的重要意义，了解、熟悉、掌握和落实《安全生产法》、三大规程和各项安全生产规章制度，提高作业人员的安全意识水平，使规章制度扎根于作业者脑海之中。由于安全意识贯穿于作业者的心理活动过程，就会抑制非理智行为的产生，使作业者时刻保持清醒头脑。

同时，通过安全生产法律法规和规章制度学习，可以提高班组员工的法制观念，使大家认清违章指挥、违章作业就是"违法"，从而提高遵章守纪、抵制违章指挥、违章作业的自觉性。

2. 密切结合班组实际进行反"三违"疏导

（1）进行案例教育

班组要结合煤矿系统、本煤矿、本区队直至本班组的事故案例进行教育。通过对事故案例的分析，了解事故发生的原因、应该吸取的教训以及防范事故发生的措施。事故案例教育可以使从业人员从发生的事故中看到危害，使班组成员更好地吸取事故教训，引以为戒。经常对班组内部发生的未遂事故（虽违章作业但暂未造成人身伤亡或设备损坏）进行案例分析，可以使班组成员接受教训、改进工作，达到防微杜渐的作用。

（2）进行安全知识教育

班组要结合班组作业实际，使每一名成员了解到班组生产全过程都存在着安全问题，如果不按章作业就会遭到惩罚，有的致人于死，有的致人于残，有的致人于病。生产中由于人的"三违"行为，就可能造成矿毁人亡的悲惨局面。处在生产一线的班组员工，都应掌握和熟悉生产安全知识和事故发生的规律，增强自我保护意识和技能。

（3）进行安全责任教育

要增强班组的安全责任意识。煤矿企业班组员工是企业的主人，同样是安全生产的主人，每一名员工都要对安全生产负责。要教育班组成员增强搞好安全生产的自觉性和责任感，从被动的"要我安全"转变为主动的"我要安全"，从追求结果的"伤亡"转变为追求过程的"零三违"。自觉地遵章守纪，严格执行操作规程，做抵制"三违"的模范。

3. 广泛开展"三不伤害"活动

"三不伤害"指的是我不伤害自己，我不伤害他人，我不被他人伤害。它是一项群众性的安全自保、互保、职保活动，实践证明，开展"三不伤害"活动，为杜绝"三违"、降低伤亡事故的发生提供了一个很好的平台。

"三不伤害"活动是以人的安全行为为对象，以自我为主线，以岗位工作程序化、行动规范化、操作标准化为主要内容，以零事故或最大限度地减少事故为目标，在生产中规范"我、你、他"的关系。"三不伤害"既是《安全生产法》赋于从业人员的义务和职责，又是企业职工精神风貌和安全道德规范的自我延伸与完善，它把"关心人、爱护人、尊重人、帮助人"的集体主义和自觉遵章守纪、主动维护生产秩序有机地结合起来，使之形成为社会主义新风尚，在班组反对"三违"、劝阻"三违"和抵制"三违"中应当大力开展、提倡"三不伤害"。

4. 加强调查研究掌握"三违"重点隐患

"三违"的主体是人。人的素质（思想认识、心理状态）是导致"三违"的主要根源，环境、管理因素是影响和滋生"三违"的土壤。班组长要加强对"三违"的管理，必须要加强调查、分析，对"三违"重点人、重点工种、重点时段做到心中有数，以便有针对性地采取防范措施。

(1) "三违"重点人群

①缺乏经验的新工人。思想紧张，环境不熟悉，自主保安能力差，安全技术素质低，面对复杂的环境和隐患容易惊慌失措，诱发违章作业。

②安全周期较长的"麻痹人"。认为安全形势这么好，不会出问题，因而忽视安全，发生"三违"。

③休假探亲返矿的"疲劳人"。过度疲劳，无精打采，心情不稳，往往顾此失彼，容易违章作业和违反劳动纪律。

④受到批评、罚款的"情绪人"。因自己受批评、被罚款而对领导有抵触情绪的人，往往心怀不满，以违章作业和违反劳动纪律作为报复。

⑤盲目蛮干的"鲁莽人"。特别是有着"三违"习惯的人，不重视安全操作，在生产中蛮干违章。

⑥投机取巧的"懒惰人"。怕费劲，图省事，认为按章作业太麻烦的人，往往违章作业。

⑦因家庭和工作问题的"沉闷人"。过多地考虑家庭和自己的工作问题，情绪低，精力分散，容易发生"三违"行为。

(2) "三违"重点工种

①采掘工。劳动强度大，图省劲而违章作业。

②放炮工。单独作业无人监管，可能违章作业。

③回柱放顶工。为了追赶进度，往往不按操作规程作业。

④机电检修工。图省事而违反停合电规定。

⑤看守工。班中工作量不足，无人监管，经常出现班中睡觉现象。

⑥电机车司机。为了多拉快跑或开"斗气"、"英雄"车，常出现超速行驶现象。

(3) "三违"重点时段

①周日、二点班和末点班。因现场管理人员少，违章作业和违反劳动纪律现象较多。

②后半班和交接班前后。为了赶任务早换班，违章作业比较普遍，特别是干活较慢的人员。

③生产任务紧张和出勤率较低时。为了完成既定任务，容易出现违章指挥和违章作业。

④现场安全检查人员撤离后。现场不必担心有人检查，大胆违章。

⑤黎明前的一段时间。因为人员感到困乏、班中睡觉现象比较严重。

⑥新婚前后、家庭闹矛盾时。思想难于集中常出现发生有意和无意的违章作业行为。

5. 建立健全"三违"档案

对"三违"建立转档案，可以一目了然地看出"三违"行为和现象发生的时间、地点、工种、人员、原因和后果，可有针对性地对症下药进行帮助教育。

(1) 建立员工"三违"档案，为跟踪帮教提供依据。

多年的实践证明，建立员工"三违"档案能够为排查薄弱人员、薄弱环节和事故隐患，实行跟踪教育和跟踪监督检查提供依据。

(2) 开发利用"三违"档案，为跟踪帮教提供重点。

从"三违"的时间找出容易发生"三违"的时段，以便在该时段内加强监督检查。

从"三违"的类型找出容易发生"三违"的工序，以便在该工序时做到超前预防。

从"三违"的地点找出容易发生"三违"的部位，以便把该部位作为现场管理重点。

从"三违"的人员找出容易发生"三违"的人群，以便在该人群中重点进行帮教，达到防患于未然的目的。

(3) 利用"三违"档案资料，开展多种形式安全教育。

①建立井口宣传长廊，将"三违"资料做成多媒体教材，进行形象化教育。

②举办"三违"人员补课班，进行安全技术知识再教育。违章者上安全警台进行现身说法，落实全员教育。

③举办安全展览，进行回顾反思教育。

④发挥家属委员会协管作用和小学生红领巾亲情作用，实施跟踪帮教。

⑤对杜绝"三违"人员进行表彰的正面教育。

6. 严格运用经济手段，对"三违"进行惩罚

(1) 坚持正常的安全奖惩制度。煤矿企业和班组要根据上级的规定，结合本单位的情况，制订颁发安全生产奖惩办法，规定奖惩周期、奖惩条件和奖惩标准。奖惩严明、按时兑现。

(2) 企业班组的综合奖惩制度与"三违"指标挂钩。无论单位或个人，都应根据"三违"发生情况决定奖惩，奖优罚劣，原则分明，定性准确。

(3) 班组员工要签订杜绝"三违"责任状，以契约形式赋予各级安全生产责任者以相应的责、权、利。

(4) 把风险机制引入班组"三违"管理。实行安全风险抵押金制度，使班组员工人人承担安全风险。违章后按规定交纳一定的安全风险抵押金，在三个月内没有发生"三违"行为，返还安全风险抵押金，如再出现，没收所交安全风险抵押金。

(5) 把岗位操作标准和安全质量标准化标准落实到生产现场。从规范员工的安全行为入手，从必知、必会、必禁，到应该干到什么程度，应该承担什么责任，都要对每个员工提出明确规定和要求，使大家在井下生产过程中，做到有标准、有要求、有规范、有考核、有奖惩。

(6) 班组的"三违"情况与班组长经济效益挂钩。月度内本班组无"三违"给予班组长嘉奖，若出现"三违"，视具体情况给予班组长罚款。

7. 煤矿班组"三违"处罚规定示例

煤矿班组"三违"处罚形式主要有刑事追究、行政处分和经济罚款等3种形式。下面主要介绍后2种的有关规定。

(1) 凡违反下列规定之一者，给予行政开除处分（解除劳动合同）：

①携带烟、火下井或井下吸咽者。

②在井下拆卸矿灯或带灯泡下井者。

③丢失爆破器材或将爆破器材擅自带出井口者。
④抓、扒人车或蹬矿车尾者。
⑤井上下烧焊无措施者。
⑥井下放明炮、糊炮者。
⑦瓦斯员漏检、假检瓦斯者。
⑧瓦斯超限时继续作业的。
⑨乘坐胶带输送机者（有规定的除外）。
⑩破坏通风设施者。
（2）凡违反下列规定之一者，给予行政开除留用察看处分，留用察看期间发给待岗工资：
①带电上下矿车者。
②私自将炸药和电雷管转送他人使用者。
③井下擅自敞开风门、停止局部通风机运转者。
④非电车司机私自驾驶电车者。
⑤矿井主通风机房、主绞车房、主排水泵房、变电所等场所值班人员擅自离岗者。
⑥井下乘坐重煤车者。
⑦下井前喝酒者。
⑧擅自进入盲巷、采空区者。
⑨发生火灾不及时报告者。
⑩发现透水预兆仍指挥继续作业者。
（3）凡违反下列规定之一者，给予行政降级处分，连续12个月减发本人安全质量效率工资的10%：
①瓦斯检查员不按规定巡查或交接班的。
②本年度内累计2次班中睡觉者。
③非配电室值班人员，本年度内累计2次进入配电室休息者。
④运输大巷内擅自停放车辆者。
⑤违反斜巷运输规定超挂车辆者。
⑥不按规定进行探放水而盲目施工者。
⑦在架线下装卸材料不摘电者。
⑧信号不全钢丝绳不完好、连接装置不牢固时提升人员者。
⑨放炮时不执行"一炮三检"和"三人联锁放炮"者。
⑩顶车不挂链或放飞车者。
（4）凡违反下列规定之一者，给予300元以上500元以下罚款：
①在斜巷内违反行人不行车、行车不行人规定者。
②采掘工作面违章处理"瞎炮"者。
③放炮戗人漏岗或不按规定戗人者。
④停电作业的开关不验电、不挂停电牌者。
⑤瓦斯泵站不设置瓦斯报警仪者。
⑥掘进工作面无计划停风责任者。

⑦非炮工进行联线者。
⑧局部通风机停转后不检查瓦斯恢复通风者。
⑨不执行入井检身制度者。
⑩井下在用机电设备出现失爆责任者。
（5）凡违反下列规定之一者，给予100元以上300元以下罚款：
①采煤机停机时不打开滚筒离合器者。
②岩巷掘进见煤后不及时更换炸药、电雷管者。
③局部通风机安装位置不合格责任者。
④炮眼装填黄泥不足或不装水炮泥者。
⑤刮板输送机被压住后强行启动责任者。
⑥井下电机车头搭乘他人者。
⑦非炮工乘坐炮工车或者炮工带电雷管和炸药乘坐非炮工车者。
⑧斜巷运料不使用保险绳者。
⑨供电线路接头有鸡爪子、羊尾巴和明接头责任者。
⑩掘进迎头有人作业时，掘进机不摘电、不闭锁者。
（6）凡违反下列规定之一者，给予100元以下罚款：
①下井穿化纤衣服者。
②不按规定秩序乘车乘罐者。
③第一次在井下睡觉者。
④班中私自早下班或在班中打架斗殴者。
⑤井下不佩戴矿工安全帽者。
⑥井下无故关闭矿灯或肩背矿灯者。
⑦采掘工作面乳化液配比不合格或没有浓度仪者。
⑧采煤工作面上下端头网搭接不好者。
⑨调改工作面支柱不先支后回者。
⑩瓦斯检查牌板吊挂地点或填写内容不符合规定者。

7. 对班组长的挂钩奖罚
（1）本月度内本班组发生1次给予行政开除、开除留察处分和罚款100元以上的处罚"三违"时，分别给予班组长罚款500元、300元和50元的处罚。
（2）本月度内本班组发生2次"三违"，给予班组长撤消职务处分。
（3）本月度内本班组零"三违"，给予班组长嘉奖300元。

第四节 煤矿三大规程和矿井灾害预防处理计划

煤矿三大规程指的是《煤矿安全规程》、《作业规程》和《工人技术操作规程》。它们是班组安全管理的重要法规。《矿井灾害预防和处理计划》是班组安全管理的重要技术文件，班组长必须认真学习并在班组工作中贯彻执行。

一、《煤矿安全规程》

《煤矿安全规程》是贯彻落实《安全生产法》、《煤炭法》、《煤矿安全监察条例》等国家有关安全生产法律法规的具体体现,是保障煤矿职工安全与健康、保护国家资源和财产不受损失,促进煤炭工业健康发展必须遵循的准则。

1. 特点

(1) 强制性。《矿山安全法》、《煤炭法》、《煤矿安全监察条例》等国家有关安全生产法律法规都对《煤矿安全规程》有明确的规定。所有煤矿企业必须遵守《煤矿安全规程》的有关规定,违反《煤矿安全规程》的行为,将受到法律制裁。

(2) 科学性。《煤矿安全规程》是长期煤炭生产经验和科学研究成果的总结,是广大煤矿职工智慧的结晶,这是煤矿职工用生命和汗水换来的。《煤矿安全规程》的每一条规定都是在某种特定条件下可以普遍适用的行为准则。

(3) 规范性。《煤矿安全规程》明确规定了煤矿生产建设中哪些行为被禁止,哪些行为被允许,指明了行为标准和尺度,煤炭生产和建设中必须遵守这些规范。同时,它是认定职工的行为是否构成违章的重要标准,是认定煤矿事故是责任事故还是非责任事故、是故意破坏事故还是自然事故或意外事故的重要依据,因此也是判断行为人是否应该承担责任的重要依据。

(4) 稳定性。《煤矿安全规程》一旦颁布施行,不得随意修改,在一段时间内相对稳定。经应用一段时间后,再由有关部门修订。

2. 作用

(1)《煤矿安全规程》具体体现了国家对煤矿安全的要求,进一步调整了煤矿企业管理中人和人之间的关系。

(2) 正确反映了煤矿安全生产的客观规律,明确了煤矿安全技术标准,树立了按客观规律和标准办事的原则,调整了煤矿生产中人和自然的关系。

(3) 对违反《煤矿安全规程》的单位和个人,明确了应承担的法律责任,有利于加强法律观念,制止违章,确保安全。

(4) 明确了职工在安全生产中的民主权力,有利于搞好煤矿安全生产。

3. 2007年版《煤矿安全规程》简介

2006年9月26日经国家安全生产监督管理总局局长办公会议审议通过,由国家安全生产监督管理总局局长李毅中以国家安全监督管理总局第10号令发布的《煤矿安全规程》自2007年1月1日起施行。

(1) 主要内容。2007年版《煤矿安全规程》分为总则、井工部分、露天部分、职业危害四编和附则等五部分内容,共751条。

①总则,共14条。

②井工部分,共十章,519条。这是《煤矿安全规程》内容最多的一编。它对井工煤矿的开采、"一通三防"管理、提升运输、机电管理、爆破作业、防治水、救护等各个环节所有涉及安全生产的行为进行了全面的规范。

③露天部分,共八章,204条。

④职业危害,共两章,13条。它主要对煤矿职业危害的管理和监测做出一般性的规

定。同时，对职工健康监护做出相应的规定。

⑤附则，共1条。

(2) 修改的主要内容和意义。2007年版《煤矿安全规程》主要是对放顶煤开采技术矿井安全监控装备的规定进行了补充和完善。虽然修改量不大，但非常重要，是在吸取近几年事故教训，总结近段时期工作经验基础上经过充分论证和征求各方面意见完成的。它的颁布和实施，对于改善煤矿安全生产基本条件、提高煤矿安全装备和技术水平、减少和遏制重特大生产安全事故的发生、保障煤矿工人的人身安全、促进煤炭工业健康可持续发展，具有十分重要的现实意义。

(3) 对放顶煤开采技术的修订内容：

①增加了对矿井采用放顶煤开采审批管理的内容。明确规定矿井第一次采用放顶煤开采，或在煤层（瓦斯）赋存条件变化较大区域采用放顶煤开采时，必须报请集团公司或者县级以上煤炭管理部门审批，并报煤矿安全监察机构备案。这样，可以防止不符合安全生产条件的放顶煤开采工作面。

②开采设计的修改内容：

——开采设计编制依据修改为："必须根据顶板、煤层、瓦斯、自然发火、水文地质、煤尘爆炸性、冲击地压等地质特征和灾害危险性"，比原规程的"必须根据煤层地质特征"，更为全面、具体，便于操作。

——增加了"开采设计应当经专家论证或委托具有相关资质单位评价"的内容。有利于发挥选择放顶煤开采时的专家作用。

③对高瓦斯矿井的易自燃煤层采用放顶煤开采，提出了灾害防治的要求，增加了"应当采取以预抽方式为主的综合抽放瓦斯措施和综合防灭火措施，保证本煤层瓦斯含量不大于 $6m^3/t$ 或工作面最高风速不大于 $4.0m/s$"内容，有效地解决了由于瓦斯和易自燃两方面防治措施的矛盾。

④增加了"采用预裂爆破对坚硬顶板和坚硬顶煤进行弱化处理时，应在工作面未采动区进行，并制定专门的安全技术措施"内容，并增加了"严禁在工作面内采用炸药爆破方法处理顶板"的要求，有效地控制了瓦斯爆炸的可能性。

⑤增加了放顶煤开采对木支柱、金属摩擦支柱支护方式的限制内容："工作面严禁采用木支柱、金属摩擦支柱支护方式，有利于工作面支护稳定"。

⑥增加了放顶煤开采对单体液压支柱支护的限制内容："倾角大于30°的煤层（急倾斜特厚煤层水平分层放顶煤除外）和冲击地压煤层"均"严禁采用单体液压支柱放顶煤开采，有利于工作面支护稳定"。

⑦增加了放顶煤开采的采放煤高度的限制内容："煤层平均厚度小于4m的"和"采放比大于1:3的"，严禁采用放顶煤开采。这样，有利于提高工作面煤炭资源回收率，同时有利于控制瓦斯超限和矿山压力剧增引发顶板事故。

⑧增加了"采区或工作面回采率达不到矿井设计规范规定的"，严禁采用放顶煤开采，其目的就是保证煤炭资源的回收。

⑨增加了放顶煤开采对防治水的限制内容，目的是避免发生矿井水害事故：

——"矿井水文地质条件复杂，采放后有可能与地表水、老窑积水和强含水层导通的"，严禁采用放顶煤开采。

——"针对煤层的开采技术条件和放顶煤开采工艺的特点",必须对防水制定安全技术措施。

4. 对矿井安全监控系统的修改内容

将原来规定的"高瓦斯矿井、煤(岩)与瓦斯突出矿井,必须装备矿井安全监控系统"修改为"所有矿井必须装备矿井安全监控系统",其目的是为了提高矿井安全装备和管理水平,确保矿井安全生产。

二、煤矿采掘作业规程

煤矿采掘作业规程是煤矿企业单位为了回采某一个采煤工作面或掘进某一条巷道(硐室),根据《煤矿安全规程》和设计文件,结合采掘工作面的具体情况,为指导施工而编写的重要技术文件。每一位班组长必须认真学习并带领班组作业人员严格执行。

1. 采煤工作面作业规程的主要内容

采煤工作面作业规程必须按采区设计的要求编制,并应包括以下内容:

(1) 概况。内容包括:

①工作面位置及井上下关系。

②煤层。

③煤层顶底板。

④地质构造。

⑤水文地质。

⑥影响回采的其他因素。

⑦储量及服务年限。

(2) 采煤方法。内容包括:

①巷道布置。

②采煤工艺。

(3) 顶板控制。内容包括:

①支护设计。

②工作面顶板控制。

③运输巷、回风巷及端头顶板控制。

④矿压观测。

(4) 生产系统。内容包括:

①运输系统。

②"一通三防"与安全监控系统。

③排水系统。

④供电系统。

⑤通信照明系统。

(5) 劳动组织及主要技术经济指标。内容包括:

①劳动组织。

②作业循环。

③主要技术经济指标。

(6) 煤质管理。
(7) 安全技术措施。内容包括：
①一般规定。
②顶板。
③防治水。
④爆破。
⑤"一通三防"与安全监控。
⑥运输。
⑦机电。
⑧其他。
(8) 灾害应急措施及避灾路线。内容包括：
①发生灾害事故时的应急措施。
②发生灾害事故时的安全撤离路线。
2. 掘进工作面作业规程的主要内容
(1) 概况。内容包括：
①概述。
②编写依据。
(2) 地面相对位置及地质情况。内容包括：
①地面相对位置及邻近采区开采情况。
②煤（岩）层赋存特征。
③地质构造。
④水文地质。
(3) 巷道布置及支护说明。内容包括：
①巷道布置。
②矿压观测。
③支护设计。
④支护工艺。
(4) 施工工艺。内容包括：
①施工方法。
②凿岩方式。
③爆破作业。
④装载与运输。
⑤管线及轨道敷设。
⑥设备及工具配备。
(5) 生产系统。内容包括：
①通风系统。
②压风系统。
③瓦斯防治系统。
④综合防尘系统。

⑤防灭火系统。
⑥安全监控系统。
⑦供电系统。
⑧排水系统。
⑨运输系统。
⑩照明、通信和信号系统。
(6) 劳动组织及主要技术经济指标。内容包括：
①劳动组织。
②作业循环。
③主要技术经济指标。
(7) 安全技术措施。内容包括：
①"一通三防"。
②顶板。
③爆破。
④防治水。
⑤机电。
⑥运输。
⑦其他。
(8) 灾害应急措施及避灾路线。内容包括：
①发生灾害事故时的应急措施。
②发生灾害事故时的安全撤离路线。

3. 采掘作业规程的编制和贯彻执行

(1) 每一个采掘工作面开工以前，必须按照一定程序、时间和要求，坚持"一个工作面、一规程"的原则编制作业规程，不得沿用、套用原来的作业规程，严禁无规程组织回采和掘进。

(2) 采掘作业规程的贯彻学习，必须在工作面开工之前完成，回采或掘进的施工单位负责人组织参加施工的工人学习，由编制本规程的技术负责人进行贯彻。参加学习的人员，经考试合格方可上岗作业。考试成绩应登记在规程贯彻学习记录表上，并由本人签名。以后每月应重新学习一次作业规程的有关内容。

(3) 如果工作面的地质、施工条件发生变化，必须及时修改补充安全技术措施，补充安全技术措施也必须履行审批和贯彻程序。

(4) 采掘班组长有责任组织本班组作业人员学习贯彻好作业规程，并带领大家严格按作业规程进行作业。对现场不按作业规程要求施工的工人，应进行批评教育，使其及时改正；对违反作业规程造成各种事故的，要按照"四不放过"的原则，严格进行追查处理，以便吸取教训，进一步抓好安全生产。

三、《工人技术操作规程》

《工人技术操作规程》简称《操作规程》。它是煤矿企事业单位或其主管部门，根据《煤矿安全规程》和质量标准，为完成某项产品或为某个工种编制的指导生产工艺操作的重要技术文件。例如：光爆锚喷操作规程、钻眼工操作规程。凡从事该项产品生产的人员或工种，都必须遵照执行。《操作规程》是产品生产工艺操作的行为规范，具有法规性质。《操作规程》的作用是指导产品生产安全过程的工艺操作，在安全条件下生产出合乎质量标准的产品。

四、煤矿三大规程的关系

1. 煤矿三大规程相同点

（1）三大规程制定的目的都是为了保障煤矿安全生产和职工人身安全与健康。

（2）三大规程的作用都是煤矿工人在生产活动中的行为准则，具有规范的作用。

（3）三大规程都是煤矿班组安全管理的重要技术指导性文件，所以必须在班组中得到落实。

2. 煤矿三大规程之间的区别

（1）相关关系。《煤矿安全规程》是煤炭行业安全技术的基本法规，《作业规程》和《操作规程》必须以《煤矿安全规程》为准，绝对不允许与其发生抵触。

（2）制定的依据不同。《煤矿安全规程》制定的依据是国家有关法律、法规并结合煤矿生产特点；《作业规程》制定的依据是《煤矿安全规程》等有关行业规范、规定、设计文件和工程特点；《操作规程》制定的依据是《煤矿安全规程》和行业质量标准。

（3）发挥的作用不同。《煤矿安全规程》是煤炭工业贯彻国家安全生产法律、法规的具体规定；《作业规程》是组织指导单项或单位工程施工的规定；《操作规程》是指导某项生产工艺操作的具体规定。

（4）实施的目的不同。《煤矿安全规程》是规范煤矿安全生产，保护职工安全健康和国家资源财产不受损失；《作业规程》是规范施工单位和施工人员的技术经济活动，在安全情况下取得较好的技术经济效果；《操作规程》是规范工人的工艺操作活动，在保证安全条件下生产某种合格的产品。

（5）适用的范围不同。《煤矿安全规程》适用于全国从事煤炭生产和煤矿建设的各领域；《作业规程》适用于组织和从事该项工程施工的人员；《操作规程》适用于从事该项产品生产和操作的某些工种。

（6）制定的单位不同。《煤矿安全规程》由国家负责煤炭行业管理部门制定；《作业规程》由企事业单位制定；《操作规程》可由主管部门制定，也可以由企业制定。

（7）制定的期限不同。《煤矿安全规程》和《操作规程》一经制定，则具有相对的稳定时期，《煤矿安全规程》一般需要3～5年；《操作规程》使用期限就更长；而《作业规程》却是"一事一定"，每一个单项、单位工程都要编制，而且要根据采用的条件变化而经常进行修改补充。

五、矿井灾害预防和处理计划

1. 煤矿灾害应急救援预案和事故预防处理计划的作用

《煤矿安全规程》中规定，煤矿企业必须编制年度灾害预防和处理计划，并根据具体情况及时修改补充。灾害预防和处理计划由矿长负责组织实施。煤矿企业每年必须至少组织1次矿井救灾演习。

煤矿灾害应急救援预案和事故预防处理计划有以下 3 个方面作用。

(1) 针对煤矿企业的生产特点，可以对煤矿生产系统内重大危险源进行辨识、确认、评价和控制。

(2) 根据煤矿生产的灾害特点，可以提高各类灾害事故的应急救援能力，减小原发性灾害的损失。

(3) 由于煤矿井下作业的环境特点，可以减少和避免继发性灾害的损失，能有效地控制煤矿继发性灾害事故。

(4) 通过编制煤矿灾害应急救援预案和事故预防处理计划，可以发现事故预防体系中存在的问题，从而提高煤矿事故防治水平。

2. 煤矿班组在应急救援和事故预防处理的重要性

煤矿生大灾害的应急响应一般分为以下 3 个时段：

第 1 时段：重大灾害发生的几小时内。

第 2 时段：重大灾害发生的几天内。

第 3 时段：重大灾害发生后组织领导和专业到达现场时间内。

众所周知，第 3 时段重大灾害的救援活动可以在领导和专家的技术咨询和行政协调下展开。第 2 时段重大灾害的抢救工作主要在煤矿企业指挥下进行。而第 1 时段则主要由现场班组组织消除灾害、自救互救和安全撤离。这个时间虽然很短，但却是避免或减少原发性灾害和继发性灾害损失的最关键时期。

煤矿班组在应急救援和事故预防处理中的重要性主要有以下 4 个方面。

(1) 在灾害事故初起时期最容易消除灾害、减小和避免原生灾害的损失；采取措施最有利于控制继发性灾害。

(2) 在矿工人体遭到伤害时，最有利于对伤工进行救治、转移，能最大限度地挽救伤工性命、保证矿工生命安全。

(3) 当现场灾害无力救援时，能及时地组织现场作业人员逃离到安全地带。

(4) 从目前煤矿企业救援体系来分析，最重要的基础是班组，同时最薄弱的环节也是班组。

3. 矿井灾害预防和处理计划的内容

矿井灾害预防和处理计划针对煤矿易发生的各类事故，提出事故预防方案、措施和对事故出现的影响范围、程度的分析、事故处理的相关措施和人员的疏散计划。其具体内容包括以下几方面：

(1) 矿井可能发生灾害事故地点的自然条件、生产条件及预防的事故性质、原因和预兆。

(2) 预防可能发生的各种灾害事故的技术措施和组织措施。

(3) 实施预防措施的单位和负责人。

(4) 安全迅速撤离人员的措施。

(5) 矿井发生灾害事故时的处理方法和措施。

(6) 处理灾害事故时人员的组织和分工。

(7) 有关技术图纸资料。

4. 矿井灾害预防和处理计划的编制和实施

（1）矿井灾害预防和处理计划必须由矿总工程师（或技术负责人）组织通风、采掘、机电、地质等有关单位人员编制，并有矿山救护队参加，还必须征得安全监察部门的同意。

（2）矿井灾害预防和处理计划必须在每年开始前1个月由上级主管部门批复，以便向全矿员工进行传达贯彻。

（3）在全年的各个季度开始前半个月内，矿总工程师应根据矿井生产条件的变化情况，组织有关部门进行补充、修改。

（4）已批准的计划和补充措施应立即向全矿员工（包括矿山救护队员）贯彻，组织大家学习，并熟悉井下的避灾路线。各煤矿基层单位领导和主要技术人员应负责组织本单位员工的学习，并进行考试，考试成绩存档备查。没有参加学习或考试不及格的管理人员和员工不准下井工作和作业。

（5）每年必须至少组织1次矿井救灾演习，使井下人员提高安全意识、了解自救互救知识和掌握灾害事故发生时的应急救援技能。

第五节　事故管理

事故管理指的是对事故进行分类、分级和报告、调查、处理、统计和分析等一系列工作的总称。做好事故管理工作，以便吸取事故教训，采取有效的整改措施，实现安全生产。

一、事故的分类

1. 按事故的责任分类

按事故的责任可以分为以下两类：

（1）责任事故

责任事故指的是，人们在生产建设过程中，由于没有贯彻执行有关安全法律法规、规章制度，违章指挥、违章作业和违反劳动纪律而酿成的事故。在责任事故中能够找出事故的责任单位或责任人。

（2）非责任事故

非责任事故指的是，由于受到自然原因、技术原因或意外原因而造成的事故。例如：遭到地震、狂风暴雨、雷电，或发生突然、出乎意料、来不及处理，或由于当时科学技术水平的限制，人们的认识不足，抵御事故发生的技术条件尚不成熟等。非责任事故在一般情况不能找出事故的责任单位和责任人，但是，可以从事故中吸取教训，加强今后的安全管理工作。

2. 按事故的危害对象分类

按事故的危害对象可以分为伤亡事故和非伤亡事故两类：

（1）伤亡事故

伤亡事故是指企业职工在生产劳动过程中，发生人身伤害、急性中毒等突然使人体组织受到损伤或某些器官失去正常机能，致使负伤机体立即中断工作，甚至终止生命的事故。

煤矿伤亡事故一般依据伤亡事故的伤害程度进行分类。

①轻伤。轻伤指负伤后需要休工一个工作日及以上，但未达到重伤程度的伤害。

②重伤。重伤指负伤后，按国务院有关部门颁发的《关于重伤事故范围的意见》，经医师诊断为重伤的伤害。

——经医师诊断为残疾或可能成为残疾的。具体可分为：

· 完全丧失劳动能力不能工作，退职后饮食起居需人扶助者。

· 完全丧失劳动能力不能工作，退职后饮食起居不需人扶助者。

· 部分丧失劳动能力尚能工作，但需减轻工作量或调换轻便工作者。

——伤势严重，需要进行较大的手术才能挽救的。

——人体要害部位严重灼伤、烫伤或非要害部位的灼伤、烫伤占全身面积 1/3 以上的。

——严重骨折（胸骨、肋骨、脊椎骨、锁骨、肩胛骨、腿骨和脚骨等因受伤引起骨折），严重脑震荡等。

——眼部受伤严重，有可能失明的。

——手部伤害：

· 大拇指轧断一节的。

· 食指、中指、无名指、小指任何一只轧断两节或任何两只各轧断一节的。

· 局部肌腱受伤严重，引起机能障碍，有不能自由伸屈的残疾可能的。

——脚部伤害：

· 脚趾轧断三只以上的。

· 局部肌腱受伤严重，引起机能障碍，有不能行走自如的残疾可能的。

——内部伤害：内脏损伤、内出血或伤及腹膜等。

——凡不在上述范围以内的伤害，经医院诊断后，认为受伤较重，可根据实际情况参考上述各点，由企业行政会同基层工会做个别研究，提出意见，由当地有关部位审查确定。

③死亡。死亡指负伤后，经医师诊断为死亡的伤害。

（2）非伤亡事故

非伤亡事故是指企业在生产活动中，由于生产技术管理不善、个别工人违章、设备缺陷及自然因素等原因，造成的中断生产、设备损坏等但未造成人员伤亡的事故。

①事故类别

按照专业性质，煤矿非伤亡事故可分为以下三类：

主要有：

——生产事故。包括：

· 采掘事故。

＊ 工作面塌落。

＊ 其他井巷塌落。

＊ 采掘方面的其他事故，如瓦斯超限、瓦斯煤尘爆炸、瓦斯突出、火灾、水害、火药放炮等。

· 机电事故。包括：

＊井下事故：主要有提升、排水、通风和压风设备事故，采掘机械事故（包括回柱绞车等事故），运输事故，电气设备事故。

＊地面事故：主要有动力设置事故；其他机电事故，如矿灯房、取暖锅炉等；工厂事故；露天坑内机电事故，如采掘机械、穿孔机械；提升机械、运输机械等机械事故。

＊地面铁路运输事故：露天剥离标准轨道运输事故、地面标准轨和非标准轨的运输事故等。

——基本建设事故。基本建设事故包括井建事故（井建工程范围内所有事故）、土建事故（土建工程范围内所有事故）和安装事故。

——地质勘探事故。主要有：

- 孔内事故。
- 机械事故。
- 山地工作事故。
- 采样事故。
- 电测事故。
- 运输事故。
- 灾害事故。

②事故等级

根据有关规定，煤矿非伤亡事故可分为以下三个等级：

——一级事故。凡符合下列情况之一者，为一级非伤亡事故：

- 凡所发生的事故，使全矿停工 8 h 以上或使采区停工 3 昼夜以上。
- 瓦斯、煤尘爆炸。
- 矿井火灾。
- 30°以上斜井、立井断绳，斜井跑车。
- 主要通风机停止运转 30 min 以上。
- 提升设备断轴、过卷超过 0.5 m 以上，断绳、卡罐、井筒掉车。
- 水泵停止运转致使泵房进水。
- 认为特别严重的其他事故。

——二级事故。凡符合下列情况之一者，为二级非伤亡事故：

- 凡所发生的事故，使全矿停工 2～8 h 或使采区停工 8 h 至 3 昼夜者。
- 主要通风机停止运转 10～20 min。
- 绞车制动闸断拉杆、卷筒裂纹、底座裂纹。
- 排水管道破裂。
- 压风机活塞杆断折或变曲、活塞裂纹、汽罐盖破裂。
- 采煤机滚筒破裂、滚筒轴压变。
- 其他事故认为严重的。

——三级事故。凡符合下列情况之一者，为三级非伤亡事故：

- 凡所发生的事故，使全矿停工 30 min 至 2 h，或使采区停工 2～8 h。
- 主要通风机停止运转 10 min 以下者。
- 水泵水轮损坏，压风机出风管破裂、小型架线或蓄电池机车轮箍脱落、断弹簧刮弓子等。
 • 认为严重的其他事故。
凡不属于三级事故的停工和损失，都称为劳动过程中的生产故障，也称为一般事故。

二、工伤认定及工伤保险待遇

国务院公布的《工伤保险条例》自 2004 年 1 月 1 日起施行。它的公布、施行对做好工伤人员的医疗救治和经济补偿，促进工伤预防和职业康复，降低用人单位的工作风险，加强安全生产工作，预防和减少生产安全事故，实现社会稳定具有积极的作用。

1. 工伤范围

《工伤保险条例》中规定，有下列情形之一的，应当认定为工伤：

（1）在工作时间和工作场所内，因工作原因受到事故伤害的。

（2）在工作时间前后和工作场所内，从事与工作有关的预备性或者收尾性工作受到事故伤害的。

（3）在工作时间和工作场所内，因履行工作职责受到暴力等意外伤害的。

（4）患职业病的。

（5）因工外出期间，由于工作原因受到伤害或者发生事故下落不明的。

（6）在上下班途中，受到机动车事故伤害的。

（7）法律、行政法规规定应当认定为工伤的情形。

2. 视同工伤

《工伤保险条例》中规定，有下列情形之一的视同工伤：

（1）在工作时间和工作岗位，突发疾病死亡或者在 48 h 内经抢救无效死亡的。

（2）在抢险救灾等维护国家利益和公共利益活动中受到伤害的。

（3）职工原在军队服役，因战或因工负伤致残，已取得革命伤残军人证，到用人单位后旧伤复发的。

3. 工伤认定申请

（1）自事故伤害发生之日起 30 日内，所在单位应向统筹地区劳动保障行政部门提出工伤认定申请。否则，工伤职工或者其直系亲属、工会组织在事故伤害发生之日起 1 年内，可以直接向用人单位所在地统筹地区劳动保障行政部门提出工伤认定申请。

（2）提出工伤认定申请，应当提交工伤认定申请表，与用人单位的劳动关系（包括事实劳动关系）的证明材料、医疗诊断证明。

4. 劳动能力鉴定

职工发生工伤经治疗伤情相对稳定后存在残疾，影响劳动能力的，应当进行劳动能力鉴定。

劳动功能障碍分为 10 个伤残等级，劳动能力鉴定是确定工伤保险待遇的基础。

5. 工伤保险待遇

《工伤保险条例》规定，职工因工作受到事故伤害或者患职业病进行治疗，享受工伤医疗待遇。

（1）职工治疗工伤应当在签订服务协议的医疗机构就医，情况紧急时可以先到就近的医疗机构急救。

（2）治疗工伤所需费用符合工伤保险诊疗项目目录、工伤保险药品目录、工伤保险住院服务标准的，从工伤保险基金中支付。

（3）职工住院治疗工伤的，由所在单位按照本单位因公出差伙食补助标准的70%发给伤者住院伙食补助费。

（4）经医疗机构出具证明，报经办机构同意，工伤职工到统筹地区以外就区的，所需交通、食宿费用由所在单位按照本单位职工因公出差标准报销。

（5）工伤职工到签订服务协议的医疗机构进行康复性治疗的费用，符合《工伤保险条例》规定的，从工伤保险基金中支付。

（6）生产经营单位必须依法参加工伤社会保险，为从业人员缴纳保险费。

（7）视同工伤的享受工伤保险待遇。

三、班组工伤证明书

发生工伤事故后，必须由班组长开具工伤证明书，班组工伤证明书是工伤认定和事故分析的原始、基础材料。

1. 班组工伤证明书内容

班组工伤证明书应包括以下几方面内容：

（1）发生事故的单位和地点。

（2）发生事故的时间和类别。

（3）工伤受害者姓名、受伤部位及伤害程度。

（4）发生事故的主要原因。

（5）今后预防事故的主要措施。

（6）班组长签字。

2. 开具班组工伤证明书的步骤

（1）事故现场的保护和勘察。为进一步对事故调查工作提供线索，保护事故现场十分必要，班组长在保护事故现场中具第一位的责任。同时，班组长可以在第一时间对事故现场进行勘察，获取最真实的情况。

事故发生后，在场人员要积极进行抢救，减小伤工的痛苦或避免受害者的死亡，制止事故蔓延扩大。同时，要认真保护事故现场，与事故有关的现场物证（包括破损部件、碎片、残留物、致害物的位置），均应保持原样，不得破坏或随意挪动。为了抢救伤工，不得不破坏现场时必须事先向上级领导请示，同意后才能变动，但尽可能少动。对现场进行全面、细致地勘察，从中发现和提取确定事故原因的痕迹和物证。搞清物的因素（起因物、加害物、扩大物及其不安全状态的形成）与事故形成、发生后果的关系，获取确定事故原因、划分事故责任的重要依据。

（2）对事故情况取证调查。对班组调查处理权限内的事故，要由班组长、劳动保护检查员、安全员组成的事故调查小组，对受害人和肇事者的作业情况、思想和身体状况以及现场情况进行详细调查，掌握事故发生的详细、真实的经过。在取证调查时应当注意以下几点：

①严禁逼供、诱供、串供。

②事故涉及多人要分别取证调查。

③调查的材料要注意保密。

④在征得被询问人同意全部文字记录后，被询问人和询问人要在笔录上签字或加盖指印。

(3) 召开事故分析会。分析是事故处理的最重要的一环。通过分析，可以确定事故发生的原因，从而追究事故责任和责任者。班组长在开具工伤证明书以前必须召开本班组现场作业人员参加的事故分析会，找出事故发生的直接原因和间接原因，追究重要责任者和直接责任者的责任，并制定今后防范事故隐患的措施。

3. 注意事项

(1) 班组长开具工伤证明书必须严肃认真，做到情况真实，证据确凿。不能弄虚作假，徇私情，编造事故的经过，对事故的原因文过饰非，对责任者的认定遮遮掩掩。例如：有一个工人明明是在家里骑自行车摔断了胳膊，班组长却违反规定为给其编造工伤事故并开具工伤证明书。

(2) 开具工伤证明书的时间要抓紧，一般不能超过三天。一旦发生工伤事故，班组长要立即召开班组事故分析会，并为其开具工伤证明书。时间拖延过多，容易遗忘，接受教训也不深刻。

(3) 要实事求是。凡发生工伤事故就必须开具工伤证明书，不能以照顾轻便工作而不开。有的班组长提心影响安全指标完成，而隐瞒工伤不报，采取照顾工作甚至不下井记黑工的办法，这样会造成很坏的影响，后患无穷。例如：有一个工人在井下受伤后，班组照顾他在会议室清扫卫生，结果耽误了工伤治疗，使伤势恶化；有的班组照顾了工伤患者一个月的轻便工作，至伤势完全好转后仍要求照顾，在经过争吵以后，又要求补开工伤证明书。

四、煤矿生产安全事故分级

根据事故造成的人员伤亡或者直接经济损失，煤矿生产安全事故可以分为以下四级：

1. 特别重大事故

特别重大事故指的是，造成30人以上（含30人）死亡，或者100人以上重伤（包括急性工业中毒，以下相同），或者1亿元以上直接经济损失的事故。

2. 重大事故

重大事故指的是，造成10人以上30人以下（不含30人）死亡，或者50人以上100人以下重伤，或者5000万元以上1亿元以下直接经济损失的事故。

3. 较大事故

较大事故指的是，造成3人以上10人以下死亡，或者10人以上50人以下重伤，或者1000万元以上5000万元以下直接经济损失的事故。

4. 一般事故

一般事故指的是，造成3人以下死亡，或者10人以下重伤，或者1000万元以下直接经济损失的事故。

五、事故报告

煤矿生产安全事故报告应当及时、准确、完整，任何单位和个人不得迟报、漏报、谎报或者瞒报事故。

1. 事故报告及时

事故发生后，事故现场有关人员应当立即报告煤矿负责人；煤矿负责人接到报告后，应当于 1 小时内报告事故发生地县级以上人民政府安全生产监督管理部门、负责煤矿安全生产监督管理的部门和驻地安全监察机构。情况紧急时，事故现场有关人员可以直接向事故发生地县级以上人民政府安全生产监督监察部门、负责煤矿安全生产监督管理的部门和煤矿安全监察机构报告。

2. 事故报告准确

事故中的死亡人员根据公安机关或者具有资质的医疗机构出具的证明材料进行确定，重伤人员依据具有资质的医疗机构出具的证明材料进行确定。

自事故发生之日起 30 日内，事故造成的伤亡人数发生变化的，应当重新补报。

3. 事故报告完整

事故报告应当包括以下内容：

（1）事故发生单位概况，包括单位全称、所有制形式和隶属关系、生产能力和证照等。

（2）事故发生的时间、地点以及事故现场情况。

（3）事故性质，例如顶板、瓦斯、机电、运输、放炮、水害、火灾或其他。

（4）事故的简要经过，入井人数、生还人数和生产状态等。

（5）事故已经造成的伤亡人数、下落不明的人数和初步估计的直接经济损失等。

（6）已经采取的措施。

（7）其他。

六、事故现场处理和保护

（1）事故发生后，有关单位和人员应当妥善保护事故现场以及相关证据。任何单位和个人不得破坏事故现场、毁灭证据。

（2）因事故抢险救援必须改变事故现场状况的，应当绘制现场简图并做出书面记录，妥善保存现场重要痕迹和物证。

七、事故调查

煤矿生产安全事故调查应当坚持实事求是、尊重科学的原则。

1. 事故调查的权限

按照"政府统一领导、分级负责"的原则，特别重大事故、重大事故、较大事故和一般事故分别由国务院或者国务院授权的部门、省级煤矿安全监察机构、煤矿安全监察分局组织事故调查组进行调查。

对于一般事故中没有造成人员伤亡的，可以委托地方人民政府煤矿安全监督管理部门或事故发生单位组织事故调查。

2. 事故调查报告的时限

（1）事故调查组应当自事故发生之日起 60 日内提交事故调查报告。

特殊情况下，经上级煤矿安全监察机构批准，提交事故调查报告的期限可以延长，但延长的期限最长不得超过 60 日。

(2) 事故抢险救援超过 60 日，无法进行事故现场勘察的，事故调查时限从具备现场勘察条件之日起计算。

(3) 隐瞒事故的调查时限从查实之日起计算。

(4) 事故调查中需要对重大技术问题和重要物证进行技术鉴定的，其技术鉴定所需时间不计入事故调查期限。

八、事故处理

煤矿生产安全事故的处理，要遵循"四不放过"原则和"实事求是、依法依规、注重实效"三条基本要求。

1. 事故处理时限

(1) 重大事故、较大事故和一般事故，煤矿安全监察机构应当自收到事故调查报告之日起 15 日内作出批复。

(2) 特别重大事故，30 日内做出批复，特殊情况下，批复时间可以适当延长，但延长的时间最长不超过 30 日。

2. 事故处理权限

(1) 特别重大事故调查报告报经国务院同意后，由国家安全生产监督管理总局批复结案。

(2) 重大或较大事故调查报告经征求省级或设区的市级人民政府意见后，分别报国家或省级煤矿安全监局批复结案。

(3) 一般事故由煤矿安全监察分局批复结案。

3. 事故处理的实施

(1) 煤矿安全监察机构依法对煤矿事故责任单位和责任人员实施行政处罚。

(2) 事故发生单位应当落实事故防范和整改措施。防范和整改措施的落实情况应当接受工会和职工的监督。

(3) 负责煤矿安全生产监督监察的部门和机构应当对事故责任单位落实防范和整改措施的情况进行监督监察。

4. 事故处理的公布

特别重大事故的调查处理情况由国务院或者国务院授权组织事故调查的单位向社会公布，其他事故由组织事故调查的煤矿安全监察机构向社会公布。依法应当保密的除外。

九、事故统计

1. 事故统计及其目的

事故统计指的是，统计某一个单位、部门在一定时期内事故发生的情况，从量的方面反映该单位、部门的安全生产状况。

事故统计的主要目的是，为各级领导和有关部门评价安全工作现状、制定安全工作计划指导安全生产、进行安全决策提供科学依据。

2. 煤炭生产事故分类

(1) 原煤生产事故

①正式移交生产的矿井、企业所有井下生产（不分所有制形式）和技术管理人员（不

分用工制度）在煤炭生产过程中发生的事故。

②生产矿井开拓延深发生的事故。

③生产矿井地面工业广场原煤生产系统（指煤外运装车前和原煤材料第一次卸车后的生产服务系统，如：矿井压风、通风、排水、选煤、供电、调度通讯、矸石山、支架（柱）检修、矿灯房、自救器房等）发生的事故。

④救护队处理矿井隐患发生的事故。

（2）非原煤生产事故

非原煤生产事故指的是，企业从事原煤生产以外的工业生产过程中发生的事故。例如：

①企业直属基建、机厂、火工品生产、电厂、选煤厂等单位从事非原煤生产发生的事故。

②企业内煤质化验、环境保护、救护队抢救事故过程中发生的事故。

3. 煤炭生产事故统计

（1）工伤后1个月内死亡的计入事故总死亡人数。上月报表报出后死亡的，只在死亡月份报一次死亡，上月报的负伤事故不再修改，到年底一次性更正。

（2）外单位承包矿井内的生产、基建、安装项目发生死亡事故的，由发包单位按本企业伤亡事故统计报告。基本建设施工企业比照煤炭生产企业发生的伤亡事故进行统计报告。

（3）生产矿井以更衣、洗澡为界，职工上班更衣后、下班洗澡前乘坐本单位交通车辆发生的事故计入原煤生产事故。

十、事故分析

1. 事故分析及其目的

事故分析指的是，某一个单位、部门在一定时期内发生的事故按次数、人数从各个方面进行分析。

事故分析的主要目的是，通过从各个方面综合分析事故发生的特点，找出事故发生的规律，以便更好地制定有针对性的防范和整改措施，实现安全生产。

2. 事故分析方法

煤矿伤亡事故综合分析可以从以下9个方面逐一进行分析。

（1）按事故类型分析

①顶板事故

顶板事故按采煤工作面、掘进工作面和巷道（硐室）分析。

②瓦斯事故

瓦斯事故按瓦斯、煤尘爆炸（燃烧）、煤（岩）与瓦斯突出、中毒、窒息分析。

瓦斯（煤尘）爆炸（燃烧）事故按事故地点、浓度超限原因和引爆（燃）火源分析。

③机电事故

机电事故按触电、设备（设施）伤人分析。

④运输事故

运输事故按提升运输、轨道运输和输送机运输伤人等运输方式分析。

⑤火药、放炮事故

火药、放炮事故按火药意外燃烧（爆炸）、违章放炮和触响瞎炮伤人分析。

⑥水害事故

水害事故按水源（地质水、老空水、地表水、工业用水和溃浆）分析。

⑦火灾事故

火灾事故按井下火灾和地面火灾分析。

井下火灾又按外因火灾和内因火灾分析。

⑧其他事故

（2）按事故发生地点分析

事故发生地点按井下和地面分析。

井下事故地点又按采煤工作面、掘进工作面、大巷（平硐、阶段运输和回风大巷）、采区上下山、井筒和其他等6种情况分析。

（3）按伤亡人员文化程度分析

伤亡人员文化程度按文盲、小学、中学、中专、大专及以上等5种情况分析。

（4）按伤亡人员作业工种分析

伤亡人员作业工种按采煤、掘进、机电、运输、通风、救护、干部、巷修和其他等9种情况分析。

（5）按事故原因分析

事故原因按三违（违章指挥、违章作业和违反劳动纪律）、工程质量、安全措施、安全设施等4种情况分析。

（6）按伤亡人员工龄分析

伤亡人员工龄按5年以下、5至10年、10至15年、15至20年和20年以上等5种情况分析。

（7）按伤亡人员年龄分析

伤亡人员年龄按20岁以下、20至25岁、25至30岁、30至35岁、35至40岁、40至45岁和45岁以上等7种情况分析。

（8）按事故发生的时间分析

事故发生的时间按每年的12个月，每月的上、中、下旬，每天的早、中、晚生产班等3种情况分析。

（9）按所有制形式分析

煤矿企业所有制形式按国有重点煤矿、国有地方煤矿、乡镇集体煤矿和私营煤矿等4种情况分析。

3. 伤亡事故分析常用的计算公式

（1）百万吨死亡率

百万吨死亡率指的是，煤炭生产单位每生产100万吨原煤时期内原煤生产事故死亡的人数。

$$百万吨死亡率 = \frac{死亡人数}{原煤产量（t）} \times 10^6$$

百万吨死亡率是煤矿企业最主要的安全生产考核指标。

（2）万米成巷死亡率

万米成巷死亡率指的是，基本建设单位每掘进1万米成巷死亡的人数。

$$\text{万米成巷死亡率} = \frac{\text{死亡人数}}{\text{成巷长度(m)}} \times 10^4$$

万米成巷死亡率是基本建设单位最主要的安全生产考核指标。

（3）千人负伤率和千人重伤率

千人负（重）伤率指的是，平均每千名职工因工发生事故造成受伤（重伤）的人数。

$$\text{千人负伤率} = \frac{\text{重伤人数} + \text{轻伤人数}}{\text{平均职工人数}} \times 10^3$$

$$\text{千人重伤率} = \frac{\text{重伤人数}}{\text{平均职工人数}} \times 10^3$$

千人负（重）伤率是煤矿安全生产的主要考核指标之一。

本章主要知识点

1. 安全管理的重要性

煤矿安全管理是由煤矿自然条件特殊性所决定的，是贯彻落实煤矿安全方针的需要，也是经煤矿安全历史经验教训所证明的。

2. 煤矿班组安全生产规章制度

煤矿班组安全生产规章制度主要包括班组安全责任制、安全检查制和安全教育培训制。

3. 《煤矿安全规程》的特点

《煤矿安全规程》的特点是强制性、科学性、规范性和稳定性。

4. 事故管理

事故管理指的是对事故进行分类分级和报告、调查、处理、统计和分析等一系列工作的总称。

搞好事故管理工作，以便吸取事故教训，采取有效的整改措施，实现安全生产。

复习思考题

1. 为什么要加强煤矿安全管理？
2. 为什么要加强煤矿班组安全管理？
3. 班组长安全责任制有哪些内容？
4. 班组安全检查的主要内容是什么？
5. 班组级岗前安全培训有哪些内容？
6. 《煤矿安全规程》有哪些特点？
7. 班组长如何贯彻实施《作业规程》？
8. 《操作规程》有什么作用？
9. 矿井灾害应急预案和矿井灾害预防处理计划对安全生产有什么作用？
10. 煤矿生产安全事故分哪几级？
11. 煤矿生产安全事故报告应注意哪些问题？
12. 百万吨死亡率的含义是什么？

附 录

煤矿班组长资格准入培训
考试试卷和标准答案（Ⅰ和Ⅱ）

（闭卷笔答。总分100，得分60分及以上为及格，考试时间为120分钟）

题型	填空题	判断题	选择题	识图题	简答题	共计
总分	10	10	10	40	30	100
得分						

试卷 Ⅰ

一、填空题（将正确答案填入括号内；每小题1分，共10分）

1. 采煤工作面用周期来压步距比初次来压步距较（　　）。
2. （　　）指的是起爆药包位于柱状装药的外端。
3. 综掘巷道在相距50 m贯通前必须做好（　　）的准备工作。
4. 采煤工作面回风巷应在距工作面（　　）内设置净化风流水幕。
5. 发现透水预兆必须（　　）采取措施，发出警报，撤出人员。
6. 禁止带电检修和（　　）电气设备。
7. 矿井应有（　　）回路电线线路。
8. 班组要学习中国人民解放军（　　）纪律，提高执行力。
9. 局部通风机应安排（　　）进行管理。
10. 事故发生后有单位和人员应妥善保护（　　）和相关证据。

二、判断题（正确的在括号内画"√"，错误的画"×"；每小题1分，共10分）

1. 采煤工作面基本顶分为4级。（　　）
2. 倾角大于30°煤层严禁采用放顶煤开采。（　　）
3. 矿井主要通风机反风设施必须在10分钟内改变巷道中风流方向。（　　）
4. 采煤工作面进回巷应设置辅助隔煤棚。（　　）
5. 透水时一般应沿着风流通过的上山巷道撤离。（　　）
6. 触电是指人体触及带电体或接近高压带电体而成为电流通路的现象。（　　）
7. 设置接地保护后，触电人体的电流相当大。（　　）
8. 手指口述操作确认法可以避免操作失误，减少事故发生。（　　）
9. 安全质量标准化参加评级的专业为采掘、机电、运输、通风、爆破和地测防治水等6个。（　　）
10. 班组长应对本班组员工在生产中的安全和健全负责。（　　）

三、选择题（3个备选答案中只有1个是正确的，将其代号填入括号内；每小题1分，共10分）

1. 采煤工作面顶板灾害分为（　　）类。
   A. 3　　　　　　　　　B. 4　　　　　　　　　C. 5
2. （　　）指的是井下空气流动时，空气对巷壁帮单位面积施加的压力。
   A. 静压　　　　　　　B. 速压　　　　　　　C. 位压
3. 全风压供给该处局部通风机风量必须（　　）局部通风机吸入风量。
   A. 小于　　　　　　　B. 等于　　　　　　　C. 大于
4. 采煤工作面（　　）时可以不进行注水防尘。
   A. 综合机械化开采　　B. 急倾斜煤层　　　　C. 孔隙率小于4‰煤层
5. 煤矿矿井水文地质划分为（　　）个类型。
   A. 4　　　　　　　　　B. 3　　　　　　　　　C. 2
6. 防爆标志"EXdI"中d代表（　　）。
   A. 隔爆型　　　　　　B. 增安型　　　　　　C. 本质安全型
7. 橡套电缆接地芯线，除用作监测接地回路外（　　）兼作他用。
   A. 必须　　　　　　　B. 不能　　　　　　　C. 应该
8. 区队班组每（　　）都要召开班前会。
   A. 旬　　　　　　　　B. 周　　　　　　　　C. 天
9. 一级安全质量标准化矿井百万吨死亡率必须在（　　）以下。
   A. 1.0　　　　　　　　B. 1.3　　　　　　　　C. 1.5
10. （　　）指的是造成10人以上30人以下（不含本数）死亡事故。
    A. 一般事故　　　　　B. 较大事故　　　　　C. 重大事故

四、识图题（识图并回答问题；每小题4分，每一问2分，共40分）

1. (1) ↓20°什么图例？
   (2) 什么图例？

2. (1) 什么地形等高线图？
   (2) 该地形哪个方向最陡？哪个方向最缓？

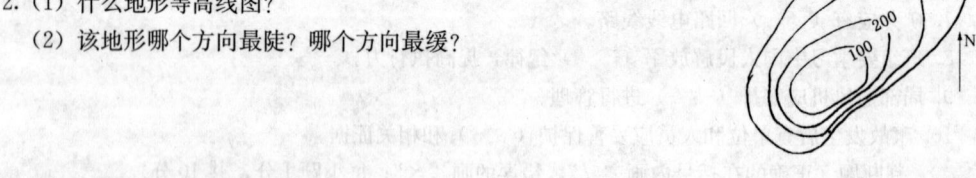

3. (1) 炮眼布置形式是什么？
   (2) A、B、C各叫什么炮眼？

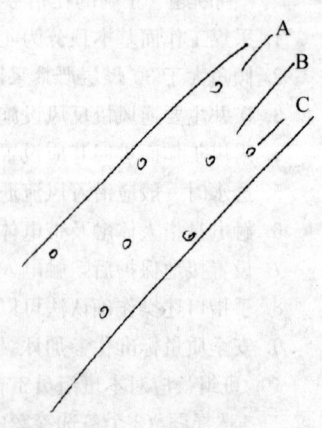

4. (1) 复合顶板条件下运道的位置正确与否?
   (2) 为什么?

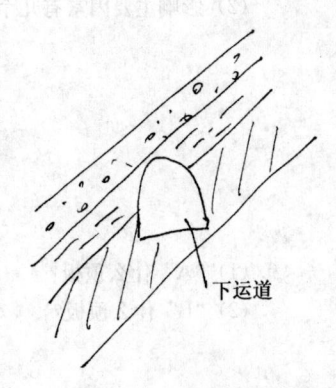

下运道

5. (1) 该采煤工作面推采方式是什么?
   (2) 通风方式是什么?

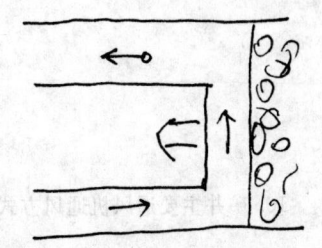

6. (1) 该掘进工作面局部通风机通风方式是什么?
   (2) L=?

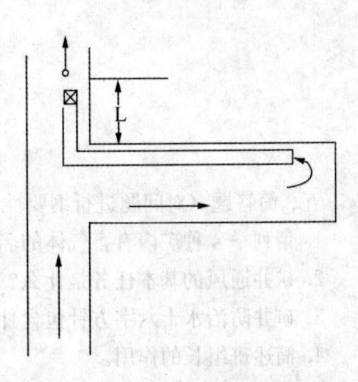

7. (1) 什么标识基本图案?
   (2) MA 代表什么含义?

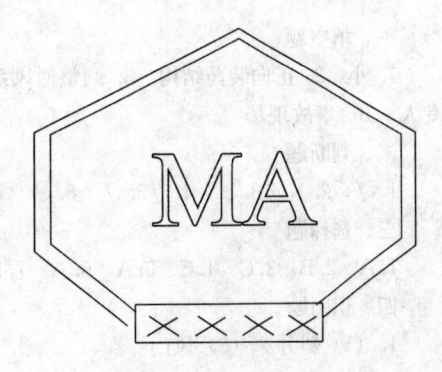

8. (1) 什么图?
   (2) 影响主要因素有几个?

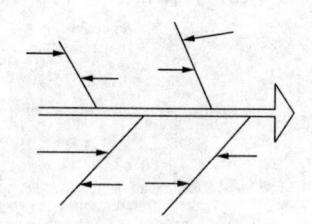

9. (1) "A" 什么顶板?
   (2) "B" 什么顶板?

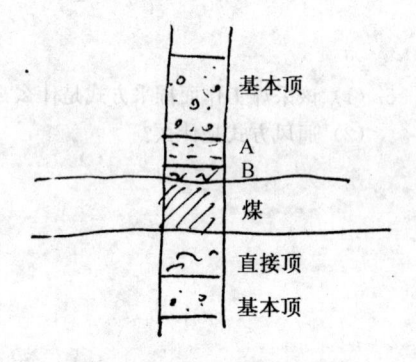

10. 矿井主要通风机通风方式是什么?

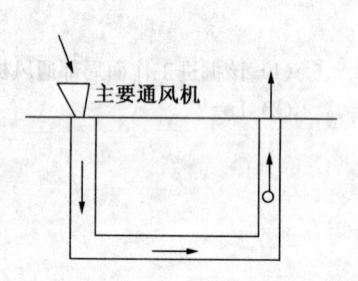

五、简答题（对问题进行纲要性问答；每小题6分，共30分）
1. 请列举4种矿内有害气体的名称。
2. 矿井通风的基本任务是什么?
3. 矿井防治水十六字方针包含什么内容?
4. 简述班组长的作用。
5. 简述PDCA循环工作法的四个阶段。

试卷Ⅰ标准答案

一、填空题
1. 小 2. 正向装药结构 3. 调整通风系统 4. 50 m 5. 停止作业 6. 搬迁 7. 两 8. 铁的 9. 专人 10. 事故现场

二、判断题
1. √ 2. × 3. √ 4. √ 5. √ 6. √ 7. × 8. √ 9. × 10. √

三、选择题
1. A 2. B 3. C 4. C 5. A 6. A 7. B 8. C 9. A 10. C

四、识图题
1. (1) 斜井 (2) 风门

2. (1) 凹坑　(2) 东南最陡，东北最缓
3. (1) 五花眼　(2) A——顶眼　B——腰眼　C——底眼
4. (1) 不正确
　(2) 掘进时破坏了顶板。
5. (1) 推采方向为后退式 (2) 通风方式为 U 型
6. (1) 抽出式　(2) ≥10 m
7. (1) 煤矿矿用产品安全标志　(2) MA——煤矿安全
8. (1) 鱼刺图　(2) 影响主要因素 4 个
9. (1) A 直接顶　(2) B 伪顶
10. 压入式

五、简答题

1. 一氧化碳、硫化氢、二氧化硫、二氧化氮
2. (1) 供给井下人员呼吸的所需要的氧气
　(2) 冲淡并排出矿内有害气体和矿尘
　(3) 调节井下气候条件，创造良好环境
3. 预测预报，有疑必探，先探后掘，先治后采
4. (1) 班组完成各项生产经济技术指标的带头者
　(2) 班组生产经营安全活动的指挥者
　(3) 企业基层的组织管理者
　(4) 企业中承上启下的联系者
　(5) 发生灾害事故时现场的"救护队长"
5. (1) 计划 (P) ——制定质量目标计划的阶段
　(2) 执行 (D) ——组织实施和执行计划的阶段
　(3) 检查 (C) ——检查执行情况的阶段
　(4) 处理 (A) ——处理存在问题的阶段

试卷 Ⅱ

一、填空题（将正确答案填入括号内；每小题 1 分，共 10 分）
1. 矿井空气中 CO 的最高允许浓度为（　　）。
2. 在巷道维修"五先五后"中，对顶、帮应是（　　）。
3. 不按规定的地点和次数检查瓦斯叫（　　）。
4. 用水扑灭电气设备火灾时应首先（　　）电源。
5. 顶板冒落裂隙带是透水（　　）通道。
6. 斜井人车必须取得煤矿用产品（　　）。
7. 班组是企业的（　　）组织。
8. 煤电钻必须使用（　　）装置。
9. 市场机制引入班组，供各道工序、每位员工都用（　　）的关系加以链接。
10. 百万吨死亡率指的是生产一百万吨原煤时期内，（　　）事故死亡的人数。

二、判断题（正确的在括号内画"√"，错误的画"×"；每小题 1 分，共 10 分）
1. 绘制矿图的 5 个要素是比例尺、距离、长度、坐标和图例。（　　）
2. 严格禁止敲帮问顶。（　　）
3. 瓦斯浓度大于 5% 会发生瓦斯爆炸。（　　）

4. 开采易自然煤层来设置采区专用回风巷的认定为煤层重大隐患。（ ）
5. 在避灾地点待救时不要敲击铁管发出响声。（ ）
6. 发生漏电故障时电动机停止转动。（ ）
7. 班组长有权根据本矿、本区队的规章制度制定班组工作的实施细则。（ ）
8. 安全质量标准化工作是煤矿企业的基础工程、生命工程和效益工程。（ ）
9. 加强全过程的物资跟踪管理指的是对支领、使用和报废等3个过程管理。（ ）
10. 自事故发生之日起60日内伤亡人数发生变化的，应当重新补报。（ ）

三、选择题（3个备选答案中只有1个是正确的，将其代号填入括号内；每小题1分，共10分）

1. 采煤工作面直接顶分为（ ）类。
   A. 3 B. 4 C. 5
2. 掘进工作面（ ）包括顶眼、帮眼和底眼。
   A. 掏槽眼 B. 周边眼 C. 辅助眼
3. （ ）指的是矿井相对瓦斯涌出量小于或等于10 m³/t且矿井绝对瓦斯涌出量小于或等于40 m³/min 的矿井。
   A. 低瓦斯矿井 B. 高瓦斯矿井 C. 煤与瓦斯突出矿井
4. 火区内空气中的氧气浓度降到（ ）以下，是判定火区的火已经熄灭条件之一。
   A. 3％ B. 5％ C. 12％
5. 钻孔中意外出水时（ ）将钻杆拔出。
   A. 应该 B. 可以 C. 不要
6. （ ）被列入国家应予淘汰的工艺。
   A. 短壁采煤法 B. 倾斜采煤法 C. 高落式采煤法
7. 班组长是班组的组织者、管理者和（ ）。
   A. 带头者 B. 配合者 C. 竞争者
8. （ ）指的是煤中所有可燃物质在一定温度下全部燃烧后剩下来的残渣。
   A. 含矸率 B. 灰分 C. 固定碳
9. 市场精细化管理的生产任务、经济效益或（ ）控制为主要内容。
   A. 安全质量 B. 成本费用 C. 企业文化
10. 事故发生后现场有关人员应当（ ）报告煤矿负责人。
    A. 立即 B. 1小时内 C. 2小时内

四、识图题（识图并回答问题；每小题4分，每一问2分，共40分）

1. (1) ◐ 什么图例？
   (2) ✦ 什么图例？
2. (1) 什么地质构造？
   (2) 左侧和右侧分别代表该构造的哪个部位？

3. (1) 炮眼布置形式是什么?
   (2) 联线方法是什么?

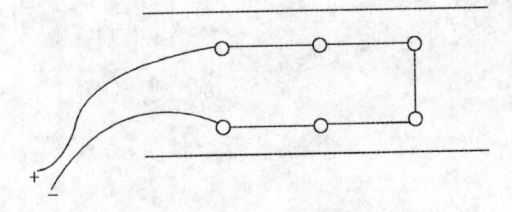

4. 复合顶板条件下通道的位置正确与否? 为什么?

5. (1) 该采煤工作面推采方式是什么?
   (2) 通风方式是什么?

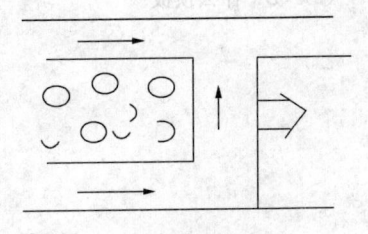

6. (1) 该掘进工作面局部通风机通风方式是什么?
   (2) $L=?$

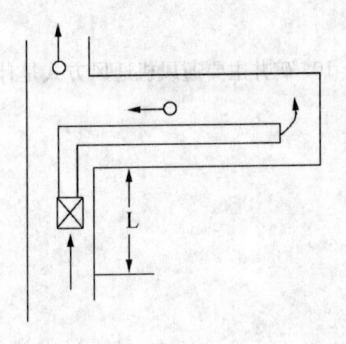

7. （1）什么标识基本图案？
　　（2）代表什么含义？

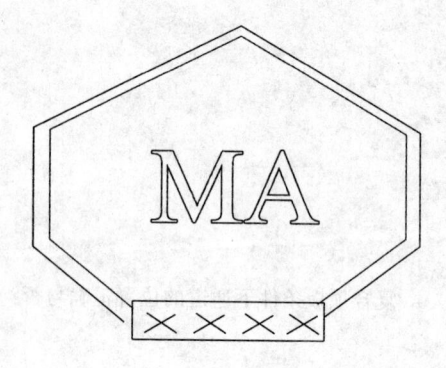

8. （1）什么图？
　　（2）曲线呈什么状态分布？

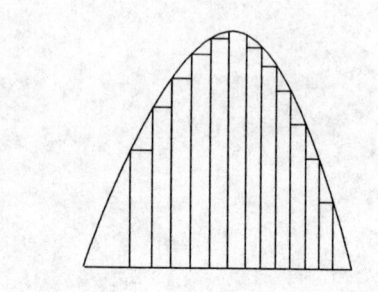

9. （1）"A"什么顶板？
　　（2）"B"什么顶板？

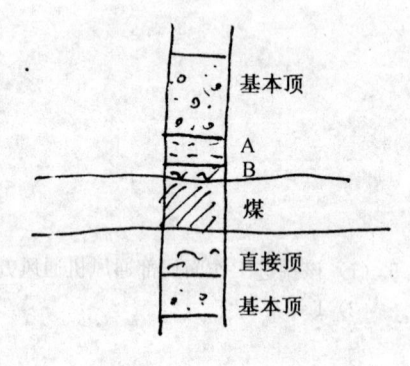

10. 矿井主要通风机通风方式是什么？

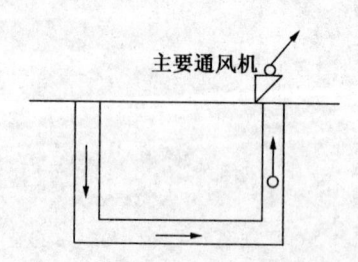

五、简答题（对问题进行纲要性问答；每小题 6 分，共 30 分）
1. 为什么掘进工作面迎头处容易发生冒顶？
2. 煤尘爆炸的条件是什么？
3. 井下低压供电必须装设哪三大保护装置？
4. 为什么要推行班组准军事管理？
5. 市场化精细管理的实质是什么？

试卷 Ⅱ 标准答案

一、填空题
1. 0.0024%   2. 先顶后帮   3. 漏检   4. 切断   5. 人为   6. 安全标志   7. 最基层   8. 综合保护
9. 市场用户   10 原煤生产

二、判断题
1. ×   2. ×   3. ×   4. √   5. ×   6. ×   7. √   8. √   9. ×   10. ×

三、选择题
1. B   2. B   3. A   4. B   5. C   6. C   7. A   8. B   9. B   10. A

四、识图题
1. (1) 主井   (2) 水闸门
2. (1) 正断层   (2) 左侧为上盘，右侧为下盘
3. (1) 双排眼   (2) 串联联线法
4. (1) 正确   (2) 掘进时没有破坏顶板
5. (1) 推采方向为前进式   (2) 通风方法为 Y 型
6. (1) 压入式   (2) ≥10 m
7. (1) 煤矿矿用产品安全标志   (2) 安全标志编号（含字母和数字）
8. (1) 正直图   (2) 正态分布曲线
9. (1) A——基本顶   (2) B——伪顶
10. 抽出式

五、简答题
1. (1) 支架架设时间短，初撑力小，容易被放炮崩倒
   (2) 人员经常在未支架地方进行作业
   (3) 受地质构造变化影响
2. (1) 能够爆炸的悬浮煤尘浓度达到 45～（1 500～2 000）g/m³
   (2) 点燃引爆煤尘的高温热源为 700～800 ℃
   (3) 氧气含量大于 18%
3. 漏电、接地和短路
4. (1) 有利于促进班组和班组长队伍建设
   (2) 有利于培养班组绝对服从力和坚定执行力
   (3) 有利于培育优良团队、打造一流班组员工队伍
   (4) 有利于提升班组安全管理水平
5. 市场化精细管理的实质是市场化运作，精细化管理

主要参考文献

1. 国家安全生产监督管理总局,国家煤矿安全监察局.煤矿安全规程.北京:煤炭工业出版社,2006
2. 中国煤炭工业劳动保护科学技术学会.煤矿工人安全技术操作规程.北京:煤炭工业出版社,2006
3. 李学诚.中国煤矿安全大全.北京:煤炭工业出版社,1998
4. 国家煤矿安全监察局,中国煤炭工业协会.煤矿安全质量标准化标准及考核评级办法(试行).北京:煤炭工业出版社,2004
5. 成家钰.煤矿作业规程编制指南.北京:煤炭工业出版社,2006
6. 杨中.市场化精细管理——开滦(集团)自主管理创新实践.北京:煤炭工业出版社,2006
7. 袁河律.怎样当好煤矿班组长.徐州:中国矿业大学出版社,2007
8. 陈凯.怎样当好班组长.北京:中国工人出版社,2005
9. 王良.煤矿区(队)长工作指南.北京:煤炭工业出版社,1997
10. 毕华照,袁河津.矿井正规循环作业.北京:煤炭工业出版社,1998
11. 郭奉贤.采矿生产技术.北京:煤炭工业出版社,2005
12. 李国著.RMDC 企业管理模式.北京:中国工人出版社,2004
13. 夏晓凌.现代班组建设新说.北京:中国工人出版社,2002
14. 胡湘宏.巷道施工技术.北京:煤炭工业出版社,2005
15. 袁河津.煤矿"一通三防"知识 1 000 问.徐州:中国矿业大学出版社,2008
16. 王树玉.煤矿区队班组安全管理(B类).徐州:中国矿业大学出版社,2003
17. 宋涵,玄熙平,田克宁.学习型班组创建指导读本.北京:中国工人出版社,2006
18. 王宏伟.班组长百题通.北京:中国工人出版社,2005
19. 夏晓凌.我谈治班之策.北京:中国工人出版社,2002
20. 程根银,李万名.煤矿重大安全生产隐患认定办法(试行)问答.北京:煤炭工业出版社,2005
21. 李定远.煤矿重大安全生产隐患认定及治理.北京:中国三峡出版社,2006
22. 国家安全生产监督管理总局,国家煤矿安全监察局.全国国有重点煤矿安全基础管理工作座谈会文件资料汇编,2006
23. 牛克洪.新时期煤矿区队班组建设.北京:煤炭工业出版社,2008